普通高等教育"十一五"国家级规划教材

第2版

主　编　陈友玲
参　编　覃承海　蒋佳利　孔海花
主　审　夏国平

机械工业出版社

本书由市场调查、市场预测、市场决策三篇组成，根据市场调查进行市场预测，通过市场预测做出市场决策，结构合理、内容完整、系统性强。本书将理论与实际有机结合起来，既注重基础理论的阐述与讲解，又密切跟踪国际最新研究成果与发展趋势，同时，还引入了大量的案例，力图通过对案例的分析和讲解，培养读者灵活运用市场调查、市场预测与市场决策的方法和原理解决实际问题的能力。

本书可作为高等院校市场营销、物流管理、工业工程等专业本科生、研究生教材，也可作为其他专业本科生、研究生的教学用书和参考书，还可以作为政府、企业管理人员了解市场、掌握市场变化规律、进行科学的市场预测和决策的指导书。

图书在版编目（CIP）数据

市场调查预测与决策/陈友玲主编. —2版. —北京：机械工业出版社，2018.12（2024.1重印）
普通高等教育"十一五"国家级规划教材
ISBN 978-7-111-62058-7

Ⅰ.①市… Ⅱ.①陈… Ⅲ.①市场调查 – 高等学校 – 教材 ②市场预测 – 高等学校 – 教材③市场 – 经济决策 – 高等学校 – 教材 Ⅳ.①F713.52

中国版本图书馆CIP数据核字（2019）第032122号

机械工业出版社（北京市百万庄大街22号 邮政编码100037）
策划编辑：裴 泱 责任编辑：裴 泱 张馨月
责任校对：樊钟英 封面设计：鞠 杨
责任印制：李 昂
北京捷迅佳彩印刷有限公司印刷
2024年1月第2版第4次印刷
184mm×260mm · 19.5印张 · 473千字
标准书号：ISBN 978-7-111-62058-7
定价：48.80元

电话服务 网络服务
客服电话：010-88361066 机 工 官 网：www.cmpbook.com
　　　　　010-88379833 机 工 官 博：weibo.com/cmp1952
　　　　　010-68326294 金 书 网：www.golden-book.com
封底无防伪标均为盗版 机工教育服务网：www.cmpedu.com

前 言

21世纪是商品经济时代，更是信息经济时代。谁率先掌握了准确的市场信息，谁就能更好地进行科学的预测和决策，从而占领市场。近几年来，企业倒闭的案例屡见于报端，80%以上是管理决策失误所致。随着经济全球化与中国加入WTO，国内企业面临着更加激烈的市场竞争。因此，了解市场，掌握市场，对复杂多变的市场做出正确的预测和科学的决策，对企业的成败至关重要。

本书正是为了满足市场经济发展的需要，培养现代高级经营管理人才而编写的。本书注重理论联系实际，在跟踪国际最新研究成果与发展趋势的同时，引入了大量的案例，力图通过大量案例的分析和讲解，培养学生认识问题、分析问题和解决问题的能力。为此，在本书的编写过程中力求做到：

（1）内容全面。本书包括市场调查、市场预测和市场决策三部分内容，并将三者有机地结合起来，比较全面、系统地介绍了市场调查、市场预测和市场决策的常用方法和技术。

（2）简洁易懂。本书在讲述基本理论时，尽量简洁，略去了一些公式推导过程，重点放在实际的应用上，方便读者学习和掌握。

（3）案例丰富。本书引入了大量的案例，并结合理论进行讲解，增强了案例的实用性与趣味性。

本书在内容安排上充分考虑了知识结构的完整性，全书由绪论和三个知识模块组成：①市场调查模块，包括市场调查概述、市场调查策划、市场调查方法、调查资料的处理与分析。②市场预测模块，包括市场预测概述、定性预测法、时间序列趋势预测法、回归分析预测法、市场预测的综合分析。③市场决策模块，包括决策理论与方法概述、单目标决策方法、多目标决策、决策方案的确定与实施。再版每章增加了引导案例、本章小结和练习与思考，替换了部分案例，内容更加完整和新颖。

本书由重庆大学陈友玲主编并统稿。陈友玲负责编写绪论，第一、三、六、七章以及第九章的第三节和第十一章的第一、四节；太原科技大学覃承海负责编写第二、五、八、十三章以及第九章的第一、二节；山东建筑大学的孔海花负责编写第十、十二章及第十一章的第二、三、五节；重庆大学的蒋佳利负责编写第四章；北京航空航天大学的夏国平教授对本书进行了全面的审稿并提出了宝贵的建议。

本书在编写过程中参考了大量的国内外文献、书籍和资料，引用了国内外一些企业的实例，在此谨向这些文献、书籍和资料的作者及企业表示深深的感谢！同时，对提出了宝贵意见的夏国平教授致以诚挚的谢意！

选用本书作为教材的老师可以登录机械工业出版社教育服务网（www.cmpedu.com）下载课件素材包。

由于编者水平有限，书中难免有不妥之处，恳请读者批评指正。

编　者

目 录

前言
绪论 ··· 1

第一篇 市场调查

第一章 市场调查概述 ·· 9
第一节 市场调查的产生与发展 ··· 10
第二节 市场调查的含义、特征和作用 ··· 12
第三节 市场调查的内容 ·· 14
第四节 市场调查的类型 ·· 19
第五节 市场调查的原则和程序 ··· 24
练习与思考 ·· 27

第二章 市场调查策划 ·· 29
第一节 市场调查组织 ··· 30
第二节 市场调查方案策划 ··· 36
第三节 抽样调查 ··· 41
第四节 问卷设计 ··· 55
练习与思考 ·· 62

第三章 市场调查方法 ·· 64
第一节 实地调查法 ··· 65
第二节 网络调查法 ··· 80
第三节 文案调查法 ··· 84
练习与思考 ·· 86

第四章 调查资料的处理与分析 ··· 88
第一节 调查资料处理的含义、内容和步骤 ·· 90
第二节 调查资料的审核 ·· 91
第三节 调查资料的编码、分组与汇总 ·· 93
第四节 调查资料分析 ··· 98
第五节 市场调查报告的撰写 ··· 107
练习与思考 ··· 110

第二篇 市场预测

第五章 市场预测概述 ... 115
- 第一节 市场预测的概念 ... 116
- 第二节 市场预测的类型 ... 118
- 第三节 市场预测的原理 ... 120
- 第四节 市场预测的步骤 ... 122
- 练习与思考 ... 125

第六章 定性预测法 ... 127
- 第一节 专家预测法 ... 128
- 第二节 主观概率法 ... 134
- 第三节 几种常见的判断分析方法 ... 136
- 练习与思考 ... 141

第七章 时间序列趋势预测法 ... 143
- 第一节 时间序列趋势预测法概述 ... 144
- 第二节 简易平均法 ... 146
- 第三节 移动平均法 ... 149
- 第四节 指数平滑法 ... 155
- 第五节 趋势延伸法 ... 159
- 第六节 季节指数法 ... 177
- 第七节 市场占有率预测法 ... 181
- 练习与思考 ... 183

第八章 回归分析预测法 ... 185
- 第一节 回归分析预测法概述 ... 185
- 第二节 一元线性回归分析预测法 ... 188
- 第三节 多元线性回归分析预测法 ... 196
- 练习与思考 ... 201

第九章 市场预测的综合分析 ... 203
- 第一节 预测方法的选择 ... 203
- 第二节 预测结果的分析和评价 ... 207
- 第三节 案例分析——某企业生产能力调查与需求预测 ... 210
- 练习与思考 ... 214

第三篇 市场决策

第十章 决策理论与方法概述 ... 219
- 第一节 决策的含义及特征 ... 220
- 第二节 决策的分类 ... 222
- 第三节 决策分析与决策过程 ... 224

| 练习与思考 | 226 |

第十一章　单目标决策方法　228
- 第一节　确定型决策分析　229
- 第二节　风险型决策分析　244
- 第三节　不确定型决策分析　250
- 第四节　多阶段决策分析方法　255
- 第五节　效用曲线法　263
- 练习与思考　266

第十二章　多目标决策　269
- 第一节　多目标决策的基本概念　270
- 第二节　多目标决策方法　272
- 练习与思考　283

第十三章　决策方案的确定与实施　285
- 第一节　敏感性分析　286
- 第二节　信息的价值分析　289
- 第三节　资本预算分析　290
- 第四节　决策方案的实施　298
- 练习与思考　301

参考文献　303

绪　论

在市场经济条件下，市场和企业是一对相互依赖又相互制约的矛盾体。企业离开市场就无法生存，其资本循环也就无法有效运转；市场若没有企业的参与，也就失去了存在的意义。了解市场与企业的本质，认识市场与企业的相互关系，对掌握市场调查、市场预测与市场决策的本质，以及市场调查与市场预测、市场预测与市场决策的相互作用具有重要的意义。

一、市场与企业

市场是商品经济的产物。在商品经济已经十分发达的今天，企业作为独立的商品生产者和经营者，必然处于一定的市场环境之中，随时受到市场机制的调节和制约，经受激烈的市场竞争的严峻考验。为了能够在瞬息万变的市场环境和激烈的市场竞争中求得生存和发展，企业必须充分认识市场，正确理解和把握市场与企业之间的相互关系。

（一）市场的含义和分类

1. 市场的含义

从微观来看，在现代市场营销中，市场主要表现为对某种或某类商品的消费需求，即由三个要素组成：

$$市场 = 消费者 + 购买力 + 购买欲望$$

市场的三个因素是相互制约、缺一不可的，只有三者结合起来才能构成现实的市场，才能决定市场的规模和容量。例如，一个国家或者地区人口众多，但收入水平低下，购买力十分有限，因而不能构成容量很大的市场；又如，购买力虽然不小，但是人口不多，也难以形成很大的市场。只有在人口多，而且购买力高的情况下，才能成为一个有潜力的大市场。但是如果产品不适合需求，不能引起人们的购买欲望，对于营销者而言，仍然不能形成现实的市场。因此，只有消费者、购买力、购买欲望三者相互联系，相互制约，才能共同构成企业的微观市场。

从宏观来看，市场是指商品交换的地域载体，即买卖双方发生交易行为的地点或场所。市场对于不同的市场主体来说，其含义存在一定的区别：对于消费者而言，市场是购买商品的场所；对于企业而言，市场就是顾客。但从实质上来看，市场行为是一种相互交换的行为。这种交换必须符合几个条件：市场必须存在市场主体和市场客体（市场主体是指从事商品交换的当事者，市场客体是指进行交换的商品）；双方进行的是等价交换；有特定的交易场所，等等。

2. 市场的分类

根据购买者购买目的的不同，市场可以分为消费者市场和产业市场。

（1）消费者市场。消费者市场也称为生活资料市场，它是由为满足个人生活需要而购买商品的所有个人和家庭组成的，是社会再生产消费环节的具体表现，是经济活动的最终市场。企业为消费者服务的过程，也就是企业最终实现商品价值和让渡使用价值的过程。对消费者市场的调查与预测是市场分析最基础也是最主要的内容。市场调查与预测在研究消费者市场时，主要以消费者的购买行为所决定的需求量、需求结构的发展变化为核心内容。由于消费者的需求量与需求结构的发展变化受多种因素的影响，因此市场调查与预测还必须对各种因素进行分析。消费者市场具有一些与产业市场不同的特点，主要表现在以下几个方面：

1）消费者购买的频繁性。消费者是为了满足个人和家庭需要而购买消费品的。由于某些商品不易保存，消费者每次在购买时不宜过多，一般属于小型购买。但是为了维持生活需要的连续性，就需要重复、频繁购买，这一特点在日用品消费上表现得尤为明显。因此，在进行市场调查与预测时，应充分考虑消费者市场的这一特点。

2）消费者的购买行为具有较为明显的可引导性。消费者的购买决策一般是自发的、分散的由个人或家庭成员做出的。市场上的商品花色、品种繁多，质量、性能也存在差异，消费者购买商品时往往需要卖方的宣传、介绍和帮助。市场上许多商品具有可替代性，如果某个企业的产品或服务不能满足消费者的需求，消费者的购买行为就会转向该企业的竞争者。

3）消费者市场范围广、规模大。消费者市场不像产业市场那样相对集中，它分布得十分广泛。例如，我国的消费者遍布全国960多万平方公里的土地上，人数超过13亿，家庭数量超过3亿个。这对于生产消费品的企业来说，是一个巨大的潜在的市场，只有在我国人民的消费水平整体提高之后，才会形成一个巨大的现实市场。

4）消费者市场需求的差异性大。消费者市场的需求受到诸多因素的制约，例如年龄、性别、职业、收入水平、文化程度、生活地域、民族等因素都会影响消费者市场的需求。由于制约因素的多样化，因而会产生需求的多样化。这种差异性不仅表现为不同消费者各自需求不同种类的商品或服务，而且表现为同一消费者对同一商品或服务在不同时间的需求的差异性。

（2）产业市场。产业市场也叫生产资料市场，它是在产业用品（非最终消费品）的买卖双方作用条件下形成的，是产业用品买方需求的总和。产业市场的买方是产业用户，是组织团体而不是个人消费者。与消费者市场相比，产业市场具有以下特点：

1）需求的派生性。生产者对生产资料的需求，归根到底是由消费者对消费品的需求引申出来的，也就是说生产者购买生产资料的目的是给消费者市场提供产品。拿汽车制造企业来说，如果消费者不需要该类型的汽车了，那么该企业也就不必要生产此类型的产品了，也就不需要相应的生产资料了。消费者的需求带动了消费品生产的发展，也带来了产业市场的扩大。

2）产业市场用户的规模和集中程度差异很大。产业市场的购买者之间的规模大小各异，其相应的购买量也有很大的差异；这种差异远远超过不同消费者之间的差异。产业市场的集中度差异也很大，从地域上看，沿海与内地之间，城乡之间，产业市场的集中度均有不小的差别。

3）产业市场的购买次数少但批量大。产业市场中的购买者是为了生产消费品而购买产品的，在一次性的购买数量上要远远超出生活资料消费者的购买数量。在市场调查和预测决策中，应充分考虑产业市场的这一特点。

（二）企业的含义

企业是以营利为目的，运用各种生产要素（土地、劳动力、资本和技术），向市场输出产品和服务的合法社会经济组织。营利是企业的根本目的，提供产品和服务仅是它获取利润的手段。企业在利润动机驱使下，实行独立核算，以尽可能少的人、财、物和时间投入，获得尽可能多的利润。也就是说，企业通过为社会提供商品或服务来实现资本增值，回收成本、获取利润，进而再投入，成为资本循环运动的经济实体，持续地从事生产经营活动。

（三）市场与企业

在现实生活中，市场与企业的关系主要体现在以下两个方面：

1. 市场对企业的客观性作用

（1）市场是维系企业生存和发展的基石，是企业一切活动的中心。任何一个企业都是在市场这个环境下生存和发展的，离开了市场，企业也就失去了存在的依据。企业生产的商品必须在市场上才能实现价值，也只有通过市场才能获得再生产的原料和设备。可以说，拥有一个市场比拥有一个工厂更为重要。

（2）市场使企业适应消费，同时检验企业在市场上的定位是否准确。市场大而多变，任何一个企业都无法满足市场上的一切需求。即便是现实的市场得到了满足，潜在的市场又会创造需求，从而引导企业不断生产出新的产品、提供新的服务。人们的购买动机也是多方面的，但企业总可以通过商品在市场上的销售情况分析人们的购买欲，判断市场未来的走向。适应市场需求的产品和服务，会赢得市场并获得利润，企业应多投资生产这样的商品；相反，不适应市场需求的产品和服务，尽管投入了大量的人力、物力和财力，也不能使企业的投资增值，有时甚至发生亏损。生产这样的产品，就是企业的失策。

（3）市场充满竞争，对企业来说既是机会又是挑战。哪里有市场，哪里就有竞争，否则市场就失去了活力。竞争促使优胜劣汰，从而推动整个市场经济的发展。我国加入了WTO后，面对的不仅是国内市场，更要融入国际市场，企业如果没有一定的优势，势必被淘汰出局。竞争既给企业提供了机会，更提出了挑战。这就要求企业具有敏锐的洞察力，努力去抓住机遇，规避风险。市场调查就是必要的途径之一。

2. 企业对市场的主体性作用

尽管市场是复杂多变的，存在着激烈的竞争，但企业总可以通过市场调查，认识市场，进而去把握市场，使市场为之服务。

（1）企业可以认识和把握市场。通过市场调查，企业不仅可以了解现有市场上的同类产品的相关情况，如质量、价格、顾客的喜爱度等，从而将自己的产品按照适应市场的方向改进，而且可以探测未知的市场走势，制定较远的生产和经营目标，为企业的长足发展提供保证。

（2）企业可以适应市场。适应市场就是指企业能够在业已成型的市场上立足和发展。这种发展必须完全正面地介入市场的一般竞争中。适应市场是企业与市场关系中最一般的关系，是企业必须具备的基本实力，也是企业与市场关系的主体，绝大部分企业和产品选择适应市场的策略。因此，企业必须有能力在这种适者生存的竞争中立足，才能获得市场对企业良好的促进和互动。

（3）企业可以创造市场。所谓创造市场，就是指企业可以通过现有的资源创造出一种新的市场，提供人们现在没有的产品或服务，也可以创造出一种新的消费方式或生活方式。

例如，由传统饮用水转变为纯净水，就由传统的消费方式变为了新的消费方式，由比较小的价值转变为很大的价值，开辟了广泛的市场，也给人们的生活带来了方便，因此能快速赢得市场。同时，创造市场还包括开拓新的市场，这就要求企业具有敏锐的洞察力，在其他企业没注意到时，自己率先发觉并采取行动。例如，日本的家电、汽车和摄影产品之所以在市场上十分畅销，就是因为日本从来都是把全球作为它的市场来看待的，日本的大公司是与全球市场共生与互动的。因此，在我国加入WTO后，创造市场的机会更大，企业应抓住机遇，寻求发展。

二、市场调查与市场预测

市场研究就是通过一些方法收集市场活动的历史和现状的事实材料，借助一定的预测理论和方法，对市场活动的未来发展趋势做出判断，推测在未来某一时段市场活动发展变化可能达到的水平和规模，增强对未来市场活动的认识，为解决问题的方案及方案论证、评价、比较选择提供科学的依据。市场研究是获取市场信息的重要手段，其作用是市场研究者参与经营管理过程的信息反馈。市场研究为企业探求新的市场机会，如确定最有可能进入的目标市场，确定满足目标顾客群需求的经营方案等。市场研究包括市场调查和预测两部分内容，二者既有区别又有联系。

（一）市场调查和市场预测的关系

市场调查与市场预测是市场研究的两个重要组成部分，二者的关系主要表现在如下几个方面：

1. 市场调查是市场预测的基础和前提

（1）市场调查为市场预测提供必要的信息资料。通过市场调查，收集大量的基础资料，并进行科学的分析，就能从中发现问题的症结所在，从而对症下药。它不仅为市场预测提供了必要的信息资料，而且为市场预测提供了方向，让预测有据可寻。

（2）市场预测的结论需要市场调查来验证和修正。市场预测虽然是建立在认识和把握客观规律的基础之上的，但毕竟还是一种假设，具体正确与否，常常需要实际的调查来验证。通过调查，发现预测不准确或错误的地方，再进行修正和完善。

（3）市场调查方法丰富和充实了市场预测技术。市场预测的很多方法都是在市场调查中不断完善和提高的。例如，"德尔菲法"就是市场调查中常用的方法，在预测中也是十分重要的方法。

2. 市场调查不同于市场预测

市场调查与市场预测有很深的联系，但在研究的侧重点、研究的过程和方法、研究的结果等方面都不同。

市场调查和市场预测虽然都研究市场上的供求关系及其影响因素，但是市场调查的侧重点是市场现状和历史的研究，是一种客观描述性的研究；而市场预测则是对市场未来的研究，对未来市场做出推断和估计，是一种预测性的研究。市场调查所获得的结果是市场上的各种数据资料，以及通过数据资料分析的调查报告等；而市场预测所获得的是关于未来市场的发展预测报告，是一种具有科学依据的假定。在研究过程和方法上，市场调查的方法属于了解市场、认识市场的定性研究；而市场预测的方法多是建立在定性分析基础上的定量测算，需要运用数学方法和建立一定的预测模型。

（二）市场调查与市场预测的学科特点

市场调查与预测是一门实践性很强的学科。学习这方面的内容要以经济学理论为基础，并借鉴市场营销学、管理学、统计学的理论，以先进的计算机科学技术为重要的工具，坚持理论联系实际，才能掌握市场调查与预测的基本理论和科学方法，为企业的市场营销决策服务。

学好这方面的内容需要注意以下两点：

（1）从方法论上探讨行之有效的科学方法。市场研究既要以经济学、管理学、市场学理论为基础，又要结合企业的实际情况。市场调查资料的水平和质量在很大程度上决定着市场预测的水平和质量。另一方面，在调查的基础上，根据预测的目的和对象选择恰当的预测方法也是市场研究不可缺少的内容。

（2）从本质上把握市场变化规律。市场将国民经济各部门连接在一起，使之成为一个互相联系、互相依存、甚至互相对立的整体。进行市场调查与市场预测决不能仅仅停留在对表面现象的认识，不能"只见树木不见森林"，而要尽可能从本质上把握市场变化的规律，这样才能做出正确的判断和推测，最终做出正确的决策。

三、市场预测与决策

市场预测与市场决策是既相互区别又相互联系的两种经营管理过程的活动。市场预测属于认识的范畴，通过市场预测可以更清楚地了解未来市场的变化情况，它从方法论上研究市场发展的客观规律，研究如何提高预见的科学性、准确性。市场预测不是目的，而是实现最终决策的一种手段，为决策提供服务，即为确定合理的目标和选择实现决策目标的方法提供科学的依据。市场决策是经营管理的核心，因为经营管理需要围绕着市场进行，而决策的好坏关系到企业的未来。决策为企业生存发展过程中存在的问题研究对策，即如何最合适、最科学地在时机、成本、收益三者之间进行分析、比较和选择，进而进行组织实施。市场决策不仅属于认识的范畴，而且属于实践的范畴。通过预测，决策者能够开阔自己的视野，增强对决策问题的认识，给最终的决策提供更多科学的依据。预测通过对各种可能出现的情况提出各种不同的应对方案给决策者，决策者通过预测方案做出相应的决策。一般而言，预测结果的准确性越高，则决策目标和方案选择的依据越可靠。所以，从整体上讲，市场预测是管理决策过程的重要组成部分，是科学决策的前提与保证。

（一）决策的概念

决策是人类的一种普遍性活动，一般是指个人或集体为达到预期目标，从两个以上的方案中，选择最优方案或满意方案，并推动方案实施的过程。所有经营管理问题的决策都是在市场调查研究和预测提供的资料、情报等信息的基础上确定预测目标，利用科学理论和方法，充分发挥人的智慧，对主客观条件进行系统的分析，并围绕决策目标制定相应的行动方案，从多个备选方案中选择适合实际情况的最优或者最满意的方案去组织实施。在组织实施过程中，要不断地检查和监督，以便发现偏差，加以修正，才能实现目标。简而言之，决策就是管理者根据对经营管理活动规律的认识，经过对市场信息的分析研究，为解决组织问题而做出决定的过程。

管理决策是一种决定，但与一般性的决定又存在着区别。在经营管理过程中经常需要做出决定，但多数情况下不能称之为决策。管理决策的特点表现在以下几个方面：

（1）决策是手段，而不是最终的目的。决策是要找到解决经营管理中存在问题的方法，因此，只有面临需要解决的问题，才有必要去制定相应的决策。

（2）管理决策是对组织系统实施管理职能的重要一环，因此，决策不直接涉及企业的全体人员，只有相应的权力机构以及被授予某部门领导权的管理者才能做出决策。

（3）管理决策是经营管理的规范，是职工行动的准则，因此管理决策的约束力不仅涉及范围内的机构人员，还涉及管理者本人。

（二）市场预测和决策的关系

1. 决策贯穿于整个经营管理的过程

现代企业经营活动离不开经营管理。现代企业经营是借助营销手段，出售商品和服务实现其价值，并满足消费者需求的一种系统性的经济活动。企业在经营活动的运转中，为了取得经济效益，需要以一定的经营方式，依照一定的规律、原则、程序和方法对企业的人、财、物、信息等资源要素及其经济活动过程进行计划、组织、指挥和控制，实施管理的职能。企业在经营活动的整个过程中，一方面要把经营活动作为全部经济活动的中心，另一方面还要为达到经营目标而实现科学管理。由此可见，管理的重心在于经营，经营的重心在于决策。没有正确的战略规划和明确的经营目标，经营管理也就失去了方向；没有科学有效的决策，管理的职能也就无法有效地执行。经营与管理是企业经济活动过程的两个侧面，二者相辅相成，密不可分。

2. 市场预测与管理决策

市场预测与管理决策是经营管理过程中既相互区别又密切联系的两种活动。预测既是决策的依据，也是改进决策的手段，其目的在于帮助人们做出科学决策。或者修正决策。决策者应当根据变化了的情况，及时地对事物未来的发展方向进行预测，并善于捕捉时机，修正已有的决策，以便不断提高决策的科学性。当然，决策对预测也具有反作用。人们进行决策时，必须考虑这些决策将怎样改变预测，因为只做决策而不做预测，将会发生不良后果。

市场预测属于认识的范畴，它是为管理决策服务的，本身并不是目的。它为正确确定经济活动目标和选择实现目标的行动方案提供科学依据。管理决策是决策者根据对经济管理活动规律的认识，经过对市场信息的分析研究，对管理目标及管理措施做出决策的过程。管理决策既属于认识的范畴，又属于实践的范畴，它是为了企业的生存和发展研究相应的决策，即如何最合适、最科学地在时机、成本、收益三者之间进行分析、比较和选择，进而组织实施。从整体上看，市场预测是管理决策过程的重要组成部分，是管理决策的基础；管理决策是经营管理活动的核心。

练习与思考

1. 如何理解市场和企业的概念？
2. 简述市场调查与市场预测的关系。
3. 简述市场预测与决策的关系。

第一篇

市场调查

第一章
市场调查概述

学习目标

1. 了解市场调查的产生与发展。
2. 明确市场调查的含义、特征与作用。
3. 掌握市场调查的类型与内容。
4. 熟悉市场调查的原则和程序。

【引导案例】 瞬息万变的市场

近几年,共享经济的风头盛极一时,其中表现最为抢眼的,莫过于共享单车的井喷式发展,从产品设计到用户体验,从早期的彩虹单车到摩拜、小黄车 OfO,共享单车经历了一轮又一轮的洗礼。正当摩拜和 OfO 以为自己即将主宰整个共享单车市场时,哈罗单车与永安行于 2017 年 10 月突然宣布合并,合并后的哈罗单车于 2017 年 12 月获阿里巴巴、复星、GGV(纪源资本)等机构 33 亿元的融资。2018 年 1 月,小蓝单车在被滴滴托管后,满血复活进入市场。2018 年 4 月 3 日深夜,摩拜股东会通过美团收购方案,美团以 27 亿美元作价收购摩拜。2018 年 5 月 31 日,继永安行与哈罗单车合并、蚂蚁金服领投 3.5 亿美元融资以及 10 亿元单车抵押贷款后,阿里巴巴再次对哈罗单车出手,增资 18.94 亿美元,成为永安行低碳第一大股东,持股 36.73%。而共享单车巨头 OfO 不断爆出资金链紧张、拖欠供应商货款、用户退押金难的问题。短短两三年,共享单车的市场格局发生了剧烈的变化。

移动支付也称为手机支付,是允许用户使用移动终端(通常是手机)对所消费的商品或服务进行支付的一种服务方式。根据第三方机构易观发布的《中国第三方支付移动支付市场季度监测报告 2017 年第 4 季度》显示,2017 年第四季度,第三方支付移动支付市场交易规模达到 37.8 万亿元人民币,其中,支付宝市场份额为 54.26%,微信支付背后的腾讯金融市场份额为 38.15%。2018 年 7 月 4 日,易观发布《中国第三方支付移动支付市场季度监测报告 2018 年第 1 季度》,报告显示 2018 年第 1 季度,中国第三方移动支付市场交易环比增长 6.99%,总交易规模达到了 403645.1 亿元人民币。在超过 40 万亿元的第三方移动支付市场中,支付宝占据了 53.76% 的市场份额,包含微信支付、财付通在内的腾讯金融则是以 38.95% 的市场份额位列市场第二,中国第三方移动支付市场中,支付宝和腾讯金融二者的市场份额就达到了 92.71%,占据绝对主导的地位。

而几年前,微信支付却只有不到 10% 的市场份额。随着电子商务的发展,微信支付突飞猛进,微信支付范围越来越广,就连在菜市场买菜、水果摊购买水果、街边买报纸均可使用微信支付。

案例思考：
1. 用什么方法了解和掌握瞬息万变的市场？
2. 面对变化无常的市场环境，企业应该如何应对？

变化，是市场永恒的主题。如今，面对复杂多变的市场和激烈的竞争，企业要想生存和发展壮大，就必须充分"透视"市场，对市场这个"生命体"进行充分的调查和科学有效的预测，并在此基础上进行正确的决策。

第一节　市场调查的产生与发展

一、市场调查的产生

市场调查是随着近代商品生产和商品交换的发展而出现的。经济的发展是市场调查产生和发展的基础和动力。在小商品经济社会中，由于生产规模很小，市场范围也很狭窄，此时市场的变化对商品的生产和销售影响并不大，供求关系也处于比较简单的阶段，这时的市场调查处在一个单一的、较低的发展水平上，并没有形成具体的市场调查的概念。18世纪出现的工业革命使西方的经济得到了极大的发展，市场规模也随之扩大。在市场经济条件下，生产与消费必须相互配合，产品必须符合顾客的要求，同时，市场的变化也对企业的生产产生了较大的影响。商家只有了解到消费者的需求、爱好、购买能力、购买行为等，才能生产出适销对路的产品；同时，企业对市场行情变化的调查也日益重视。这一时期企业主要凭借传统的经验来管理企业，虽然积累了一些市场调查和统计分析的经验，但却因为受到科学技术水平和经营管理水平的限制，市场调查尚未发展为一门科学，也没有发挥其应有的作用；但市场经济的发展毕竟呼唤着市场调查这门学科的出现。

19世纪末20世纪初资本主义进入垄断阶段，商品经济进一步发展，市场迅速扩大，市场对企业的影响以及竞争的激烈，使得企业迫切需要了解市场的变化和竞争对手的活动情况。20世纪初，国外一些大企业纷纷成立市场调查机构，对市场从事系统的研究，市场调查的观念和理论也随之出现。1911年，美国当时最大的科蒂斯出版公司率先成立了市场调查部门，并编写了《销售机会》一书，这是第一本有关市场研究的专著。到20世纪20年代，其他一些公司也先后设立了类似的市场调查机构。20世纪30年代是市场调查发展的重要时期，美国市场营销学会宣告成立，并出版了《市场调研技术》等书，为市场调查这门学科的形成和发展奠定了重要的基础。第二次世界大战后，市场调查得到了迅速发展，其广泛开展以及经验的积累，需要对市场调查进行深入系统的研究。20世纪50年代，市场调查这一学科真正作为一门方法论科学而产生了。

市场调查能形成一门学科并被广泛运用，主要是由于买方市场的形成奠定了其产生的基础条件，市场竞争的日益激烈以及消费者需求的多样化和变化性加速了其发展。

二、市场调查的发展

市场调查是在美国产生和发展起来的。当第一本有关市场研究的专著《销售机会》出版时，美国的一些大学也建立了商业调查研究所开始着手市场调查理论与方法的研究。自

1923年美国人尼尔逊开始创建专业的市场调查公司后,市场调查工作成为营销活动不可分割的有机体。1929年经济危机的爆发,使企业开始重视市场调查活动,进一步推动了市场调查的快速发展。20世纪30年代,美国市场营销学会的成立成为市场调查发展的里程碑。之后,随着心理学家的加入、统计方法的进步和突破,市场调查的方法得以丰富,其调查结果更加科学可信,应用范围也扩大到了市场营销的各个领域。与此同时,美国先后出版了不少关于市场调查的专著,使得市场调查理论得到了较快发展。理论与实践的进一步结合,推动了企业生产和经营的快速发展。

1950年以来,随着电子计算机的问世以及在市场调查中的广泛应用,一方面使市场调查进入一个快速发展的时期,消费者行为(价值观和生活方式)成为消费者定性和定量研究的重要组成部分;另一方面,通过电子计算机进行大量的抽样调查和统计软件的开发使市场调查业成为一个具有发展前景的新兴产业,并使市场调查形成了一个以计算机为中心的信息网络系统,逐步成为信息产业的重要组成部分,发挥越来越重要的作用。20世纪90年代以来,市场调查行业进入不断完善的时期,尤其是随着经济全球化的发展和市场界限的无国界化,市场调查更呈现为全球化趋势。今后,随着更多发展中国家融入WTO,市场调查机构的业务范围还会不断扩大,在不断完善之中进入成长期。

展望未来,在世界范围内,市场调查主要有以下四个发展趋势:

(1)市场调查的地位日益提高。随着经济的发展及竞争的日益激烈,企业利用市场调查为预测、决策服务的频率将大为提高,在市场调查上的投入也将大大增加,其在企业营销过程中的地位和作用也将更加突出。

(2)市场调查体系将愈加完善,机构趋向多元化。未来的市场调查机构(包括政府、企业、新闻媒体、专业调查咨询公司等在内的调查机构)将充分发挥各自获取信息的优势;与此同时,市场信息社会化程度、企业和公众对市场信息的依赖程度也将大大增加。

(3)市场调查方法将更加先进。为使市场调查更加精确,在调查方法上将更加趋于多种调查方法的结合应用。此外,各种先进技术将更广泛地应用于市场调查中,并推动市场调查方法更加成熟和完善。

(4)行为科学将在市场调查中被更广泛地采用。在未来市场调查中,对消费者心理和行为的研究将更加受到重视,因此,行为科学方法将在市场调查中得到进一步的应用。

三、市场调查在国内的兴起和发展

市场调查在我国的发展比较缓慢,其主要原因是长期以来我国一直忽视市场信息的价值,造成市场调查范围狭小,调查方法单一,市场信息作为产业形式发展起步很晚,整个社会对市场信息的商品属性及其价值的认识程度不高,已有的一些专门的调查机构也并不是为市场服务。

从20世纪80年代中后期开始,我国出现了商业性的市场调查机构。随着对传统的、高度集中的计划经济体制的改革以及市场发育的成熟,我国调查业取得了一定的发展。但总的来说,我国调查业的发展仍然缓慢,主要原因在于:全国的市场调查机构很多,但真正成规模且实际运转良好的却是极少数;本土的市场调查机构诚信水平偏低,调查的供给方与需求方缺乏有效的信息沟通,调查常与实际脱节。虽然我国调查业的市场潜力极大,但目前仍处于艰难的启动阶段,国内的调查市场仍需培育和开发。

第二节 市场调查的含义、特征和作用

一、市场调查的含义

市场调查的含义一般有狭义和广义之分。

广义的市场调查是指通过有目地对一系列资料、情报、信息的收集、判断、筛选、解释、传递、分类和分析来了解现有的和潜在的市场，并以此为依据做出经营决策，从而达到进入市场、占有市场并取得预期效果的目的。

狭义的市场调查是指以科学的方法和手段收集消费者对产品的购买情况，包括对商品的购买、消费动机等购买活动的调查。

广义市场调查扩大了调查的范围，并拓展到多方面的调查和研究工作。由于实际中现代市场的组织复杂且活动频繁，调查贯穿了生产、消费及流通等多个领域，因此本书以广义的市场调查作为研究范畴。

二、市场调查的特征

（1）全过程性。市场调查是对市场状况进行研究分析的整体活动。它不是单纯对市场信息资料的收集过程，而是包括了准备、策划、资料收集、整理与分析、撰写调查报告等一个完整过程。

（2）社会性。市场调查的对象是市场环境和营销活动，是面向社会的。随着社会生产力的不断发展和企业外部环境的不断变化，市场营销范围不断拓展，营销观念也由此经历了从生产观念、推销观念、市场营销观念到社会营销观念的演变。由此使得市场调查研究的内容和应用范围也随之扩大，涉及社会经济生活的各个领域。

（3）目的性。市场调查的目的，就是要了解市场、把握市场变动趋势，从而为企业或有关部门进行预测、决策提供科学的依据。

（4）不确定性。市场调查所收集的资料都具有表面性，只有通过人为的分析，才能获得内在有价值的东西。由于市场是一个受众多因素综合影响和作用的场所，市场调查不可能掌握全部的信息，也不可能很准确地收集信息，所以，它不能保证使企业的预测和决策一定能成功。被调查者千变万化的心理状态有时也会增加对调查结果分析的难度，从而也导致了调查的不确定性增大。如有些调查人员发现，当他们向被调查者询问最关注香皂的哪方面问题时，得到的答案通常是香皂能否起到清洁的作用，但当调查人员把货样拿给人们看时，人们却更关注是否喜欢这香味。所以说，任何的市场调查都具有不确定性，而其作为预测和决策的基础，应在进行调查时注意尽量减少信息收集整理中的错误和误差。

（5）科学性。市场调查之所以受到企业的重视，成为预测与决策的基础，很重要的一点是因为其采用了科学的手段和方法，而不是主观臆测。它是在一定的科学原理指导下形成，并在一定的原则和程序下进行，且受专业人士指导，保证了其全过程的科学性。

（6）时效性。市场调查总是在一定的时间范围内进行，它所反映的只是特定时间内的信息和情况，在一定的时期内调查结果是有效的。由于市场的不断变化，一段时间后总会出

现新的情况和问题，以前的调查结果就会滞后于形势的发展，不能对企业产生应有的效用，若此时企业仍沿用过去的结论，就只会使企业延误时机，甚至陷入困境。

三、市场调查的作用

市场调查的任务是判断信息需求情况，并向管理层提供相关、准确、可靠、有效和及时的信息，且具有描述、诊断和预测功能。

市场调查的作用主要表现在以下几个方面：

（1）及时了解市场，掌握市场信息，充实和完善市场信息系统，为企业编制生产和经营计划、制定科学的经营决策提供依据。做任何一个决定，都必须要有事先的准备和调查。对于一个企业来说，要占领市场，必须先了解市场，把握市场，获得大量的市场信息。只有这样，才能科学地进行决策，制定经营和发展目标。而实现这一切的手段便是市场调查。

市场调查与经营计划以及最终的经营决策之间的关系可用图 1-1 表示。

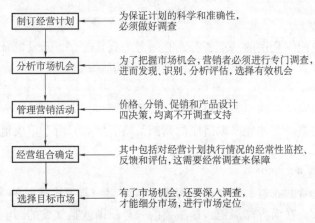

图 1-1　市场调查与经营计划和最终经营决策之间的关系

（2）通过市场调查，可以更好地了解消费者，以便提供更好的产品和服务，从而更好地适应市场。企业的经营对象是广大的消费者，拥有广大的顾客是企业获利的关键。市场调查给消费者提供了一个表达自己意见的机会，他们能够把对产品或服务的意见、想法及时反馈给生产企业或供应商，企业由此加以改进，生产出让消费者满意的商品，同时，顾客也能获得更好的服务。可见，市场调查具有双向性，不仅有利于商家，更有利于顾客。

（3）促使企业改善经营管理，提高经济效益，进而占领市场。市场变化莫测，企业经营风险性很高。由于消费者需求的多样性，市场的国际化以及不断加速的变化步伐，使得市场不确定性增加，凭直觉和经验做出的分析缺乏可行性。要使企业提高经济效益，必须进行市场研究，使企业的经营活动符合消费者的需求，使产品适销对路，以扩大市场占有率和销售中的盈利。同时，对企业经营状况及市场环境进行调查，能够为企业生产经营起到监测和预警的作用，促进企业进一步提高经济效益。

（4）有利于企业开拓市场，开发新产品。企业要发展，仅仅立足于现有的市场是不够的，通过市场调查，去了解各个国家和地区的消费情况，是进入这些国家和地区的前提条件。通过了解不同地区消费者的特点，可开发出适合特定地区消费人群的新产品，开拓一片新市场。这样，企业将不会局限于一个区域，经营规模将不断扩大，获利也就越来越多。

总之，搞好市场调查就是要使企业了解市场、适应市场、占领市场、开拓市场，使其在激烈的市场竞争中立于不败之地。

第三节　市场调查的内容

一、市场基本环境调查

企业的生存和发展离不开市场所处的环境。环境是客观的，是不以人的意志为转移的，企业只有在对所处环境进行深入调查和详细分析的基础上，才能有效避开各种威胁，制定出适合企业发展的方针策略。为此，企业应当对以下方面进行调查和深入分析。

（一）自然环境的调查

自然环境是先天的决定因素，决定了企业的生存方式。自然环境包括自然资源、地理和气候环境等。

1. 自然资源调查

自然资源是企业能够利用的基本资源，必须考虑到其储存、开发以及更新情况，尤其是短期内不可更新的资源，一旦缺乏，企业便会陷入困境。

2. 地理环境调查

地理状况会影响到企业的生产资料来源，产品的销售、运输和储存方式，消费结构和消费习惯。了解各地的差异，才能采取适应的营销策略。例如，由于重庆地势起伏大，自行车在重庆就不畅销。

3. 气候环境的调查

气候会影响消费者的衣着、饮食、住房等，从而制约着很多产品的生产和经营。例如，在北方畅销的羽绒衣，在南方却滞销，最主要的一个原因就是气候的影响。

（二）政治和法律环境调查

国家的政策、方针、路线、法规条例，国内外政治形势、政府的经济政策及政治体制改革等，都会影响和制约商品的销售情况。例如，我国加入WTO后，企业从国内市场扩展到国际市场，就必须弄清楚世界贸易相关原则，否则，将会给企业带来不利的影响。

市场经济必须有一定的法律来约束，企业做任何事情都不得违反国家的法律。每个企业都必须要熟知合同法、商标法、专利法、广告法等多种法规条例，进入国际市场还应了解有关国家的对外贸易法律。

（三）经济环境调查

经济环境对市场活动有着直接的影响。企业对经济环境的调查主要包括两个方面。一是经济发展水平。这主要影响市场容量和市场需求结构。例如，经济发展水平增长快，经济形势好，就业人口增加，消费需求就会相应增加，消费结构将发生改变。二是消费水平。消费对生产具有反作用，消费水平决定市场容量。因此，经济环境调查是市场调查不可忽视的一个重要因素。

（四）社会文化环境调查

文化环境调查主要包括知识水平、宗教信仰、风俗习惯、价值观、审美观等的调查。文化直接影响人们的生活方式和消费习惯，不同的国家和地区，有着各自不同的文化特色。营销活动只有适应当地的文化和传统习惯，其产品才能得到当地消费者的认可。在构成文化的诸要素中，知识水平影响消费者的需求构成和对产品的判断力，知识水平高的市场，高科技的产品会有很好的销路。另外，宗教信仰和风俗习惯也对消费结构有着重要的影响。

（五）科技环境调查

科学技术就是生产力。当代科技的飞速发展使得科技的影响力渗透到了经济和社会生活的各个领域，它既能给企业创造成功的机会，也能给企业带来技术上的威胁。因此，企业应进行科技环境的调查，包括新技术、新能源、新产品、相关技术国内外发展水平、产品技术质量检验指标和标准等。

二、市场需求调查

（一）消费需求量调查

消费需求量直接决定市场规模的大小，其主要与一个国家或地区的人口数量以及收入状况有关。一般来说，商品的需求量与人口数量以及收入成正比。同时，人口地理分布状况、民族构成、年龄构成、性别差异、职业构成、受教育程度、消费者支付购买力等都直接与消费需求量有关。如不同民族对饮食、服装等商品的需求不同；老年人对滋补品、保健品有较多的需求，而年轻人对服装、护肤品的需求则远远超过老年人。

（二）消费结构调查

消费结构是指消费者将货币收入用于不同产品支出的比例，它决定了消费者的消费投向。对消费结构的调查主要是对当地恩格尔系数的掌握。

（三）消费者购买动机和行为调查

购买动机是为满足一定需要而引起人们购买行为的愿望和意念。消费者购买动机复杂多变，影响因素众多，可归纳为主观和客观两方面的原因。主观方面来自消费者本身，如本能动机、心理动机、感情动机、理性动机和光顾动机等。客观方面主要来自外界影响，如营销、广告等。购买行为调查是了解消费者具体的购买情况，即在何时、何地、购买何种产品等。

案例1-1　环球时装公司在日本

排名日本服装业之首的环球时装公司，从20世纪60年代创业时的小零售企业发展成为日本有代表性的大型企业，靠的主要是第一手"活情报"。他们在全国81个城市顾客集中的车站、繁华街道开设侦探性专营店，展示公司所有产品，给顾客以综合印象。公司销售事业部每周安排一天时间全员出动，三人一组、五人一群，分散到各地进行市场调查，有的甚至假扮顾客到竞争对手的商店观察顾客购买动向，向售货员了解销售情况，调查结束后，当晚回到公司进行讨论，分析顾客消费趋向，提出改进工作的新措施。为了更详细掌握顾客的购买意向，公司还要求全国的专营店和兼营店均制有顾客登记卡，详细记载每一位顾客的年龄、性别、体重、身高、体型、肤色、发色、兴趣、嗜好、健康状况、家庭成员以及使用什么化妆品，常去哪家理发店和喜欢穿什么风格的服装等情况。这些卡片上的信息最终将储存到公司信息中心，公司可以根据这些信息辅助判断顾客眼下想买什么时装、今后有可能添置什么时装等。

案例思考：
1. 日本环球时装公司运用了什么调查方法？
2. 市场调查案例中涉及了哪些市场调查内容？

三、市场供给调查

市场供给调查主要是帮助企业了解货源状况，包括供应来源、供应能力和供应范围的调查等。

（一）商品供应来源调查

市场商品的供应有着不同的来源，从大的范围划分，可以将商品的来源分为国内工农业生产部门提供的商品、进口商品、国家储备和挖掘潜在的物资及初期结余的供应量。对产品不同的供应来源进行调查，就可以了解本期市场全部商品供应量的变化特点和趋势，并能进一步了解影响各种来源供应量的因素。

（二）商品供应能力调查

商品的供应能力调查所包括的内容如表1-1所示。

表1-1 商品供应能力调查的内容

调查内容分类	具体调查内容
商品供应能力	现有商品生产或商品流转的规模、速度、结构状况以及能否满足消费要求
设备供应能力	现有的经营设施、设备条件及技术水平是否适应商品生产和流通的发展，是否得到了充分的利用
资金供应能力	资金来源、构成、分配和使用情况以及是否盈利、经营的安全性和稳定性
员工的工作能力	现有职工数量、构成、思想文化素质、业务水平，为今后企业发展储备的人才状况是否适应生产与经营业务发展的需求

（三）商品供应范围调查

任何商品的供应范围都是有限的，商品供应范围的变化直接影响到企业营销目标的变化。在一定时期内，商品的供应范围是稳定的，但也会随着市场环境和消费者偏好的变化而变化。同时，供应范围的大小与企业的竞争能力，即商品的质量、价格和企业的信誉等直接相关。通过加强商品的营销，如广告宣传、人员推销等，可以扩大商品的供应范围。

四、市场营销调查

（一）商品自身性能和特征的调查

商品性能包括质量、价格、外形、包装、服务及广告等。质量是顾客最关心的因素，以质取胜的战略一般都行得通。价格影响着需求，企业必须合理地定价，才能有效地盈利，制定过高或过低的价格都是失策的。商品包装不仅涉及美观，更关系到商品的质量能否得到保证。

（二）竞争对手调查

企业要想占领市场，必须先搞清楚竞争对手的状况。竞争对手状况调查是对与本企业生产经营存在竞争关系的各类企业以及现有竞争程度、范围和方式等情况的调查。随时

了解竞争对手的情况,是企业获胜的必要手段之一。了解竞争对手,应主要从如下几个方面入手:

(1) 谁是主要竞争对手以及竞争对手的生产规模和资金状况。
(2) 竞争对手的销售渠道、市场占有率等现有竞争程度、范围和方式。
(3) 竞争对手商品的质量、服务、价格、营销的优势与劣势。
(4) 潜在的竞争对手状况。

除了上述的调查内容之外,还有一些专门性的调查,如企业上市之前的调查等。企业只有通过调查研究,才能扬长避短,为最终占领市场打下基础。

案例1-2 市场调查帮助他们走上了致富之路

战争是对一个统帅判断力的极大考验,而统帅们做出判断的基础就是对敌情的充分侦查。在品牌营销策划中,我们把侦查称之为市场调查。凉茶的领导者——王老吉显然为自己的崛起做好了充分的心理准备和物质准备。如今的王老吉已经以百亿销量成为民族饮料的代言人,王老吉防上火的案例更是登上了《哈佛商业评论》,可谁会想到,这一切成功的开始都源于其精密细致的市场调查。

作为岭南地区的一个区域性饮料品牌,王老吉当时在全国并不知名,同时面对着跨国巨头可口可乐和国内领先饮料品牌康师傅等的围追堵截,市场前景并不乐观。为了分得中国饮料市场上的一杯羹,王老吉聘请了市场营销公司、市场调查公司,一同进行了决定公司未来发展前景的一次市场调查。

一、竞争者情况调查

百威啤酒、旺仔牛奶、康师傅,特别是可口可乐等大型饮料巨头手握中国饮料市场庞大的市场份额,王老吉虽然在岭南地区较为有名,但其竞争力与这些全国畅销的饮料品牌相比差距甚大。然而,在凉茶饮料方面王老吉却拥有自己独特的优势。

二、确定调查试点区域

在调查区域的选择上,经过市场营销公司、市场调查公司和王老吉三方的反复沟通,确定选取比较有代表性的三个市场——广州、深圳和温州作为调查对象。广州是王老吉的传统型消费市场,喜喝凉茶已经成为广州乃至珠三角人们的一种生活习惯,之所以选择广州、深圳和温州作为调查对象是因为广州是王老吉、黄振龙等老字号凉茶的发源地,深圳则属于王老吉的新型消费市场,消费者多是外来移民,来自五湖四海,他们的购买意向对王老吉进军全国市场有非常重要的借鉴作用。而温州一个城市的销量就占了王老吉全国销量的三分之一,在温州,王老吉的销量已经超过了可口可乐。

三、聚焦调查问卷之核心内容

市场营销公司、市场调查公司和王老吉经过长时间讨论,市场研究主要聚焦以下几个问题:

1. 当前罐装王老吉市场现状与竞争状况是怎样的?

2. 目前凉茶/王老吉的消费者结构如何？谁是王老吉的主要消费者？
3. 消费者对凉茶/王老吉凉茶饮料的消费习惯和动机是什么？不同地区之间有无差别？
4. 怎样保持原有的消费者，新的目标消费者在哪里？
5. 在凉茶饮料市场，是否还存在其他新的市场机会？
6. 目标消费者对王老吉的品牌认知及评价如何？
7. 品牌"健康家庭、永远相伴""百年品牌、凉茶专家"定位的接受程度如何？是否需要重新定位？

四、制定市场调查项目推进表

调查时间：2003年

第一阶段：电话定量访问

1月7日～1月8日　电话访问问卷设计

1月9日～10日上午　电话访问问卷修改并确认

1月10日下午　市场营销公司内部项目培训

1月11日～1月14日　电话访问

1月15日～1月17日　信息录入、数据处理

1月17日　下午提交数据报告

第二阶段：座谈会

1月13日～1月15日　座谈会大纲设计

1月16日～1月20日　座谈会大纲修改

1月17日～18日　上午确认座谈会甄别条件和甄别问卷

1月21日　座谈会大纲确认

1月18日～1月21日　广州、深圳、温州预约与会者

1月22日～1月23日　广州座谈会召开（22日下午、晚上；23日下午、晚上）

1月25日～1月26日　温州座谈会召开（25日下午、26日下午）

1月28日～1月29日　深圳座谈会召开（28日下午、晚上，29日下午、晚上）

2月10～13日　座谈会笔录整理（期间2月1日～9日为春节假期）

2月14日　座谈会简报和座谈会笔录

2月18日　座谈会报告

第三阶段：街头定量访问

2月17日　营销公司提供品牌定位概念卡

2月16日～2月19日　定量研究问卷设计

2月19日～2月20日　定量研究卷讨论、修改

2月20日　定量研究问卷确认

2月21日　市场营销公司定量调查培训

2月22日～2月23日　定量调查实地执行

3月3日　完成编码、录入、数据处理，提交数据报告

3月10日　提交正式报告

五、实行市场调查

六、经营决策

调查结果显示，温州的消费者与广州、深圳的消费者饮用罐装王老吉饮料的场合有明显的差异。广州、深圳的消费者一般在家中、逛街、外出就餐、旅游、烧烤等场合饮用罐装王老吉。而温州消费者一般在外出就餐、宴会酒席、朋友聚会时饮用罐装王老吉。温州消费者饮用王老吉不仅仅将它作为一种"解渴并能防止上火"的饮料，而且产品名字中的"王老吉"三个字和红色的产品包装能让消费者觉得它是一种吉祥、喜庆的饮品。

根据温州的成功经验，和中国人的传统习俗，加上14亿的中国人，若在结婚生子祝寿这些喜庆时刻都喝王老吉，那销量一定惊人。于是王老吉大打"吉祥牌"并推出"吉庆时分当然是王老吉"的广告片。然而，令王老吉意想不到的是自己通过实地调查得出的结论并没有使销量明显增加，公司最终还是回到了"怕上火就喝王老吉"的正轨上来。

七、尾声

十几年过去了，现在的王老吉已经不断地成长壮大。《食品饮料市场2014年度监测报告》显示，2014年王老吉重回凉茶市场的第一位，2014年王老吉的销售额达到200亿元，截至2014年年底，王老吉在全国大型商超、批发市场、小店的铺货率超过85%，餐饮铺货率超过60%，目前国航广州—重庆等的航班上供应的饮料也是王老吉，我们期待王老吉取得更大的辉煌。

案例思考：
1. 为什么王老吉针对市场调查做出的决策没有得到预期的效果？
2. 本案例对市场调查有何启发？

第四节 市场调查的类型

在市场经济运行过程中，不论是国民经济宏观管理，还是企业微观管理，都离不开市场调查。市场调查有各种各样的方式，每种调查方式都有其独特的功能和局限性，不同的管理由于其市场调查目的与要求的不同，所涉及的市场范围、信息、时间等也就不同，从而形成多样市场调查。而要搞好市场调查，就需要根据调查的目的、任务、被调查对象的特点选择合适的调查方式。

市场调查的类型可以从不同的角度来划分。一般说来，市场调查主要有以下几种划分法。

一、按调查对象的不同来划分

（一）全面调查

全面调查又称为普查，是指对符合调查要求的全体对象进行逐一的、无遗漏的专门调查，如人口普查。全面调查的目的是为了了解市场一些重要的基本情况，以便对市场状况做出全面、准确的描述，从而为企业制定出切实可行并且可靠的计划提供可靠的信息。

全面调查有两种方式。一种是由上级制定普查表，由下级依据具体情况如实填报，层层上报。例如，对某种商品的库存量进行全面调查，就是各基层单位依据日常业务记录的库存数字，填报到上级统一制定的普查表中。另一种方式是组织专门的市场普查机构，派出调查人员，对调查对象进行直接的登记。例如，某企业要了解本企业在同行业中所占的优、劣势，就可以组织一个专门的调查机构，由专门的调查人员对同行业的所有单位进行包括产品的产量、质量、规格型号、价格以及市场占有率等的调查。

全面调查涉及范围广，得出的数据较全面准确，有充分的依据；但组织工作量大，时间长，所耗人力、财力、物力较多。在实际调查中往往不可取，因而采用更多的是非全面调查。

(二) 非全面调查

非全面市场调查是从符合条件的调查对象中选择一部分来进行调查，选出的这一部分应该具有充分的代表性。非全面市场调查又可分为典型调查、重点调查和抽样调查三种类型。

1. 典型调查

典型调查是指调查者为了某一特定的目的从调查对象中选择具有典型意义或有代表性的样本所进行的一种专门性的非全面调查。它是在对调查对象做全面分析、比较的基础上进行的比较系统、深入的调查。典型调查的目的不仅仅是停留在对典型样本的认识上，而且是通过典型样本来认识整体，用具有代表性的少数类推多数，通过对典型样本的调查来认识同类市场现象的总体规律及其本质。

典型调查的特点是调查范围小，调查对象少，在人力、物力、财力和时间等方面都比较节省，对市场情况的变化较灵敏，因此，可以对调查对象进行细致透彻的了解，获取调查对象的详尽资料。但这种调查方式难以避免在选择典型样本时的主观随意性，并且缺乏一定的连续性和持续性。使用这种方法的关键是要选好典型，即调查对象应具有充分的代表性。这种代表性的具体标准，应根据每次调查的目的和调查对象的特点来确定，不能一概而论。

典型市场调查方式又可分为两种：一是对调查总体中有典型意义的少数样本进行调查，也就是"解剖麻雀"式调查；二是按一定的标准将调查总体划分为若干类别，再从各类别中选取部分具有代表性的样本进行调查，这就是"划类选典型"式调查。

2. 重点调查

重点调查方式是指在调查总体中，针对选取的部分重点样本进行非全面市场调查，以此推断总体，获得对总体的认识和了解。重点样本是指在调查总体中处于十分重要地位的样本，或者在调查总体和总量中占绝大比重的样本。例如，要调查了解重庆的摩托车行业，就没有必要了解重庆所有的摩托车生产企业，只需调查几家大型的企业，如建设、隆鑫、力帆等。由于这些重点样本数量不多，而且在调查总体中又极具代表性，因而采用重点调查方式能够以较少的人力、物力、财力和时间，较准确地掌握调查对象的基本状况。重点调查适用于只要求掌握调查总体的基本情况、调查标志比较单一、在数量上集中于少数样本的调查任务。

重点调查的关键在于选择重点样本。重点样本的选择，直接关系到调查的结果能否正确地反映调查对象总体的基本情况。

重点调查与典型调查的区别与联系如表1-2所示。

表 1-2　重点调查与典型调查的区别与联系

	重点调查	典型调查
区别	选择总体中的重点样本	选择总体中具有代表性的样本
联系	都属于非全面市场调查、非抽样市场调查 都是通过对总体中的部分样本进行调查以实现调查的目的	

3. 抽样调查

抽样调查是指从研究对象总体中随机地抽取部分样本进行调查，由取得的样本资料去推断总体特征，了解总体基本情况。其特点是工作量小、调查费用低、时间短、具有代表性。抽样调查可分为概率抽样和非概率抽样两种。

案例1-3　上海市民出行状况调查报告

经过多年的建设，上海的道路交通网络已经比较完善。调查显示，有7.3%和35%的受访者认为本市交通很方便和方便，36.8%认为一般。其中，以轨道交通作为上下班交通工具的受访者认为本市交通方便和很方便的分别占8.2%和45.3%，认为一般的占34.3%。调查同时显示，仍有两成的受访者认为本市交通不太方便或者很不方便。其主要原因是这部分受访者居住在外环外区域，受公共交通网络布点的局限，上下班转换车辆不便，需要花费较多时间。

公交与轨道交通成为上海市民上下班的主要交通工具。调查显示，有26.9%的受访者选择乘坐公交，17.2%选择乘坐轨道交通，21.4%选择乘坐公交加轨道交通，另有12%上下班出行使用助动车，13%使用私家车，9.3%使用自行车或其他。总体来说，逾六成受访者上下班出行选择公共交通，这与目前上海公共交通方便快捷、花费少有着重要关系。

调查显示，居住在内环的受访者选择公共交通出行的占66.8%，居住在内环与中环之间的受访者选择公共交通出行的占70.1%，居住在中环与外环之间的受访者选择公共交通出行的占71.9%，居住在外环外的受访者选择公共交通出行的占56.9%。这表明，在公共交通较为便捷的区域，市民更倾向于选择公共交通出行。从上下班花费的时间上来看，有9.3%的受访者上下班单程耗时在15分钟以内，16.4%耗时在15~30分钟，18.7%耗时在30~45分钟，24.2%耗时在45~60分钟，22.4%耗时在60~90分钟，9%耗时在90分钟以上，经加权平均计算，受访者上下班单程平均耗时为50.4分钟。其中乘坐公交车上下班的受访者单程平均耗时53.7分钟，在车上的时间为40.7分钟；乘坐轨道交通的单程耗时58.5分钟，其中在车上时间为42.8分钟；公交车加轨道交通的单程平均耗时为68分钟，其中在车上时间为53.4分钟。这表明平均只需要步行7.5分钟就能到达公交站点或轨道交通站点。从交通费用来看，有20.2%每天上下班交通费用在4元以内，57.3%在5~10元，22.5%在10元以上。其中乘坐公交车成本较低，乘坐轨道交通的成本相对较高。

本次调查的形式是采用网上调查，在"上海统计"和"中国上海"门户网站上发布问卷。调查收到回答问卷2598份，剔除非上海地区的IP地址及回答不全的问卷后，共获得有效样本2331份，样本有效率为89.7%。

案例思考：
1. 上海市民出行状况调查方式有何借鉴意义？还有何改进完善之处？
2. 现实生活中曾经用过什么调查方法？如何进行的？有何感想？

二、按调查内容的不同来划分

（一）消费品市场调查

消费品市场调查的研究对象是消费品市场，其目的是为了了解消费者的购买情况以及产品的消费情况，以最大限度地满足消费者需求，获得较大的利润。它主要包括：消费者数量调查、消费者结构调查、消费者购买能力调查、消费者支出结构调查、消费者行为调查以及消费者满意度调查等。消费品市场的商品购买者主要是个人和家庭，对其服务的质量高低，对商品的消费量有着较大的影响。

（二）生产者市场调查

生产者市场是指为了满足加工制造等生产活动的需要而形成的市场，也称为生产资料市场。生产者市场主要是为商家和企业提供原材料、初级产品和中间产品。生产者市场的调查主要包括：宏观环境调查、生产者市场构成调查、客户情况调查、组织购买行为调查、市场占有率和竞争力调查等。对生产市场进行调查，可以了解企业的生产资料来源是否稳定，有无可变性及替代品，为企业的长期计划的制定提供保证。

（三）服务市场调查

服务市场调查主要是对第三产业的行业发展、市场竞争、服务项目及质量方面的调查。它主要包括服务内容、项目、形式、覆盖面、时间、手段、措施及效果等。

三、按调查范围不同来划分

市场调查应依据企业的不同现实情况而选择最适合、最经济的调查范围。

（一）国内市场调查

国内市场调查的分类如表1-3所示。

表1-3 国内市场调查分类

分 类	含 义	目 的
全国性国内市场调查	在全国范围内开展的市场调查	了解不同地区不同消费者之间的差异
区域性国内市场调查	在全国范围内的某一区域展开市场调查	了解本区域的市场状况
城市市场调查	在全国范围内的某个或某几个城市进行的市场调查	了解城市消费者的需求特点和消费情况，以便进一步满足市场需求，提高市民的生活质量
农村市场调查	在国内广大的农村展开的市场调查	通过调查，更好地满足农村市场的需求，提高农民的生活水平

（二）国际市场调查

国际市场调查是指调查范围除国内市场外，还包括国外市场。其范围根据需要可以是某个或某几个国家或全球市场，是范围最广的一种调查。随着我国加入WTO，要打入国际市场，要与国际上的众多企业竞争，就必须了解国外的市场特征和消费特点，只有这样，才能在世界经济一体化的潮流中顺势而为。

四、按调查间隔时间不同来划分

对于企业来说，市场调查是一项需要长期开展的活动，但并不是连续不断的。它可以按调查间隔时间的不同作如下划分。

（一）一次性市场调查

一次性调查是为了研究某一特殊问题或临时出现的问题而进行的市场调查。它主要是针对短时期内变动不大的不需要做连续性调查的研究对象，目的在于探测市场现有的相关情况，为新企业进入市场或开拓新的市场提供依据。一次性调查后，在短期内往往不需要进行第二次的相关调查。如某连锁店需要再开一个新的分店，就需要进行一次性市场调查，了解市场范围、需求、竞争情况等。

（二）定期性市场调查

定期性调查是每隔一定时间所进行的调查，且时间间隔大致相等。如每个月末、季末、年末等。定期调查往往是一些大型企业为分析其业绩或为探测长远计划是否可行而进行的。这种调查往往由公司专门的市场调查机构负责，以使调查结果更高效、准确。

（三）经常性调查

经常性调查是指对某一调查对象长时间、不间断地调查。它比定期性调查更能及时了解情况，收集具有时间序列化的资料。其目的在于获得关于事物全部发展变化过程及其结果的资料。如企业内部经营情况的统计调查、同行业价格调查、市场行情调查等。

五、按调查方法不同来划分

按市场调查方法不同可以将市场调查分为文案调查法、实地调查法和网络调查法。实地调查法包括观察法、实验法、访问法等。

各种调查方法的含义及特点如表1-4所示。

表1-4 调查方法的含义与特点

调查方法	含 义	特 点
文案调查法	对现有的资料，包括历史的和现实的动态资料进行收集、整理，从而得出结论的一种调查方法，所收集的是已经加工过的第二手资料。	简单、快速、节省调查经费；难以把握收集资料的准确程度
实地调查法	运用科学的方法，实地收集资料数据，整理和分析有关数据。	费时、成本高
①观察法	调查人员通过直接观察和记录调查对象的言行来搜集资料和信息。	简便、灵活性高；难以量化统计，受时间和经费等的限制，对调查人员要求较高
②实验法	通过小规模实验来了解企业产品对社会需求的适应情况，以测定各种经营手段所取得效果的调查方法。	实用、具主动性和可控性；费时、成本高、保密性差
③访问法	调查人员将要调查的事项以当面或书面等不同的形式，采用访谈询问的方式向被调查者了解情况。	直接性、灵活性、可靠性、高回收率
网络调查法	通过在互联网上针对调查问题进行收集资料和调查的方法。可获得第一手资料，也可获得经过加工的第二手资料。	客观、高效、简单、便捷、成本低；调查对象受限制、回收率低

六、按调查目的不同来划分

（一）探测性市场调查

探测性市场调查是指企业对所要调查的问题不太清楚，无法确定需要调查哪些具体内容时的小规模试探性调查，是一种非正式的调查。其主要目的是缩小问题范围，界定调查问题的性质并找出问题的症结。如某企业的销售业绩突然大幅度下降，却不明白是产品质量问题、价格问题或是因为出现了新的竞争者等而进行的调查。

（二）描述性市场调查

描述性市场调查是比较深入、具体地反映调查对象全貌的调查，它需要回答出"是什么"，因此，调查前需要拟定调查方案，详细地记录调查数据，统计分析得出调查结论。比如对销售渠道的调查、对竞争对手的调查等均属于描述性市场调查。

美国《青少年博览》杂志为了了解其读者的特点，特针对12～15岁的少女使用香水、口红等情况进行了一次描述性调查。调查数据显示：12～15岁少女中有86.4%的人使用香水，有84.9%的人使用口红。而在使用香水的女孩中，有27%的人使用自己喜爱的品牌，有17%的人使用共同的品牌，有6%的人使用别人推荐的品牌。调查结果表明，美国12～15岁的大多数少女使用化妆品，且开始使用化妆品的年龄较小，对品牌忠实程度高。这种类型的调查就是一种描述性调查。

（三）因果性市场调查

因果性市场调查是指为了了解市场上出现的有关现象之间的因果关系而进行的调查。它所要回答的问题是"为什么"，即为什么会有这种关系。如有关销售量与价格、广告之间的关系就需要进行因果性市场调查。通过因果性市场调查，可以弄清楚这些因素之间的关系和变化规律。

（四）预测性市场调查

预测性市场调查是收集研究事物过去和现在的各种市场情报，对未来可能出现的变动趋势进行的调查，是一种推断性的调查。它所回答的问题是"未来市场前景如何？"它是在描述性调查和因果性调查的基础上，对市场的未来形势做出的推断和预测。预测性市场调查的实质是市场调研结果在预测中的应用。

第五节 市场调查的原则和程序

一、市场调查的原则

（一）准确性原则

市场调查所获得的资料是企业进行分析决策的依据，因此，调查资料必须能真实、准确地反映客观实际。只有在准确的市场调查资料基础上，尊重客观事实，进行实事求是的分析，才能做出科学的预测和决策。这要求调查人员在进行调查时，应实事求是，尊重客观事实。若调查人员弄虚作假或进行主观臆断，就会使收集的资料失去其客观性，也就失去了调查的意义。这一原则是市场调查最首要和基本的原则。

（二）时效性原则

由市场调查的特征可知，市场调查是具有时效性的。因此，在资料收集中，要充分利用有限的时间，尽可能在较短时间内收集到尽可能完备的信息资料，不得拖延。否则，不但会增加调查费用，导致获得的资料过期，而且还可能引导企业做出错误的决策。

（三）全面性原则

在社会大生产条件下的企业生产和经营活动受到内部以及外部多方面因素的影响，由此，必须依据调查目的，全面系统地收集相关资料，从多方面真实地描述和反映调查对象发展变化的各种内外因素以及调查对象本身的变化规律和特征。

（四）科学性原则

市场调查的科学性主要表现在：科学地选择调查方式；科学地拟订问卷；科学地运用一些社会学和心理学方面的知识与被调查者进行交流，获得准确而全面的调查资料；运用科学的方法和手段对收集的资料和信息进行分析和处理。

（五）经济性原则

毋庸置疑，经济性原则是市场调查必须考虑的一个因素。采用不同的调查方法所花费的调查经费不同；同样，在相同的支出下，不同的调查方案也会产生不同的调查效果。这就需要企业视具体情况，选择既能达到调查目的，又经济实惠的调查方法。

二、市场调查的程序

一般而言，市场调查可分为调查的准备阶段、调查实施阶段以及调查结束阶段这三个阶段。每个阶段又可分为几个主要的步骤，具体如图1-2所示。

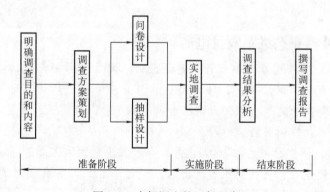

图1-2 市场调查的一般程序

（一）调查的准备阶段

市场调查的准备阶段是调查工作的开始，准备工作是否充分周到，对后面实际调查工作的开展影响很大。市场调查的准备阶段可分为以下几个步骤：

1. 明确调查目的和内容

调查目的是整个调查活动的指导思想，调查的一切活动都围绕着目的而展开。确定调查目的之后，就要确定调查所包括的内容和范围。调查内容必须满足以下要求：

（1）调查切实可行，即能够运用具体的调查方法进行调查。

（2）可以在短期内完成。由于调查具有时效性，若调查的时间过长，调查的结果也就失去了意义。

（3）能够获得客观的资料，并能解决所提出的问题。

2. 调查方案策划

调查方案是对某项调查本身的具体设计，主要包括调查的目的要求、调查的具体对象、调查的内容、调查表格、调查的具体范围、调查资料收集整理的方法等内容，它是指导调查工作具体实施的依据。制定调查方案，其中最主要的是调查方式和方法的选择，用得最多的是非全面调查中的抽样调查方式。

3. 问卷设计和抽样设计

多数情况下，问卷设计和抽样设计在顺序上可以交换，但在某些特定的情况下，有严格的先后顺序。一般说来，抽样设计放在前一步较好，因为问卷设计中的问题都是针对事先确定的那部分抽样对象而设定的。但如果抽样设计要考虑到问卷设计的内容，那么问卷设计就应放在前面。

（二）调查的实施阶段

调查的实施阶段是着手收集信息资料的过程。这一阶段是按调查方案策划的内容进行的，是整个调查活动的核心内容。在调查的实施过程中，应该遵循调查活动的原则并保证调查资料的真实、准确、科学、有效。

（三）调查的结束阶段

调查结束阶段包括资料的整理与分析阶段。在调查资料收集完后，需要对这些资料进行校核，并进行分类整理；如有错误或遗漏，应及时更正或补调查，以获得准确完备的信息。然后，将资料进行统计汇总、分析处理，以调查报告的形式反映给上级部门。

案例1-4　京东进军农村电商

京东（JD.com）是中国最大的自营式电商企业，2015年第一季度，京东在中国自营式B2C电商市场的占有率为56.3%。2014年5月，京东在美国纳斯达克证券交易所正式挂牌上市，是中国第一个成功赴美上市的大型综合型电商平台，与腾讯、百度等中国互联网巨头共同跻身全球前十大互联网公司排行榜。

2014年，京东市场交易额达到2602亿元，净收入达到1150亿元。虽然京东发展势头迅猛，且京东自营物流平台售出的商品质优价惠，然而，由于其在城市电商市场中进入较晚，短期内很难在城市市场与阿里巴巴的淘宝正面抗衡。为了应对阿里巴巴等电商的抗衡，扭转企业一直亏损的局面，京东对全国市场进行了一次全面大范围的调查。

调查显示中国电商的发展趋势：其一，中国一线城市互联网网购人群的数量达到了4.5亿人，县域以及农村电商市场的网购人群也已经突破了9亿人，且农村电商将在2015年呈现爆发式的增长，这就意味着县域以及农村电商市场蕴藏着巨大的潜力，同时也将掀起一股农村电商的创业热潮；其二，便是农村和小城镇对电商的迫切需求，农机类产品和家电类产品在农村越来越普及，加之政府倡导的家电下乡和农村日益活跃的经济增长都为农村电商的普及提供了条件；其三，是政府的大力支持，对于有志进入农村的电商企业，政府将在基础设施和地方政策上给予大力支持。京东自然不会放过这个千载难逢的机会，虽然农村和小城镇的基础设施落后，物流成本过高，消费者网上购物常识和技术有所欠缺，但这并不能阻止京东进军农村市场的步伐，在经过充分准备之后，京东吹响了向农村进军的号角，京东宣布，定位于农村大家电"营销、配送、安装、维修"一站式服务的"京东帮"服务店已覆盖全国28个省市自治区的152个地级市、432个县，日均开店量达到3家。"'京东帮'服务店希望系统解决家电下乡'最后一公里'的难题。"对于农村基础设施和网购意识以及消费者存在的其他问题，京东积极与当地政府、中国电信等开展合作，跟随网络基础设施建设，瞄准移动端，逐步拓展农村电商及农产品进城渠道。

2015年7月16日，京东集团分别与广东省商务厅、共青团广东省委、广东省农业厅签署合作协议，在广东省设立县级服务中心，让广东省农特产品及涉农创新产品通过京东商城和京东众筹平台走向全国。

2015年9月8日，京东集团与重庆市巴南区政府签署合作协议，在京东商城开设巴南特色馆，京东已与重庆巴南、涪陵等县区开设了20多家"京东帮服务店"。2015年10月15日，京东与四川省签署了战略合作框架协议，鼓励四川省内的市县区名特优产品在京东平台销售、鼓励市县区涉农生产商和经销商入驻京东平台。2015年12月14日，京东与中国电信达成实体渠道+农村电商的融合，京东通过在农村市场的渠道发展、终端供销、通信服务和电商分销等开展多渠道的积极合作。

通过提前布局农村，京东业绩得到大幅提升。北京时间2016年3月1日，京东发布了2015年第四季度及2015年全年业绩报告，各项核心业务指标继续保持领先电商行业水平。其中，2015全年交易总额（GMV）达到4627亿元人民币，同比增长78%；核心GMV（不含拍拍平台）4465亿，同比增长84%。

案例思考：
京东进军农村电商成功的原因是什么？

本 章 小 结

市场调查是企业把握市场脉搏的工具和手段，"没有调查就没有发言权"，企业通过对市场进行调查制定科学决策。本章主要对市场调查的产生和发展，含义和作用，类型与内容，原则和步骤等基本知识进行了介绍。通过市场调查运用科学的市场调查方法，有目的、系统地搜集、记录、整理有关市场营销的资料信息，分析市场情况，了解市场的现状及其发展趋势，为市场预测和营销决策提供客观的、科学的基础资料和信息。

练 习 与 思 考

一、选择题

1. 按调查对象不同来分，市场调查有哪些类型（　　）。
   A. 全面调查　　　　B. 非全面调查　　　C. 典型调查
   D. 重点调查　　　　E. 抽样调查

2. 下列哪些属于市场调查的原则（　　）。
   A. 准确性原则　　　B. 时效性原则　　　C. 全面性原则
   D. 科学性原则　　　E. 经济型原则

3. 下列（　　）属于市场调查的特征。
A. 全过程性　　　　B. 社会性　　　　C. 目的性
D. 不确定性　　　　E. 科学性　　　　F. 时效性

二、判断题
1. 市场调查的对象是市场环境和营销活动，是面向社会的。（　　）
2. 市场调查所收集的资料都具有表面性，只有通过人为的分析，才能获得内在有价值的东西。（　　）
3. 竞争对手调查属于市场营销调查。（　　）
4. 在实际调查中往往不可取，因而采用更多的是全面调查。（　　）

三、简答题
1. 市场调查在企业中的作用有哪些？
2. 市场调查的分类方法有哪些？各类型的市场调查有什么特点？
3. 进行市场调查的一般程序有哪些？各步骤的主要工作是什么？

第二章
市场调查策划

学习目标

1. 了解市场调查组织。
2. 掌握市场调查方案策划。
3. 掌握抽样调查方法。
4. 熟悉问卷调查设计内容和技巧。

【引导案例】　日本中标大庆油田

　　原本世界上普遍以为中国没有油,然而20世纪50年代中国政府向外透露中国有望发现大油田,得到这个消息,日本方面立刻意识到,鉴于当时中国的设备之落后,一旦发现油田必然对外引进设备。为了一举中标,日本方面开始着手研究。

　　20世纪60年代,中国大庆油田的位置、规模和加工能力等都是严格保密的。日本为了确定能否和中国达成炼油设备的交易,迫切需要知道大庆油田的位置、规模和加工能力。为此,日本情报机构进行了大量的调查研究,从中国公开的刊物中收集了大量有关的信息,对所收集的信息进行了严格的定性及定量处理后得出了有关大庆油田的位置、规模和加工能力的准确信息。

　　1. 大庆油田的位置

　　日本情报机构从1964年的《人民日报》上看到了题为"大庆精神大庆人"的报道,从而判断出:中国的大庆油田确有其事。以此为线索,日本情报机构开始全面搜集中国报刊、杂志上有关大庆的报道。在1966年的一期《中国画报》上,日本情报机构看到了铁人王进喜站在钻机旁的那张著名的照片,他们根据照片上王进喜的服装衣着判定,只有在北纬46°~48°的区域内冬季才有可能穿这样的衣服,因此大庆油田可能在冬季气温为-30℃的齐齐哈尔与哈尔滨之间的东北北部地区。到中国的日本人坐火车时发现来往的油罐车上有很厚的一层土,根据土的颜色和厚度,日本情报机构得出了"大庆油田在东北三省偏北"的结论。

　　1966年10月,日本情报机构又对《人民中国》杂志上发表的王进喜的事迹介绍进行了详细的分析,从中知道了"最早钻井是在北安附近",并从人拉肩扛钻井设备的运输情况中判明:井场离火车站不会太远。在王进喜的事迹报道中有这样一段话:"王进喜一到马家窑看到大片荒野时说:'好大的油海!我们要把石油工业落后的帽子丢到太平洋去。'"于是日本情报机构从旧地图上查到:"马家窑是位于黑龙江海伦县东南的一个村子,位于北安铁路上一个小车站东边十多公里处。"经过对大量有关信息严格的定性与定量分析,日本情报机构终于得到了大庆油田位置的准确信息。

2. 大庆油田的规模

为了弄清楚大庆油田的规模，日本情报机构对王进喜的事迹做了进一步的分析。有关报道说："王进喜是玉门油矿的工人，是1959年到北京参加国庆之后志愿去大庆的。"日本情报机构由此断定：大庆油田在1959年以前就开钻了。对于大庆油田的规模，日本情报机构分析后认为："马家窑是大庆油田的北端，即北起海伦的庆安，穿过哈尔滨与齐齐哈尔之间的安达附近，包括公主岭西南的大赉，南北四百公里的范围。"估计从东北北部到松辽油田统称为"大庆"。

3. 大庆油田的加工能力

为了弄清楚大庆炼油厂的加工能力，日本情报机构从1966年的一期《中国画报》上找到了一张炼油厂反应塔的照片，从反应塔上的扶手栏杆（一般为一米多）与塔的相对比例推知塔直径约5米，从而计算出大庆炼油厂年加工原油能力约为100万吨，而在1966年大庆已有820口井出油，年产360万吨，估计到1971年大庆油田年产量可增至1200万吨。

通过对大庆油田的位置、规模和加工能力的情报分析后，日本决策机构推断："中国近几年炼油设备能力不足，有可能购买日本的轻油裂解设备，其设备规模和能力可满足每天炼油一万吨的需要。"

为此，日本人迅速设计出适合大庆油田开采使用的设备。当我国政府向世界各国征求开采大庆油田的设计方案时，日本人一举中标。

案例思考：
1. 日本中标大庆油田的成功之处是什么？
2. 此案例给我们什么启示？

凡事预则立，不预则废，市场调查也不例外。市场调查策划就是为保证市场调查的科学性和有效性而进行的。本章主要是通过介绍市场调查组织类型，进而阐述如何建立有效的组织机构，并阐述如何通过调查策划过程保证调查活动的有效进行，同时讨论了市场调查方式中的抽样调查以及问卷设计这一重要环节。

第一节 市场调查组织

市场调查作为经济活动中的一种群体活动，需要系统地组织和周密地计划，才能保证调查工作有序地进行，达到预期目标。市场调查策划是在市场调查之前，对此次调查的全过程进行统筹安排，包括如何建立调查组织、制定调查计划以及整个调查活动如何实施。这是调查活动进行的指导方针和进行调查中的依据与标准。

市场调查组织是实施市场调查活动的机构。它是市场调查策划的内容之一，同时也是进行有效市场调查的根本保证。

一、国内外市场调查组织概况

（一）国外市场调查组织

世界上第一个专业性市场调查组织是美国科蒂斯出版公司。早在1911年，该公司就成立了商业调查部,在进行大量市场调查的基础上,提出了许多有见地的市场调查理论和方法,成为市场调查这门学科的先驱。与此同时,美国其他一些公司也开始重视市场调查组织的建立,如杜邦公司、通用汽车公司、通用电气公司等都先后设立了专门的市场调查部门从事市场调查活动。近年来,美国市场调查业稳步发展,美国调查业的市场规模从1999年5.2亿美元,发展到了2003年的6.5亿美元。日本丰田公司的市场调查部门,无论是团队组成还是涉及调查的人数、进行调查的次数、调查的可信度以及调查的费用方面,在日本企业界都是首屈一指的。

(二) 国内市场调查组织

我国的市场调查起步较晚,专业性的市场调查组织在改革开放之后才出现。据有关资料报道:1997年世界市场调查与咨询服务业总收入约为118亿美元(约合人民币980亿元),比1996年增长了约18%。其中欧洲有53.2亿美元,占全球份额的45%;美国有44.2亿美元,占全球份额的37%。1998年我国(内地)市场调查与咨询服务业总收入,比较保守的估计为6~8亿元左右人民币,比1997年增长了35.7%,但也仅仅相当于1997年日本调查业收入的8.5%,美国的1.9%,欧洲的1.6%。目前我国以市场研究为主业的机构约1500家左右,形成一定规模的有400~500家,规模较大的机构近50家,2002年其年营业额最大的有2亿元人民币。随着全球一体化进程的加快,巨大的发展空间为我国市场调查组织的成长提供了广阔的前景和发展空间。

二、市场调查机构及类型

市场调查机构是指受部门或企业的委托,专门或主要从事市场调查活动的单位或部门。在市场调查实施过程中,为了更有效地对市场信息进行收集、整理和分析,就要设立各种各样的市场调查机构,以满足企业的各种调查需求;同时增加信息通道,提高信息的利用率。市场调查机构的类型大体上可以分为两种,一种是专门从事市场调查活动的单位,称为专业市场调查机构(或公司);一种是在企业(或公司)里设立的主要从事市场调查活动的有关部门,称为企业市场调查机构(或公司),它们都是进行有效市场调查的组织保证。

(一) 专业市场调查机构

1. 专业市场调查机构的含义

专业市场调查机构是独立于企业之外的调查机构。它可以接受社会或企业各方委托从事市场调查活动,并以此为获利手段。通常,规模小或者无力自设市场调查部门的企业委托专业的市场调查机构来进行市场调查。

2. 专业市场调查机构的类型

(1) 市场调研公司。它是专门从事市场调查并以此为核心业务的机构。这类公司在接受客户委托后,必须针对客户所提出的调查原则、要求以及所要达到的调查目的,制定调查方案,然后根据客户确认的调查方案实施调查活动并汇总调查结果,最终提出调查报告。我国目前的市场调研公司绝大多数集中于大中型城市。按不同的考虑因素,可将市场调研公司分为不同的类型,具体如表2-1所示。

(2) 广告公司设置的调研部门。有规模的广告公司一般都单独设有调研部门,以担负相关的调研任务,其服务对象主要是广告主,所提供的调研服务更具有系统性以及整体性,

表2-1 市场调研公司的类型

分类标准	类别	特点
业务范围	综合性公司	领域涉及面较广,承担多种类型、不同行业的、各个层次的调研任务
	专业性公司	比较熟悉少数行业或领域的较专业的知识,专长于承担涉及相关行业或领域的调研任务
公司规模	大型市场调研公司	专职人员拥有量在百名上下
	中型市场调研公司	几十名专职人员
	小型市场调研公司	几十名专职人员
主办者角度	中外合资合作	引入外资
	私人合作	民营企业

并在定性研究方面具有优势。我国目前广告公司的调研部门主要承担的是广告制作前期调查和广告效果调查两大任务,在进行市场调查时主要执行的是方案策划与研究报告撰写,现场调查则多由市场调研公司配合完成,因此,广告公司的调研部门在组织结构及其人员配置上并不庞大,如图2-1所示。

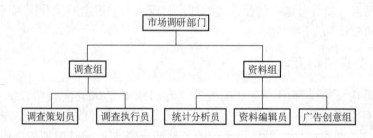

图2-1 广告公司组织结构图

(3) 咨询公司。咨询公司的主要任务是为企业的生产与经营活动提供技术和管理方面的咨询服务,进行企业诊断,担当企业顾问。咨询公司一般由专家、学者和富有实践经验的人员组成,其中专家主要负责咨询的前期设计及最终研究报告的撰写,而具体调研工作则主要由富有实践经验的工作人员完成。随着市场经济的不断发展,咨询服务显得越来越重要。

(4) 政府机关设立的调研部门。政府机构(或研究机构、大专院校、学术团体)设立的市场调研部门包括国家、省市的统计部门和工商管理部门所设的调查机构等。这些部门主要是根据国家经济形势的发展和制定相应政策的需要,对现实的政治、经济情况进行调查。我国最大的市场调查机构是国家统计局。

3. 专业市场调查机构的业务范围

专业市场调查机构的职能主要是为其客户提供调查服务,展开市场调查,收集并提供社会和企业所需的各种数据、资料、信息、建议等,以达到特定的调查目的。具体来讲,专业市场调查机构的业务主要有以下几方面。

(1) 承接市场调研项目。专业市场调查机构一般拥有各类专业的专门人才,其调研员的社会交往与应变能力较强,调查的实际经验比较丰富,有能力承接来自社会各方的委托,并能够较好地完成调研任务,调研结果真实可信、准确度较高,能承接的调研课题较广,调研项目也较多。

（2）提供市场咨询。专业市场调查机构在日常经营业务活动中积累了相当数量的研究结果，涉及不同的研究类型和研究领域，正是凭借这一雄厚的专业优势以及长期从事这一行业的经验，再结合宏观经济形势、政府政策倾向等，它可以为社会和企业提供诸如产品投放、营销网络、促销手段、实施与控制等市场营销体系方面的各类咨询服务，从而为企业进行科学决策与经营管理提供依据。

（3）提供市场资料。专业市场调查机构一般拥有稳定、高效的信息网络，订有各种专业报纸杂志，定期采购各种统计年鉴、行业名录等信息工具书籍，加之日常市场调研的成果积累，所以它们掌握着大量的经归类整理的比较有时效性的现成资料与信息，这些现成资料与信息就成为它们为社会和企业服务的重要资源。

（4）进行业务培训。专业市场调查机构除自身拥有一定的专门人才外，一般都聘有专家学者、企业中高层次主管为顾问，因此可以开展有关企业战略、市场营销、人力资源管理、商务沟通等领域的新知识、新政策、新经验方面的专项培训，从而为企业培养这些方面的管理人才。

案例2-1　益普索（中国）市场研究咨询有限公司

益普索（中国）是目前国内三大市场研究咨询公司之一，于2000年正式进入中国，在北京、上海、广州和成都均设有分公司，已拥有专业人员400余名，专注于营销研究、广告研究和客户满意度研究3大领域的市场研究服务。华联信市场研究有限公司成立于1996年12月，在2000年1月加入益普索集团建立的合资公司，合资前是国内发展最快的本土公司之一。丰凯兴公司成立于1997年1月，2002年底加入益普索集团，合并前是本土最大的个案研究公司之一。广东大通市场研究有限公司成立于1995年，致力于市场研究业务，具备强大的数据采集和数据处理能力，合并前为中国10大个案调查公司之一，2005年加入益普索集团。

案例思考：
1. 专业市场调查机构的主要职能是什么？
2. 请结合该案例中的调查公司说明专业市场调查机构的主要业务是什么。

（二）企业市场调查机构

1. 企业市场调查机构的含义

企业市场调查机构是企业单独设立的调研部门，主要负责企业内部策划、组织、协调与承担市场调查任务，一般隶属于企业的市场部或企划部。美国福特公司的市场调查机构的组织结构如图2-2所示。

2. 企业市场调查机构的职能

（1）收集企业所需的各类资料。决策层在制定企业战略或营销策略时，都需要依据一定的历史资料和现时资料，而这些资料需要调查机构长期地收集、整理、分析。

（2）制定调研方案，负责调查实施。制定调研方案、实施市场调查是企业市场调查机构的主要职能。一般而言，企业所做的市场调查是由专业市场调查机构组织实施的，但需要企业派遣调查人员直接或间接参与市场调查，负责调查可靠性的监督、调查工作和企业实际情况之间的协调衔接以及在整个调查过程中进行专业的学习等。

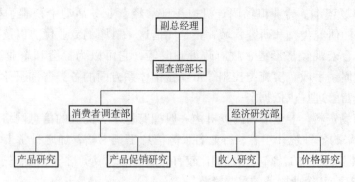

图 2-2　美国福特公司市场调查机构图

（3）分析调查结果，提交调查报告。调查收集到的一系列现成的资料和数据，只是一些表面的现象，而隐藏在现象背后的本质的东西，才是决策者所需要的。因此，需要对调查结论进行详细的分析总结，提出建设性的方案，供决策层进行科学决策时使用。

三、市场调查人员的组织与培训

（一）调查人员应具备的素质

1. 思想品德素质

思想品德素质是调查人员应具备的基本素质。在进行调查工作时，涉及的范围较广，在调查中也常接触到十分棘手和敏感的问题，会遇到影响调查正常进行的各种干预和阻挠。因此，要求调查人员熟悉国家现行的方针、政策、法律法规；具有较强的社会责任感和事业心；具有较高的职业道德修养，工作认真负责，细心谨慎，实事求是，不弄虚作假；具有创新精神，对人热情，谦虚谨慎，平易近人。

2. 业务素质

业务素质是调查人员应当具备的最重要的素质。它具体表现为以下几个方面。

（1）阅读、表达及书写等能力。调查人员应能阅读并理解问卷的意思，能清楚地将问题的意思表达清楚，能准确、快速地将受访者的回答原原本本地记录下来。调查结果最终需要形成调查报告，因此，调查报告在内容上要做到有观点、有创意、有深度以及有说服力，这就要求调查人员具有一定的写作能力。

（2）随机应变能力。在调查中难免会遇到各种各样的人和各种特殊情况，这就需要调查人员改变原来的计划，视具体情况而采取不同的策略，随机应变地进行调查。同时也要求调查人员具有敏捷的思维能力，能适应环境的突然变化并快速做出正确的反应。

（3）掌握多学科的知识。市场调查是一门科学，也是一门艺术，它涉及多方面的知识。因此，调查人员应该具备多方面的基础知识以及专业知识，包括市场调查理论、统计学、人际关系学、心理学、社会学、计算机信息处理等。

3. 身心素质

身即是身体素质。做任何事情都离不开健康的体魄，这是进行一项工作的基本保障。心即是心理素质。调查中遭人拒绝是常有的事，每个调查人员都应当做好这样的心理准备。调查人员的性格还应该属于外向型，善于交际，谈吐适度，谨慎机敏。一个优秀调查人员应该具有良好的综合素质，热爱调查工作，能够全身心地投入到自己的工作中去。

（二）调查人员的培训

1. 政策法规和制度的培训

随着市场调查活动的不断发展和完善，国际和国内相继出台了有关法律法规，如我国国家统计局为规范涉外调查服务，制定了《涉外社会调查活动管理暂行办法》。此外，各个市场调查机构本身也有自己的一套内部管理方法，如保密制度、访问工作协议等。因此，作为市场调查员，对这些相关的法规、准则等都应该了解并严格执行，以保证所进行的调查工作合法有效。

2. 技能培训

技能培训包括基本技能培训和访问技巧培训两个方面。基本技能主要是指调查员应具备的基本的调查能力。例如，如何阅读、表达、观察、做记录，如何与人进行沟通，如何设计问卷，与受访者保持怎样的距离为宜等。访问技巧则是指调查员在调查工作过程中，所采用的一系列技巧性活动以保证调查工作的顺利完成。技能培训具体包括以下几个方面：

（1）确认合格的被调查者的技巧（包括筛选方法）；
（2）入户的技巧；
（3）营造和睦气氛的技巧；
（4）安排和组织访问的技巧；
（5）发问与追问的技巧；
（6）提高问卷回答率的技巧；
（7）引导被访问者集中注意力而不离题的技巧；
（8）保证回答者如实准确回答问题的技巧；
（9）如何恰当结束访问的技巧。

上述技巧问题运用得好坏影响到调查工作完成的时间与质量，调查员应在实际的工作中不断培养和提高这些技能。

3. 项目专项培训

由于不同的调研课题有着各自不同的特殊情况，掌握了基本技能的调查员还必须进行项目专项培训，才能正式参与调查。专项培训主要包括与项目有关的基本专业知识、项目基本情况介绍、问卷分析、操作人员注意事项及模拟调查等。

（三）培训的方法

1. 集中讲授的方法

这是目前培训中采用的主要方法，其方式一般是聘请有关专家、调查方案设计者等开设有针对性的培训班。

2. 模拟训练的方法

这是一种由受训人员参加并具有一定真实感的训练方法，即人为地制造一种调查环境，通过不同的角色扮演，进行一对一的模拟实际调查情况的训练过程。采用这种方法，应事先做好充分的准备，并在模拟时尽可能地将调查中可能遇到的困难和各种问题表现出来，这样才能做到真正地锻炼并达到训练的效果。

3. 哈雷斯培训法

哈雷斯培训法是经济学家哈雷斯根据市场调查的经验提出的。他认为，对于调查人员，除了进行一般的调查知识的培训外，还应针对市场调查人员的不同层次和不同要求，进行不同程度和不同内容的培训。在培训对象上，哈雷斯认为应将受训者分为监督员和访问员。监督员是较高层次的调查人员，他们要召集和训练访问员，检查、指导访问员的工作并控制调查的进度。由于监督员需要熟悉调查的每一个步骤，善于带领和训练访问员，因此需要对他们进行更为严格的全面训练。在培训方法上，哈雷斯认为应主要采用书面训练法和口头训练法，前者是为了增加必要的知识，后者是为了提高应变能力。

综上所述，要成为一名优秀的市场调查人员，除了必须具备基本的素质以外，还应该注重实际调查能力的培养和锻炼，应该经常参与调查活动，尽量涉及多范围的调查，以丰富自己的实践经验和遇事的应变能力。

第二节　市场调查方案策划

市场调查策划是对即将进行的调查进行事先的策划、设计和安排。它是市场调查工作的开始。策划工作是否充分、周到，关系到今后的调查课题开展是否顺利及调查工作完成的质量。

调查方案的策划流程如图2-3所示。

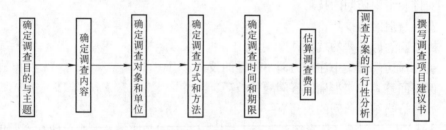

图 2-3　调查方案策划流程图

一、确定调查目的与主题

明确调查目的是指要明确在调查中需解决哪些问题，通过调查要取得什么样的资料以及取得这些资料有什么用途等。调查工作开展前，就需要明白此次调查想要达到一个什么样的目的，从而围绕这一目的确定调查的主题，去研究和探讨解决问题的途径与方法。要做到这一点，需要先弄清楚以下几个问题：

（1）为什么要进行调查?
（2）谁要调查?
（3）调查想知道什么?
（4）调查结果有什么用?

就目前来说，企业所面临的调查主题主要有：企业的发展战略问题、企业生产和经营问题以及企业潜在的市场问题等。

二、确定调查内容

调查的目的和主题确定后，就要针对调查项目的具体要求，确定相关调查内容。如某企业想了解金融机构开展住宅储蓄及购房抵押贷款业务的市场需求和潜力，那么需要调查的内容应包括：被调查者及其家庭的基本情况、其家庭的住房现状和改善意向、其储蓄观念、其对住宅存贷业务的看法、部分单位对解决职工住房问题的计划等。

三、确定调查对象和单位

调查对象是根据调查目的、任务确定的调查范围和调查的总体，它是由某些性质上相同的许多个体所组成的。调查单位是调查项目和指标的承担者或载体。比如对某市的烟民的消费情况进行调查，其对象就是该市所有吸烟的人。在确定调查对象时，应该注意以下三个问题：

（1）市场的多变使调查对象也比较复杂，必须以科学的理论为指导，严格规定调查对象的内涵，并指出它与其他有关现象的界限，以免调查实施时由于对象的界限不明确而发生差错。

（2）调查单位的确定取决于调查目的和对象，如果调查目的和对象发生了变化，调查单位也应该随之而变化。

（3）不同的调查方式会产生不同的调查单位。如果采取普查方式，调查总体内所包含的全部样本都是调查单位；如果采取重点调查方式，只有选定的少数重点样本是调查单位；如果采取抽样调查方式，则用各种抽样方法抽出的样本为调查单位。

四、确定调查方式和方法

在进行调查时，要根据具体情况，选择合适的调查方式。一般来说，调查的方法应该适应调查项目的具体需要，同一个调查项目可以采用不同的调查方法，同一调查方法也可以适用于不同的调查项目。因此，如何选择最适当、最有效的调查方法，是设计调查方案的一个重要内容。

五、确定调查时间和期限

调查时间是指展开调查的具体时间和需要多少时间来完成，应规定得比较具体。除非发生意外情况，一般不应更改。调查时间应规定何时起到何时止，这之间可以有一定的自由度。有时需要调查的是时点现象，就要明确规定统一的标准调查时点。

调查期限是指调查工作的开始时间和结束时间。它包括从调查方案设计到提交调查报告的整个工作时间，也包括各个阶段的起始时间。确定调查期限的目的是使调查工作能及时开展，按时完成，保证调查资料的时效性。一般说来，调查期限越短越好。

在进行调查方案的设计时，调查时间和期限一般用调查进度表来表示。确定调查进度表，一方面可以指导和把握计划的完成进度，另一方面也可以控制调查成本，以达到用有限的经费获得最佳效果的目的。

六、估算调查费用

调查费用的多少与调查范围、调查规模、调查方法以及调查难易程度等均有关系。应该遵循节约的原则，事先估算好调查费用，保证必要的开支，减少浪费，保证调查工作的顺利地进行。

七、调查方案的可行性分析

社会经济现象是复杂多变的,所设计的方案通常不是唯一的,需要从多个方案中选出最优方案。同时,任何一个方案都不会是十全十美的,调查方案的设计需要经过必要的可行性研究后再做进一步的试点和修改。因此,上述几步工作完成后,就要进行调查方案的可行性分析。可行性分析是指对企业在现有的条件下,能否顺利地完成此项调查,并达到预期目的进行分析。对调查方案进行可行性分析一般使用逻辑分析法、经验判断法和试点调查法等。

八、撰写调查项目建议书

通过可行性分析,证实此次调查能在预定的经费和时间下顺利完成时,组织开展调查的部门就可以向上级或公司相关部门提交项目建议书。建议书对上述几个方面都要进行阐述并加以详细说明,要说服别人相信此次调查确实可行并能取得预期的效果。但由于调查项目建议书是供企业审阅和参考用的,所以其中的内容不要写得太复杂,要简明扼要,便于企业相关人员阅读和理解。

调查项目建议书的一般格式如下,也可依据具体情况进行修改。

调查项目建议书

调查题目:
调查单位:
调查人员:
调查负责人:
日期:　　年　月　日至　　年　月　日
1. 调查背景和目的: 2. 调查内容: 3. 调查方式: 4. 调查对象: 5. 调查地点: 6. 经费估算:
负责人审批意见:　　　　　　　　　申请人: 财务审批意见:　　　　　　　　　　申请日期:　年　月　日

案例2-2　某公司广告效果调查方案策划

一、调查背景和目的

某生物工程有限公司(以下简称公司)是我国乃至亚洲最大的芦荟种植生产、加工、销售企业。公司2017年以前很少进行广告宣传,但2018年广告投入经费近千万元,主要包括在电视广告片,各种方式的销售点POP广告、针对销售商的企业简介和相应的印刷品广告,少量的灯箱广告等方面的投放。为了有针对性地开展2019年度公司产品广告宣传推介工作,促进产品品牌形象的传播和产品销量的进一步提高,以便在激烈竞争的市场中立于不败之地,公司拟进行一次广告效果调查,以供决策层决策参考。

本次调查的目的是:分析现有各种广告媒介的宣传效果,了解现行广告作品的知晓度和消费者认同度,了解重点销售地区华南地区和华东地区的消费市场特征和消费习惯,为该公司2019年度的广告计划提供客观的事实依据,并据此提供相应的建设性意见。

二、调查内容

(1) 了解该公司产品的知名度及该产品在提高免疫力方面的排名情况。
(2) 了解消费者知晓该产品品牌的主要信息来源和获取信息的渠道。
(3) 了解该公司产品广告口号受消费者喜好的程度。
(4) 了解该公司产品销售点POP广告在消费者心目中的评价。
(5) 了解华南、华东地区消费者的特征,包括其职业、年龄、受教育程度、经济收入等特征,以及上述特征对消费者偏好的影响。
(6) 了解上述地区消费者的消费心理和消费特点。
(7) 了解消费者对该产品的口感、包装、容量的评价。

三、调查研究方法（包括调查对象、调查方式和方法）

本项调查拟在华南、华东两个重点市场开展,调查的范围将深入到上述地区的中心城市和有代表性的地级市,调查对象将锁定为30岁以上的中老年消费群体。考虑到此次调查工作涉及面广,因此拟采用多级抽样的方法,即在上述两地区按月销量的大小分层,从市场调查的效果考虑,主要在重点销售地区广东、上海、江苏、浙江等地进行调查。其中,广东省抽样地区为:广州、深圳、东莞、佛山和珠海;上海市抽样地区为:上海市;浙江省抽样地区为:杭州、金华和宁波;江苏省抽样地区为:南京和苏州。并拟定每个城市抽取的样本数为400人,按年龄层次和性别比例分配名额。样本的抽取结构如表2-2所示。

表2-2 每个城市样本采集结构分配表（单位:人）

性别\年龄	30~40岁	41~50岁	51~60岁	61岁以上	合　计
男	50	50	50	50	200
女	50	50	50	50	200
合计	100	100	100	100	400

年龄层分段:30~40岁,41~50岁,51~60岁,61岁以上;各层比例采用近似的1:1,性别比亦采用1:1。计划在上述11个城市进行,总样本数为4400人。

调查的实施要求各地的访问员对所有抽中的400个样本实行面对面的街头访问。执行访问的访问员由当地的市场营销专业的女大学生担任(主要考虑到女大学生形象好,不会给对方造成危险感,使访问更易成功),公司付给一定的劳务费用。每个调查地点由两名访问员执行访问,每个城市大约需要20个访问员。访问工作的质量监督控制工作由调查公司具体负责。资料的统计工作亦由该公司负责。

备注:根据统计学理论,当置信度为98%时,样本量达到380,即可使抽样的绝对误差控制在2%以内,符合此次调查所预计的要求。因此决定每个城市的样本数为400人。

四、调研进度工作控制表

调查将保证在 2019 年 4 月 8 日前完成调查工作，并提交调研报告。具体时间安排如表 2-3 所示。

表 2-3 调查进度安排表

日期	相关内容	备注
2月10日~2月15日	总体方案及抽样方案的论证，设计问卷	
2月16日~2月20日	问卷初稿设计	
2月21日~2月25日	问卷测试	
2月26日~2月27日	问卷修正、印刷	
2月28日~3月3日	访问员的挑选和培训工作	
3月4日~3月8日	调查实施	
3月10日~3月15日	电脑录入和统计处理工作	
3月16日~3月25日	撰写调查报告	
4月1日~4月8日	报告打印，提交报告	

五、调查问卷设计

本次调查采用的街头访问问卷表由调查公司按客户要求设计并经客户同意后付诸实施。

六、调查结果和调查报告提交形式

本次调查的成果形式为调研书面报告，具体内容包括：前言、摘要、研究目的、研究方法、调查结果、结论和建议以及附录七个部分。

七、调查费用预算

本次调查费用预算如表 2-4 所示。

表 2-4 市场调查估价表

费用支出项目	数量	单价（元）	金额（元）	备注
调研方案设计、策划费用	1 份	20000	20000	
抽样设计、实施费用			2000	
问卷设计费	1 份	1000	1000	
问卷印刷装订费	4400 份	0.4	1760	
测试调查费	220 人	20	4400	
调查员劳务费	220 人	100	22000	
督导员劳务费	21 人	100	2100	
受访者礼品费	4400 人	1	4400	
异地调查差旅费	21 人	1000	21000	
交通费	220 人	20	4400	

（续）

费用支出项目	数 量	单价（元）	金额（元）	备 注
数据录入费	4400 份	0.3	1320	
统计分析费	1 人	200	200	
报告制作费	1 人	300	300	
资料费，复印费	3 份	10	30	
服务费			1000	
杂费			1000	
管理费			2000	
总计			88910	

八、撰写调查项目建议书（略）

附注：
（1）交款方式：合同一经签订，给付25%的定金；
（2）完成日期：2019年4月30日。

第三节　抽样调查

一、抽样调查的必要性

抽样调查是市场调查的一种常用方式。在实际的调查工作中，抽样调查往往是使用频率最高的一种调查方式。它是按照某种原则和程序，从总体中抽取一部分单位，通过对这一部分单位进行调查得到的信息，达到对总体情况的了解，或者对总体的有关参数进行估计。如工厂质检员通过抽取少量样品来检查这批产品是否合格；医生只是抽取病人的少量血液就能了解病人的身体状况；在吸烟的人群中，选取一部分人来检查，就可以推断出吸烟人群患肺癌的比例，这些都是抽样调查在实际生活中的应用。抽样调查相对于全面调查的优势具体如表2-5所示。

表2-5　抽样调查的优势

比较项目	适用条件	
	抽样调查	普 查
成本	小	大
效率	高	低
准确度	较高	高
调查周期	短	长
总体规模	大	小
特征差异	小	大

二、抽样方案设计

(一) 基本术语

1. 总体

总体又称为全及总体,是所有符合调查要求的全体。它一般有时间和空间的限制。如对某城市的个体商业进行抽样调查,则此城市所有的个体商业单位就构成了此次调查的总体。由此看来,总体的限定通常是人为规定的。构成总体的元素称为单位或个体。若这些单位是不能够进一步分割的,则称为基本单位;若这些单位还能进一步分解成更小一层次的单位,则称为群体单位。上述对个体商业进行的抽样调查中,该城市每一个个体商业单位就是此次调查中的个体,这些个体共同构成了这个调查的总体。总体中的单位若是不可记数的,则为无限总体;若是可记数的,则称为有限总体。通常用 N 来表示总体规模(即总体单位数)的大小。

2. 样本

样本是指从总体中按照一定原则和程序抽出来进行研究的那一部分个体的集合。样本所能包含的个体的数量多少,称为样本容量,通常用 n 表示。在市场调查中,总体是唯一的,但样本却能有多个。不同的抽样原则可产生不同的样本;即便是同一种抽样方式,也可以因抽取的样本所包含的单位数量不同而不同。因此,从一个调查总体中,可以抽取多个不同的样本。样本个数与样本单位数具有不一样的含义。抽样调查中调查的具体实施是针对样本而言的。

3. 抽样框

抽样框又叫抽样构架或抽样结构,是抽样设计人员用来抽取样本的工具,是供抽样所用的所有调查单位的名单。街道居委会名录、企业名录、电话本、职工花名册等都是调查中常用的抽样框。不借助抽样框,研究者就难以保证以同等概率来抽取样本。

4. 抽样误差

抽样误差是指样本的测定值与总体真值的差异。抽样误差无特定偏向,其误差大小主要受以下三个因素的影响。

(1) 样本量的大小。抽样误差的大小可由样本量的调整来得到控制。在其他条件不变的情况下,样本量越大,抽样误差就越小;反之,就越大。

(2) 被研究总体各单位标志值的变异程度。总体的方差越大,抽样误差就越大;反之,则越小。如果总体各单位标志值之间没有差异,那么,抽样误差也就不存在。这种情况一般不存在。

(3) 抽样方式。采用不同的抽样调查方式,得到的抽样误差也不一样。

(二) 抽样方案设计的主要内容

抽样方案设计,就是预先确定抽样程序和方案,在保证所抽选的样本对总体有充分代表性的前提下,力求取得最经济、最有效的结果。抽样方案设计的主要内容为:

(1) 确定抽样调查的目的、任务和要求;

(2) 确定总体和抽样框;

(3) 确定抽样方法;

(4) 确定样本量;

（5）对主要的抽样指标提出要求；
（6）确定总体目标量的估算方法；
（7）制定实施抽样调查方案的方法和步骤。

（三）抽样方案设计的一般程序

抽样方案设计的一般程序如图 2-4 所示。

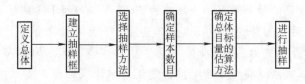

图 2-4　抽样方案设计的一般程序

1. 定义总体

确定调查总体就是要依据调查的目的，明确符合调查条件对象的内涵、外延及具体的总体单位数量，并对总体进行必要的分析。总体的准确确定是进行抽样调查的基础，是调查有效进行的保障。

2. 建立抽样框

建立抽样框就是要把调查的范围落实到具体的单位、部门甚至个人。抽样框起着划定总体界限的作用。完善的抽样框的建立对科学抽样来说是非常必要的。

3. 选择抽样方法

市场调查常用的抽样方法主要有随机抽样与非随机抽样两种。随机抽样在获取准确的样本方面更科学、有效；非随机抽样较实用。

4. 确定样本数目

样本数目即样本所要包括的部分总体单位的个数。抽取的样本数目过少，会使调查结果出现较大的误差，与预期目标相差甚远；抽取样本数目过多，又会造成人力、财力和时间的浪费。样本量的确定需要考虑以下几个因素：

（1）调查总体的方差大小。调查总体的方差与样本数量成正比。

（2）允许抽样误差的大小。允许的抽样误差同样本数量成反比。允许误差的大小是由调查的目的和要求而定的。

（3）抽样方法。在同等条件下，不重复抽样比重复抽样需要的样本单位数少。

（4）抽样的组织形式。不同的抽样组织形式所选取的样本量不同。采用类型抽样和等距抽样比简单随机抽样需要的样本数目少。

5. 确定总体目标量的估算方法

通过对样本调查来认识总体，是调查的最终目的。因此，在调查完后，需要进行总体目标量的估算。常用的方法是统计推断，即利用抽样误差，依据概率论的有关理论，对推断的可靠程度加以控制。

6. 进行抽样

按照已经确定的抽样框、抽样方法和抽样数目，选取受访者，实施抽样调查。抽样市场调查的程序是保证调查顺利完成的条件，各个步骤相互联系，缺一不可。

案例2-3 收视率 满意度 自豪感
——北京奥运会开幕式后上海抽样调查

2008年8月8日，北京奥运会开幕式在国家体育场（鸟巢）举行。据AGB尼尔森在全球38个国家和地区收集的数据表明，全球有约20亿人（超过1/3的世界人口）观看了北京奥运会开幕式。两年后中国将迎来另一大全球盛世——上海世博会，上海市民对北京奥运会的关注程度如何？对开幕式的满意度怎样？为了了解这些信息，2008年8月9日早晨8:00-10:00，也就是在开幕式结束将近8小时后，复旦大学传媒调查中心运用先进的"计算机辅助电话调查"（Computer-Assisted Telephone Interview，CATI）系统对上海市民进行了一项基于严格的电脑随机抽样的电话调查，成功访问了448名上海市民，样本覆盖了上海市19个区县。

从受访者的构成结构来看，男性占45%，女性占55%；从年龄结构来看，受访者中18~25岁占12%，26~35岁占20%，36~45岁占13%，46~55岁占21%，56~65岁占17%；从学历层次来看，高中或中专学历的人数居首（33%），其他依次为大学本科（20%）、初中（18%）、大专（13%）；从职业方面来看，离退休人员比例居首，其次是企事业单位一般职员和大中学生等；从个人月收入层次分布来看，月收入在1000~2000元的为30%，2000~4000元的占受访者的22%，接下来为4000~6000元，占9%，另有14%的被访者拒绝透露自己的收入情况。

具体抽样调查结果整理如表2-6~表2-11所示：

表2-6 年龄与是否收看奥运会开幕式的关系

	收看	没有收看	合计
18岁以下	92.31%	7.69%	100%
18~25岁	88.89%	11.11%	100%
26~35岁	82.76%	17.24%	100%
36~45岁	90.00%	10.00%	100%
46~55岁	82.61%	17.39%	100%
56~65岁	84.42%	15.58%	100%
66岁及以上	80.43%	19.57%	100%

表2-7 学历与是否收看奥运会开幕式的关系

	收看	没有收看	合计
小学及以下	75.51%	24.49%	100%
初中	73.17%	26.83%	100%
高中或中专	86.00%	14.00%	100%
大专	89.29%	10.71%	100%
大学本科	96.67%	3.33%	100%
硕士生及以上	92.31%	7.69%	100%

表 2-8　职业与是否收看奥运会开幕式的关系

	收　看	没有收看	合　计
工人	68.75%	31.25%	100%
农民	87.50%	12.50%	100%
企事业单位管理人员	91.30%	8.70%	100%
企事业单位一般职员	87.72%	12.28%	100%
专业技术人员	95.65%	4.35%	100%
大中学生	92.31%	7.69%	100%
个体经营者	75.00%	25.00%	100%
服务业人员	74.29%	25.71%	100%
离退休人员	83.06%	16.94%	100%
待业人员	82.61%	17.39%	100%
外来务工者	66.67%	33.33%	100%

表 2-9　年龄与对奥运会开幕式满意度的关系

	非常满意	比较满意	一般满意	不大满意	不满意	合计
18 岁以下	54.17%	37.50%	8.33%	0%	0%	100%
18~25 岁	43.75%	47.92%	8.33%	0%	0%	100%
26~35 岁	31.94%	56.95%	9.72%	1.39%	0%	100%
36~45 岁	38.89%	38.89%	20.37%	1.85%	0%	100%
46~55 岁	63.15%	25.00%	10.53%	1.32%	0%	100%
56~65 岁	61.53%	23.08%	13.85%	1.54%	0%	100%
66 岁及以上	70.27%	24.32%	5.41%	0%	0%	100%

表 2-10　学历与对奥运会开幕式满意度的关系

	非常满意	比较满意	一般满意	不大满意	不满意	合计
小学及以下	78.38%	16.22%	5.40%	0%	0%	100%
初中	58.33%	31.67%	10.00%	0%	0%	100%
高中或中专	53.49%	36.43%	8.53%	1.55%	0%	100%
大专	46.00%	38.00%	16.00%	0%	0%	100%
大学本科	36.78%	45.98%	14.94%	2.30%	0%	100%
硕士生及以上	50.00%	41.67%	8.33%	0%	0%	100%

表 2-11　职业与对奥运会开幕式满意度的关系

	非常满意	比较满意	一般满意	不大满意	不满意	合计
工人	59.09%	27.27%	13.64%	0%	0%	100%
农民	57.14%	28.57%	14.29%	0%	0%	100%
企事业单位管理人员	42.86%	28.57%	23.81%	4.76%	0%	100%
企事业单位一般职员	38.00%	48.00%	12.00%	2%	0%	100%

(续)

	非常满意	比较满意	一般满意	不大满意	不满意	合计
专业技术人员	40.91%	45.45%	13.64%	0%	0%	100%
大中学生	47.92%	47.92%	4.16%	0%	0%	100%
个体经营者	58.33%	25.00%	16.67%	0%	0%	100%
服务业人员	50.00%	42.31%	3.84%	3.85%	0%	100%
离退休人员	66.02%	22.33%	10.68%	0.97%	0%	100%
待业人员	52.63%	31.58%	15.79%	0%	0%	100%
外来务工者	50.00%	50.00%	0%	0%	0%	100%

对于开幕式的具体印象,调查者设置了这样一个问题,即问受访者"您认为奥运会开幕式在哪些方面表现比较突出(多选题)?"调查结果表明,受访者对奥运会最突出的印象是"民族特色突出"和"视觉效果好",分别有93.2%和92.2%的市民对这种说法表示认同。另外,90.26%的市民认为开幕式"艺术感染力强",民族特色和视觉效果是本次奥运会开幕式的两大亮点。这一结果表明,奥运会开幕式得到了上海市民的认同。

案例思考:
1. 对2008年奥运会开幕式,你的感觉如何?
2. 你觉得样本数量对调查结果有何影响?实际工作中应如何选择样本量?
3. 抽样调查方案设计的一般程序在该案例中是如何体现的?

三、几种常用的抽样方法

常用的抽样方法主要有随机抽样和非随机抽样,具体如图2-5所示。

(一)随机抽样

随机抽样也称概率抽样,是按照一定的程序,遵循随机性原则,从总体中抽出一部分个体组成样本,通过对这部分样本的研究,去认识总体。随机抽样最大的特点是可以用样本数据对总体参数进行估计。但这种抽样方法的技术操作相对复杂,同时必须有抽样框,因此成本较高,对抽样设计人员的专业技术要求也较高。

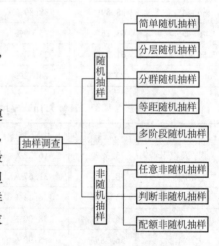

图2-5 抽样方法分类

1. 简单随机抽样

简单随机抽样也称单纯随机抽样,这是最基本的抽样形式,它是完全随机地选择样本,对总体不需要进行分组、划类、排序等先行工作,直接从总体中随机地抽取调查样本。其特点是每个样本都是以等概率被抽取,各单位之间相互独立,没有任何关联性和排斥性,排除了主观因素的干扰,而且操作方便。但这种方法只适用于具有总体单位之间特征差异程度较小、分布范围不广等特征的调查对象。

简单随机抽样有放回抽样和不放回抽样两种方法。放回抽样是指从总体中随机抽出一个样本,记录观测结果后,将其放回到总体中去,再抽取第二个,依此类推,一直到抽满 n 个样本为止。采用这种方法，样本有被重复抽中、易造成信息重叠而影响估计效率的可能，所以较少采用。不放回抽样，即抽取第一个样本后，将其放置一边，再从总体剩下的 $N-1$ 个样本中随机地抽取第二个，依此类推，一直到抽满 n 个样本为止。采用这种方法，每个样本最多只能被抽中一次，不会造成信息重叠，所以比放回抽样有更高的估计效率。实现随机抽样的具体办法主要有以下两种：

（1）抽签法。这种方法类似于通常所说的"抓阄"，即给总体中的每个个体编上号，然后将序号写到标签上并将标签混合均匀后随机抽取所需的单位数，被抽到的号码所代表的个体即为样本的一员，直到抽足预先规定的样本容量为止。当总体单位 N 较大时，这种方法比较麻烦，工作量较大，因此这种方法多在较小规模的总体中应用。

（2）随机数表法。这种方法实际上是用随机数表代替了抽签法的标签，就是把 0～9 的数字随机排列成一张表，每逢抽样时，依据总体的数目确定适用几位随机数，从随机数表中任何一列的任何一行开始抽取，凡符合编号的个体，即被抽中。

使用随机数表法抽样的过程是，首先把总体随意编号排序，然后按事先规定的顺序读随机数字表，所读随机数字表的位数由总体的单位数来确定。若总体是千位数规模，则一次在随机数字表上读 4 位数，若总体为百位数，则一次读 3 位数。总体中一个个体的编号与所读出的随机数一致，则该个体中选；若读出的随机数大于总体规模数或者是重复数字，则跳过该数继续往下读，直到抽够规定的样本容量为止。读取随机数字表时，一旦阅读顺序确定，便不能改变，否则便会破坏随机性特征。

2. 分层随机抽样

分层随机抽样又称类型抽样，在抽取样本之前，需要根据市场调查的目的和要求对总体按照一定的原则进行分层，然后在每一层中进行抽样。由于事先对调查母体进行分层，所以这种抽样方法的实质是分层加简单随机抽样，它可以提高抽样结果的代表性。分层时，各层应该相互独立，每个个体都应该被分配到一层，同层内的元素差异较小，层与层之间的元素差异较大。

例如，某城市的超市共有 12000 家，现某调查公司要对该城市的超市进行抽样调查，则可以用分层随机抽样的方法，将该城市的超市分为大型、中型及小型超市三层，再按照一定的比例从各层中抽取一定的样本数量来进行调查。

分层随机抽样的抽样误差计算公式为

$$\sigma_{\bar{x}} = \sqrt{\frac{\overline{\sigma^2}}{n}} \quad (2-1)$$

其中

$$\overline{\sigma^2} = \frac{\sum \sigma_i^2 n_i}{n}$$

式中　$\overline{\sigma^2}$——总体方差；
　　　σ_i^2——第 i 组总体方差（$i=1, 2, \cdots, n$）；
　　　n_i——第 i 组样本容量。

3. 分群随机抽样

分群随机抽样又叫整群抽样，是指将总体按其自然形态（一般是地域范围）分为若干群，然后抽取部分群体作为样本，对已抽中的群所包括的所有个体进行全面调查。

例如，要对重庆市的家庭进行调查，以便掌握重庆市消费者的购买行为。重庆市的主城区主要分为沙坪坝区、渝中区、九龙坡区等九个区，区与区之间居民的特征可认为是基本相同的，而在每个区内部则有较大的差异，基本上可以代表重庆市居民的特征。因此，调研人员可以从这些区中随机抽取一个或几个区作为样本进行调查。而在被选中的群中家庭数量还是太多，还可以将选中群体进一步按居委会分群，然后随机抽取居委会，再对选中的居委会中的家庭进行调查。

分群随机抽样的抽样误差计算公式为

$$\sigma_{\bar{x}} = \sqrt{\frac{\delta_x^2}{r}\left(\frac{R-r}{R-1}\right)} \tag{2-2}$$

其中

$$\delta_x^2 = \frac{\sum(\bar{X}_i - \bar{X})^2}{R} \text{ 或 } \delta_x^2 = \frac{\sum(\bar{x}_i - \bar{x})^2}{r}$$

式中　R——总体的群数；

　　　r——样本的群数；

　　　δ_x^2——群间方差；

　　　$\bar{x}$——样本平均数，$\bar{x} = \frac{\sum \bar{x}_i}{r}$；

　　　$\bar{x}_i$——第 i 群的样本平均数。

分群随机抽样法同分层随机抽样法的内容要求不同。分层随机抽样要求所分各层之间差异性较大，层内各元素差异性较小，如图2-6所示；分群随机抽样法则要求各群体之间具有较大的相似性，即各群体之间差异性较小，而群内各元素之间差异性较大，如图2-7所示。分群随机抽样的可靠程度主要取决于群与群之间的差异大小，差异越小，分群随机抽样的调查结果就越准确。因此，在市场调查中，当群内各单位之间的差异较大，而群与群之间的差异较小时最适用分群随机抽样方式；反之，则适用分层随机抽样方式。

以超市经营规模为例，分层随机抽样如图2-6所示。

以重庆市家庭情况为例，分群随机抽样如图2-7所示。

图2-6　分层随机抽样　　　　　图2-7　分群随机抽样

在分层与分群抽样中，一般情况下，分层随机抽样的误差小于分群随机抽样。

例2-1　某市有居民88万户，若要对该市居民户均年收入进行抽样调查，则可以利用分层随机抽样和分群随机抽样两种方法来进行抽样。

解1　分层随机抽样

该市88万户居民，可分为高收入户、中收入户、低收入户三类，现从这三类中按等比例抽样，共抽取500户组成样本，样本各组的户均年收入、标准差等如表2-12所示。

第二章 市场调查策划

表 2-12 分层随机抽样数据表

类型	总户数 N_i（万户）	样本容量 n_i（户）	户均年收入 $\bar{x}_i$（百元/户）	标准差 σ_i（百元）
高收入区	38.72	220	700	200
中收入区	31.68	180	400	120
低收入区	17.60	100	300	180
合计	88.00	500	—	—

由式（2-1）可得

$$\bar{X} = \frac{700 \times 220 + 400 \times 180 + 300 \times 100}{500} \text{百元/户} = 512 \text{百元/户}$$

$$\overline{\sigma^2} = \frac{200^2 \times 220 + 120^2 \times 180 + 180^2 \times 100}{500} = 29264$$

$$\sigma_{\bar{x}} = \sqrt{\frac{\overline{\sigma^2}}{n}} = \sqrt{\frac{29264}{500}} \text{百元} \approx 7.65 \text{百元}$$

由分层随机抽样法抽样的误差为 765 元。

解 2 分群随机抽样

该市分为 8 个区，使用分群随机抽样可从这 8 个区中随机抽取 3 个区，再从这 3 个区中随机抽取 500 户组成样本。各样本群相关数据如表 2-13 所示。

表 2-13 分群随机抽样数据表

样 本 群	$\bar{x}_i$（百元/户）	n_i（户）
1	487	160
2	513	170
3	535	170

由式（2-2）可得

$$\bar{X} = \frac{487 \times 160 + 513 \times 170 + 535 \times 170}{500} \text{百元/户} = 512.16 \text{百元/户}$$

$$\delta_x^2 = \frac{(487 - 512.16)^2 + (513 - 512.16)^2 + (535 - 512.16)^2}{3} \approx 385.1323$$

$$\sigma_{\bar{x}} = \sqrt{\frac{\delta_x^2}{r}\left(\frac{R-r}{R-1}\right)} = \sqrt{\frac{385.1323}{3}\left(\frac{8-3}{8-1}\right)} \text{百元} \approx 9.58 \text{百元}$$

由分群随机抽样法抽样的误差为 958 元。

4. 等距随机抽样

等距随机抽样又称系统抽样，是将总体中的个体按某种顺序排列，在规定的范围内随机抽取起始个体，然后按照一定的规则，在样本中每隔一定距离抽选一个受访者。抽样距离（R）的大小等于总体数量（N）除以样本数量（n），并四舍五入到最接近的一个整数。

等距随机抽样可分为四步：首先，将被调查总体中的各个个体按某种标志有序排列并编上序号。如果排列顺序与调查项目无关，如以编号、姓名笔画等作为排列依据，则称其为无关标识系统抽样；若与调查项目有关，如以收入高低、年龄大小等依高低次序排队，则称其为有关标识系统抽样。其次，根据总体数和确定的样本数，计算抽样距离（N/n）。再次，在第一段距离内，按照随机原则确定第一个样本的位次。最后，按确定的抽样距离进行实际的抽样，直到满足样本容量。

例如某学校某年级有 600 名学生，拟订样本容量为 40 名学生，则可以先将此年级的 600 名学生进行编号，计算出抽样距离 $= N/n = 600/40 = 15$ 人。先从第一个 15 人中用简单随机抽样方式抽取出第一个样本单位，若抽到的是 7 号，则依次抽出的是 22 号、37 号、52 号……

等距抽样能产生比简单随机抽样更具有代表性的样本，操作简便，容易实施，成本较低。但等距调查同样具有一定的局限性，当抽选间隔和被调查对象本身的节奏性（或循环周期）重合时，就会影响调查的精度。如在以家庭为单位的市场调查中，如果按照户口簿上的名单进行等距抽样，而一连串的家庭都是一夫一妻一子女，若每隔 3 人或 6 人或 9 人抽一个做样本，要么全抽中丈夫，要么全抽中妻子或孩子，无论怎样样本都缺乏代表性。同时，等距抽样的方差估计比较复杂，这就导致误差难以计算。

5. 多阶段随机抽样

多阶段随机抽样是指在抽样中不是一次直接从总体中抽取最终的样本，而是把总体进行两个或两个阶段以上的划分，再进行抽样。

其具体步骤为：①将总体按某种标准分为若干集体，作为抽样的第一级；然后在第一级的样本中再次划分，作为抽样的第二级。依此类推。②按随机原则，先在第一级单位中抽取第一级样本；再在这些样本中抽取第二级样本。依此类推。如进行全国性的居民入户调查，首先抽市、县，然后在选中的市、县中抽街道（乡），再从选中的街道（乡）中抽居委会（村委会），最后在选中的居委会（村委会）中抽取居民户。

多阶段随机抽样适用于规模较大、范围较广、层次特征和机构特征较显著的总体。在实施时分阶段进行，每一阶段都要进行一次抽样，每一次抽样都会形成误差，最终造成误差的积累，因此，对其最终误差的计算较麻烦。

（二）非随机抽样

非随机抽样是指不按随机原则，而由调查人员根据调查的目的和要求，主观地从总体中抽选样本的方式。其基本原则是在选择样本时可以加入调查者个人的主观因素，使总体中每一个个体被抽取的机会是不均等的，因此是一种主观的抽样方式。这种方式适合于不能运用随机抽样的情况或抽样方式对调查结果影响不大的时候。非随机抽样与随机抽样相比，最大的特点是操作简便、时效快、成本低；但因无法查明样本统计量的分布，而无法计算抽样误差，无法对估计结果的准确性做出评价，因此，在理论上不具备由样本对总体进行推断的依据。非随机抽样又分为以下三种：

（1）任意非随机抽样。任意非随机抽样主要由调查员自由选择受访者，以方便为原则。如在街头、公园等公共场合，调查人员依据自己的判断，拦住某过往行人进行询问调查或者填写问卷等。

任意非随机抽样的特点如表 2-14 所示。

表 2-14　任意非随机抽样的特点

特　　点		适用范围
优　点	缺　点	
成本低、耗时少，操作简便，能及时取得所需要的信息	由于样本信息无法代表总体，不能根据样本信息对总体进行任何推论，样本只有在目标总体单位差异小的情况下才有代表性	适合于探索性研究，通过调查发现问题，产生想法和假设，也可以用于正式调查前的预调查

（2）判断非随机抽样。通过调查人员自己的思考或主观判断，认为选择某类受访者为调查对象更合适的抽样方式。判断非随机抽样的样本代表性如何，完全取决于调查人员自身的知识、经验和判断能力，因此，应用这种抽样方法的前提是调查者必须对总体的有关特性有较多、较深入的了解。

判断非随机抽样的优点是操作简单、方便、快捷，节省费用，符合调查目的和特殊需要；缺点是主观性、随意性强，不容易保证样本的代表性，抽样误差难以控制。

（3）配额非随机抽样。配额非随机抽样是指选择某一特定数量、满足一定要求的受访者。这些受访者对本调查项目最有用，这些配额可以是年龄、收入、职业等。

配额非随机抽样与其他几种非随机抽样方法相比，其样本具有较高的代表性，但现场调查操作中难度要大些。

例如，要对某市进行护肤品消费需求调查，确定抽样的样本量为 400 名。在选择消费者时，就可以利用配额非随机抽样的方法，以消费者的年龄、性别、收入三个标准为配额来进行样本的抽取。

四、抽样误差的计算

市场调查产生的误差来自两大类。一类是调查误差，是指调查统计工作中，由于工作上的种种原因而产生的误差，也叫技术性误差，如调查工作中由于登记、计算、汇总的差错所引起的误差，或者由于调查方案的设计有缺陷、调查统计方式不够科学引起的误差等。这些调查工作中所产生的误差，是全面调查和非全面调查都可能发生的。另一种则是由于抽样引起的误差，称为抽样误差。

（一）抽样误差的概念和种类

抽样误差是指用抽样的样本指标去推断总体相应指标所产生的误差，这个误差是抽样调查不可避免的误差。造成该误差的原因主要来自两个方面：一方面是抽样过程中因不能完全遵从随机抽样原则或抽样方式不完全科学而造成的误差，一般称之为系统性误差；另一方面是由于样本不能完全代表总体全部所产生的误差，一般称之为偶然性误差。一般系统性误差可以采取选用科学的抽样方法、方式加以避免，而偶然性误差是由于抽样调查方式所决定的，不可避免，只能力求控制在一定的误差范围内。一旦抽样方式一定，则系统性误差也就确定了，此时抽样误差主要是指偶然性误差。这种误差主要与抽样的总体数量有关。它又可以分为两种情况：一是实际误差，是指样本综合指标（如平均数）与相应总体综合指标的实际偏差。但由于总体的实际指标一般无法知道（除非进行普查），因此，实际误差也就无法确定。二是平均误差，即各种可能被抽中的样本的综合指标的平均值与总体相应综合指标的均值的偏离程度，它表明样本指标同总体指标可能相差的范围，而不是确切的误差数值。

通常所说的抽样误差，专指抽样平均误差。它反映了样本代表性的大小。抽样误差越大，样本可能代表总体的真实性就越小；反之亦然。

（二）抽样误差的计算方法

1. 平均数指标下的抽样误差的估算方法

（1）重复抽样条件下的误差计算公式

$$\bar{\mu}_x = \sqrt{\frac{\sigma^2}{n}} = \frac{\sigma}{\sqrt{n}} \tag{2-3}$$

式中　$\bar{\mu}_x$——抽样平均误差；
　　　n——样本单位数；
　　　σ^2——总体方差；
　　　σ——总体标准差。

（2）不重复抽样条件下的计算公式

$$\bar{\mu}_x = \sqrt{\frac{\sigma^2}{n}\left(\frac{N-n}{N-1}\right)} \tag{2-4}$$

式中　N——总体单位数。

当总体单位数 N 值很大时，为简化计算，也可用下列公式计算

$$\bar{\mu}_x = \sqrt{\frac{\sigma^2}{n}\left(1 - \frac{n}{N}\right)} \tag{2-5}$$

例 2-2　某地区对每户食盐平均消费量进行抽样调查，在 6000 户居民家庭中抽选 400 户，已知样本标准差 σ 为 5kg，在重复抽样的条件下，抽样误差为

$$\bar{\mu}_x = \sqrt{\frac{\sigma^2}{n}} = \frac{\sigma}{\sqrt{n}} = \frac{5}{\sqrt{400}} \text{kg/户} = 0.25 \text{kg/户}$$

在不重复抽样的条件下，抽样误差为

$$\bar{\mu}_x = \sqrt{\frac{\sigma^2}{n}\left(1 - \frac{n}{N}\right)} = \sqrt{\frac{25}{400}\left(1 - \frac{400}{6000}\right)} \text{kg/户} = 0.242 \text{kg/户}$$

必须指出，用上述方法计算出的抽样误差并不是绝对的，而是指平均偏离程度。

2. 成数指标抽样方法的估算方法

当总体的一个现象有两种表现时，其中具有某一种表现的个体数占总体数目的比重，叫总体成数，简称成数。成数抽样误差的计算方法同平均数指标抽样误差的计算方法的原理是相同的，所不同的是总体方差的计算方法不一致，因为各个样本成数的平均数就是总体成数本身，它既表明在总体中所占的比重，又是总体的平均数。

（1）重复条件下的计算公式

$$\mu_p = \sqrt{\frac{P(1-P)}{n}} \tag{2-6}$$

式中　μ_p——成数的抽样误差；
　　　P——总体成数。

(2) 不重复条件下的计算公式

$$\mu_p = \sqrt{\frac{P(1-P)}{n}\left(\frac{N-n}{N-1}\right)} \tag{2-7}$$

当 N 很大时，上式也可简化为

$$\mu_p = \sqrt{\frac{P(1-P)}{n}\left(1-\frac{n}{N}\right)} \tag{2-8}$$

在没有总体方差或总体标准差时，可以用样本方差 S^2 代替总体方差 σ^2，用样本的 $p(1-p)$ 代替总体的 $P(1-P)$，或选用成数方差最大值 0.25 代替。

例 2-3 某机械厂生产一批零件共 5000 件，随机抽查 250 件，发现其中有 8 件不合格，求合格率的抽样误差。

解 由于不知总体方差，因此，可用样本方差来代替，其合格率为

$$p = \frac{n - n_0}{n} = \frac{250 - 8}{250} = 96.8\%$$

$$\mu_p = \sqrt{\frac{P(1-P)}{n}\left(1-\frac{n}{N}\right)} = \sqrt{\frac{0.968(1-0.968)}{250}\left(1-\frac{250}{5000}\right)} \approx 0.0108$$

从上述平均数和成数的抽样误差计算公式中可以看出，由于 $1-n/N$ 总是小于 1 的，因此，不重复抽样的抽样误差必定小于重复抽样的抽样误差。在实际工作中，尤其在市场调查中，通常用不重复抽样方法。但在计算抽样误差时，既可以采用不重复抽样方法进行调查，又可以使用重复抽样的计算公式，因为当 N 很大时，$1-n/N$ 就接近于 1 了。用两种计算公式得出的结果相差不大，而市场调查中的总数 N 往往是大量的。

五、样本量的确定

确定抽取多少样本数是个很重要的问题。抽取的数目过少，会使调查结果出现较大的误差；若抽取的数目过多，又会造成人力、财力和时间上的浪费。既要达到要求的准确度，又要符合经济原则，就应当确定在事先给定的抽样误差范围内的确定的、能够达到对调查结果准确度要求的样本单位数。

（一）影响样本量的因素

（1）允许误差的大小。在其他条件一定的情况下，允许误差与样本量成反比。在抽样调查设计时，允许误差的确定主要取决于调查的目的、要求和经费的预算。一般来说，调查的准确度要求高、调查力强、调查经费充足，允许误差可以定得小一些；反之亦然。

（2）总体的变异程度。总体的变异程度用总体方差表示。在抽样误差范围一定的条件下，总体各单位之间的标志差异程度越大，需要抽取的样本数目就越多；反之，则越少。其原因是总体单位之间的差异越大，一定数目的总体单位对总体的代表性就越低；总体单位之间的差异越小，一定数目的总体单位对总体的代表性就越高。当总体单位的标志值都相等时，一个总体单位的标志值就足以代表总体的平均水平。

（3）调查结果的可靠程度，即概率度 t 值的大小。可靠程度要求高，样本量就应当多一些；可靠程度要求低，样本量就可以少一些。

（4）抽样组织方式和抽样方法。一般情况下，简单随机抽样和分群随机抽样比等距随机抽样和分层随机抽样所需要的样本数多，重复抽样比不重复抽样的样本数多。

此外，依据调查经验，调查表回收率的高低也是影响样本量的一个重要因素；同时，调查中的无回答情况也是一个影响因素。在确定样本量时，要综合考虑多方面因素，得出必要的抽样数目。

（二）样本量的计算

在每一次抽样调查之前，都有一些未知量需要测算。因为在抽样之前或者是抽样之后，总体的 $\overline{X}$、P 和 σ^2 是不知道的，所以，要组织一两次实验性的抽样调查，用样本的有关指标 $\overline{x}$、p 和 s^2 代替总体的有关指标。如果是连续进行的抽样调查，又积累了丰富的经验和历史资料，可以用以前调查的资料代替总体的有关指标。

抽样中有不同的抽样方式，对不同的抽样方式，样本量的计算方式是不同的。在这里，仅以简单随机抽样为例，介绍计算样本量的基本方法；其他抽样方式样本量的计算方法，可以参考抽样技术的专门书籍。

抽样极限误差是指样本指标与总体指标之间抽样误差的一种可能范围，也就是用一定的概率来保证抽样误差不超过某一给定的最大可能范围（又叫置信区间）。由于总体指标是一个确定的量，样本指标是一个随机的量，所以样本指标是围绕着总体指标左右变动的，随着其大于或小于总体指标，产生正误差和负误差，两者可用绝对值表示为 $|\overline{x}-\overline{X}|$ 与 $|p-P|$。这种以绝对值表示的抽样误差的可能范围，就称为极限误差，或抽样误差范围和允许误差。

抽样极限误差表明抽样估计准确程度的可能范围。其通常是以抽样平均误差作为标准来衡量的。其计算公式为

$$t = \frac{\Delta_{\overline{x}}}{\mu_{\overline{x}}} \tag{2-9}$$

$$t = \frac{\Delta_p}{\mu_p} \tag{2-10}$$

抽样极限误差也可以表示为抽样平均误差的若干倍，其倍数即是概率度（t），用公式表示如下

$$\Delta_{\overline{x}} = |\overline{x} - \overline{X}| = t\mu_{\overline{x}} = t\sqrt{\frac{\sigma^2}{n}} = t\frac{\sigma}{\sqrt{n}} \tag{2-11}$$

$$\Delta_p = |p - P| = t\mu_p = t\sqrt{\frac{P(1-P)}{n}} \tag{2-12}$$

必要抽样数目的计算公式可以从允许误差和抽样误差计算公式推导而得。

1. 平均数指标样本量的确定

（1）重复抽样

$$n = \frac{t^2\sigma^2}{\Delta_{\overline{x}}^2} \tag{2-13}$$

（2）不重复抽样

$$n = \frac{t^2\sigma^2 N}{N\Delta_{\overline{x}}^2 + t^2\sigma^2} \tag{2-14}$$

2. 成数指标的样本量的确定

（1）重复抽样

$$n = \frac{t^2 p(1-p)}{\Delta_p^2} \tag{2-15}$$

(2) 不重复抽样

$$n = \frac{t^2 p(1-p) N}{N\Delta_p^2 + t^2 p(1-p)} \quad (2-16)$$

式中 t ——概率度；

　　σ^2 ——总体方差；

　　$\Delta_{\bar{x}}$ ——平均指标允许误差；

　　Δ_p ——成数的抽样极限误差；

　　p ——成数；

　　n ——样本量。

例 2-4 对某厂生产的 10000 个灯泡进行耐用性能检查，根据以往抽样测定，求得耐用时数的标准差为 600h。

（1）在重复抽样条件下，概率保证度为 68.27%，灯泡平均耐用时数的误差范围不超过 150h，要抽取多少灯泡作检查？

（2）根据以往抽样检验知道，灯泡合格率为 95%，合格率的标准差为 21.8%。要求在 99.73% 的概率保证下，允许误差不超过 4%，试确定重复抽样所需抽取的灯泡数量是多少？

解 （1）由概率度为 68.27%，查数理统计表得 $t=1$，已知 $S=600h$，$\Delta_{\bar{x}}=150h$

所以 $n = \dfrac{t^2 \sigma^2}{\Delta_{\bar{x}}^2} = \dfrac{1^2 \times (600)^2}{(150)^2}$ 只 $= \dfrac{360000}{22500}$ 只 $= 16$ 只

需抽取 16 只灯泡作检查。

（2）由概率度为 99.73%，查表得 $t=3$，$p(1-p)=(0.218)^2=0.0475$，$\Delta_p=0.04$

所以 $n = \dfrac{t^2 p(1-p)}{\Delta_p^2} = \dfrac{3^2 \times 0.0475}{0.04^2}$ 只 $= \dfrac{0.4275}{0.0016}$ 只 ≈ 268 只

需抽取的灯泡数目约为 268 只。

第四节　问　卷　设　计

问卷设计是市场调查中的关键环节，对调查的质量有重大影响。问卷设计的缺陷不仅会影响市场调查的其他环节，甚至有可能导致整个调查项目的失败。问卷设计是调查计量误差的主要来源之一，它还直接关系到由于访问员、受访者等所引起的计量误差。

问卷的设计所涉及的知识面十分广泛，需要掌握很多的技巧，既要满足调查的需要，又要照顾被调查者的感受；既要有科学性，又要有艺术性。不同类型的调查项目，对问卷的要求差别也很大，不可能存在一种适用于各类调查内容和各种调查方式的特定的问卷模式，但仍有一些共同的基本原则可循。

一、问卷设计的含义和作用

（一）问卷设计的含义

问卷，又称调查表，它是用来收集调查数据的一种工具，是调查者根据调查目的和要求所设计的，由一系列问题、备选答案、说明以及代码、表格等组成的一份调查表，即将调查的内容书面化。它是市场调查收集资料的基本工具之一。

问卷设计就是根据调查的目的和要求，将所需调查的问题具体化，罗列成一系列的问题和答案组成的一份完整的问卷，以使调查更加方便有效，使调查者能顺利地获取必要的信息资料，同时使结果便于统计的一种手段。

（二）问卷设计的作用

（1）实施方便，提高调查精度。一份好的问卷能将所需要的信息转化为被调查者可以回答并愿意回答的一系列具体问题，避免询问调查、电话访问中由于记录不完整等造成的信息不准确，能有效地减少回答误差，提高调查精度。

（2）节省时间，提高效率。使用问卷调查，不需要由调查人员就调查目的向被调查者进行详细的解释，能有效地节省调查时间，从而提高调查效率。

（3）便于调查结果的分析和处理。调查问卷有利于将调查内容系统化、标准化，便于对资料进行统计分析和研究。同时，问卷可将定性认识转化为定量研究，可对各种市场现象的各因素进行各种统计分析。

二、问卷的结构和类型

（一）问卷的结构

根据不同的调查目的以及不同项目规模的大小，问卷的结构也不同。一般来说，一份完整的问卷应包括以下几个部分：

1. 开头部分

开头部分相当于一份问卷的前言，它是对调查的目的、意义及有关事项的说明。其主要目的是阐述本次调查的目的和意义，消除被调查者的顾虑，引起被调查者的兴趣，争取他们的支持和合作。开头部分一般包括：标题、问候语、填写说明、问卷编号等。

（1）标题。它是调查主题的概括说明，可以使被调查者对所要回答的问题类型以及涉及的方面有一个大致的了解。标题应该简明扼要，但又不能过于笼统，要易于引起被调查者的兴趣。例如，可采用"手机消费状况调查""某快餐行业市场调查"等标题，而不要简单地采用"问卷调查"这样的标题。后一种标题容易引起被调查者不必要的怀疑而拒绝回答。

（2）问候语。这是为了引起被调查者的重视，消除他们的顾虑，激发他们的参与意识，以争取得到他们的合作。因此问候语要亲切、诚恳礼貌，文字要简洁准确，措辞得当，内容要简明交代清楚调查目的和调查者的身份以及保密原则等，并在结尾处表明对被调查者的参与和合作表示感谢。同时，问候语不能拖沓冗长，以免引起被调查者的反感。例如，下面是一份"公众汽车消费趋势问卷"中的问候语：

——女士/小姐/先生：

您好！我是×××市场调查公司的访问员，我们正在进行一项有关汽车消费趋势的调查，目的是想了解影响人们购车的主要因素，以便促进汽车产业的发展。您的回答无所谓对错，只要真实地反映您的情况和看法，就达到了这次调查的目的。希望您能积极参与，我们对您的回答完全保密。调查要耽搁您一些时间，请您谅解。谢谢您的支持和合作。

（3）填写说明。对问卷的填写方法要说明清楚，让受访者知道如何填写问卷，规范和帮助被调查者对问卷的回答。填写说明可以集中放在问卷前面，也可以分散到各有关问题之前。如果是针对问卷中全部问题及答案的填写说明，应单独作为问卷的一个部分，放在问候语后；如果是针对个别复杂问题，则应放在该问题之前。填写说明一定要详细清楚，并且位置要醒目，以便引起回答者的重视。

（4）问卷编号。对问卷进行编号是为了处理后续的问题，如检查错误、便于归类整理、易于进行计算机统计处理和分析等。

2. 甄别部分

甄别也称为过滤，它是先对被调查者进行甄别，筛选掉不符合要求的被调查者或不需要问的部分，然后针对特定的被调查者进行调查。

3. 主体部分

这部分包括所有的问题和答案，是调查问卷中最重要的部分，所有要调查的内容都可以转化为经过精心设计的问题与答案，有逻辑地排列在问卷中。它主要是以提问的形式提供给回答者，问题与答案设计的好坏，直接影响整个调查目的的实现和调查任务的完成。主体部分问题的类别如表 2-15 所示。

表 2-15　调查问卷主体部分问题的类别

类　　别	含　　义
行为调查	对被调查者的个人行为或由被调查者所了解并反映出来的其他人行为的调查
行为后果的调查	对被调查者本人的某种行为后果或由此反映出来的其他人行为后果的调查
主观评价的调查	对被调查者对某一问题和事物的态度、意见、感觉和偏好等的调查

4. 背景资料

这部分放在所有问题和答案之后，目的是了解被调查者的个人背景，如性别、年龄、文化程度、职业等，以便了解不同人群、不同背景下的消费情况。

5. 结束语

结束语放在问卷的最后，可以是简短的几句话，对被调查者的合作表示真诚的感谢；也可以稍长一些，询问受访者对本次调查的看法和感受等，以充分征求被调查者的意见，为以后的调查工作提供更好的建议。结束部分还必须填好调查者的姓名或编号、访问日期、时间、对受访者回答的评价等。

（二）问卷类型

1. 自填式问卷和访问式问卷

自填式问卷就是调查员将问卷表发送给（或者邮寄给）被调查者，被调查者自己阅读并按其自己意愿单独完成，甚至不需要调查人员的指导和监督，然后再由调查员收回调查问卷。访问式问卷就是由调查人员一个一个地提问，被调查者一一作答的问卷形式。这种问卷一般在电话访问或者入户访问时采用。

2. 结构式问卷和无结构式问卷

（1）结构式问卷。结构式问卷是指问题的设置是按一定的提问方式和顺序进行的，问卷中的问题具有先后顺序，后一题与前一题的回答相关，不能随意变动，受访者只能按问卷上问题的先后顺序一一作答。例如，在洗衣粉厂进行问卷调查时可设计如下问题：

A. 您通常用什么品牌的洗衣粉？

B. 您为什么用这个品牌的洗衣粉？

这两个问题是有先后顺序的，只有先完成了问题 A，才能继续问题 B。

结构式问卷根据答案的形式又分为封闭式、开放式和半封闭式问卷三种。封闭式是在提出问题的同时，还给出若干个答案，要求被调查者根据实际发问选择答案；开放式是只提出问题，而不为回答者提供具体答案，由回答者自由填答；半封闭式是在提出问题之后，有一些可供选择的答案，同时也允许回答者进行必要的补充，也就是自由填答。

（2）无结构式问卷。无结构式问卷是指问题的安排没有严格的顺序，前后问题之间无承接关系，可以交换顺序。例如，某公司员工综合素质考评，可以具体分为以下几个方面：知识技能、业务水平、工作绩效、工作态度、人际关系等，这些问题的设置就可以按无结构式问卷形式安排。

无结构式问卷并非完全没有结构，只是问卷结构相对来说较为松散。调查者在实施调查之前，必须先准备好问题并将其以书面形式表达出来，对被调查者进行提问时，可以在不改变调查内容的前提下，自由改变提问的方式和顺序。例如，调查者可以有不同的表达方式：

对 A 受访者，可以这样问："您为什么喜欢这项运动？"

对 B 受访者，又可以这样问："您喜欢这项运动的原因是什么？"

三、问卷设计的原则和程序

一份好的问卷应该具备两个最基本的功能：一是将所要调查的问题明确地传递给受访者，并取得真实、准确的答案；二是要使被调查者乐于回答。为此，问卷设计必须遵循一定的原则和程序。

（一）问卷设计的原则

1. 达目的性原则

达目的性原则是指问卷设计出来，一定要达到预期的效果，问卷中的所有问题都是为达到此目的而设置的。这一原则是问卷设计最重要的原则。问卷设计的根本目的是设计出符合需要，能获得足够、适用和准确的信息资料的调查问卷，以保证调查工作的顺利完成。因此，一份问卷的设计不仅是列出一系列的问题，更要注重问题背后的真正目的。

2. 易接受性原则

问卷设计出来最终会到达受访者手中。要让受访者配合我们的工作，问卷就必须设计得让他们容易接受；否则，调查无法进行。因此，问卷的设计必须面向受访者。设计者应该全面考虑受访者的感受，充分利用专业知识加上一定的艺术技巧以及心理学知识，才能设计出一份较理想的问卷。如果调查中的问题涉及被调查者的隐私，如："你曾经有过婚外情吗？""你在竞争中采取过不正当的手段吗？"调查者自然是不愿意回答的，这就要设计者换一个角度去设问。例如，把上面的问题改为"你对那些有婚外情的人持何态度？""有人在这次竞争中采取了不正当手段，对此你怎样看？"等，把受访者看作是与问题无关的人，从他的回答中间接了解他本人的观点。

3. 简明性原则

简明性原则，简而言之，就是问卷应尽可能简洁易懂，不仅要求内容尽可能少，而且要尽量避免使用专业术语。

4. 匹配性原则

匹配性原则是指问卷的整个形式要与整体目的相一致。问题与问题之间，数据与数据之间，都应相互匹配，不出现与整体不符合或前后矛盾之处。

（二）问卷设计的程序

问卷设计的程序总体上可分为四个阶段：准备阶段、初步设计阶段、试答与修改阶段和完成阶段，如图 2-8 所示。

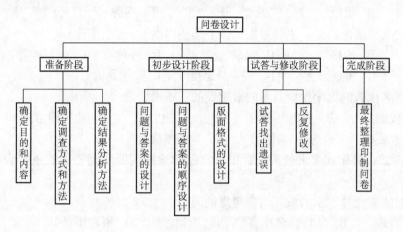

图 2-8　问卷设计的程序

四、问卷设计技巧

（一）问卷问题的设计

问卷所要搜集的调查资料，都包含在一系列的问题之中，要了解问卷问题的设计技术，首先应弄清楚问题的几种类型，以便对症下药。

1. 开放型问题

开放型问题是指被调查者可以自由回答的问题，没有预定的备选答案，由受访者根据自己的理解自由作答。

例：（1）您家经常使用什么牌子的香皂。

①_____　②_____　③_____

（2）您对商家以"送优惠券"吸引顾客的策略有何看法？

开放型问题的优点是比较灵活，适合于搜集深层次的信息，特别适合于那些尚未弄清各种可能答案或可能答案类型较多的问题。它可以使被调查者充分表达自己的意见和想法，有利于被调查者发挥自己的创造性。其缺点是答案类型众多，五花八门，给调查资料的整理带来一定困难，也可能因为回答者表达能力的差异形成调查的偏差。同时，由于时间关系或者缺乏心理准备，回答者往往放弃回答或者答非所问，使问卷的回收率和有效率降低。因此，开放型问题不应太多。

2. 封闭型问题

封闭型问题是指调查者已经设计好了问题的备选答案，受访者只需从中选择即可。封闭型问题又可分为以下几种形式：

（1）两项选择式。

例：您打过高尔夫吗？

A. 打过（　　）　　B. 没打过（　　）　　（在选择的答案中划√）

(2) 多项选择式。提供了两个及以上的答案，受访者在其中进行选择。多项选择式又可分为单选、多选和限制选择三种，具体如下所示：

您认为通过以下哪种方式打广告，效果会最好？（选一项）（　　）

A. 电视　　B. 报纸　　C. 广播　　D. 杂志　　E. 路牌　　F. 公交车身

您在买此品牌的产品时，主要考虑了以下哪些因素？（可以多选）（　　）

A. 质量　　B. 价格　　C. 品牌　　D. 外观　　E. 亲友推荐

F. 广告　　G. 售后服务　　H. 售货员态度　　I. 其他原因

您觉得一名优秀的大学生应具备的最重要的三项素质是（　　）。

A. 学习成绩好　　B. 思想品德好　　C. 交际能力强　　D. 动手能力强

E. 心理素质好　　F. 有创新能力　　G. 专业基础扎实

(3) 排序式。排序式要求被调查者根据自己的偏好判断所列答案的重要程度，并按顺序排列。

例：您在购买此种牌子的汽车时，考虑的因素：

A. 价格合理　　B. 品牌知名度高　　C. 质量好　　D. 售后服务好

E. 外形美观　　F. 维修方便　　G. 安全　　H. 经济省油

按最重要到最不重要排序为：＿＿＿＿＿＿＿＿＿＿＿＿＿＿＿＿＿

(4) 过滤式。过滤式问题的作用是避免访问某些不符合该条件的受访者，即在问题前设置一个过滤问题，回答"是"的受访者回答一类问题，回答"不是"的受访者则回答另一类问题或跳问。

例：A. 您曾经用过"拉芳"牌洗发液吗？（在答案后打√）

①用过（　　）　　②没用过（　　）

回答①的继续问B，回答②的跳问B

B. 您是在什么时候用的？

①一年以前　　②最近一年内　　③现在正用

(5) 双向列联式。这种方法是将两类不同问题综合到一起，通常用表格来表现。表的横向是一类问题，纵向是另一类问题。这种问题结构可以反映两方面因素的综合作用，可提供单一类型问题无法提供的信息，同时也可以节省篇幅。

例：请您在认为品牌与性能相匹配的一栏打√

品牌	飘柔（　）	海飞丝（　）	潘婷（　）
性能	顺滑 柔软	去屑	柔顺 亮发

封闭式问卷的优点是其答案标准化，有利于被调查者对问题的理解与回答；同时，也方便了调查人员对调查资料的整理。但对一些比较复杂的问题，有时很难把答案设计周全，从而影响调查质量。对于封闭型问题，在设计答案时一定要尽可能穷尽，答案之间要互斥，以保证被调查者能有所选择。

问卷提问问题的设计应注意以下几点：①问题内容尽可能短；②用词要确切、通俗易懂；③一项提问只包含一项内容；④避免诱导性问题；⑤避免否定式的提问；⑥避免敏感性问题;⑦避免问题与答案不一致。

（二）回答项目的设计

问卷答案的设计应遵循以下原则：

1. 穷尽性原则

穷尽性原则是指问题的备选答案一定要包括所有可能回答的项目，不能出现被调查者选不到答案的情况。对有些问题，当答案不能穷尽时，可以加上"其他"一项。

2. 互斥性原则

问卷的问题答案还要求具有互斥性。互斥性要求每个答案必须互不相容、互不重叠。互斥性是为了避免被调查者在选择时出现双重选择的情况。

（三）问题顺序的设计

问卷的问题顺序应遵循以下原则。

1. 合乎逻辑性原则

问题的安排应合乎逻辑性，这是问卷设计最基本的原则。后面的所有原则都必须以此为前提；否则，会让被调查者感觉混乱，难以引起他们回答问题的兴趣。

2. 先易后难原则

首先通过容易回答的问题来吸引被调查者的兴趣；如果一开始的问题就很难回答，或计算量大，受访者有可能就此放弃，调查难以进行。

3. 有趣的问题放在前面

可以将那些能引起被调查者兴趣的问题放在前面，提高问卷的回答率。

4. 开放性问题放在后面

开放性问题由于没有现成的答案，被调查者要自己思考后再作答，并且有时写的文字较多。因此，这类问题需要留给被调查者一些思考的时间，最好放在问卷的后面。

案例2-4

下面是华为公司对大学手机市场所做的一项调查问卷。这份问卷较简单，但充分体现了上述重要原则。

华为手机大学市场调查问卷

尊敬的客户：

您好！

为了解手机市场的现状，我们进行了此次问卷调查，您只要勾选符合的选项或者根据自身情况如实填写，这个过程只需要3~5分钟，谢谢您的支持和合作。

1. 您的性别是（　　）

A. 男　　　　　　B. 女

2. 您的年龄是（　　）

A. 15岁以下　　B. 15~25岁　　C. 26~35岁　　D. 35岁以上

3. 您现在所使用的手机品牌是（　　）

A. 华为　　　　　B. OPPO　　　　C. 三星　　　　D. 小米

E. 苹果　　　　　F. VIVO　　　　　G. 其他＿＿＿

4. 您认为手机在哪个价位更容易接受（　　）
   A. 1000 元以下　　B. 1000～1999 元　　C. 2000～2999 元
   D. 3000～3999 元　　E. 4000 元以上

5. 您大约多长时间更换一次手机（　　）
   A. 半年以内　　B. 半年～1 年　　C. 1 年～2 年　　D. 2 年以上

6. 您购买手机考虑的主要因素是（多选）（　　）
   A. 价格　　　　B. 性能　　　　C. 外观
   D. 质量　　　　E. 品牌

7. 您一般在哪里选购手机（　　）
   A. 手机专卖店　　B. 营业厅　　C. 网上　　D. 大型商场

8. 您是否知道华为手机（　　）
   A. 是　　　　　B. 否

9. 您是通过哪些途径了解华为手机的（　　）
   A. 电视　　　　B. 网络　　　　C. 朋友介绍
   D. 报纸和杂志　　E. 其他＿＿＿

10. 您选购华为手机的原因是（　　）
    A. 质量过硬　　B. 功能齐全　　C. 外观华丽　　D. 活动促销

11. 您认为华为手机最大的不足是（　　）
    A. 功能　　　　B. 外观　　　　C. 价格　　　　D. 服务

12. 您对华为手机有什么建议？

华为技术有限公司

案例思考：

1. 该问卷设计包含了哪几种类型的问题？
2. 问卷的设计原则在此问卷中是如何体现的？

本 章 小 结

本章首先介绍了国内外的市场调查组织、市场调查人员的培训，接着阐述了市场调查方案的策划过程。抽样设计是获取市场信息非常有用的调查方式，本章详细介绍了几种常用的抽样调查方法。最后，阐述了问卷设计的相关问题。

练 习 与 思 考

一、选择题

1. 下列选项哪些属于问卷设计的原则？（　　）
   A. 达目的性原则　　B. 易接受性原则　　C. 简明性原则
   D. 匹配性原则　　　E. 营利性原则

2. 下列不属于市场调查方式的是（　　）。

A. 市场普查 B. 市场重点调查
C. 市场占有率调查 D. 市场个案调查
3. 对某铁路枢纽某时期货运量进行调查，以了解该铁路局的运输情况，这种调查是（　　）。
A. 市场普查 B. 市场典型调查
C. 市场重点调查 D. 市场个案调查

二、判断题

1. 市场调查策划是调查活动进行的指导方针和进行调查的依据与标准。　　（　　）
2. 专业市场调查机构的业务范围不包括进行业务培训。　　（　　）
3. 抽样方案设计中的总体是所有符合调查要求的全体。　　（　　）
4. 问卷设计的结构不包括背景资料介绍。　　（　　）

三、简答题

1. 市场调查机构的类型有哪些？
2. 市场调查方案的策划流程是什么？
3. 随机抽样有哪些主要的抽样方式？不同抽样方式的各自特点和应用场合是什么？

四、分析论述题

1. 某县城共有居民家庭20000户，县粮油公司拟组织一次居民家庭食用油需求量的抽样调查。根据历史资料估算得知，每户家庭平均食用油年消费量标准差为9kg，现要求概率度为2，平均抽样误差控制在0.75kg以内，这次抽样调查应抽选多少样本户？

2. 某咖啡品牌进入市场前，针对目标人群、营销手段等做一次市场调查。请拟订调查方案和调查问卷。

五、案例分析

阅读下列案例，并进行分析：

某市某年共有38家食品制造企业，其中5家为大型企业，根据以往统计资料分析，这5家企业的食品制造总产值和增加值均占全市的75%左右。统计部门今年拟对这5家企业各月的总产值、增加值等进行统计调查，规定重点单位每月填报统计报表。其中某月这5家大型企业的总产值为4880万元、增加值为1885万元，则估计全市食品制造业的总产值和增加值为：

$$总产值 = 4880 万元 \div 75\% \approx 6506.67 万元$$
$$增加值 = 1885 万元 \div 75\% \approx 2513.33 万元$$

案例思考：

1. 案例中采用了何种抽样方法？
2. 在选择抽样方法时应该考虑哪些因素？

第三章
市场调查方法

学习目标

1. 熟悉常用的市场调查方法和技术。
2. 掌握实地调查、网络调查与文案调查方法及相应的调查技巧。

【引导案例】 调查方法应用 4 则

1. 日本某公司的信息获取与利用

美国法律规定，本国商品的定义是"一件商品，美国制造的零件所含价值必须达到这件商品价值的 50% 以上。"日本一家公司通过查阅美国有关法律和规定获知了此条信息。这家公司根据这些信息，设计出一条对策：进入美国公司的产品共有 20 种零件，在日本生产 19 种零件，从美国进口 1 种零件，且这种零件价值最高，其价值超过 50%，产品在日本组装后再送到美国销售，就成了美国商品，就可直接与美国厂商竞争。

2. 商业密探：帕科·昂得希尔

帕科·昂得希尔是著名的商业密探，他所在的公司叫恩维罗塞尔市场调查公司。他通常的做法是坐在商店的对面，悄悄观察来往的行人。而此时，在商店里他的属下正在努力工作，跟踪在商品货架前徘徊的顾客。他们调查的目的是要找出商店生意好坏的原因，了解顾客走进商店以后如何行动，以及为什么许多顾客在对商品进行长时间挑选后还是失望地离开，通过他们的调查给商店提出有针对性的改进意见。例如一家主要是青少年光顾的音像商店，通过他们的调查发现这家商店把磁带放置过高，孩子们往往拿不到。为此，昂得希尔指出应把商品放置得更低一点，以方便孩子们拿取，该商店采纳了他的意见，结果销售量大大增加。再如一家叫伍尔沃思的公司发现放置在商店后半区域的商品销售额远远低于放置在其他部分的商品，昂得希尔通过观察现状并拍摄现场人流情况解开了这个谜。他发现在销售高峰期，现金出纳机前排着长长的交款顾客一直延伸到了商店的后半区域，妨碍了顾客从商店的前面走到后面，为此，商店采纳了他的意见，对布局进行了改善，设置了专门的结账区，结果使商店后半区域的商品销售量大大提高。

3. 澳大利亚某出版公司的网络问路

澳大利亚某出版公司曾计划向亚洲推出一本畅销书，但是不能确定用哪一种语言、在哪一个国家推出。后来决定在一家著名的网站进行市场调研。为此，公司请人将这本书的精彩章节和片断翻译成多种语言并刊载在网上，看究竟用哪一种语言翻译的摘要内容最受欢迎。经过一段时间，他们发现网络用户访问最多的网页是用简化汉字和韩国文字翻译的摘要内容。于是该出版公司决定在中国和韩国推出这本书，书出版以后，确实得到了广大读者的普遍欢迎，出版公司为此也获得了可观的经济效益。

案例思考：
1. 上述案例中所运用到的市场调查方法分别是什么？
2. 针对特定的调查环境，应该如何正确选择市场调查方法并依据哪些原则？

市场调查方法是研究市场的核心内容。市场调查根据其目的和内容不同，需要选择不同的调查方式。现在已用到的调查方式大致分为三大类，即实地调查法、网络调查法和文案调查法。

第一节 实地调查法

实地调查法是在没有明确理论假设的基础上，研究者直接参与调查活动，收集资料，依靠本人的理解和抽象概括，从收集的资料中得出一般性结论的研究方法。实地调查所收集的资料常常不是数字而是描述性的材料，而且研究者对现场的体验和感性认识也是实地研究的特色。与人们在社会生活中的无意观察和体验相比，实地调查是有目的、有意识和更系统、更全面的观察和分析。

一、访问调查法

访问调查法又称询问调查法，是指调查人员将所要调查的事项，以当面、电话或书面等不同的形式，采用访谈询问的方式向被调查者了解情况以获得所需要的调查资料的一种方法，也是在市场调查中收集第一手资料最常用、最基本的方法。

访问调查法的特点是通过直接或间接的问答方式来了解被调查者的看法和意见。整个访谈过程是调查者与被调查者相互影响、相互作用的过程，也是人际沟通的过程。这是一种特殊的人际关系或现代公共关系。因此，访问要取得成功，要顺利地获得调查所需要的资料，不仅要求调查者事先做好调查准备工作，熟练掌握访谈技巧，还要求被调查者密切配合。

（一）直接访问法

1. 直接访问法的含义

直接访问法又叫面谈访问法，是指调查者与被调查者面对面地交谈，被调查者一一回答问题，调查者将答案如实地记录下来以便于统计分析的方法。直接访问的交流方式可以按事先设计好的调查表或提纲依次进行提问，也可以围绕调查主题进行自由交谈。

在直接访问调查中，调查人员不但可以直接了解被调查者对调查问题的态度、观点，而且可以观察到被调查者的表情、举止和调查现场的环境，这就为判断调查结果的准确程度提供了一定的依据。在直接访问调查中，调查人员要尽量处于主动地位，把被访问者引入主题而避开与调查无关的问题，同时还要把握好调查的时间，以免被访问者感到厌烦；但调查人员不能主观地引导被调查者对问题的作答，对于被访问者不确定的答案，也只能由被访问者凭个人感觉来选，不能替他来答。

2. 直接访问法的特点

直接访问法的主要特点如表 3-1 所示。

表 3-1　直接访问法的特点

优　　点	缺　　点
① 回答率高 ② 准确性高 ③ 灵活性强	① 调查成本高、时间长 ② 调查的质量容易受到气候、调查时间、受访者情绪等相关因素的干扰 ③ 对调查者的素质要求较高

3. 直接访问法的类型

按其访问的方式和地点不同，直接访问法可分为入户访问、街头拦截访问、个别采访和计算机辅助个人面访四种。

(1) 入户访问。这是指调查人员按照抽样中选定的对象，到其所在的单位或家中与被访问者面对面地交谈。入户访问要求受访者一定要选好访问时间，以确定被调查者在家或单位中；同时访问者要具备较高的人际交往能力，要让对方信任自己，否则，就可能被拒之门外。即使出现个别被访问者不支持调查工作的情况，调查人员也应尽可能说服对方或改时间再访，决不能灰心丧气更不能打击报复。

在决定采用入户访问方式之前，要决定到哪些户（单位）去访问。应尽可能详细具体地规定抽取家庭户的办法，绝对不可以随意地、主观地选取调查户。入户以后要具体确定访问的对象。如果调查的内容涉及整个家庭，则一般是访问户主；如果调查的内容主要涉及个人的行为，一般是访问家庭中某个年龄段的成员，或是按某种规定选取一位家庭成员进行访问。

(2) 街头拦截访问。这是指调查人员在选定的街道上或区域，按照一定的程序和要求，随机地选择符合条件的过往人员进行访问。街访的问卷必须是简短易答的。

街头拦截式面访调查主要有两种方式：一种是由经过培训的访问员在事先选定的若干个地点，按照一定的程序和要求，选取访问对象，征得其同意后，在现场按照问卷进行简短的面访调查；另一种叫中心地调查或厅堂测试，是在事先选定的若干场所内，根据研究的要求，摆放若干供受访者观看或试用的物品，然后按照一定的程序，拦截访问对象，征得其同意后，带到专用的房间或厅堂内进行面访调查。这种方式常用于需要进行实物显示的或特别要求有现场控制的探索性研究，或需要进行实验的因果关系调查。

(3) 个别采访。这是指调查人员就某一个专门的问题，有目的地选择一些在这方面有特殊经历或特殊经验的人进行访问，以获得比较详尽和丰富的资料。

(4) 计算机辅助个人面访调查（Computer Assisted Personal Interviewing，CAPI）。这在一些发达国家使用比较广泛，可以是入户的 CAPI，也可以是街头拦截式的 CAPI。这主要也有两种形式：第一种是由经过培训的调查员手持笔记本电脑，向受访对象进行面访调查，调查问卷事先已经存放在计算机内，调查员按照屏幕上所显示的问题的顺序逐题提问，并及时地将答案输入计算机内；第二种是对受访者进行简单的培训或指导后，让受访者面对电脑屏幕上的问卷，逐题将自己的答案亲自输入到计算机内，调查员不参与回答，也不知道受访者输入的答案，但是调查员可以待在旁边，以便随时提供必要的帮助。

4. 直接访问法的应用

直接访问法主要适用于调查范围较小而调查项目比较复杂的情况，如对消费者与媒介的研究、产品与市场容量的研究等。

5. 直接访问法实地调查技巧

（1）如何接触受访者。在接触受访者的过程中需要注意以下两方面：

首先，应持有效证件。在调查时，最好带上有效的证件。例如，某公司市场访问员持单位介绍信或学生证等。

其次，需要作简短的自我介绍。访问员要使用文明礼貌用语作简短的自我介绍，说明自己的来意，表达自己希望得到对方支持的愿望，并尽量表明对这次专程走访甚感兴趣，争取得到对方的配合与支持。如可以这样说："我们是通过电脑随机抽样而决定被访问者的，您很幸运地被抽中了。我们只需要耽搁您少许时间，了解几个简单的问题，希望能得到您的支持与配合。"如果是入户访问，必须很有礼貌地敲门，最好是选择在别人有空的时间，但千万不能在别人休息时间打扰。

（2）如何提问。提问时，语气和蔼，口齿清楚、语速缓慢，以保证受访者能够理解每个问题。如果问题比较复杂或语句比较长，为了使被调查者充分理解问题的意思，调查人员要多次重复表述。提问时应注意以下几点：

1）追问。对于封闭性问题，被调查者很容易确定答案；而对于开放性问题，则要求受访者发表自己的观点。此时，追问可以引导他们完整地回答问题。在受访者回答不能满足要求或回答不全面时，调查人员可以不断地问："还有别的吗？"直至得到某一问题的全部答案。

追问开放性问题时需要注意以下几点：

①完整如实地记录受访者的回答，不能加进自己的主观想法。

②不要使用暗示性的语言、提示的面部表情和声音，调查人员必须处于中立立场。在受访者不能回答时，不能帮助回答。

③追问要适度，不要像审讯犯人一样，追问到底。如果受访者确实已经回答较完整，就继续下一个问题。否则，追问过度，会引起受访者的反感。

2）澄清。当受访者的回答含糊其词、模棱两可，或者回答前后矛盾、不能自圆其说时，调查人员要予以澄清，要求受访者对其回答做出明确的解释。

3）跳问。在问卷中，有些问题是无须回答的，或者在某些问题回答之前是无法回答的。这时，调查人员就必须跳问这些问题。

（3）如何记录答案。对于封闭性问题，调查人员只需要在问卷上直接勾画出受访者的答案即可；但有些封闭性问题的选项中有"其他"一项，如果受访者选择这一项，就要问他具体是什么，并用文字记录下来。对于开放性问题，记录的内容就比较多，要求调查人员有较快的速记能力。记录这类问题的答案，要尽可能一字不差地写出受访者的回答内容，不要概括或简略记录其回答，书写要清楚，以便于资料的整理。

（4）如何结束访问。结束访问时应先检查问卷是否有遗漏的地方，调查人员要真诚地感谢受访者，赠送礼品后尽快离开。在离开前，调查人员还应附上一句："为了保证问卷质量，我们有可能还要再次打扰您，也请您支持。十分感谢！"

（5）如何处理意外问题。访问中，有时会遇到一些意外的事情，比如受访者临时接到电话或有客人来访等。如果能继续访问下去，调查人员可以等待一会儿，此时，访问员应耐心地记录下被打断的地方，以便尽快地从被打断处再开始询问；如果访问不能继续进行，也不要勉强，可以约定时间再来访问。

（6）如何对待拒访者。在实际调查中，受访者不愿合作的情况很多，原因也各种各样。调查人员要有良好的心理素质，不要害怕遭到拒绝。在遇到拒访时，调查人员应对具体情况作具体分析，并采取一定技巧来应对这些情况。比如为了消除受访者的防范顾虑，可以事先告诉受访者，调查完后会送他一件小礼品等；如果对方坚决拒绝，调查人员就要有礼貌地放弃本次调查。

案例3-1　苏宁电器的经营之道

2013年，苏宁为了有效开发包头市昆区这个新的市场，凭借自己以往的成功营销经验，在最短的时间内建立了连锁店，并且经营业绩较好。但是，由于刚刚进入的苏宁电器与当地民族企业竞争激烈，而且包头市昆区当时还是个空白市场，一些大型企业纷至沓来，苏宁要想成功就需要对新的竞争环境有一定了解。为了深入了解客户的需求，为制定有效的市场决策提供依据，某高校对包头市昆区的市民，主要是苏宁电器的客户及广大市民做了一次市场满意度调研。

调查目的是通过调查了解苏宁电器的客户群体对苏宁电器的服务、质量、价格等方面的满意程度，掌握苏宁电器的忠实客户所占比例，加强与顾客的沟通，对影响客户购买电器的因素进行分析，了解苏宁电器能否满足客户需求，以解决客户的需要。调查选择了街头拦截问卷访问和入户访问，此次调查共印刷问卷80份，收回有效问卷50份。

调查结果显示，客户购买电器的主要影响因素为价格优惠与促销活动，以商品的品质为基础，通过售后服务可促进客户进行二次购买。一些客户购买电器时还会将朋友介绍或者产品品牌作为购买决策依据，这些因素都为客户购买商品的决策提供了依据。苏宁电器在营销方面做得不错，大部分被调查者表示对苏宁电器的质量很满意，但价格较贵，接近一半的被调查者认为苏宁服务还有待提高。

本次调查显示，苏宁电器虽然营销比较成功，但在某些方面还需要改进。针对这些问题，调查者还提出了几点建议，如企业必须提高产品品质，增加产品种类，巧用价格策略，完善服务体系，积极开展宣传和促销活动等，才能让客户满意，同时吸引更多潜在客户。

案例思考：
1. 该案例中采取何种调查方式？为何选择此调查方式？
2. 如果你是本次调查的调查员，你认为在调查进行过程中应注意哪些问题？

（二）小组座谈法

1. 小组座谈法的含义

小组座谈法又称为焦点小组讨论法，是指把符合调查要求的几个对象邀请到一起，以会议座谈形式，由熟悉调查项目的主持人主持开展的一种调查方法。这些人组成一个小组，针对某一专题，自由交谈，从而获得对有关问题的深入了解。

小组座谈法借用心理学的有关知识，是一种重要的定性调研方法，在国内外被广泛采用。这种方法不只是一问一答式的面谈，而是多人同时被调查。因此，要想取得预期的效果，不仅要求调查者要做好各种调查准备工作，熟练掌握访谈技巧，还要有驾驭会议的能力。

2. 小组座谈法的开展步骤

小组座谈法开展的具体步骤如图 3-1 所示。

图 3-1　小组座谈法的开展步骤

3. 小组座谈法的特点

小组座谈法的主要特点如表 3-2 所示。

表 3-2　小组座谈法的特点

优　点	缺　点
① 效率高，能进一步探讨原因 ② 取得的资料较为广泛和深入 ③ 灵活性强	① 小组成员选择不当会影响调查结果的准确性和客观性 ② 容易受主观影响造成判断错误 ③ 调查者的素质要求较高

4. 小组座谈法的应用范围

小组座谈法可以应用于了解消费者对某类产品的认识、喜好及行为，研究广告创意，获取消费者对具体市场营销计划的初步反应等。

案例3-2　蒙牛调查促发展

蒙牛乳业威海分公司为全面了解威海市场信息，更好地进行市场定位和制定更为合理的营销策略，委托山东大学威海分校在威海市区范围内进行一次专项市场营销调研。

此次市场研究工作的主要目的是：

（1）对蒙牛牛奶在威海市的品牌进行分析，包括蒙牛牛奶的知名度、美誉度、主要竞者分析等。

（2）了解消费者购买行为的特点，包括购买动机、购买渠道、一次购买量、平均消费量等，为今后更加优化产品组合，提出更切合消费者的促销方式等提供依据。

（3）探察消费者对蒙牛乳业公司"超级女声"广告的认知程度、接受程度，并探究广告对其消费决策的影响。

（4）了解店头营销及渠道经销中存在的问题，并与主要竞争对手进行比较，分析蒙牛在这个方面的竞争优势和劣势。

因为此次调查内容包括调查消费者对奶制品的消费习惯、日消费量、购买渠道、喜欢的促销方式等，调研小组在进行样本选择时，采用如下标准甄选目标受访者。

（1）15～55周岁的威海市区区域内常住居民。

（2）本人及其家属不从事相应的与奶制品有关的工作。

（3）在过去六个月未接受或参加过任何形式的相关市场营销调研。

此次调研除了采用街头访问法之外，另外还设了小组座谈会。座谈会成员由随机选取的消费者以及蒙牛渠道成员组成。小组成员依据调查目围绕主要问题进行充分的讨论；蒙牛渠道成员通过与消费者的交谈，总结问题并不断提出新的话题进行讨论，产生出了许多对于蒙牛乳业威海分公司今后发展大有帮助的建设性意见,找出了经营中存在的问题,探索出了更能迎合消费者心理的促销方式,有助于开拓威海市场。

案例思考:
1. 该案例中,为何选择两种调查方法?两种调查方法存在哪些异同?
2. 小组座谈法的步骤与特点是什么?

(三) 电话访问

1. 含义

电话访问是调查人员通过电话向被调查者询问了解问题的一种调查方法。

2. 特点

电话访问的主要特点如表3-3所示。

表3-3 电话访问的特点

优 点	缺 点
① 调查速度快,操作方便	① 通话时间不宜过长,调查不深入
② 成本低、回答率高	② 调查工具无法综合使用
③ 覆盖面广	③ 受地区限制,无电话地区不能采用此方法

(四) 计算机辅助电话调查法

1. 含义

计算机辅助电话调查是应用计算机系统,向自动生成或预置的电话号码拨号,然后由访问员读出计算机屏幕显示的问卷题目并通过电话询问调查对象,将受访者的答案输入电脑,结束访问后直接导出数据的一种调查方法。

在计算机辅助电话调查中,问卷可以直接在计算机中设计、调试,抽样和配额可以交由计算机系统自动控制,回答结果直接输入计算机并且计算机会检查答案的适当性和一致性。计算机辅助电话调查中所有的话务监控、通话录音、监听、监看都在一个独立的计算机上完成,数据的收集和结果的最新报告几乎可以立刻得到,监控方式更高效透明,并且降低了对访问过程产生的干扰。

2. 特点

计算机辅助电话调查法的主要特点如表3-4所示。

表3-4 计算机辅助电话调查法的特点

优 点	缺 点
① 周期短,在短时间内即可完成调查	① 访问时间短,调查不深入
② 可控性高	② 无法使用辅助器具
③ 覆盖面广	③ 信息的有效性有待进一步确定
④ 代表性强	④ 对于小众群体的调查没有优势
⑤ 可行度高	
⑥ 节省时间和费用	

3. 应用范围

（1）市场调查。可应用于主要针对产品品牌知名度、市场渗透率和市场占有率，居民消费观念、消费习惯和生活形态，媒体覆盖率和广告到达率等进行的市场调查中。主要委托对象是工商企业、媒体单位和研究机构。

（2）社情民意调查。可应用在主要包括居民对市政建设、环境治理、治安情况以及就业、教育、住房现状的评价调查中。此类调查主要由各级政府和相关部门委托。

（3）行业行风调查。可应用在包括政策透明度、办事程序和办事效率以及办事人员工作态度等的调查中。主要服务对象为党政部门、行业主管部门和大型企业集团，如工商、税务、公安、银行、电信等。

案例3-3　某市市民幸福感指数

市民幸福感指数是社会运行状况和民众生活状态的"晴雨表"。为了解2018年某市市民的幸福感状况，该市社会舆情调查研究中心在2015~2017年连续调查的基础上，开展了此次调查。调查选择侧重市民个人幸福感的各项指标，制定出了测评体系，包括五方面十大指数内容：市民的生存状况（如收入满意度指数），市民的生活质量（如居住条件满意度指数、健康信心度指数、家庭生活幸福指数、交通出行便利指数等），市民的身心状况（如精神状态指数），幸福感对比（如生活质量方面与过去的对比、对未来的预期），人际关系及城市认同（如人际交往和谐度指数、城市认同感指数等）。

调查主要采用了计算机辅助电话访问的调查方式，对18周岁及以上在该市5城区及高新区居住超过3个月的居民（包括该市户籍的本地人和长住该市的外地人）进行了抽样调查。调查结果表明，该市市民幸福总指数2018年与2017年相比基本持平，认同感指数较2017年有所上升，而幸福感自我评价指数则上升明显。

案例思考：
1. 社会舆情调查研究中心为何选择计算机辅助电话访问的调查方式？
2. 计算机辅助电话访问调查的特点在该案例中是如何体现的？

（五）留置问卷调查法

1. 含义

留置问卷调查法是指调查人员将调查问卷交给受访者，说明调查意图及要求，让其在一定时间内自己完成，到一定时期时，由调查员按期收回的一种调查方式。这是介于邮寄调查和面访调查之间的一种方式。它综合了邮寄调查由于匿名而保密性强和面访调查回收率高的优点。留置问卷调查法的关键之一是保证匿名性。

2. 特点

留置问卷调查法与邮寄问卷法具有相似处，都是由受访者在没有调查人员的情况下自行完成，但很明显地，这种方式不存在邮寄问卷中的回收率低的问题，因为问卷的送和收都是由调查员来完成的。

3. 应用

这种方式适用于调查问卷较长，问题较多，同时时间不是很紧迫的项目。

案例3-4　鹰奇公司的市场调查

鹰奇公司是一家调查公司，决定在一定范围内进行一次市场调查，调查人员分组行动。第一组调查人员到大学生宿舍、居民区等消费者聚集的地区，把调查问卷留给被调查者，让其自行填写，然后由调查人员定期收回。第二组调查人员找到一批消费者，将其分成三组进行讨论，由主持人记录消费者对电视机厂商售后服务的反馈意见。第三组调查人员到各个卖场进行实地观察，观察电视机厂商开展售后服务的实际效果。

案例思考：
1. 公司采用了哪些市场调查方法？各种调查方法的优缺点是什么？
2. 还可以采用哪些市场调查方法进行调查？

（六）日记调查法

1. 含义

日记调查法是指对作为固定样本连续调查的单位发放登记簿或账本，由被调查者逐日逐项记录，再由调查人员定期加以整理汇总的一种方法。

2. 特点

（1）能使调查双方建立长期合作关系，回收率较高，能即时反映被调查者的情况，及时对资料进行统计、对比分析。

（2）登记或记账工作量大，存在许多主观因素，影响记录的连续性和准确性。

3. 应用

这种方法应用范围较小，适用于报表登记形式的调查。

案例3-5　日记调查法在广告媒体中的应用

日记调查法常用于调查电视台的收视率。其操作步骤是通过一定的抽样设计抽取被调查的家庭，然后将调查问卷送到被调查家庭中，一般是请被调查家庭主妇将每天看电视的人按性别、年龄分别记录在问卷上。选择家庭主妇是因为她们通常比较仔细和认真，得到的调查结果相应地也会比较精确。

例如调查上海电视台1、2套和东方电视台1、2套节目的电视收视率时，需将上海电视台1、2套和东方电视台1、2套全天的所有节目印在调查问卷上，一般一个调查回收周期为一周，所以要准备一套7张的调查问卷。

等到周末，由访问员上门收回调查问卷，并且送上下一周的调查问卷。然后将收回来的问卷输入计算机，经过统计分析，得到各电视台各节目的频数和频率，这就是由日记式调查法所得的电视收视率。

案例思考：
1. 对于电视收视率的调查，日记调查法与其他调查方法相比存在哪些优势与不足？
2. 该案例体现了日记调查法的哪些特点？

（七）投影技术法

1. 含义

投影技术法就是采用一种无结构的、非直接的询问方式，激励被调查者将其所关心的话题的态度、潜在动机和情感等反映出来，适合于对动机、原因及敏感性问题的调查。

投影技术法的目的是探究隐藏在表面下的真实心理，以获得真实的情感、意图和动机。它的基本原理来自于人们经常难以说出自己内心深处的感觉；在投影技术法中，要求被调查者解释他人行为，此时，被调查者就间接地将自己的动机、信仰、态度或感情等投影到了有关的情景之中。因此，通过分析被调查者对那些没有结构的、不明确而且模棱两可的"剧本"的反应，他们的态度也就被揭示出来了。

2. 特点

（1）可以提取出被调查者在知道研究目的的情况下不愿意或不能提供的回答。

（2）投影技术法的这些技术通常需要由经过专门高级训练的调查员去做个人面访，在分析时还需要熟练的解释人员。因此，一般情况下投影技术法的费用都是高昂的，而且有可能出现严重的解释偏差。

3. 类型

投影技术法可分成联想技法、完成技法、结构技法和表现技法。

（1）联想技法。联想技法就是将一种刺激物呈放在被调查者面前，然后询问被调查者最初联想到的事。最常用是词语联想法，即给出一连串的词语，让被调查者回答最初联想到的词语（反应语）。这种技法的潜在假定是，联想可让反应者或被调查者暴露出他们对有关问题的内在感情。

例如：当您看到"烟"这一词时，您会想到什么？

被调查者可能会想到"尼古丁""肺癌""个性""魅力"等，这就从不同侧面反映了烟的特点，为销售和市场定位提供了有用信息。

（2）完成技法。完成技法是给出不完全的一种刺激情景，要求被调查者来完成。它又分句子完成法和故事完成法。

1）句子完成法。给被调查者一些不完全的句子，要求他们完成。与词语联想法相比，句子完成法对被调查者提供的刺激是更直接的，但句子完成法不如词语联想法那么隐蔽。

2）故事完成法。给被调查者故事的一个部分，要足以将完成人的注意力引到某一特定的话题，但是不要提示故事的结尾，被调查者要用自己的话来续出结尾。

例如：在对百货商店顾客光顾情况的调查研究中，要求被调查者完成下面的故事：一位男士在他所喜爱的一家百货商店里买上班穿的西服。他花了45分钟试了几套之后，选中了一套他所喜欢的。当他往收银柜台走去的时候，一位店员过来说："先生，我们现在有减价的西服，同样的价格但质量更高。您想看看吗？"这位消费者的反应是什么？为什么？从被调查者完成的故事中就有可能看出他（她）对花费时间挑选商品的相对价值方面的态度，以及他（她）在购物中的情感投资行为。

再如：拥有一套房子_____（按您的想法，补充完整）。通过被调查者的回答，我们就可以为房地产商在户型设计、质量、价格等方面提供信息。

（3）结构技法。结构技法与完成技法是十分相近的，最常用的是主题统觉法，它要求被调查者以故事对话或绘图的形式构造一种反应。在结构技法中，调研者为被调查者提供的最初结构比完成技法中提供的少。结构技法中的两种主要方法是图画回答法和卡通试验法。

1）图画回答法。显示一系列的图画，在其中的一些画面上人物或对象描绘得很清楚，但另外一些却很模糊，要求被调查者看图讲故事，他们对图画的解释可以揭示出他们自身的个性特征。

2）卡通试验法。将卡通人物显示在一个与问题有关的具体环境内，要求被调查者指出一个卡通人物会怎样回答另一个人物的问话或评论。从被调查者的答案中就可以了解他（她）对该环境或情况的感情、信念和态度。

（4）表现技法。表现技法是给被调查者提供一种文字或形象化的情景，请他们将其他人的态度和情感与该情景联系起来。具体方法有角色扮演法和第三者技法。

1）角色表演法。让被调查者表演某种角色或假定按其他某人的行为来行动。通过分析被调查者的表演，了解他们的感情和态度。

2）第三者技法。给被调查者提供一种文字的或形象化的情景，让被调查者将第三者的信仰和态度与该情景联系起来，而不是直接地联系自己个人的信仰和态度。让被调查者去反映第三者立场的做法减轻了他个人的压力，因此能给出较真实合理的回答。

对于访问调查法，除上面介绍的几种方法外，还有德尔菲法和头脑风暴法（将在第六章作详细介绍）。

二、观察法

（一）含义

观察法是指在自然条件下，调查者依据调查目的，利用感觉器官或其他科学手段，通过对研究对象的观察、跟踪和记录其言行，来获得信息资料的一种调查方法。如要了解人们在超市购物时的偏好、习惯、时间等，就可以利用观察法，调查人员可以直接装扮成顾客，对周围的其他顾客进行观察；也可实地观察，记录其购物情况。通过观象，可以发现顾客购物习惯，喜欢的花色、式样以及是否注意商品的包装、颜色、味道等。

（二）特点

观察法的特点如表 3-5 所示。

表 3-5 观察法的特点

优　点	缺　点
① 直观、可靠、准确性高 ② 简便、灵活性高 ③ 利于排除干扰和误会，能得到观察对象不愿说的资料	① 结果难于量化统计，不容易被重复验证 ② 受时间、空间、经费限制 ③ 无法说明事情发生的原因和动机 ④ 对调查人员要求高

（三）观察的类型

（1）按照观察结果的标准化程度，可分为结构式观察和非结构式观察。

结构式观察是根据观察的目的预先规定观察的范围，并在实施观察时，对观察手段、技术、程序和记录方式实行标准化。

非结构式观察比较灵活，对观察项目、程序、手段、技术等均不做严格的限制，记录也可以采取随意的方式。

(2) 根据观察对象性质的不同，可分为对无意识现象的观察和对有意识现象的观察。

(3) 按观察的方式不同，可分为人员观察、机器观察和实际痕迹观察。

1) 人员观察是指调查人员不借助机器设备观察调查对象的方式。如调查人员想要了解某产品市场营销情况，就可以到销售现场进行观察或到用户群体中进行观察，也可直接到生产厂家现场观察。这种方式要求调查者具有敏锐的观察力、较好的应变力和记忆力以及迅速的笔记能力。人为的观察不仅可以看到表面现象，有时还可以通过观察现象发现其本质的东西，有助于观察的深入。

2) 机器观察是通过机器设备来观察受访对象。比如，当警察在观察罪犯的动静时，可以借助望远镜或录像设备来观察；而超市或银行里安装的摄像装置，可以直接记录下顾客的行为。

3) 实际痕迹观察是指调查者不直接观察被调查者的行为，而是通过一定的途径来了解他们行为的痕迹。如通过汽车修理厂可以了解到汽车不同零件的损坏率等，进而折射出汽车产品设计或制造中存在的问题等。

(4) 按观察进行的时间不同，可分为纵向观察、横向观察、纵横结合观察三种类型，具体如表3-6所示。

表3-6 三种类型观察法的含义与举例

类别	含义	举例
纵向观察	其又称时间序列观察，是在不同时间对调查对象加以观察，取得一连串的观察记录，可以了解调查对象在时间上发展变化的过程和规律	要了解某新开业商场的生意是否兴隆，可利用纵向观察，通过训练有素的观察人员或者隐蔽的录像机，记录下不同时间段进出商场的人数，说明其一般的情况
横向观察	在某个特定时间内对若干个而不是单一的调查对象同时进行观察记录，通过对多个对象进行观察再将观察结果进行比较，从而更全面地了解调查对象的真实情况	某调查机构要了解重庆山城超市是否受顾客欢迎，如果仅选择某一家连锁店进行观察，就有可能造成错误的结论，所以，应该在整个城区选择不同地段的几家连锁店进行观察，才能得出较准确的结果
纵横结合观察	这种方式综合了上面两种方法，在时间上有延续，而且调查对象不单一，从而能取得更全面可靠的资料，只是调查费用和时间相对增加	观察某新产品上市的销售情况，就需要在较长时间内，从销量、顾客的反映状况、售后服务点的反馈信息等多个方面进行观察

(5) 按观察者是否参加到被观察的市场活动中，可分为参与观察与非参与观察。

1) 参与观察。参与观察也叫局内观察，是指观察者直接参与市场活动，并在参与市场活动时对市场现象进行观察，搜集市场资料。这种方法较深入、细致，不但可以观察到市场现象的具体表现，还可以了解市场交易双方之间较深层次的活动。但其花费时间较长，观察者必须实际参与市场活动的全过程或某个阶段，才能观察到现象的表现。

2) 非参与观察。非参与观察也叫局外观察，是指观察者以旁观者的身份，对市场现象进行观察。这种方法的主要优点是能比较客观、真实地搜集资料，不会因为参与了市场活动，而对市场现象产生某些主观倾向，但却难于对市场现象做出很深入的观察。

（四）观察法的记录技术

（1）观察卡片。观察卡片或观察表的结构与调查问卷的结构基本相同，卡片上列出一些重要的能说明问题的项目，并列出每个项目中可能出现的各种情况。

（2）速记。速记是指用一套简便易写的线段、圈点等符号系统来代表文字，进行记录的方法。

（3）头脑记忆。头脑记忆是指在观察调查中，采用事后追忆的方式进行的记录，多用于调查时间急迫或不宜现场记录的情况。

（4）机械记录。机械记录是指在观察调查中使用录音、录像、照相、各种专用仪器等进行记录。

（五）运用观察法的要求

（1）要有明确的目的性。
（2）要真实地反映客观事物。
（3）要掌握正确的方法，有良好的习惯。
（4）要掌握常用的观察方法，如次序法、综合法、重点法、比较法、衬托法、时序法和点移法等。

案例3-6　美国大型超级商场雪佛龙公司垃圾收集调查

美国的大型超级商场雪佛龙公司聘请美国亚利桑那大学人类学系的威廉·雷兹教授对垃圾进行研究。威廉·雷兹教授和他的助手在每个垃圾收集日的垃圾堆中，挑选数袋垃圾，然后把垃圾依照其原产品的名称、重量、数量、包装形式等进行分类，如此反复地进行了近一年的垃圾收集和研究分析，获得了如下有关当地食品消费情况的相关信息：

（1）蓝领阶层所喝的进口啤酒品牌、数量比白领阶层多；
（2）中产阶级比其他阶层消费的食物更多，浪费也较多；
（3）高收入阶层经常饮用减肥清凉饮料与压榨的新鲜果汁。

案例思考：

（1）该公司采用了哪种资料收集方法？
（2）为何从垃圾收集调查去了解不同阶层对食品的消费情况？

三、实验法

（一）含义

实验法是指在既定条件下，从影响调查问题的许多可变因素中选出一两个因素，将它们置于同一条件下进行实验，通过实验对比，对市场现象中某些变量之间的因果关系及其发展变化过程加以观察分析，了解企业产品对社会需求的适应情况，以测定随着经营手段变化，所取得的效果相应变化的一种调查方法。

实验法源于自然科学中的实验求证，观察的主要是某些变量之间的因果关系。实验中的变量可以划分为自变量和因变量两种。实验法就是要测量自变量变化以后，因变量会发生什么样的变化，从而找出两者的因果关系，达到认识实验对象的本质和规律性的目的。如为了调查某商品价格变化对销售量的影响，就可以进行实验调查。调查时以价格为自变量，销售量为因变量，观察价格上涨或下降后，销售量会产生怎样的变化。

（二）特点

实验法的主要特点如表3-7所示。

表3-7 实验法的特点

优　　点	缺　　点
① 主动性、可控性 ② 结果具有客观性、实用性 ③ 可以探索不明确的因果关系，实验结论具有较强的说服力	① 保密性差 ② 时间长、费用高 ③ 仅限于对现实市场经济变量之间关系的分析，而无法研究过去和未来的情况，有一定的局限性

（三）决定实验法有效性的因素

（1）原始变量。这是指在实验开始时已存在的、非实验本身造成的且不反复出现的事件。

（2）成长变量。这是指随时间推移逐渐发生变化，进而影响实验单位的变量。

（3）测试效果变量

1）主测试效果。这是指调查者前一次观察对后一次观察造成的影响。

2）互动测试效果。这是指被调查者参与前一次实验对后一次实验的影响。

（4）工具变异。这是指测量工具的变化可能给测量结果造成的影响。

（5）选取偏误。这是指由于实验组和对照组样本选取的偏误给测量结果造成的影响。

（四）实验法的分类

按照实验场所的不同，可将实验法分为实验室实验和现场实验两种。

（1）实验室实验。在模拟的人造环境中进行实验，易操作，所需时间较短，费用较低。

（2）现场实验。在实际的环境中进行实验，较难操作，所需时间较长，费用较高。现场实验又可分为产品实验和销售实验。

1）产品实验。这是指对产品的质量、性能、规格式样、色彩等方面的市场反应进行调查，其基本方法是举办产品试用（试穿、试戴、试尝、试饮等）会。

2）销售实验。这是指产品在大量上市之前，以有限的规模在有代表性的市场内试销，得出销售效果。

（五）几种常用的实验方法

（1）前后无控制对比实验。事前对正常情况进行测量记录，然后再测量记录实验后的情况，进行事前事后对比，通过对比观察了解实验变化的效果。其观察对象只有一个，就是所选定的实验单位。例如，外观设计变动的前后无控制对比实验结果如表3-8所示。

表3-8 外观设计变动的前后无控制对比实验

实验单位	实验前销售额（万元）	实验后销售额（万元）	变动额（万元）
A	2000	2400	+400
B	1300	2200	+900
C	2600	3400	+800
D	5900	8000	+2100

（2）前后有控制对比实验。在同一时间周期内，随机抽取两组条件相似的单位，一组

作实验组,另一组作控制组(即非实验组,与实验组作对照比较的),实验后分别对两组进行测定比较。如新包装前后有控制对比实验,将实验组产品改为新包装,而控制组保持旧包装不变,两组在相同的时间和地点进行产品销售量的比较,实验结果如表3-9所示。

表3-9 新包装前后有控制对比实验

组 别	实验前一个月销量	实验后一个月销量	变 动 量
实验组(A、B、C)	$X_1 = 1000$	$Y_1 = 1800$	800
控制组(E、F、W)	$X_2 = 1000$	$Y_2 = 1300$	300

(3)控制组、实验组对比实验。这是指同一时间内对控制组与实验组进行对比实验。其中,实验组按给定实验条件进行实验,控制组按一般情况组织经济活动。如选取两个产品组,控制组保持原销售策略不变,实验组采用新的销售策略,在同一时间和地点,两个产品组的销量对比实验如表3-10所示。

表3-10 控制组、实验组销量对比实验

组 别	一个月销量
实验组(A、B、C)	$X = 500$
控制组(E、F、W)	$Y = 400$

(4)完全随机对比实验。这是指随机地选取一个影响因素,对同一个实验单位在该因素的不同状态下同时进行实验,并进行实验结果的记录。如随机地选取试验几个商店进行销售实验,具体数据如表3-11所示。

表3-11 商场销售实验数据

季 节	商场A	商场B	商场C
1	200	100	160
2	170	140	210
3	230	210	100
4	250	190	130
总计	850	640	600

(5)分组随机对比实验。研究者除了考察基本自变量因素的影响外,还可将某个主要的外部因素孤立起来研究。如将商店规模和价格条件单独孤立起来进行实验,其不同销售量对比如表3-12所示。

表3-12 商店规模和价格条件下的销售量对比

商店规模	不同价格下的销量/件		
	5.50元	6.00元	6.50元
大于10万元	1360	930	900
6~10万元	690	620	510
小于6万元	430	260	210
总计	2480	1810	1620

(六) 实验法实施步骤

(1) 根据调查项目的目的和要求,将研究的问题转化为有关的变量;
(2) 选择实验对象;
(3) 进行实验设计,确定实验方案;
(4) 严格按实验设计的进程进行实验,控制实验环境;
(5) 收集实验数据,整理观测结果,得出实验结果;
(6) 写出调查报告。

案例3-7　上海市青浦县"大面积提高数学教学质量"的研究

上海市青浦县从1977年开始进行一项持续十余年的数学教改研究,研究主要有四个阶段:三年教学调查(1977年10月~1980年3月)、一年筛选经验(1980年4月~1981年8月)、三年实验研究(1981年9月~1984年9月)、三年推广应用(1984年9月~1987年8月)。

"教学调查"阶段:在调查学生学习情况、班级特点、数学教师教学情况的同时,研究人员调查了许多有志于数学教学事业的教师的教学经验,从中积累了160余项经验。在这些调查中,他们采用了多种办法来获得相关的资料和素材。

"筛选经验"阶段:研究人员在一所中学挑选两个试点班和两个对照班开展研究。他们从工作实践出发,探索了一种经验筛选的方法。经过一年约50次的循环筛选,最终选得4条比较有效的教学措施。

"实验研究"阶段:研究人员将筛选出的四条经验概括为"尝试指导"和"效果回授",并探索它们在教学过程中的作用以及在不同类型学校、不同程度班级中的可行性。他们的具体做法主要是:

(1) 设置实验班和对照班,并在此基础上设置对偶比较组。在初中入学时,将440名学生分成10个班,其中,实验班与对照班各为5个班。在分班时,学生的小学数学基础以及数学方面的思维能力水平经过预测,实验班与对照班学生预测成绩平均分和分布状况几乎一致;同时,实验班与对照班教师的平均教学水平也比较接近。此外,实验班和对照班均采用全国通用教材,教学进度参照人民教育出版社出版的教学参考书中的建议。

为了使实验班与对照班的教学效果的比较更为精确,又从实验班和对照班学生中选取50对学生,从而设置对偶比较组。这50对学生中的每一对,除了上述两项预测成绩几乎相等外,性别相同,家庭环境等情况也十分接近。

(2) 在实验班采取实验处理措施,在对照班维持一般教学方法。虽然实验班和对照班均采用全国通用教材,教学进度参照人民教育出版社出版的教学参考书中的建议,但是实验班运用"尝试指导"和"效果回授"的方法进行教学;对照班采用一般方法教学。实验班的教学以培养学生获得和运用知识的能力为目标,其方法是将教材组织成一定的尝试层次,通过教师指导学生尝试进行学习;同时又非常注意回授学习的结果,以强化所获得的知识和技能。这种教学方法大致可包括"诱导—尝试—归纳—变式—回授—调节"等步骤。

(3) 对实验班和对照班进行相同的检测。实验中,每个教学单元以及学期结束都进行统一的考试,每学年进行一次阅读能力与思维能力的测验。

实验班和对照班（各五个班）小学基础成绩的合格率、优秀率很接近；但在实验中，实验班的历次学期考试合格率、优秀率全部都高于相应的对照班。此外，在难度、区分度高于学期考试的单元考试中，实验班相对于对照班而表现出的提高从第 1 次就非常显著。就 50 对学生的对偶分析而言，实验班学生成绩明显高于对照班学生；在 19 次单元统一考试中除 1 次的差异具有显著意义外，其余各次的差异都具有非常显著的意义。（注：在统计学上，"差异具有显著意义"的意思是在常态状况中，出现这种差异的概率低于 5%，出现的差异有 95% 以上来自于实验措施；"差异具有非常显著的意义"则是在常态分布中，出现这种差异的概率低于 1%，出现的差异有 99% 以上来自实验措施）

在三个学年的三次阅读能力测验中，实验班与对照班的成绩差异、50 对学生的成绩差异都非常显著。在三个学年的三次思维能力测验中，实验班与对照班的成绩比较情况是：第一次和第三次，差异非常显著；第二次，差异显著。就 50 对学生的成绩而言，第一次和第三次差异非常显著；第二次差异不显著，不过实验班的 50 名学生的均分仍比他们的 50 名"对手"的均分高 1.33 分。

这项实验研究表明：采用"尝试指导"和"效果回授"的教学方法，确实能产生更好的教学效果。

案例思考：
1. 该案例采用了哪种实验调查法？为什么要采用该种实验调查法？
2. 实验调查法的特点与步骤在案例中是如何体现的？

第二节　网络调查法

一、网络调查法的含义

网络调查法是通过在互联网上针对调查问题进行调查的方法。它是企业整体营销战略的一个组成部分；是建立在互联网基础上，借助于互联网的特性来实现一定营销目标和调查目的的一种手段。网络调查法主要有两种：一是利用互联网直接进行问卷调查，收集第一手资料，称为网上直接调查；二是利用互联网的媒体功能，从互联网收集第二手资料，称为网上间接调查。

二、网络调查法的特点

1. 优点

（1）可靠性、保密性和客观性。由于网络的特殊性，被调查者容易打消顾虑，真实地回答问题，使调查的可靠性大大提高。同时，网上调查可以避免访问调查时人为错误导致调查结论偏差，从而保证了调查结果的客观性。

（2）高效性与简单性。网络调查不存在地域的限制、报送程序的影响、纸质填写的麻烦、手工输入的失误等。例如，摩托罗拉公司如果利用传统方式在全球范围内进行市场调查，就需要各国各地区代理的配合，耗资耗时，并且难以实施。但是，其与搜狐零点调查公司联合，在短短的三个月内就成功地完成了调查项目。

（3）可检验性和可控性。网络调查可以对收集信息的质量实施系统的检验和控制。

（4）及时性和共享性。网上调查可以迅捷地实施调查方案，时效性大大提高。由于网上调查的结果是公开的，被调查者可以和调查者一样使用调查结果。比如关于某新产品能否被大众接受的调查，只需点击"查看"，即可看到一个统计分布图显示有78%的人认为"能"，15%的人认为"说不准"，而7%的人认为"不能"。

（5）便捷性和低成本。实施网上调查节省了传统调查中耗费的大量人力和物力，调查成本低，调查结果获取更便捷。

（6）更好的接触性。网上调查可能访问到高收入、高地位和调查员无法进入的生活小区中的群体，大大提高了访问率。通过网上邀请，还可以方便地请到国内外的名人要人，或平时难以接触到的人士做客聊天室，进行"面对面"交流或进行深层访谈，这些都是传统调查方法无法做到的。如新浪、搜狐等大型网站日访问量高达千万人次，这也是传统面访调查方式可望而不可即的。

2. 缺点

（1）调查对象受到限制，网上可调查样本的数量少，代表性较差。我国当前网络普及率低，在不能上网的地区或人群中，不能进行网络调查。

（2）内容的真实性很难检验。网络调查因不能确定被调查者的确切身份，也就很难确定被调查者是否是在真实地填写问卷，也很难确定是否有虚假信息的存在。

（3）调查问卷回收率低。在美国，网络调查问卷的回收率只有15%，在我国则更低。为了提高回收率，必须对调查问卷的设计技巧提出更高的要求。

（4）抽样框难以界定。在电子邮件调查中是以E-mail地址清单作为抽样框的，但是一般网民都不只有一个邮箱，此时将会产生复合连接问题而影响估计的精度。

（5）专业化、商业化程度还很低。市场调查所要解决的不仅仅是谁（Who）、时间（When）、地点（Where）、什么（What）的问题，还要解决为什么（Why）的问题，但我们目前的网上调查关于为什么（Why）的问题很少，深层次的探讨还没有展开，一些大型的专业性问题仍是沿用传统调查方式。

三、网络调查法的分类

1. 网络问卷调查

（1）网络问卷调查与调查步骤。网络问卷调查是现代信息化发展的产物，同传统的问卷调查相比，网络问卷调查成本低，分发回收问卷便捷快速，因此，逐渐被广大研究者所采用。开展网络问卷调查，首先，要研究调查问题，规划设计调查问卷，并在指定网点发布，其次，需要邀请被调查者填写问卷并对有效的问卷进行数据分析处理。网络调查的具体步骤如图3-2所示。

图3-2 网络问卷调查步骤

（2）网络问卷调查方式

1）利用E-mail进行问卷调查。利用E-mail进行问卷调查时，以被调查者的电子邮件（E-mail）地址作为样本框，把设计好的问卷以文件的形式随机抽样发到被调查者的电子邮箱中，被调查者在方便时填好问卷内容，再通过 E-mail 反馈给调查机构。同时调查机构通过专门的程序对答卷进行自动检查和编辑，再进行数据收集、整理、分析。该方法是一种比较常用的社会调查方法。

2）Web 站点法。Web 站点法是将调查问卷设置在访问率较高的一个或多个站点上，由浏览这些站点并对该项调查感兴趣的网上用户按照个人意愿完成问卷的一种调查方法。调查网站可以对众多的访问者设置一些过滤问题，在问卷填写前需要确认是否符合调查对象的要求，对于不符合要求的，程序将自动判断并拒绝其填写问卷，有效地防止大量无效问卷的产生。

3）网上问卷调查。调查者可以通过海报广告等方式向其所需的调查对象介绍本次调查的主题并邀请调查对象参与调查。感兴趣的调查对象可以通过打开超链接或者扫描二维码，在电脑上跳转到相应的网页界面或者在手机设备中下载安装相应的 APP 后开始填写问卷，并在答题完毕后通过网络将问卷提交到指定的服务器中。这种调查方式能够针对特定所需的调查对象，方便调查对象作答，具有更好的网络安全性且容错性较高，当发现问卷设计不合理时，可以及时地在服务器中更改问卷，但访问该问卷的超链接不会改变。

2. 网上讨论法（专题讨论法）

（1）网上讨论法。网上讨论法可通过多种途径实现，如网上论坛（也可称 BBS 或电子公告牌）、微信、QQ、网络会议（Net Meeting）等。主持人在相应的讨论组中发布调查项目，邀请被访者参与讨论或者将分散在不同地域的被调查者通过互联网视频会议组织起来，在主持人的引导下进行讨论。网上讨论法是一种定性调查研究法，是小组讨论法在互联网上的应用。

（2）网上讨论法的步骤。首先，确定要调查的目标市场，识别目标市场中的讨论组，确定可以讨论或准备讨论的具体主题；其次，登录相应的讨论组，通过过滤系统发现有用的信息或创建新的话题，进行讨论获得有用的信息。具体步骤如图 3-3 所示。

图 3-3　网上讨论法的步骤

3. 网络观测法

（1）网络观测法。网络观测法是按照事先设计的观察项目和要求，利用网络技术对网站访问的情况以及使用者的网上行为、言论进行记录、观察或自动检测，然后进行分析处理的一种调查方法。

（2）网络观测法的步骤。首先，确定问题以及问题样本所需的观测对象；然后，运用相关技术对用户的网络行为进行监控、收集相关网络行为数据；最后，筛选有效数据并进行分析处理。具体步骤如图 3-4 所示。

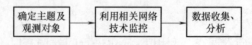

图 3-4　网络观测法的步骤

(3) 网络观测法的应用。

1) 基于互联网用户的全景测量（法国的 Net Value 公司具有此项业务）。

① 通过大量的计算机辅助电话调查获得用户的基本人口统计资料。

② 从中抽出样本，招募自愿受试者。

③ 下载软件到用户的电脑中，由此记录被试者的全部网上行为。

2) 基于偏好的消费者行为模式分析。网上购物网站通过监测、分析消费者在网站的浏览记录，分析消费者的购物偏好，从而为消费者推荐偏好的商品。网络视频用户在线观看视频过程中，网站对用户的行为进行记录分析，为用户提供喜好的视频，并根据其行为推送符合消费者消费特点的广告。

四、网络调查的步骤

（1）选择合适的搜索引擎。搜索引擎是指能及时发现需要调研对象内容的电子指针。如国外的谷歌，国内的百度等，它们能提供有关的市场信息，阅读分析存储数以万计的资料。

（2）确定调查对象。网络调查的对象可以是产品的消费者、企业的竞争者、企业的合作者和行业内的中立者等。

（3）查询相关调查对象。

（4）确定适用的信息服务。

（5）信息的加工、整理、分析和运用。

五、网络调查的应用

根据网络调查方式的优势和目前国内国际互联网的应用现状，现阶段网上调查主要应用在针对网上群体有效的实验性调查和民意调查项目上。具体讲可以应用在如下几个方面：

（1）市场调查。针对地区 IT 产品性能改进与服务的调查项目，与电子商务（EC）用户密切相关的调查项目以及 IT 客户资料调查项目等都可以实施网上调查。由于网上用户在这些调查项目上具有代表性，因此这种方式最合适和最经济快捷。

（2）实验性调查。一些关于城市年轻人群调查项目的辅助设计和实验性调查可以采用网上调查，其特点是简单、快捷、费用低廉，且符合城市年轻人的阅读习惯。

（3）民意调查。如国家进行大剧院建设方案的论证就可以采用民意调查，因为国家大剧院是一个文化品位很高的建设项目，应该体现年轻知识阶层的想法，反映当代青年知识群体的意向，采用网上调查就很合适。在调查过程中还可以将国家大剧院设计方案及相关背景资料一同展示在互联网上，由网上用户投票，同时也可以提出建设性意见。

案例3-8 关于中国学生用户个人计算机消费行为网上调查

除了传统的笔记本式计算机、台式计算机、上网笔记本和一体计算机外，平板式计算机作为新兴的产品也受到越来越多用户的关注。学生用户作为个人计算机市场不可忽视的一部分，其对个人计算机产品的选择和消费状况有着自身的特点，高性价比、娱乐、游戏等成为其购买和使用电脑的关键词。为了了解学生用户在中国个人计算机市场上的消费需求特点，互联网消费调研中心在"中关村在线"网站及微博上投放了调查问卷，投放时间从8月16日至8月22日，为期7天，共回收问卷1632份，通过对用户ID、IP等注册信息及问卷填写完整度的筛选、过滤，得到有效问卷1575份。调查结果显示：

（1）台式计算机成为学生用户中普及率最高的计算机产品，其占有率为65.2%，覆盖用户从小学生到大学生。笔记本式计算机紧随其后，其占有率为58.7%，且用户主力多为大学生群体。相对而言，平板式计算机、上网笔记本和一体计算机在学生用户中的占有率较低，调查显示只有11.9%的用户拥有平板式计算机，还有4.4%的用户表示没有使用过任何个人计算机产品。

（2）从性别来看，男生拥有台式计算机较多，男生中热衷于大型游戏的用户占比相对更高，而台式计算机高配置、大屏幕的特性能带来更好的游戏体验。因此，台式计算机成为男生用户中最为普遍的个人计算机类型，且占有率高出女生群体6.0%。而对于女生用户来说，笔记本式计算机较台式计算机更为轻薄、便携、小巧，因此成为女生用户中占有率最高的个人计算机产品，其占有率高达63.2%。平板式计算机、上网笔记本和一体式计算机方面，在女生群体中的占有率也均高于男生群体。

（3）从使用年龄来看，20~23岁的学生用户为主力，男生用户占比高达85.8%，近七成学生用户为在读大专/本科生，且22.1%的用户为2011年入学的新生。

（4）从经济情况来看，50%的学生用户每月生活费在500~1000元之间，22.0%的用户每月生活费在1000~1500元之间，而生活费在500元以下的学生用户也有15.5%在使用个人计算机产品，家长和亲戚朋友是学生用户生活费的主要来源。

案例分析

通过这次市场调查，可以大致了解我国学生用户个人计算机消费市场的需求状况，了解消费者的消费状况及未来的消费趋势，揭示个人计算机产品未来消费需求，为个人计算机行业提供未来决策的参考依据。

案例思考：
1. 该案例为何采用网络调查法？网络调查法与其他调查方法相比，其优缺点是什么？
2. 网络调查适用于哪些类别的调查活动？

第三节 文案调查法

一、文案调查法的含义、特点与作用

（一）含义

文案调查法又叫间接调查法，是指通过收集多种历史和现实的动态文献资料，从中摘取与市场调查课题有关的情报，对调查内容进行分析研究的调查方法。

市场经营信息可以来自两个方面：一是第一手资料，即实地调查资料；二是第二手资料，即已经公开发表并已为某种目的而收集起来的资料。文案调查法是对第二手资料的收集、整理、加工和分析，是一种高效的调查方法。

（二）特点

文案调查法相对于实地调查法，具有以下几个明显的特点：

（1）收集已经加工过的文案，而不是原始资料。

（2）以收集文献信息为主，具体表现为对各种文献资料的收集。

（3）收集的资料包括动态和静态两个方面，偏重于从动态角度，收集反映市场变化趋势的历史及现实资料。

（4）可以获得实地调查难以取得的大量历史资料。

文案调查法在实际的运用中，依然存在着一定的局限性，具体表现在以下几个方面：

（1）由于较多地依赖于历史资料，难以很好地反映现实中正在发生的新情况。

（2）调查的项目多数为现在正在发生的问题或者即将发生的情况，收集的历史资料往往会与调查目的不能很好地吻合，数据对要解决的问题不能完全适用。

（3）由于文案调查对现有资料的收集必须周详、广泛，则要求调查人员具有广泛的理论知识、较深厚的专业知识和技能，否则将感到无能为力。

由于存在以上局限性，在运用文案调查法进行资料的分析研究时，首先要对资料的质量进行评估。

（三）作用

根据市场调查的实践经验，文案调查常被作为市场调查的首选方式。几乎所有的市场调查都开始于收集现有的资料；只有当现有的资料不能解决实际问题时，才进行实地调查。所以，文案调查方法可以作为一种独立的调查方法来运用。这种方法有助于确定问题、更好地定义问题、拟定问题的研究框架、阐述适当的研究设计、回答特定的研究问题、更深刻地解释原始数据等。

此外，文案调查还可为实地调查提供经验和大量的背景资料，具体体现在：

（1）通过文案调查可以初步了解调查对象的性质、范围、内容和重点等，并能提供实地调查难以取得的资料，便于进一步开展和组织实地调查，取得良好的效果。

（2）文案调查所收集的资料可以用来证实各种调查假设，即可以通过对以往类似调查资料的研究来指导实地调查的设计，将文案调查与实地调查资料进行对比，鉴别和证明实地调查结果的准确性和可靠性。

（3）利用文案调查资料，并经过实地调查，可以推算所掌握的数据资料，同时也可以帮助探讨各种现象得失的原因并进行说明。

二、文案调查资料的来源

文案调查资料的来源包括企业内部资料和外部资料。

（一）内部资料

这些资料主要是反映企业市场经济活动的多种记录。它主要包括：业务资料、统计资料、财务资料以及企业积累的其他资料等。

（二）外部资料

企业外部资料是文案调查最主要的资料来源。这些资料是公共机构提供的已出版或未出版的资料。例如，统计部门、政府机关公布的资料；其他市场调研机构提供的资料；从各种媒体、广告、博览会、展销会等获得的资料。

三、文案调查的方法

（1）参考文献筛选法。从各类有关文献资料中分析和筛选出与此次调查目的相关联的信息和资料的方法。在我国，最常用的是从印刷文献资料中筛选。印刷文献一般有统计年鉴、论文集、科研报告、专利文献、政府政策条例、内部资料等。其次，也常利用一些数据库进行文献资料的筛选。此种方法主要是依据调查目的和要求有针对性地去寻找有关的文献，能提高文献资料的准确度。

（2）报刊剪辑分析法。这是一种由调查人员平时从各种报纸杂志上所刊登的文章、报告中，分析和收集情报信息的一种方法。市场信息总是瞬息万变的，而这种变化常在日常新闻报道中有所体现，只要平时用心观察、细心收集、分析，便能收集到很多对今后的调查有用的信息，同时也是信息的积累。

（3）情报联络网法。企业在一定范围内设立情报联络网，使资料收集工作可延伸至企业想要涉及的地区。互联网的普及，更使情报联络网法成为文案调查的有效方法。

四、文案调查法的应用

文案调查为实地调查提供了经验和大量的背景资料，使调查目的和任务更加明确。尤其在历史资料比较充分，而资料来源也较方便时，可以只用文案调查方法，就能够达到预期的调查目的。

本 章 小 结

本章主要介绍了常用的市场调查方法及各种方法的含义、特点、类型与应用步骤。市场调查方法主要包括实地调查法、网络调查法、文案调查法。实际运用中，要综合考虑调查目的、调查对象、调查成本等相关因素，选择合理的调查方法以保证调查活动的顺利进行。

练习与思考

一、选择题

1. 使用各种统计资料，即二手资料的调查方法是（　　）。
   A. 文案调查法　　B. 观察法　　C. 实验法　　D. 访问法

2. 下列（　　）方法灵活方便，彼此可以沟通思想，便于说明调查目的和要求，消除被调查者思想顾虑，鼓励他们积极回答问题和发表意见。
   A. 个别访问面谈法　B. 座谈会访问法　C. 观察法　　D. 实验法

3. 下列调查方法中调查者设计问题不宜太多，不易深入探讨的是（　　）。
   A. 文案调查法　　B. 观察法　　C. 实验法　　D. 电话调查法

4. 为验证某种商品或广告在当地市场销售前景，并提供可靠资料，可采用（　　）。
   A. 文案调查法　　B. 观察法　　C. 市场实验法　　D. 访问法

二、思考题

1. 文案调查有哪些方法？
2. 实验法属于哪种调查方法？简述实验法的步骤有哪些？

3. 网络调查法有哪几种方式？每种方式的优缺点是什么？
4. 要开一家新的超市，店址的选择应该采取哪些调查方法？

三、案例分析

<h3 style="text-align:center">通过神秘顾客检测　提升零售终端竞争力</h3>

神秘顾客检测是指检测人员经过专业的筛选和培训，以普通顾客的身份，通过对服务过程的亲身体验，从而对服务过程的硬件、软件、人员等方面的表现做出评价的过程。神秘顾客检测也称为神秘访问或暗访，它适合于连锁性质的服务机构以及零售终端的服务水平评估，在连锁餐饮、IT、银行、电信等行业得到了广泛的应用。国际上许多著名企业，如麦当劳、诺基亚、惠普、花旗银行、通用汽车、沃尔玛等公司，都采用过神秘顾客检测法来提高服务质量。

20世纪90年代，著名跨国公司及专业市场调研机构把神秘顾客检测带到了中国，中国本土一些优秀企业如中国移动、招商银行、联想、一汽等公司采用神秘顾客检测来改善服务质量，并取得了非常好的效果。神秘顾客检测受到越来越多的服务型企业，如银行、汽车4S店、连锁加油站、连锁咖啡厅、连锁餐厅、连锁酒店、连锁零售店、连锁药店等的重视。随着中国市场经济的快速发展，企业之间的竞争越来越激烈，技术上的优势越来越小。企业要在激烈竞争的环境中战胜对手，必须提高服务质量和服务水平，神秘顾客检测是提升企业特别是零售企业竞争力的有力武器。神秘顾客首先是一个普通的消费者，同时也是一个经过培训并带着具体考察任务前往消费体验的消费者，从心理学和行为学角度来看，人在无意识时的表现最为真实，通过神秘顾客检测可以帮助管理者及时了解零售终端销售情况，采取策略提高零售终端服务质量和服务水平。

案例思考：

1. 上述案例采用何种调查方法？试结合案例说明此种方法的优缺点？
2. 提高零售终端竞争力的方法还有哪些？

第四章 调查资料的处理与分析

学习目标

1. 了解调查资料处理的含义、内容、步骤以及原则。
2. 掌握调查资料的审核、编码、分组与汇总以及定性定量分析方法。
3. 掌握调查报告撰写的技巧、格式。

【引导案例】 某品牌轿车车主满意度调查

在某品牌轿车车主满意度调查中,根据对总体满意度影响程度的不同,将影响因素分成养车费用、售后服务、内部设计、机械性能、外部质量、安全性、外观设计、实用性和舒适性等九大因素。再进一步将九大影响因素分成三类:第一类影响因素主要包括养车费用和售后服务,对总体满意度影响较小且影响指数都为 0.076;第二类影响因素主要包括内饰设计、机械性能和外部质量,对总体满意度的影响相对较大,其影响指数在 0.096~0.106 之间;第三类影响因素主要包括安全设施、外观设计、实用性和舒适性,对总体满意度影响最大,其影响指数在 0.124~0.131 之间。具体调查情况如下:

1. 外观设计方面

影响外观设计满意度的主要指标有车型、天窗、轮胎、车身颜色、前灯、后视镜、后窗、后灯和车门把手等方面。该品牌在车身颜色、车灯、后视镜、后窗和车门把手等几个方面表现较好,然而,由于缺少天窗,因此在该项指标中表现较差。

2. 内饰设计方面

影响内饰设计满意度的主要指标有储物柜、座椅质地、方向盘、内饰颜色、仪表盘的颜色和设置等方面。在方向盘、仪表盘的色彩和设置方面满意度较高,而在储物柜上的表现却一般。

3. 养车费用方面

影响养车费用满意度的主要指标有油耗、维修费用和保养费用,其中油耗表现较好而维修费用表现较差。

4. 驾乘安全性方面

影响安全性满意度的主要指标有安全气囊、防盗措施、防撞配置、ABS 防抱死系统、中控门锁、刹车制动系统和安全带等。其中在防盗措施、中控门锁、刹车制动系统表现突出,而安全气囊表现较差。

5. 舒适性方面

影响驾乘舒适性满意度的主要指标有自动导航系统、噪音、储物空间、后座空间、阅读灯、减震、空调、音响系统、前座空间、后窗加热系统、前排座椅舒适性、后排座椅舒适性和进出方便性等。该品牌在自动导航系统、阅读灯、后窗加热系统和音响系统等方面表现较好，在储物空间和后座空间上满意度较低。

6. 驾乘实用性方面

影响驾乘实用性满意度的主要指标有前车灯明亮度、车窗开合、行李厢开启、座椅调整、旋钮操作、后视镜的调整、安全带的使用和发动机盖开合以及开关车门等，除了座椅调整不太方便以外其他表现较好。

7. 机械性能方面

影响机械性能满意度的主要指标有操作时的噪声、加速性能、车辆的发动机性能、悬挂减震性能、雨刷、自动挡/手动挡的操作、变速箱性能、刹车制动性能、方向盘、行驶中的稳定性、发动机与变速箱匹配和操控灵活性等，各项指标满意度表现一般。

8. 售后服务方面

影响售后服务的主要指标有附加服务、备件是否齐全、首次保养的服务质量、特约维修点的覆盖情况、特约维修点的维修速度、保修期内的服务质量、特约维修点工作人员的专业水平、特约维修点的维修质量、维修服务项目是否齐全和特约维修点工作人员的服务态度等。其中特约维修点工作人员的专业水平表现最好，而附加服务方面略显不足。

9. 车主特征对该品牌车满意度的影响

（1）车主性别对该品牌总体满意度的影响。该品牌车主满意度受性别的影响较小。

（2）车主年龄对该品牌总体满意度的影响。35～40岁的车主对该品牌的总体满意度最高。

（3）车主学历对该品牌总体满意度的影响。该品牌车主满意度随学历的升高而升高，学历为大学本科的车主对该品牌的总体满意度最高。

（4）车主个人月收入对该品牌总体满意度的影响。该品牌车主满意度和收入没有直接关系。

（5）车主购车年限对该品牌总体满意度的影响。该品牌车主的满意度都随购车时间的增加而下降。

（6）行驶里数对该品牌轿车总体满意度的影响。该品牌车主的满意度随购车时间的增加而下降，行驶里数在3万～5万公里的车主的满意度要低于行驶里数在1万～3万公里的车主。

10. 该品牌车主情况分析（调查样车数据）

性别比例：男67.2%；女32.8%

年龄构成：21～25岁10.4%；26～35岁36.5%；36～45岁40.6%；46岁以上11.5%。车主年龄在类似车型车主中偏于年轻

婚姻情况：已婚78.7%；未婚21.3%

收入情况：车主平均收入3403.7元/月；平均家庭收入5661.8元/月

案例思考：

1. 该项调查的资料整理、处理的过程包括哪些环节？
2. 指出资料调查的结果是什么？

市场调查收集的数据难免出现虚假、差错、冗余等现象，若简单地把这些数据投入分

析，可能会导致错误结论；而调查资料反映的是众多样本的个体特征，各个被调查者对同一问题的回答可能千差万别，但这些回答却存在必然的内在联系，如果不加以归类整理并综合思考，就不能找到其现象背后规律性的东西。所以必须对搜集的信息资料进行去粗存精、去伪存真、由此及彼、由表及里的整理，并在此基础上进行分析。

第一节 调查资料处理的含义、内容和步骤

一、资料处理的含义

对调查资料进行处理，就是运用科学的方法，对调查取得的原始资料信息进行审核、编码、分组、汇总等初步加工，形成系统化和条理化的信息，在此基础上进行分析，以集中、简明的方式来反映调查对象的总体特征的工作过程。

二、调查资料处理的内容

调查资料处理的内容主要包括资料数据处理与资料数据管理两个方面。数据处理是指对资料的审核、编码、分组、汇总和制表、绘图等一系列工作。数据管理则是指对初步整理后的信息资料的传输、更新与输出等工作，如图4-1所示。

三、调查资料处理步骤

对调查资料进行处理的步骤如图4-2所示。

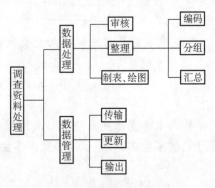

图 4-1 调查资料处理的内容

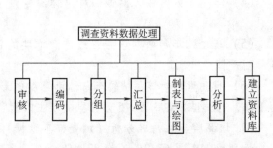

图 4-2 调查资料整理的步骤

（1）设计调查资料处理方案，能保证统计资料的整理有计划、有组织地进行。其具体内容主要包括：确定具体的分组、汇总指标以及综合统计表；选择资料汇总的方式；确定资料审核的内容和方法；确定与历史资料衔接的方法和组织工作；安排时间进度的具体内容等。

（2）调查资料的审核。资料的审核是对获取的各种资料进行核实与校对。对二手资料的审核侧重于来源、出处、真实性的审核，对原始资料的审核侧重于逻辑性、客观性、数字准确性等方面的校核。

（3）调查资料编码、分组与汇总。通过编码、分组与汇总，使大量的、分散的、零星

的和无规律的资料变成系统的、有规律的资料。

（4）制表与绘图。通过对调查资料分组整理之后，再运用统计表和统计图的形式来表达调查资料，使枯燥的信息资料变得生动、形象，便于对比分析和理解。

（5）资料的分析。对收集到的各类信息进行分类计算和分析，得出有价值的信息。

（6）资料的系统积累。建立资料信息数据库，便于今后分析历史问题、掌握变化规律，把握未来发展趋势。

四、资料整理的原则

在进行调查资料的整理时需遵循的原则如图4-3所示。

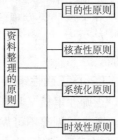

图4-3　资料整理原则

案例4-1　杜邦公司的市场"瞭望哨"

杜邦公司创办于1802年，是世界上著名的大企业之一。经过200多年的发展，杜邦公司今天所经营的产品包括：化纤、医药、石油、汽车制造、煤矿开采、工业化学制品、油漆、炸药、印刷设备，近年来又涉足电子行业，其销售产品达1800种之多，年研究开发经费达10亿美元以上，每年研究出1000种以上的新奇化合物——等于每天有2～3件新产品问世，而且每一个月至少从新开发的众多产品中选出一种产品使之商业化。

杜邦公司200多年长盛不衰的一个重要原因，就是围绕市场开发产品，并且在世界上最早设立了市场环境"瞭望哨"——经济研究室。成立于1935年的杜邦公司经济研究室，由受过专门培训的经济学家组成，以研究全国性和世界性的经济发展现状、结构特点及发展趋势为重点，注重调查、分析、预测与本公司产品有关的经济、政治科技、文化等市场动向。除了向总公司领导及有关业务部门作专题报告及口头报告外，经济研究室还每月整理出版两份刊物，一份发给公司的主要供应厂家和客户，报道有关信息；另一份是内部发行，根据内部经营全貌分析存在的问题，提出解决措施，研究短期和长期的战略规划、市场需求量，以及同竞争对手之间的比较性资料。另外，每季度还会整理出版一期《经济展望》供总公司领导机构和各部门经理在进行经营决策时参考。正是由于他们重视对调查资料的整理、分析和利用，才使杜邦公司200多年兴盛不衰。

案例思考：

调查资料的整理与分析在企业中的重要作用是什么？

第二节　调查资料的审核

一、审核的内容

（一）及时性审核

及时性审核是审核各被调查单位是否都按规定日期填写和送出资料、填写的资料是否是最新资料、是否剔除了不必要的资料并把重要的资料筛选出来。

(二) 完整性审核

完整性包括调查资料总体的完整性以及每份调查问卷的完整性。

完整性审核是审核被调查单位是否都已进行过调查，问卷或调查表内的各个项目是否填写齐全。如果发现没有答案的问题，应立即询问并进行填补；如果问卷中出现"不知道"的答案所占比重过大，应适当加以处理说明。此外，应确保调查表中的资料清楚易懂。

(三) 正确性审核

正确性审核又叫真实性审核，主要是审核资料调查的口径、计算方法、计量单位等是否符合要求并剔除不可靠的资料。例如调查人员在审核调查问卷时，可能发现某一被调查者的回答前后不一致，或者某一资料来源的数字与后来从其他资料来源收集的数字不一致，这就需要调查人员深入调查，探询原因，或剔除或调整资料，使之真实、准确。

正确性审核主要从两个方面入手：一是逻辑方面，即根据调查项目指标之间的内在联系和实际情况对资料进行逻辑判断，看看是否有不合情理或前后矛盾的情况；二是计算方面，主要是看各数字在计算方法和计算结果上有无错误等。

二、审核的基本步骤

(1) 接收核查问卷（又称一审）。接收问卷时对所有的问卷都应检查一遍，将无效的问卷剔除。

(2) 编辑检查（又称二审）。这是对问卷进行更为准确和精确的检查，主要检查回答问题的完整性、准确性、一致性以及是否清楚易懂等。

三、审核时应注意的问题

(一) 开始的时间

审核工作应在资料搜集工作结束后立即开始。如果发现错误，应该及时纠正并采取必要的补救措施，越早消除资料中的错误，对后期的资料分析工作越有利。

(二) 调查的准确性

审核者应直接、及时地与信息源取得联系，核对调查得到的信息资料的准确性，以判断信息资料在传递过程中是否有失误，尤其应注意是否存在调查的片面性错误。片面性错误主要有两种：一种是根本性的，即从一开始工作就走错了路，选择了错误的资料来源；另一种是非根本性的，即虽然选择了正确的资料来源，但最终却引出了错误的推论。调查的各道工序都可能潜藏着片面性错误。常见的有：

(1) 错误地选择了没有代表性的样本。
(2) 与错误的受访者接洽。
(3) 调查者经验不足。
(4) 因提问方式（如措辞）不当而导致对方不自觉地做出某种过于肯定或否定的回答。
(5) 调查问卷的回收率低（常见于邮寄调查）。
(6) 过分相信了某些不够确定以及真实的文案资料来源。

(三) 实际调查中的审核

调查资料的审核，除了在整理资料时进行资料审核以外；更重要的是在实地调查时，由调查人员及时进行审核，标明资料的可靠程度，在具体引用文案资料时，可酌情加以处理。

第三节　调查资料的编码、分组与汇总

一、调查资料的编码

编码是将调查数据以简单的符号或文字加以简化、分类或代替，便于计算机录入和分析。例如，对性别进行编码，可以简单地用1代表女性，用2代表男性。

（一）编码的主要作用

（1）减少数据录入和分析的工作量，节省费用和时间，提高工作效率。

（2）将定性数据转化为定量数据，把整个问卷的信息转化为规范标准的数据库，进而可以利用统计软件，采用统计分析方法进行定量分析。

（3）减少误差。

（二）编码的原则

编码的原则如图4-4所示。

（1）直观性原则。编码应尽量使用简洁、易懂的符号。例如，可以用产品名字拼音的第一个字母代表这种产品，用1，2，3，…来代表顺序上承接的流程等。

（2）标准化原则。编码必须做到标准规范。一般来说，每一个代码只能代表一个或一类数据，不能同时指代多个量，避免混淆和误解；代码设计要尽量等长。

（3）系统化原则。编码要以整体目标为基准，与整个数据处理系统相适应。

（4）可扩展性原则。编码应具有可扩展性和通用性，以便与其他分析系统连接。

（5）准确性原则。设计的代码要能准确有效地替代原信息。

（6）完整性原则。在转换信息形式的同时尽量不丢失信息，或者减少信息的浪费。

（7）唯一性原则。设计的编码应该是唯一的，不能有重复存在的编码。

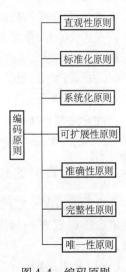

图4-4　编码原则

（三）常用的编码方法

1. 顺序编码法

顺序编码法是指按照一定的顺序用连续数字或字母进行编码的方式。这种编码方式简单，易于管理；但不适用于分组处理。

2. 分组编码法

分组编码法又称为区间编码法。它是根据事物特性和信息资料分类处理的要求，把具有一定位数的代码单元分成若干个组（或区间），每一个组（或区间）的数字均代表一定的意义，所有项目都有同样的数码个数。这种方法使用广泛，容易记忆，处理简单；但若位数过多，可能造成系统维护上的困难。

3. 信息组编码法

这种方法是把信息资料区分为一定的组，每个组分配一定的组码。如对公司职员工作状况的调查可用此法，如表 4-1 所示。

表 4-1　公司职员工作状况调查编码表

组　　别	名　称　码
生产部成员	000—030
财务部成员	031—060
市场部成员	061—090
管理部成员	091—120
⋮	⋮

这种编码法能以较少的位数进行分组；但一旦编码体系确定，遇到某些组内资料增加，处理起来就比较困难。

4. 表意式文字编码法

表意式文字编码法就是用数字、文字、符号等表明编码对象的属性，并按此进行市场信息资料的编码方法。例如，用 20TVC 表示 20in 彩色电视机，其中 20 表示规格，TV 代表电视，C 代表彩色。这种方法比较直观，易于理解，便于记忆。

5. 缩写编码法

这种方法是直接把人们习惯用的一些字母或数字用来表示大家都知道的意思。例如，用 kg 表示千克；用 mm 表示毫米等。

二、调查资料的分组

分组是指按照一定的原则或标志将收集的资料进行分类，将性质相同或本质上有联系的同类信息资料放在一起来分析。通过分组，调查者能直观地对整个调查的情况进行总体把握。

（一）分组原则

（1）互斥原则。分好的各个组应该是互相排斥的，不能交叉混乱。

（2）穷尽原则。分组要包括所有的样本数据，不能遗漏。

（3）合目的原则。分组标志应尽量从调查的目的出发。

（二）分组步骤

1. 选择分组标志

正确选择分组标志（即分组标准）是进行分组的关键。选择分组标志的依据是：

（1）根据研究的目的选择分组标志。例如：如果目的是研究职工素质及其对提高生产率的影响，则可以按职工的文化程度、技术等级等标志分组；如果是为了了解居民收入对可能购买的需求量的影响，则可按居民收入等标志进行分组。

（2）选择反映事物本质的标志。例如我国各级各类型图书馆普遍使用的分类方法就是"中国图书馆图书分类法"，简称"中图法"。"中图法"是我国于 1975 年正式出版编制的一部大型综合性的图书分类法。它采用五分法的分类体系，把图书资料所包括的知识内容划分为"马克思主义列宁主义毛泽东思想""哲学""社会科学""自然科学"和"综合性图书"

五大基本部类。

2. 确定分组界限

对于按品质标志分组编制的数列来说，分组较易确定；而对于按数量标志分组编制的变量数列来说，就要确定分组的界限。分组界限，是指组与组之间相区别的界限。确定分组界限，包括组数、组距、组限、组中值的确定和计算等内容。

（1）组数。组数的确定，应以能明确显示总体分布趋势为原则。在数量标志的变动幅度不大的情况下，可直接将每个标志值列为一组，如要调查某1000户居民中拥有电脑的数量情况，由于数量少，变动也较小，就可以把每个标志值列为一组，如表4-2所示。

表4-2　居民拥有电脑的台数调查

电脑的数量（台）	0	1	2	3	4及以上	总　计
家庭数（户）	18	434	515	32	1	1000

当数量标志的变动幅度很大时，只按一个标志值分组很难看出各组的分配规律，这时就要根据研究的目的，把变量数列依次划分为几个区间，以减少组的数量。如调查某超市月平均人流量，就可按300人为组间距离分组，如表4-3所示。

表4-3　某超市月平均人流量

月平均人流量	天　数
700以下	1
700~1000	3
1000~1300	4
1300~1600	10
1600~1900	5
1900~2100	3
2100以上	4
合计	30

一般来说，在数量标志的变动范围较大，标志值项数又较多的情况下进行分组，以分成5~7组较为适宜。如果分组过多，不易看出项数分配的规律性；如果分组过少，也不能突出各组之间的差异。

（2）组距。组距是组与组之间的距离，即各组中最大值与最小值的差。它分为等距分组和不等距分组两种。组距相等的，叫等距分组；组距不相等的，叫不等距分组。一般来讲，标志值的变动比较均匀，现象性质差异与数量绝对数的关系较均衡时，就用等距分组；现象性质差异与数量绝对值的关系不均衡，全组距范围较大时，用不等距分组。

（3）组限。限是组距的两个端点。每组的最小值为组的下限，每组的最大值为组的上限。只有上限没有下限或只有下限没有上限的组称为开口组，如700人以下和2100人以上；上限与下限齐全的组称为闭口组，如700~1000人。各组频数的计量不能重复，每一总体单位只能记数一次，恰好重叠在组限上的变量值一般归入下限的一组，即遵循"上限不在内"原则。如果需要放入上限组，应加以说明。为避免误会，有时应在表下面加以文字说明或写成如下形式：

70~80 可写成 70~不足 80 或 70≤x<80

（4）组中值。组中值是上限与下限之间的中点数值，它是各组标志值的代表值。

$$组中值 = (上限 + 下限)/2$$

在开口组，只有上限无下限的组中值的计算公式为：

$$组中值 = 上限 - 相邻组的组距/2$$

在开口组，只有下限无上限的组中值的计算公式为：

$$组中值 = 下限 + 相邻组的组距/2$$

3. 编制变量数列

编制分配数列是资料整理中常用的方法。下面以编制变量数列为例，说明编制分配数列的方法。在选择分组划分的方法，并确定分组界限之后，就可把标志值汇入适当的组中，编制变量数列了。一般来说，主要是编制组距式数列。

例如：假设某企业 30 个工人的月工资额（元）如下：

1060、990、850、1210、840、940、1060、1050、1100、1190、1010、950、910、870、1050、1060、1090、1180、960、1280、910、970、1050、1110、1110、1070、1030、1010、1070、1060

编制步骤如下：

（1）将原始资料按由小到大顺序依次排好如下。

840、850、870、910、910、940、950、960、970、990、1010、1010、1030、1050、1050、1050、1060、1060、1060、1060、1070、1070、1090、1100、1110、1110、1180、1190、1210、1280

资料的最小值为 840 元，最大值为 1280 元，全距为 440 元（1280 - 840 = 440）。

（2）确定组距和组数。以上资料中的数值分布较均匀，因工人月工资是连续变量，故应编制连续性等距分布数列。本列可分 5 组，组距是全距除以分组数目，得数向上取整。本例组距为 100（440÷5 = 88）。

（3）确定组限。将收入为 900 元以下定为低收入者，最低组下限应小于最小值 840，因组距为 100，则第一组下限取 800 元，这样各组的组限分别为：800~900，900~1000，1000~1100，1100~1200，1200~1300。

（4）编制分布数列，计算每组次数，如表 4-4 所示。

表 4-4　工人月工资调查分组表

月工资额（元）	人数（个）	各组人数占总人数百分比（%）
800~900	3	10
900~1000	7	23
1000~1100	13	43
1100~1200	5	17
1200~1300	2	7
合计	30	100

在确定组距时，应遵循下列三个原则：①必须把原始资料全部变量值都包括在所分组

内，不能有任何遗漏；②组距尽可能取整数，不要小数；③各组的组距尽可能相等，少用不等距分组，因为等距分组便于后阶段的分析。

三、调查资料的汇总

汇总就是将分组后的资料数据按组别进行累加或分析，从总体上把握事物的性质和特征。汇总一般是通过编制表格和绘图来完成的。

（一）汇总方法

汇总可以由手工汇总也可以通过计算机处理汇总。手工汇总技术的特点是所需工具少，方便灵活。但随着调查课题范围的拓展，调查深度也不断加深，所需处理的数据量越来越大，计算机处理技术成为调查人员进行资料分析的主要方式。

（二）汇总步骤

1. 制表与绘图

（1）制表。市场调查资料的制表方式主要分为单栏表和多栏表。

1）单栏表。在单栏表里只有一项调查资料。以某市 2006 年学校升学率调查为例来说明单栏表，如表 4-5 所示。

表 4-5　某市 2006 年学校升学率调查表

学校升学率预测	绝对数（家）	比重（%）
增幅较大	2	10
略有增加	5	25
大致持平	8	40
略有减少	2	10
难以预测	3	15
合计	20	100

2）多栏表。多栏表是表示两种或两种以上调查项目的表格，又称交叉表，如表 4-6 所示。

表 4-6　婚姻、性别与时装购买选择分布表

时装购买选择	男　性			女　性		
	小　计	已　婚	未　婚	小　计	已　婚	未　婚
高档时装	171	125	46	169	75	94
中档时装	219	164	55	203	135	68
低档时装	130	101	29	108	90	18
被调查者人数	520	390	130	480	300	180

（2）制图。图示法能使复杂的调查数据简单化、通俗化、形象化，它具有直观、形象、生动、具体等特点，具有较强的说服力和吸引力。图示的种类很多，主要有线图、条形图、直方图、饼图、环形图、散点图、圆形图和曲线图等。

2. 分析

在制表和绘图后，所有的数据资料都直观地反映出来。这时可以很容易对调查数据进行

具体的分析。分析方法主要有定性与定量分析两类。

第四节 调查资料分析

调查资料分析是指根据市场调研的目的，运用多种分析方法对市场调查收集整理的各种资料进行对比研究，得出调研结论，并撰写调研报告。

一、资料分析的原则

（一）客观性原则

调查的一系列过程都是在遵循客观性原则下获得资料数据的，将不客观的分析结果用作经营决策的依据将导致严重的后果。客观性原则也同时体现了准确性原则，在保证客观的同时，还要求分析、处理的资料必须是真实的，而分析的时候也要尽量减少其误差和模糊度。

（二）全面性原则

分析不能只针对问卷上的那些资料单独地进行，要全面考察各相关因素的现状及趋势，综合地分析。如果孤立地研究问题，就可能以偏概全，使分析结果产生很大的偏差。

（三）预测性原则

市场调查的目的不仅是了解现在的市场情况，更是要通过当前的市场预测未来，以制定合理的经营战略。因此，在资料分析时，要注意考察各相关因素的变化趋势，用发展的眼光、动态的观点来把握事物的纵向发展轨迹，从而准确地引导企业的经营决策。

（四）及时性原则

及时性原则是指在资料分析过程中要强调时间性，尽量提高其速度。信息资料都具有一定的时效性，而现代社会经济条件下，市场环境变化非常快，这就需要及时地处理市场信息，并通过分析得出有用的结论。

（五）适用性原则

适用性原则，一是指采用的资料分析方法要适当，二是指处理和分析后形成的信息要符合实际需要。

（六）经济性原则

任何经济工作都要考虑经济效益，实行经济核算；资料分析也必须遵循经济性原则，即用尽可能少的分析费用，形成尽可能多的有用的市场信息资料。

二、资料分析方法

（一）定性分析方法

定性分析方法是指对资料数据从理性上进行非量化的分析，依据科学的哲学观点、逻辑判断及推理，对事物的本质、趋势及规律的性质方面进行判断。

1. 定性分析的原则

（1）坚持以正确的理论为指导。定性分析者要善于运用辩证唯物主义和历史唯物主义的具体理论，包括归纳、演绎、对比、联系的观点等。

（2）定性分析必须以调查的原始资料为基础，将分析结果用到实际中加以验证。

（3）分析要全面，注意联系历史和未来，用发展的眼光看问题。

2. 常用的定性分析方法

（1）归纳分析方法。在市场调查中，将整理后的资料进行归纳，就可以概括出一些理论观点。归纳法分为完全归纳法和不完全归纳法，市场调查中一般只能用到不完全归纳的方法。

（2）演绎分析法。演绎分析是把调查资料的整体分解为各个部分、方面、因素，形成分类资料，并通过对这些分类资料的研究把握其特征和本质，然后将这些通过分类研究得到的认识联结起来，形成对调查资料整体认识的逻辑方法。

（3）比较分析法。比较分析方法是把两个或同类事物的调查资料相对比，确定它们之间的相同点和不同点，通过比较，就能在其众多的属性中找出其本质的内在的规律。

（4）结构分析法。在市场调查的定性分析中，通过调查资料，分析某现象的结构及其各组成部分的功能，进而认识这一现象本质的方法，称为结构分析法。

（二）定量分析方法

定量分析是指从事物的数量特征方面入手，运用一定的数据处理技术进行数量分析，从而挖掘出数量中所包含的事物本身的特性及规律性的分析方法。

1. 交叉列表分析

交叉列表分析是指同时将两个或两个以上的具有有限类数目和确定值的变量，按照一定的对应原则排列在一张表上，从中分析变量之间的相关关系，得出科学结论的方法。变量之间的分项必须交叉对应，从而使得交叉表中每个节点的值反映不同变量的某一个特征。进行交叉列表分析的变量必须是离散变量，并且只能有有限个取值，否则要进行分组。

例如：对某企业工人工资增长与工作年限长短之间的相关关系所进行的研究中，把所有被调查的工人按工作年限的长短分为三个档次，小于5年、5～10年和10年以上；对工人工资的增长情况分为增长快和增长慢两类。表4-7是采用交叉列表法列出的该项目分析结果。

表4-7 工人工资增长与工作年限长短之间的相关关系调查表

工资增长	工作年限			总计
	小于5年	5～10年	10年以上	
增长慢/人	45	34	55	134
增长快/人	52	53	27	132
总计	97	87	82	266

交叉列表分析中，尤其要注意变量的选择。交叉列表分为双变量列表、三变量列表等。表4-7所示的例子就是一个双变量的交叉列表，表4-8就是一个三变量列表的示例。

表4-8 文化程度、收入水平与购买商品房意向之间的关系

购买商品房意向	收入水平			
	低收入		高收入	
文化程度	低于大学	大学及以上	低于大学	大学及以上
有购买意向	17%	28%	54%	63%
无购买意向	83%	72%	46%	37%
总计	100%	100%	100%	100%
被调查者人数	500	500	500	500

2. 集中趋势分析

集中趋势分析主要通过计算和运用集中趋势值来进行。集中趋势值包括众数、中位数和平均数。

（1）众数。众数是指总体中各单位在某一标志上出现次数最多的变量值。比如，对大学生进酒吧次数的调查资料显示，大多数学生每周进酒吧的次数为3次，"3"即为众数。

（2）中位数。中位数是指总体中各单位按其在某一指标数值上的大小顺序排列后，居于中间位置的变量值。比如，对大学生进酒吧的调查中，随机抽查的10名大学生，其进酒吧次数依次排列为：1, 4, 2, 3, 5, 3, 4, 2, 1, 6，则这组数的中位数为3。

中位数的计算方法是：首先对未经分组的资料数据按大小顺序进行排列，假设一共有 N 项，中位数位置 $= N/2$。如果 N 为奇数，则数列中间一项为中位数；如果 N 为偶数，则取数列中间两项的算术平均值为中位数。

（3）平均数。平均数是指总体标志值总和与总体单位总量之间的比值。

利用平均数可以将处于不同地区、不同单位的某些现象进行空间对比分析，或将不同时间内某现象进行时间对比分析等，从而拓宽分析的范围。

例如：分析某超市公司两个规模、地段相当的分店的经营情况。资料显示，甲分店的年销售收入为40万元，乙分店的年销售收入为60万元。分析这两个平均值，发现两个分店销售收入差距较大，为此，有必要作进一步的调查研究。

在运用平均数进行集中趋势分析时，应注意以下问题：

1）由于平均数的计算涉及每个变量值的大小，一般只适用于按数量标志划分的市场现象。对于按品质标志划分的现象，可以先将其数量化，再计算平均值。例如，在调查顾客对某一产品的喜爱程度时，可以先将其按5分制赋值后再计算，如表4-9所示。

表4-9 对品质性描述进行5分制打分

喜好程度	非常喜欢	喜欢	无所谓	不喜欢	很不喜欢
赋值为 x	1	2	3	4	5
人数为 f	18	27	13	11	8

这样，就可以用算术平均数 $\bar{x} = \sum xf / \sum f$ 来分析顾客对此产品的喜好程度的一般水平。

2）由于算术平均值是根据全部标志值计算出来的，因此在标志值有极端数值（特别大或特别小的数值）时，它易受极端值的影响。例如：28，29，31，37，98这五个数值的平均值是44.6，而实际上前四个数值的平均数为31.25，只因为增加了一个特大值98就使平均值发生了很大的变化。因此，在遇到这种情况时，不宜用算术平均值分析；如果用算术平均值分析，则应将最大或最小的那个值去掉再计算。

3. 离散程度分析

集中趋势分析是对数据规律性研究的一个方面，另一个方面是对离散程度的分析。集中趋势反映的数据是一般水平，它是用一个数据来代表总体；若要较全面地掌握总体的变动规律，还需要用计算反映数据差异程度的数值，如极差、标准差以及离散系数等，用以平衡平均数的代表性和反映社会经济现象发展变化的均衡性。

数据的离散程度越大，则集中趋势测度值对该组数据的代表性越差；离散程度越小，则其代表性就越好。

（1）极差。极差也称全距，是数据中两个极端值的差值。

$$极差 = 最大值 - 最小值 \tag{4-1}$$

极差取决于最大值与最小值，与总体单位数无关；它说明总体标志值的变动范围。如果因特殊原因出现特别大或者特别小的数值，极差就不能确切反映标志值真实的变异程度，它就只是一个较粗略的测量离散程度的指标。

（2）标准差和方差。标准差又叫均方差。标准差和方差是反映数据离散程度最常用的指标。它们反映所有观测值对均值的离散关系，其数值大小与均值代表性的大小呈反方向变化的关系。方差（σ^2）即标准差（σ）的平方。标准差公式如下：

资料未分组时

$$\sigma = \sqrt{\frac{\sum(x-\bar{x})^2}{n}} \tag{4-2}$$

资料分组时

$$\sigma = \sqrt{\frac{\sum(x-\bar{x})^2 f}{\sum f}} \tag{4-3}$$

式中　x——各单位标志值；
　　　$\bar{x}$——算术平均数；
　　　n——总体单位数；
　　　f——各组的频数。

标准差反映各单位标志值离差的绝对水平。标准差数值越大，反映各单位标志值的离散程度就越大；反之，离散程度越小。标准差不仅取决于离差的大小，同时也取决于平均数的大小。

4. 相对程度分析

相对程度分析是指通过对比的方法反映现象之间的联系程度，表明现象的发展过程，使利用总量指标不能直接对比的现象找到可比的基础。

市场调查分析中常用的相对指标主要有结构相对指标、比较相对指标、比例相对指标和强度相对指标，如表4-10所示。

表4-10　常用相对指标

名　称	含　义	计算公式
结构相对指标	总体各组成部分与总体数值对比求得的比重或比率，用来表明总体内部的构成情况	结构相对指标 = 各组总量指标数值/总体总量指标数值×100%
比较相对指标	不同总体同类现象指标数值之比	比较相对指标 = 某条件下的某项指标数值/另一条件下的同项指标数值×100%
比例相对指标	同一总体内不同部分的指标数值对比得到的相对数，它表明总体各部分的比例关系	比例相对指标 = 总体中某部分指标数值/总体中另一部分指标数值×100%
强度相对指标	两个性质不同而有联系的总量指标对比得到的相对数。强度相对指标反映现象的强度、密度和普遍程度	强度相对指标 = 某一总量指标数值/另一性质不同但与之有联系的总量指标数值×100%

（三）定量分析方法二——解析法

市场调查的目的，一方面是对被调查总体表层现状的了解，另一方面是对事物内部隐藏的本质的规律性进行深入的剖析。解析性统计分析的方法则是解决第二方面的问题。

1. 假设检验

在市场调查中，主要采用统计检验来分析和识别调查对象的各种特征、结构和变化。统计假设检验简称假设检验，是在总体的分布函数未知或只知其形式不知其参数的情况下，为推断总体的某些性质，先对总体提出假设，然后根据样本资料对假设的正确性进行判断，决定是接受还是拒绝这一假设。

假设检验包括参数假设检验和非参数假设检验。如果进行假设检验时总体的分布形式已知，仅需对总体的未知参数进行假设检验，则这种假设检验为参数假设检验；如果事先对总体分布形式所知甚少，而要假设其分布形式的假设检验称为非参数假设检验。

假设检验的基本思想是小概率原理，即发生概率很小的随机事件在一次检验中几乎不可能发生。根据这一原理并根据样本数据判断原假设 H_0 是否成立。但这种判断有可能是错误的。可能 H_0 为真时，拒绝了 H_0，这类"弃真"错误称为第 I 类错误；也可能 H_0 不真时接受了 H_0，这类"取伪"错误称为第 II 类错误。因此，在确定检验法则时应尽量使犯这两类错误的概率都小。一般控制犯第 I 类错误的概率，使它小于等于 α。这种只对犯第 I 类错误的概率加以控制的检验问题，称为显著性检验问题。

假设检验的一般步骤如下：

（1）根据实际问题，提出原假设 H_0 和备假设 H_1。一般把需要通过样本去推断其正确与否的命题作为原假设。

（2）确定显著性水平 α，α 取值视具体情况而定，通常取 0.1、0.05、0.01 等。

（3）确定适当的统计量以及拒绝域的形式。

（4）根据样本观察值计算检验统计量的值。

（5）根据显著性水平与统计量的分布，找出接受域与拒绝域的临界点，比较临界点与检验统计量的值，做出是拒绝 H_0 还是接受 H_0 的决策。

单个正态总体均值假设检验的原假设形式可能是：

$H_0: \mu = \mu_0$，或 $H_0: \mu \geq \mu_0$，或 $H_0: \mu \leq \mu_0$

但其检验统计量的选择取决于总体方差是否已知以及样本量的大小。

在总体方差已知的情况下采用 Z 检验，$Z = (\bar{x} - \mu_0)/(\sigma/\sqrt{n})$。它利用在 H_0 为真时，服从标准正态分布的统计量来确定拒绝域。

在总体方差未知的情况下采用 t 检验，$t = (\bar{x} - \mu_0)/(s/\sqrt{n})$。它利用在 H_0 为真时，服从 t 分布的统计量（自由度 $= n - 1$）来确定拒绝域。

例 4-1 某食品公司开发了一种新的食品，委托某市场调查公司进行市场调查，以检验消费者的偏好情况。根据该公司管理者的判断，除非该食品有 20% 以上的消费者喜欢，否则不能投入生产。因此，为检验喜欢该食品的消费者比例是否低于 20%，要求利用假设检验对 625 人进行一次市场调查。

解 （1）确定调查目的。如果喜欢该食品的消费者比例（用 π 表示）超过 20%，应投入生产。因此定义原假设 H_0：$\pi \leq 0.2$；备选择假设 H_1：$\pi > 0.2$。

（2）对于公司来说，最重要的是控制第 I 类错误 α，即喜欢该食品的消费者实际不到 20%，却拒绝 H_0，因为一旦决策失误，可能导致公司陷入危机。最终决定显著性水平 $\alpha = 0.05$ 可以接受。

（3）在原假设为真时，理论上 π 服从正态分布，而且样本量 $n = 625$，统计量 $Z = (P - \pi)/\sigma_P$，其中 σ_P 为 P 的标准差，$\sigma_P = \sqrt{\pi(1-\pi)/n} = 0.016$，$P$ 为喜欢该食品的消费者比例。

（4）根据市场调查，结果有 140 人表示喜欢该食品，则
$$P = 140/625 = 0.224，Z = (0.224 - 0.2)/0.016 = 1.5$$

（5）判别方法一：因为临界值 $Z_{1-\alpha} = 1.96$，所以 $Z = 1.5 < Z_{1-\alpha} = 1.96$，不能拒绝 H_0。

判别方法二：查阅正态分布表，$P(Z<1.5) = 0.9332$，即当 $\pi = 0.2$ 时，$P(Z>1.5) = 1 - 0.9332 = 0.0668$。由于 $0.0668 > 0.05$，则不能拒绝 H_0，不能投入生产。

2. 方差分析

（1）含义。方差分析是比较若干个总体均值是否相同时常用的统计方法。传统的方差分析主要用于分析实验数据。实际上，它们同样适用于调查数据与观察数据。方差分析应用时一般假定所比较的总体都服从正态分布，而且具有相同的方差。例如，完成每个因素的变化对营销影响程度的鉴别，就是方差分析的任务。

（2）类型。在方差分析中，将可以控制的条件称为因素，将因素变化的多个等级状态称为水平。若所研究的问题只涉及一个因素，则称为单因素方差分析，若涉及一个以上的因素则称为多因素方差分析。

方差分析中有三种类型的方差：

1）总差异。这是指所有被观察的个体值相对于总平均差的平方和，是所有个体的平均。

2）组间差异。这是指每组样本平均值和总均值之差的平方之和。

3）组内差异。这是指每个个体值和其所在组的均值差的平方和（相对于单组平均）。

（3）基本原理及运用的前提条件。方差分析的基本原理是将数据总方差中的随机误差和系统误差加以分离，赋予它们数量表示，并将二者在一定条件下加以比较。如差异不大，则认为系统误差对指标的影响不大；如系统误差比随机误差大得多，则说明所考察的条件对指标的影响很大。

在运用方差分析法时，要十分注意方差分析的几个前提条件：①因素的每个水平是可以严格控制的，可以把因素的每个水平都看成是一个自变量；②各个总体的概率分布均服从有相同方差的正态分布；③观测结果可以看作是相互独立地抽自各个总体的简单随机样本。

3. 相关分析

相关分析是对现象间的相互关系的密切程度和变化规律，有一个具体的数量观念，找出相互关系的模式，以便做出准确的判断，并进行统计和测算，为制定经营计划和运筹远景规划提供资料。

对于相关的测定，一般包括相关关系的判断、相关系数的计算以及相关指数的计算。其

中，相关关系的判断一般包括一般判断、相关表和相关图几种形式。相关系数一般依据以下公式计算

$$r=\frac{\sum(x-\bar{x})(y-\bar{y})}{\sqrt{\sum(x-\bar{x})^2\sum(y-\bar{y})^2}}=\frac{n\sum xy-\sum x\sum y}{\sqrt{n\sum x^2-(\sum x)^2}\sqrt{n\sum y^2-(\sum y)^2}} \quad (4-4)$$

式中　r——简单相关系数；
　　　x——自变量；
　　　y——因变量；
　　　$\bar{x}$——x 的平均值；
　　　$\bar{y}$——y 的平均值。

相关指数是为了度量非线性相关程度的统计分析指标，用 R 表示，计算公式为

$$R=\sqrt{1-\frac{\sum(y-\hat{y})^2}{\sum(y-\bar{y})^2}} \quad (4-5)$$

式中　$\hat{y}$——因变量 y 的理论值。

4. 回归分析

相关分析只是表明变量间的一种关系，并不一定含有因果关系的意思，不反映变量间的关系性质。在实际的分析中，常常需要寻找有关联的变量之间的规律性，将它们的依存关系用数学表达式描述出来。这类统计规律称为回归关系。有关回归关系的计算方法和理论称为回归分析。回归分析主要用来考察变量之间的关系，相关分析则是用来度量这种关系的强度。

回归分析所研究的数学模型主要是线性回归模型和可化为线性模型的非线性回归模型。

回归分析在研究变量之间的回归关系时，一般分为以下五个步骤：
(1) 确定因变量和自变量；
(2) 绘制散点图；
(3) 根据散点图选择适当的回归模型；
(4) 进行相关检验；
(5) 预测和控制。

案例4-2　大学毕业生满意度调查

振兴大学是一所综合性大学，有三个二级学院，分别是商贸学院、生物学院和医学院，为了了解社会对该校毕业生的满意度，学校进行了一项针对毕业生的调查。学校从商贸学院、生物学院和医学院各随机抽取了 17 人、17 人和 14 人共 48 名毕业生进行调查，要求他们所在的工作单位对其工作表现、专业水平和外语水平三个方面进行评分，评分等级为 0 到 10 分，分值越大表明满意程度越高。

1. 调查数据

随机对 48 名毕业生从工作表现、专业水平和外语水平三方面进行调查，获得的相关调查数据如表 4-11 和表 4-12 所示。

表 4-11 毕业生工作表现、专业水平和外语水平调查数据

学生编号	工作表现	专业水平	外语水平	学生编号	工作表现	专业水平	外语水平
1	7	8	3	25	6	6	6
2	8	9	4	26	7	8	4
3	8	7	4	27	7	7	7
4	9	8	5	28	7	5	2
5	7	6	3	29	9	6	2
6	7	4	6	30	8	7	6
7	7	6	4	31	9	8	4
8	6	5	8	32	7	4	5
9	8	6	3	33	8	7	9
10	9	6	7	34	9	6	5
11	7	6	6	35	8	9	5
12	9	6	2	36	7	6	6
13	8	7	7	37	8	8	2
14	9	6	4	38	7	6	3
15	9	5	6	39	8	8	5
16	7	7	3	40	10	7	5
17	7	5	2	41	10	7	6
18	9	5	4	42	9	6	7
19	8	7	7	43	7	4	2
20	9	9	5	44	8	4	5
21	8	6	4	45	7	6	6
22	7	6	5	46	10	8	6
23	9	4	5	47	9	8	7
24	8	6	8	48	8	5	7

表 4-12 按学院统计的毕业生工作表现、专业水平和外语水平调查数据

商贸学院			生物学院			医学院		
工作表现	专业水平	外语水平	工作表现	专业水平	外语水平	工作表现	专业水平	外语水平
7	6	4	7	8	3	8	9	4
9	6	2	8	7	4	9	8	5
8	7	3	7	4	6	7	6	3
9	6	6	6	8	5	9	6	2
7	5	2	8	7	3	7	7	3
9	6	4	7	4	6	9	6	7
7	6	5	9	6	5	8	6	4
9	4	5	9	7	4	7	5	2
8	6	4	7	8	4	9	6	2
6	6	6	9	8	4	8	9	5
7	7	7	9	7	9	9	7	6
8	7	6	10	7	5	8	8	2
7	4	5	7	4	7	8	8	6
9	5	6	8	4	5	10	8	6
7	6	3	8	6	6			
10	7	6	9	8	7			
9	6	7	8	5	7			

2. 调查数据的描述统计

用 Excel 中的数据分析功能对调查数据进行描述统计，其输出结果如表 4-13、表 4-14 所示。

表 4-13　毕业生的评分描述统计情况

	工作表现	专业水平	外语水平
平均	8.042	6.375	5.083
中位数	8	6	5
众数	7	6	5
标准差	1.031	1.362	1.773
方差	1.062	1.856	3.142
峰值	-0.861	-0.532	-0.628
偏度	0.036	0.064	-0.107
极差	4	5	7
最小值	6	4	2
最大值	10	9	9
求和	386	306	244
计数	48	48	48

表 4-14　按照学院统计的毕业生的评分描述统计情况

	商贸学院			生物学院			医学院		
	工作表现	专业水平	外语水平	工作表现	专业水平	外语水平	工作表现	专业水平	外语水平
平均值	8	5.824	4.765	8	6.412	5.294	8.143	7.214	3.857
中位数	8	6	5	8	7	5	8	7.5	4
众数	7	6	6	7	8	4	8	6	5
标准差	1.118	0.951	1.602	1.061	1.460	1.611	0.949	1.369	1.512
方差	1.25	0.904	2.566	1.125	2.132	2.596	0.901	1.874	2.286
峰度	-1.093	-0.187	-0.907	-0.635	-0.896	0.147	-0.694	-1.507	-1.553
偏度	0	-0.597	-0.393	0.000	-0.554	0.575	0.308	-0.028	-0.032
极值	4	3	5	4	4	6	3	4	4
最小值	6	4	2	6	4	3	7	5	2
最大值	10	7	7	10	8	9	10	9	6
求和	136	99	81	136	109	90	114	101	54
计数	17	17	17	17	17	17	14	14	14

案例思考：

（1）用人单位对该校毕业生哪个方面最为满意？为什么？学校还应在哪些方面加强教学改革？

（2）社会对三个学院的毕业生的满意程度是否一致？提出提高社会满意度的相关建议。

第五节　市场调查报告的撰写

一、市场调查报告的含义和特点

市场调查报告是市场调查研究成果的一种表现形式。它通过文字、图表等形式将调查的结果表现出来，以使人们对所调查的市场现象或问题有一个系统性的了解和认识。

市场调查报告应具备以下几个特点：

（1）针对性。针对性包括选题上的针对性和阅读对象的针对性两个方面。选题上的针对性是指调查报告在选题时必须做到目的明确，有的放矢，围绕主题展开论述；阅读对象的针对性是指调查报告要明确谁是本报告的阅读者或使用者，调查报告的撰写应当随阅读者不同而做相应的内容调整。

（2）时效性。市场调查报告的撰写，是为了向有关部门和单位说明调查得出的结论，这些结论都是根据目前的调查资料分析出来的，因此具有很强的时间限制。市场调查报告只有迅速及时，才能适应瞬息万变的市场变化。

（3）科学性。市场调查报告不仅报告市场调查的客观表面情况，而且还要对调查资料做分析研究，寻找市场发展变化规律。因此要以长远的眼光，对此进行必要的论述，让读者可以充分理解和掌握调查的情况。

（4）新颖性。调查报告要紧紧抓住市场活动的新动向、新问题，提出新颖观点；若报告中提出的观点是显而易见的规律或别人已经知道的东西，那这样的调查报告就没有意义。

（5）可读性。报告的观点要鲜明、突出，内容的组织安排要有序，行文流畅，通俗易懂。

二、调查报告的类型

调查报告可分为书面报告和口头报告两种。对小型调查活动或急需基本信息进行决策时，一般采用口头报告。书面报告又分为综合报告、专题报告、研究性报告和说明性报告几种不同的类型。

（1）综合报告。综合报告是提供给用户的最基本的报告。这类报告的目的在于反映整个调查活动的全貌，详细地给出调查的基本结果和主要发现。它主要包括调查概况、样本结构、基本结果、对不同层次调查对象的分析、主要项目间的关联性分析、主要发现等。

（2）专题报告。专题报告是针对某个问题或某项侧重点而撰写的。

（3）研究性报告。研究性报告实际上也可以看成是某种类型的专题报告，但是学术性较强，需要进行更深入的分析研究，并要求从中提炼出观点、结论或理论性的东西。

（4）说明性报告。说明性报告也叫技术报告，即对调查中的许多技术性问题进行说明。例如抽样方法、调查方法、抽样误差的计算等。它主要通过说明调查方法的科学性来表明调查结果的客观性和可靠性。

三、调查报告的内容和格式

（一）标题

标题必须准确揭示报告的主题思想，简单明了，具有较强的吸引力。

（二）摘要

摘要是对市场调查报告基本内容的概括，是对所有主要事例和主要调查成果及结论的综述。摘要要简要说明调查目的、调查对象和调查内容、调查研究方法、调查结果，包括主要发现、结论和建议等方面的内容。

（三）正文

正文是市场调查的主要部分，一般由引言、主体、结语三部分组成。正文部分必须准确阐明全部有关论据，包括问题的提出、处理问题的途径、调研方案策划、数据分析与处理、调研结果、引出的结论等。

（四）附件

附件部分是在调查报告中正文包含不了或没有提及，但与正文有关必须附加说明的部分。它是正文报告的补充或详尽说明，包括问卷、技术细节说明、原始资料、背景材料、统计输出、部分结果显示等。

案例4-3　对大学生手机品牌选择的调查报告

报告类别：调查报告

行业分类：日用品

调查地点：北京、上海、西安

调查时间：2013年11月

样本数量：2000名大学生

调查机构：×××××××

报告来源：×××××××

数量庞大的大学生已经成为社会上重要的消费群体之一，越来越受到商家的关注。为了了解大学生手机使用情况，为手机销售商和手机制造商提供参考。某机构对北京、上海、西安3个城市20所高校共计2000名学生进行了手机选择品牌的调查，被调查的品牌涉及华为、小米、中兴、OPPO、vivo、iPhone、努比亚、魅族、锤子、金立、黑莓、三星等手机产品。

一、数据分析

1. 手机品牌在大学生市场的份额分析

根据调查显示：在大学生市场份额排名靠前的品牌中，吸引力偏高的品牌有华为26%、中兴21%、小米19%、三星16%、苹果12%、其他7%。

2. 大学生手机消费处于一个较高水平，其原因有以下几点。

（1）社会经济发展水平提高，家庭收入增加，学生消费愿望增强。随着经济水平的提高，手机更新换代的速度加快，大学生的消费活力被激发出来，产生对新、奇、美的手机的追求。

（2）大学生受新时代的影响，具有求新、求奇的消费心理，他们容易对感兴趣的新事物产生强烈的消费欲望。

（3）手机功能极大丰富，激发了大学生对具有新功能的手机的无限向往及其消费动力。

3. 大学生对手机的使用要求

（1）购机地点比较集中。对于大学生购买手机地点的调查发现，大学生购买手机的地点比较集中，大多集中在手机卖场和手机品牌专卖店，其比例分别为54%和26%，大学生消费者选择在电子商城或网购的较少，仅占20%。

（2）颜色和款式较明确。大学生购买手机时多以黑白经典颜色为主，黑色和白色分别占到54%和30%，蓝色为8%，其他颜色占8%，由此可见大学生在颜色选择上观念比较统一。

4. 手机性能要求高

据调查显示，大多数大学生选择手机系统为安卓系统，占比高达72%，Windows系统手机使用者约有4%。另外，ISO和黑莓以及其他手机系统使用者占24%。由此可见，安卓系统比较受大学生的喜爱。

随着手机游戏的发展，大学生购买手机更注重运行速度，其占比高达72%，待机时间占14%，而其他方面仅占14%。

5. 商家的宣传和促销方式对大学生选择手机的影响

（1）在促销方面。随着手机市场的竞争日益激烈和大多数学生对经济实惠型手机的追求，现场打折促销对消费者购买手机的影响较大，占58%，且有22%的人选择购机送话费活动。另外，还有20%的大学生喜欢购买手机送相关配件。

（2）在宣传方面。随着媒体和互联网技术的快速发展，通过网络、电视、宣传和朋友介绍购买手机有一定促进作用。调查显示大学生在看到手机相关广告后有66%的人会受此影响而购买手机，其中，16%的大学生表示经常会受广告的影响，14%的大学生在价格合适的情况下会受广告影响，4%的大学生认为从不会受到广告影响。

二、调查结果

1. 大学生购买手机时的意向

调查发现，当功能基本相同，价格有所差异的情况下，56%的大学生表示愿意选择国内品牌机，国内手机市场具有很大发展前景。

2. 大学生购买手机时关心的因素

本次调查一共发放2000份问卷，有效回收率达90%，由此得出大学生购买手机的关心因素主要有：价格、功能、品牌、售后服务。价格是消费者购买手机时最看重的因素，被调查大学生中有50%的人首先考虑价格，消费者对价格的看重表明整个市场对低价产品的期待，手机市场或许面临降价的挑战。其次就是功能方面，手机运行速度、待机时间、内核数、操作系统等方面也是消费者较看重的因素。

3. 大学生的换机频率

科技的发展和进步，使得电子产品更新换代速度加快。对于大学生这个特殊的消费群体，由于他们没有收入能力，因此大学生换机频率比较低，大多数在使用1~2年后才会考虑换机。

4. 大学生对售后服务的要求

根据调查发现大学生更加注重手机购买后的保修时间，在购买手机时对服务人员的态度和办事效率认为有待进一步提高。

手机已成为大学生生活不可缺少的日常用品之一。这个市场的价值将继续随着高校的扩招而不断地扩大。

案例思考：
1. 大学生手机品牌选择的调查可以推广到其他人群中吗？为什么？
2. 商家要想获得手机市场情况，还可以使用哪些调查方法？

本 章 小 结

本章主要介绍了调查资料处理的含义、内容、步骤以及原则，阐述了调查资料的审核、编码、分组与汇总，以及定性和定量分析方法，最后介绍了资料调查的成果，即调查报告的撰写。借助正确的数据处理、统计分析方法对调查资料进行有效的筛选、处理、分析将直接影响到调查结果的准确性。随着科学技术的不断发展，数据挖掘与统计分析工具和软件越来越先进，实际工作中要善于运用先进的工具和技术来提高调查资料的科学性和准确性，为科学决策提供依据。

练 习 与 思 考

一、选择题
1. 调查资料的审核内容不包括（　　）。
   A. 及时性审核　　B. 完整性审核　　C. 来源性审核　　D. 正确性审核
2. 把信息资料区分为一定的组，每个组分配一定的组码的编码方法是（　　）。
   A. 顺序编码法　　B. 分组编码法　　C. 信息组编码法　　D. 表意式文字编码法
3. 计算平均数指标最常用的方法和基本形式是（　　）。
   A. 众数　　　　　B. 中位数　　　　C. 平均差　　　　D. 算术平均数
4. 用标准差分析两同类总体平均指标的代表性前提条件是（　　）。
   A. 两个总体的单位数应相等　　　　B. 两个总体的标准差应相等
   C. 两个总体的平均数应相等　　　　D. 两个总体的离差之和应相等
5. 下面适合比较研究两个或多个总体或结构性问题的是（　　）。
   A. 环形图　　　　B. 直方图　　　　C. 饼图　　　　　D. 茎叶图

二、判断题
1. 调查资料处理内容主要包括资料数据处理与资料数据管理。（　　）
2. 所谓组距是指每个组变量值中的最大值与最小值之差，也就是组的上限与下限之差。（　　）
3. 比较分析法属于定量分析方法。（　　）
4. 反映集中趋势的集中趋势值包括众数、中位数、平均数和标准差。（　　）

三、简答题
1. 市场调查资料分析应遵循哪些规则？
2. 简述常用的数据编码方法

3. 定性分析方法和定量分析方法分别包括哪些方法？
4. 简述众数、中位数和均值的特点及应用场合。
5. 市场调查报告的撰写要求有哪些？

四、计算分析

1. 甲、乙、丙三个家电厂家在广告中都声称，他们的某种产品在正常情况下的使用寿命都是16年，经质量检测部门对这三家销售的产品的使用寿命进行了跟踪调查，其调查统计结果如表4-15所示：

表4-15　质量检测部门的调查数据　　　　　　　　　　　　（单位：年）

抽样单位	X_1	X_2	X_3	X_4	X_5	X_6	X_7	X_8	X_9	X_{10}
甲厂	8	10	10	10	10	14	18	24	26	30
乙厂	12	12	16	16	16	18	20	24	28	30
丙厂	8	8	8	12	14	18	26	30	32	32

请回答下列问题：

（1）分别算出以上三组数据的平均数、众数、中位数。
（2）这三个厂家的推销广告分别用了哪一种表示集中趋势的特征指标？
（3）如果你是顾客，宜选购哪家工厂的产品？为什么？

2. 某班学生共20人，其中男女生各10人，某门功课考试成绩（分）如表4-16所示，综合运用所学方法，分析该班这门课程考试情况。

表4-16　功课考试成绩　　　　　　　　　　　　（单位：分）

女生	88	95	55	85	71	79	86	68	79	94
男生	86	93	69	73	91	82	55	77	85	80

第二篇

市场预测

第五章
市场预测概述

学习目标

1. 掌握市场预测的要素、特点和类型。
2. 了解市场预测的原理。
3. 掌握市场预测的步骤。

【引导案例】 余额宝年化收益率浮动趋势预测

余额宝是 2013 年 6 月 13 日上线的，是蚂蚁金服旗下的余额增值服务和活期资金管理服务产品。余额宝除了可随时用于网上购物、转账等消费支付外，转入余额宝的资金在第二个工作日经过公司确认后可以计算收益。余额宝具有操作流程简单、最低购买金额没有限制与使用灵活等特点，跟一般的理财产品相比，余额宝不仅能够全面支持网购消费、转账等功能，还支持实时赎回、实时到账以及直接提现到银行卡中等功能。

余额宝的出现对我国银行业造成了一定程度的冲击。通过余额宝收益率的时间序列图，可以粗略判断收益率的变动情况。总体而言，余额宝的收益率超过银行同期活期存款利率，其七日年化收益率走势如图 5-1 所示，由此可知，余额宝的收益率在一定时段中波动较大，而在另一时段中波动较小，但年化收益率长期稳定在 3%~4% 之间。

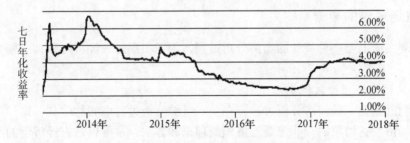

图 5-1 余额宝近四年七日年化收益率走势

案例思考：

1. 如何认识市场预测在宏观及微观经营管理中的作用？是否对所有的行业都能达到预期的效果？
2. 如何进行市场预测？结合实际谈谈你曾经进行过的一次市场预测活动？

为了减少决策的盲目性，降低决策可能遇到的风险，就需要通过市场预测来把握经济发展或未来市场变化的有关动态,为科学决策提供依据。本章简要地介绍了市场预测的概念、类型、原理和步骤等,为后续学习奠定一定的理论基础。

第一节　市场预测的概念

一、预测与市场预测

(一) 预测

预测是指根据客观事物的变化规律,对特定对象未来发展的趋势或状态做出科学的推测与判断,即预测是根据对事物已有的认识来对未知事件做出估计。预测是一种行为,表现为一个过程,也表现为行为的某种结果。

预测对象是具体的、特定的。目前,许多国家已将预测技术广泛应用于科学技术、文化教育、自然资源、生态环境、经济发展、人口变化和军事等领域,于是产生了科技预测、经济预测、教育预测、人口预测、资源预测、环境预测和军事预测等。

(二) 市场预测

市场预测是对商品生产、流通、销售的未来变化趋势或状态进行的科学判断和估计,它以市场体系的发展过程与变动趋势作为自己的研究对象,是预测学理论与方法在市场体系中的运用,是适应市场经济发展的需要而逐渐成熟起来的一门科学。而企业市场预测则是以企业市场活动为研究对象,对企业的市场环境、商品供求、价格、市场状况的未来变化趋势做出的科学推测和判断,或对企业生产经营情况做出的科学预测和估计。

预测能否与实际情况相接近,主要取决于:①市场本身的发展进程;②人们获取市场信息的能力和成本;③随机因素的干扰;其中关键在于把握市场活动的内在联系和发展规律。为此,人们必须获取大量信息,掌握科学的信息处理和分析方法。这一过程需要耗费大量的成本。即便如此,市场预测结果的准确性还是有限的、相对的。

二、市场预测的要素

市场预测实质上是一种特殊的经济分析过程,为了实现这一经济过程,必须具备以下几个要素。

1. 有一定的经济理论做指导

市场预测既然是一种经济分析过程,在质和量的分析过程中必然受到一定经济理论的指导。发端于经济发达国家的一些宏观经济预测理论和方法,常常以西方经济学的主要理论为依据,如凯恩斯经济学的国民收入理论、后凯恩斯主义的经济发展理论等;微观经济预测以微观经济理论为依据,如新古典学派的厂商理论、供求理论以及生产函数理论等;中观经济预测以中观经济预测为理论依据,如列昂惕夫的投入产出理论等。

2. 有调查统计资料作分析依据

深入的调查研究和翔实的统计资料,是市场预测的事实依据和客观基础。调查研究包括预测对象所处的环境调研,通过对历史与现实的资料统计分析,进而获得关于预测对象的规律性认识,由此做出对未来发展趋势的推断。离开调查研究和统计资料,也就丧失了预测的科学性,其结果只是主观臆断。

3. 有科学的预测手段和预测方法

为了保证预测过程及预测结论的科学性，必须掌握科学的预测手段和预测方法。这是因为：①随着技术的进步与预测方法的日趋成熟，有条件提供科学的预测手段和方法；②由于市场的日益复杂化和国际化，市场经济需要处理的各种数据更多，影响预测过程和结果的变数也越来越多，若不采用先进的预测手段和科学的预测方法，便无法实现预测的目标。

三、市场预测的特点

1. 预测工作的超前性

在预测分析开始之前，需要通过历史考察和现状分析等环节来获取第一手的资料，预测结果的准确与否，在一定程度上依赖于对预测项目的了解程度。因此，需要对预测对象做历史考察和现状分析，对其未来的发展趋势做超前性的分析，以提供准确的信息资料。

2. 预测信息的可测性

通过市场预测得到的关于预测对象的未来信息，通常可视为经营决策目标，必须是可测度的、可量化的、可分解的。因此，作为市场预测的结果，一般均由可量化的指标来明确表达。

3. 预测内容的时空性

市场预测对象都是在一定的时空中发生与发展的，关于预测对象的未来信息只能通过一定的时间与空间特征反映出来并加以测度。市场预测的内容十分丰富，具有具体的时空特征。如某商品的市场需求量，就是特指某一时期内某一市场范围内的该种商品的市场需求量；某商品的市场容量，就是指在一定的空间范围内和一定的时间内，消费者对该商品的实际购买能力。对预测内容时空性的理解有助于对预测方法进行科学的划分和正确的选择。

4. 预测结果的近似性

预测是对事物发展结果的预先估计和推测。然而，事物发展总要受到很多随机因素的干扰和影响，使预测结果与实际结果往往有一定的偏差。导致这一偏差的主要原因有以下一些：

（1）预测对象未来发展趋势影响因素的复杂性。预测对象未来发展趋势的影响因素复杂且动态，主要因素与次要因素、内部因素与外部因素彼此交织，一旦外部条件发生变化，预测对象未来发展方向不可避免地会随着发生某些变化。

（2）预测者对预测对象以及所处环境认识的局限性。这种局限性表现在：①对复杂的影响因素此起彼伏、此消彼长不可能完全把握；②对外部条件随机变化引起的预测对象未来运行规律的变动难以控制；③预测对象未来变化趋势是一个过程，其结果是逐渐被显示出来的，而预测分析则是在这一过程显现之前根据已知推断未来，因此，对过程完全准确的认识必然会存在困难。

（3）预测模型的非精确性。预测模型只考虑影响预测对象未来变化的主要变量，而忽略了若干次要的变量，以此来简化运算。因此，预测模型只能近似地反映客观实际，并非精确性的。

（4）预测分析的经验性。预测分析包括质的分析与量的分析，一般需要采用现代计算手段和先进的预测技术才能实施，即便如此，预测工作也不能排除预测工作者经验因素以及其他主观因素的影响。因此，预测分析质量的高低，同预测者的个人经历、实践经验与综合素质密切相关。

指明预测结果的近似性不影响对预测结果的科学评价。市场预测工作要求将预测结果的误差控制在许可的范围之内,这也是预测科学性的一种表现。

第二节 市场预测的类型

市场预测实质上是对市场商品需求量与销售量的预测,或者说就是对产品的生产量或商品资源的预测。预测总是具体的,表现为采用一定的预测方法,对特定商品在一定时间内与一定地域范围内需求量或销售量的预测,或者是对相关供需指标或效益指标的预测。市场预测按不同的分类标准可分为以下几种。

一、按预测活动的空间范围分类

(一) 宏观市场预测

宏观市场预测即全国性市场预测。它同宏观经济预测,即同整个国民经济总量和整个社会经济活动发展前景与趋势的预测相联系。它可对全国性市场的需求量和销售量做出科学预测,从而为企业或地区市场的经营预测提供基础性资料数据。宏观市场预测包括市场总供应量、总需求量、总销售收入、国民生产总值及其增长率、人均国民收入及其增长率、物价总水平和商品零售总额、商品结构、消费结构、产业结构等的预测。宏观市场预测的直接目标是商品的全国性市场容量及其变化趋势、商品的国际市场份额及其变化、相关的效益指标及各项经济因素对它的影响。

(二) 中观市场预测

中观市场预测是指地区性市场预测。其任务是确定地区性或区域性的市场容量及其变化趋势、商品的地区性或区域性需求结构与销售结构及其变化趋势、相关的效益指标变化趋势及其影响因素等的相关分析等。

(三) 微观市场预测

微观市场预测是指以一个企业产品的市场需求量、销售量、市场占有率、价格变化趋势、成本与效益指标等为其主要研究目标,同时它又与相关的其他经济指标的预测密不可分。

微观、中观、宏观市场预测三者既有区别也有联系。在预测活动中可以从微观预测、中观预测推到宏观预测,形成归纳推理的预测过程;也可以从宏观预测、中观预测推到微观预测,这便是演绎推理的预测过程。

二、按预测对象的商品层次分类

(一) 单项商品预测

这是对某种具体商品的市场状态与趋势的预测,如香烟市场预测、手机市场预测、矿泉水市场预测、钢材市场预测、汽车市场预测等。单项商品预测仍需分解和具体化,包括对各单项商品中不同品牌、规格、质量、价格的商品需求量与销售量,以及效益指标等进行具体的预测。

(二) 同类商品预测

这是对同类商品的市场需求量或销售量的预测。大的类别有生产资料类商品预测与生活资料类商品预测。每一类别又可分为较小的类别层次，如生活资料类预测可分为食品类、衣着类、日用品类、家电类等。按不同的用途与等级，上述各类生活资料还可分为更具体的类别层次，如家电类可分为电视机类、空调机类、冰箱类、洗衣机类等。

（三）目标市场预测

按不同的消费者与消费者群体的需要划分目标市场，是市场营销策略与经营决策的重要依据。目标市场预测除了可分为中老年市场预测、青少年市场预测、儿童市场预测外，还可以分为男性市场预测、女性市场预测等。

（四）市场供需总量预测

市场供需总量可以是商品的总量，也可用货币单位表示商品总额。市场供需总量预测包括市场总的商品需求量预测与总的商品资源量预测，也可以表示为市场总的商品销售额预测。

三、按预测期限的时间长短分类

（一）短期预测

短期预测通常是指预测期在1年以内的市场预测。短期预测包括资源、原材料的获得以及在满足现有资源条件下的产出预测，如对物料需求计划、销售量等的预测。

（二）中期预测

中期预测一般是指预测期为1~5年的市场预测。这是综合计划决策、预算和其他资源的需求和分配决策的一般时间跨度预测，适用于年度计划、五年计划以及生产、技术等方面的发展预测。

（三）长期预测

长期预测通常是指预测期为5年以上的市场预测。这是设施与发展战略的通常时间跨度预测，适用于经济、科学、技术等方面发展趋势的预测。

一般来说，预测期越长，预测结果的准确度便越低。企业面对瞬息万变的市场，为降低经营风险，力图使市场预测值尽可能精确，故多侧重于近期或短期预测。然而，考虑到技术开发与产品开发的周期相对较长，技术寿命周期也较长，因此，企业在做技术预测时，既要考虑做近期、短期、中期的预测（一般为1~5年），也要做长期预测（一般长达5~20年）。

一般而言，长期预测为中期预测和短期预测提供方向和依据，中期预测是长期预测的具体化和短期预测的依据，短期预测则是在中期预测的基础上更加具体化。

为了使长期预测、中期预测和短期预测在时间上协调一致，弥补各自的不足，减少差异，可以采用滚动式预测方案，不断修正预测结果，以保证预测的科学性和完整性（见图5-2）。滚动式预测方案每年调整一次，将新的一次时间向前延伸，去掉一个已经过去的年度方案，逐渐形成滚动的预测方案。如滚动计划的时间跨度为5

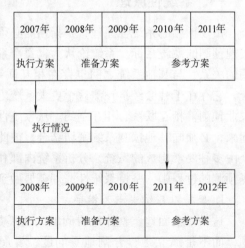

图5-2 滚动计划用于编制中期计划

年，则第一年为具体执行方案，定得具体；第2年与第3年为准备方案，定得较细；第4与第5年为参考方案，定得粗一些。每个年度结束则按照上述要求进行调整，使预测在时间上衔接，保证预测目标始终建立在可靠的基础上，保证预测体系的科学性和完整性。

四、按预测方法的不同性质分类

（一）定性市场预测

定性市场预测是根据一定的经济理论与实际经验，对市场未来的状态与发展趋势做出的综合判断或估计。例如，根据产品生命周期理论，对产品在预测期内处于萌芽期、成长期、饱和期和衰退期所做出的判断，就是一种定性预测。定性预测是基于事实与经验的分析判断，它无须依据系统的历史数据建立数学模型。

（二）定量市场预测

定量市场预测是基于一定的经济理论与系统的历史数据，建立相应的数学模型，对市场的未来状态与发展趋势做出定量的描述，对各项预测指标提供量化的预测值。

在实际预测工作中，应尽可能将定性预测与定量预测相结合，以提高预测值的准确度与可信度。

第三节 市场预测的原理

市场预测活动也像任何其他活动一样有自己的活动规律。所谓规律，是事物内在的本质的联系，是事物存在的客观条件和反复出现的因果关系。预测活动的内在和本质联系为：凡属预测活动，都是由预测主体（即预测者）及其预测客体（即预测对象）组成的预测系统，只要具备这两个基本组成部分，就可以进行预测并得到预测结果。预测活动所需要的客观条件，是人们认识自然和社会的客观需要。而预测客体的发展规律是预测活动中反复出现的因果关系。只有预测主体掌握了预测客体的发展变化规律，才能对未来的发展变化做出正确的分析、预见、估计和判断。市场预测遵循以下基本原理。

一、系统性原理

市场预测的系统性原理，是指预测必须坚持以系统观点为指导，采用系统分析方法，以实现预测的系统目标。系统论认为，每个系统内部各组成部分之间存在着相互联系、相互作用的关系，与其他系统之间也存在相互联系、相互制约的关系。市场预测可以看成一个系统，它存在于社会经济预测这个更大系统之内，同其他预测系统，如人口预测、工业预测、农业预测等相互联系、相互制约。从系统性观点来看，市场预测活动不是孤立的，不能封闭起来，必须同其他预测系统密切结合，彼此交流信息。因此，市场预测应把预测对象看成一个由多种要素构成的系统，分析系统内部和外部各种要素的变化，做出科学的预测推断。市场预测的过程中，坚持系统性原理需要做到以下两点：

1. 坚持以系统观点为指导

这是指全面地、整体地看问题，而不是片面地、局部地看问题；联系地、连贯地看问题，而不是孤立地、分割地看问题；发展地、动态地看问题，而不是静止地、凝固地看问题。

2. 坚持采用系统分析的方法

这是指较好地认识和把握预测对象的运动规律,根据这种规律性的认识对预测对象的未来状态和趋势做出科学的判断和估计。

二、连续性原理

连续性原理也称为连贯性原理,是指事物的发展是按照一定的规律进行的。今天的情况是在昨天的基础上演变出来的,而明天则是今天顺序发展的结果。

三、类推性原理

许多事物相互之间在发展变化上常有类似的地方,虽然事物与事物之间发展变化在时间上有前后不同,但其表现形式上有许多相似之处,因此,有可能将先发展事物的表现过程类推到后发展事物的表现过程中去,对后发展事物的前景做出预测。如研究发达国家汽车产品更新换代的情况,可以类推预测我国汽车更新换代的发展过程。

四、因果性原理

因果关系是存在于客观事物之间的一种普遍联系。因果关系具有时间上的相随性:作为原因的某一现象发生,作为结果的另一现象必然出现,原因在前,结果在后。因此,不同的客观对象之间只要存在因果关系,便可从已知的原因推断出未知的结果。

因果关系往往呈现出多种多样的情况,有一因一果、一因多果、多因一果、多因多果,还有互为因果以及因果链关系等。在预测中运用因果性原理,必须通过科学分析,确定相关经济现象之间因果联系的具体形式,以此建立相应的预测模型。运用因果性原理进行市场预测,就是要通过因果分析,把握影响预测对象的诸因素的不同作用,由因推果,对预测对象的未来趋势做出科学预测。

五、统计性原理

必然性与偶然性是客观事物之间普遍联系的一种形式。偶然性中隐藏着必然性,必然性通过偶然性表现出来。市场预测的任务就是要通过对预测对象及其诸多影响因素的偶然性分析,揭示预测对象系统内部的必然性联系,即发展的规律性,并运用这种规律性的认识以推断未来的发展趋势。

从偶然性中揭示必然性所遵循的是统计规律,预测者通过对预测对象历史数据的偶然性分析,便可找到它的统计规律,然后找出它们之间的相互关系。因此,建立在概率论基础上的数理统计的原理和方法便成为市场预测理论和方法的重要基石。

实际预测时一般均需对预测对象的经济过程建立相应的统计模型进行模拟,并将模拟过程同实际过程做比较,将模拟得到的理论估计值同客观经济过程发生的实际观察值做比较。比较结果出现的偏差具有随机性,故而有必要引入区间预测值,并对预测值置信区间做出估计,也就是根据统计原理对预测值的允许偏差做出估计,进而对这种偏差做出控制。预测对象的变化规律往往是非线性的,但为了简化计算,常常用线性模型来描述它,因此,求得的市场预测线性解也就只能看成是非线性模型的近似解。

六、可控性原理

人们对预测对象的未来发展趋势与进程，在一定程度上是可控制的。在市场预测中，对本来是不确定的预测对象的未来事件，可以通过有意识的控制，预先使其不确定性因素的影响极小化。因此，在运用以随机现象为研究对象的数理统计原理与方法进行预测时，应当同可控因素的分析紧密结合。

第四节 市场预测的步骤

市场预测活动有一定的程序，它由若干相互关联、相互牵制的预测活动构成，预测中的前一项作业往往会给后一项作业带来很大的影响，因此，弄清市场预测活动中每一项作业之间的相互联系，有利于整个预测工作的顺利进行，有利于提高工作效率。

市场预测的全过程，一般来讲，应遵循图 5-3 所示的步骤。

图 5-3 市场预测的过程图

下面结合中国电冰箱市场预测的一个实例来介绍市场预测的步骤。

一、确定预测目标，分析总体形势

确定预测目标，就是确定预测所要解决的问题，亦即确定预测课题或项目。确定预测目标，使得预测工作获得明确的方向与内容，可据此筹划该预测的其他工作。

中国电冰箱市场预测的目标是：通过预测，明确电冰箱市场需求的走势（包括数量、规格、质量等方面的需求），为各电冰箱生产厂家的决策提供参考。为了进行预测，需要先分析全国电冰箱产销的总体形势，这又可分为生产与销售两个方面。这两方面的数据，都可以从《中国统计年鉴》中找到。

（一）生产情况

从我国家用电冰箱市场发展来看，在 21 世纪初期，由于经济发展、居民收入水平提高、农村市场电冰箱需求的不断增大，导致中国电冰箱产量持续上升，到 2005 年，城市一二级市场接近饱和，三四级市场的巨大潜力还没有被完全发掘出来，据统计，中国历年家用电冰箱产量如表 5-1 所示。

表 5-1 中国历年电冰箱产量

年 份	2000 年	2001 年	2002 年	2003 年	2004 年	2005 年	2006 年
产量（万台）	1279.00	1351.26	1598.87	2242.56	3007.59	2987.06	3530.89

资料来源：《国家数据》，2000～2006 年。

（二）销售情况

电冰箱的销售增长比较迅速，到 2006 年达到顶峰。2005 年的销售量增幅曾出现小幅度下滑，但这种滑坡可以认为是由于之前几年的持续抢购和生产量下降而造成的，并不意味着我国电冰箱市场已进入饱和期。历年的电冰箱销量如表 5-2 所示。

表 5-2　中国历年电冰箱销量

年　　份	2000 年	2001 年	2002 年	2003 年	2004 年	2005 年	2006 年
销量（万台）	3356.9	3556.7	3946.1	5305.7	7400.1	7653	10423

资料来源：《国家数据》，2000~2006 年。

（三）需求状况

中国农村是一个大市场，随着农村居民收入的增加，物质生活得到极大丰富，农村对冰箱的需求不断攀升，据调查统计我国城乡每百户居民拥有的电冰箱数量如表 5-3 所示。

表 5-3　我国城乡每百户居民电冰箱拥有量

年　　份	2000 年	2001 年	2002 年	2003 年	2004 年	2005 年	2006 年
城市拥有量（台/百户）	80.1	81.9	87.4	88.7	90.2	90.7	91.8
农村拥有量（台/百户）	12.3	13.6	14.8	15.9	17.8	20.1	22.5

资料来源：《国家数据》，2000~2006 年。

从表 5-3 可以看到，随着国民经济的高速发展，到 2006 年，我国城市的电冰箱已接近全覆盖。如果考虑到我国的"三北"（东北、西北、华北）由于天气寒冷对电冰箱的需求较小，并且"三北"的人口占全国总人口的 1/4 强，因此，可以把我国百户居民拥有电冰箱的上限定为 60 台，由此可见，中国农村电冰箱市场具有一定市场潜力。

二、找出相关因素，进行因素分析

预测目标确定之后，必须详细分析影响该预测目标的各种因素，并选择若干最主要的影响因素进行分析。

影响电冰箱需求的因素很多，但主要有如下几方面的因素。

1. 收入水平

电冰箱的消费与居民的收入水平密切相关。并且，即使居民收入增长，各家电产品之间也有一个互相竞争的问题。因此，需要调查居民收入增长的状况与居民购买家电产品时的优先顺序。

2. 价格

电冰箱的价格弹性是比较大的，人们对价格反应灵敏。因此，需要调查价格变动对需求的影响程度。

3. 地理因素

地理因素对电冰箱的销售量影响极大。因此，需要调查东北、西北和华北地区对电冰箱的需求状况，以确定这些地区的电冰箱饱和率是多少，并进而确定全国的每百户拥有电冰箱的饱和水平。

4. 住房条件

一般来说，人均住房面积需要达到一定水平才有购买电冰箱的欲望。因此，需要调查居民住房的现状及未来发展状况，并分析其对电冰箱需求的影响。

5．供电情况

对电冰箱有需求的一个基本条件是必须有电。但同时还要求电压稳定，供电持续；否则会影响电冰箱的寿命。因此，需要调查我国城乡供电情况的现状与发展，并分析其对电冰箱需求的影响。

三、进行调查研究，搜集有关资料

调查研究和搜集有关资料是市场预测的基础性工作。与市场预测有关的资料内容十分广泛，若不分主次一并搜集整理，不仅会加大成本，而且无此必要。因此，依据预测目标确定资料搜集的范围与资料处理的方法就显得十分必要了。

在进行因素分析后，就要进行调查研究，收集有关资料。例如，通过调查，发现人们对购买耐用消费品的优先序是电视机—洗衣机—电冰箱。这就说明，近几年对电冰箱的需求仍会保持一定增长。除了对相关因素进行调查外，还须调查消费者对电冰箱的需求偏好。据调查，我国消费者对电冰箱在各方面的要求如下。

（1）规格需求。大部分消费者喜欢双门、大中型容积、大中型冷冻室、自动除霜的电冰箱。

（2）颜色偏好。大部分消费者喜欢乳白色、浅绿色和蛋青色，认为这些颜色有一种高雅感。

（3）价格要求。消费者对电冰箱价格的要求与目前市场上的电冰箱的实际价格差别不大。

（4）质量要求。消费者在购买电冰箱时普遍有追求名牌的倾向。人们对电冰箱质量的主要要求仍然是经久耐用。

四、使用预测方法，做出预测推断

预测推断是市场预测的关键性环节，这一阶段的综合任务是对通过历史与现实的调查所搜集的资料进行系统的综合分析，并对市场未来的发展趋势做出质的判断。这是一个定性分析的过程，也是选择预测方法、分析预测结果、估计模型参数、对模型进行检验的过程。

通过调查研究发现，影响电冰箱需求量的诸多因素，近期内不可能有重大改变。从而，可根据连续性原理，采用时间序列模型进行预测。同时，为了使预测结果互相参照，使预测更为准确，决定再采用市场调查预测法作为对比。最后，综合上述两种方法，并考虑抽样误差等因素，预测出2007年全国电冰箱市场的需求量（销售量）为11200万台。这一预测为短期预测。同时，也对电冰箱的需求量进行了中长期预测。结论是：今后5~10年内，电冰箱市场处于一个大幅度增长阶段，需求量呈稳定增长，年需求量会稳定在11000~20000万台之间。

五、分析预测误差，评价预测结果

分析预测误差、评价预测结果对于本次预测作用不大，因为等到知道预测误差时，当时的预测结果已经无意义了。如果预测有误，对决策的负面影响也早已造成。但是，对于预测者来说，这一步是至关重要的。因为只有找到预测成功或失败的原因，才可能不断改进预测方法，积累预测经验，使自己的预测技术日趋成熟。

通过对上面的例子分析表明，在 2006 年预测中国 2007~2016 年的电冰箱销售量将稳定在 11000~20000 万台之间。从国家统计 2007~2016 历年电冰箱实际销售量来看，这一预测基本符合实际（实际情况是，历年销量在 12000 多万台至 21000 多万台之间波动）。

本 章 小 结

本章主要介绍了市场预测的概念、分类、原理以及步骤。运用市场预测的相关知识，掌握市场供求变化的趋势、状况和规律，对企业的经营管理活动具有非常重要的意义。

练习与思考

一、选择题

1. （　　）就是市场调查与预测人员运用科学的方法，对影响市场供求变化的诸因素进行系统调查研究、整理、分析并预见其发展趋势，掌握市场供求变化状况和规律，为经营决策提供可靠的依据的过程。

A. 市场调查　　　　B. 市场分析　　　　C. 市场预测　　　　D. 经济预测

2. 从偶然性中揭示必然性所遵循的是（　　），预测者通过对预测对象历史数据的偶然性分析，便可找到此规律，然后找出它们之间的相互关系。

A. 系统学原理　　　B. 类推性原理　　　C. 可控性原理　　　D. 统计性原理

3. 下列不属于定性预测方法的是（　　）。

A. 类推预测法　　　B. 专家意见法　　　C. 集合意见法　　　D. 时间序列预测法

4. （　　）是对某种具体商品的市场状态与趋势的预测，如香烟市场预测、手机市场预测、矿泉水市场预测、钢材市场预测、汽车市场预测等。

A. 同类商品预测　　B. 单项商品预测　　C. 目标市场预测　　D. 市场供需总量预测

二、判断题

1. 预测对象是具体的、特定的。　　　　　　　　　　　　　　　　　　　　　　　　（　　）
2. 市场预测结果的准确性还是有限的、相对的。　　　　　　　　　　　　　　　　　（　　）
3. 市场预测实质上是对市场商品销售量的预测。　　　　　　　　　　　　　　　　　（　　）
4. 分析预测误差、评价预测结果对于本次预测作用不大，因为等到知道预测误差时，当时的预测结果已经无意义了。　　　　　　　　　　　　　　　　　　　　　　　　　　　　　　　　　（　　）

三、简答题

1. 什么是预测以及市场预测？
2. 市场预测可以分为哪些种类？
3. 市场预测应遵循的基本原理是什么？有哪些预测步骤？案例分析？
4. 市场预测的步骤有哪些？

四、案例分析

五种中药材市场预测分析

甘草、白芍、丹参、柴胡、远志是社会需求量大，易于种植管理的常用中药材，其价格受种植面积、生产周期、社会需求量以及国家政策的影响较大。目前，白芍的价格低而柴胡、远志价格高。今后几年这几种药材的市场趋势有何变化？

（1）柴胡和远志。它们均为多年生草本植物，以根入药，生产周期较长，一般为两年，亩产量低，加之柴胡种发芽对温度要求较高,因此,一直没有形成大面积的种植。目前对这两种中药的市场需求都较高,并呈上升趋势。

(2) 甘草。甘草是多年生草本植物,以根和根状茎入药,市场需求量大且呈现供不应求的状况。

(3) 白芍。白芍为多年生草本植物,以肉质根入药,多为人工栽培,主产区在安徽亳州、涡阳等地,全国大多数地区都可栽培。

(4) 丹参。丹参为多年生草本植物,以肉质根入药,生产周期为一年,多为人工栽培,是世界公认的治疗心脑血管疾病的首选药物。随着人们生活水平的提高,心脑血管疾病呈现上升趋势,社会对丹参的需求量将会逐年增加,改进传统种植技术,提高丹参单位面积产量是未来的发展方向。

案例思考:
1. 此预测采用了哪类预测方法?有何特点?
2. 预测的依据是什么?是否充分、可信?

第六章 定性预测法

学习目标

1. 掌握几种常用的专家预测法。
2. 掌握主观概率法以及常见的判断分析方法在实际中的运用。

【引导案例】 家用轿车需求预测

影响家用轿车需求的因素主要有以下几个方面：

（1）居民收入。从各国汽车市场的比较研究中可以发现，人均收入水平与汽车普及率存在显著的相关关系，表现为汽车拥有率随着人均收入水平的上升而上升，这一趋势一直将持续到轿车普及率达到 500 辆/千人左右时才有所减慢或回落。

（2）汽车价格。汽车价格是影响汽车市场需求的重要因素，我国汽车特别是轿车的价格将随汽车生产能力的不断提高与汽车批量化生产导致单位生产成本的下降而不断降低。

（3）燃料价格。研究表明，汽车已成为石油消耗增长的主要因素，汽车用油价格的不断提高以及我国严重缺油的现状，导致汽车消费特别是低端客户的消费需求受到抑制，为了社会生态的可持续发展，新能源轿车的研发和使用是未来汽车市场的发展方向。

（4）汽车消费环境。目前我国汽车消费环境总体来说正在不断扩大和发展，然而，与发达国家相比，我国汽车特别是家用轿车普及率与保有量还是较低，还有较大的发展空间。

案例思考：

1. 上网查询资料，分析我国家用轿车的普及率、保有量，并与发达国家比较，预测我国家用轿车市场未来的发展？

2. 以某品牌轿车为例，预测未来五年该品牌轿车的销售情况？

定性预测法亦称经验判断预测法，是指预测者根据历史的与现实的观察资料，依赖个人或集体丰富的经验与智慧以及综合分析能力，对预测对象未来的发展状态和变化趋势做出判断或估计的预测方法。

定性预测方法有以下特点：

1. 灵活性强

在定性预测中，人们总是能随着外界的变化而不断进行调整，并加以综合分析，推理判断。因此，定性预测不仅能反映预测对象变化的一般规律，而且还能反映由于客观条件发生突变所引起的预测对象的一系列变化，因此，定性预测具有较强的灵活性。

2. 具有一定的科学性

虽然定性预测主要依赖于人们的客观分析判断,然而,人们的经验智慧来自于大量的实践,人们的知识来源于科学的总结。因此,定性预测并非是主观臆想,而是具有一定的科学性的。

3. 简便易行

定性预测方法主要依赖于人们丰富的实际经验来进行分析判断,不需要很深的数学知识,因而在实际工作中容易掌握,易于推广。

由于定性预测方法受预测人员主观因素影响较大,适用于历史数据资料缺乏、影响因素复杂、难以分清主次或对主要影响因素难以定量分析的场合。

第一节 专家预测法

一、意见交换法

(一) 意见交换法(启发预测法)的含义

意见交换法是依靠专家群体的经验、智慧,通过思考、分析、综合判断,将专家群体对预测对象未来发展变化趋势的预测意见进行汇总,然后进行数学平均处理并根据实际工作中的情况进行修正,获得预测结果的一种方法。它属于直观预测法。具体做法是:首先建立由专家群体组成的预测小组对预测对象进行定性分析,然后将定性分析定量化,最后形成预测结果。

意见交换法的调查对象是相关领域的人员,其预测结果的准确性主要取决于调查对象的知识广度、深度和经验。

(二) 意见交换法的优缺点

向一个专家征求意见进行预测的方法称为个人判断法,其主要优点是:可以最大限度地发挥个人创造性思维能力,不受外界影响,没有心理压力。但仅靠个人的判断容易受到专家的知识深度和占有资料数量、质量的限制,预测结果难免有片面性,往往误差较大。

意见交换法与个人判断法相比较有自己的优点:意见交换得到的信息量要比每个成员得到的信息量大;群体所考虑的因素比个人考虑的因素多;提供的方案比个人提供的多。因此,意见交换法有助于交换意见,相互启发,集思广益,弥补个人判断的不足。但意见交换法也存在易受权威人士的影响以及多数人意见影响的缺陷。

应用意见交换法反复征求相关人员的意见,最终可得出比较统一的预测结果。其预测结果可用数学公式表示为

$$\hat{y}_j = \frac{\sum_{i=1}^{n} \hat{y}_i w_i}{\sum_{i=1}^{n} w_i} \tag{6-1}$$

式中 w_i——权重($i=1, 2, 3, \cdots, n$)。

当取 $\sum_{i=1}^{n} w_i = 1$ 时,式(6-1)则变为

$$\hat{y}_j = \sum_{i=1}^{n} \hat{y}_i w_i \tag{6-2}$$

第六章 定性预测法

例 6-1 某零售企业为了确定明年该市场的销售情况,要求 3 名经理、3 名科室管理人员和 4 名业务员参与年度销售预测,相关数据如表 6-1、表 6-2、表 6-3 所示,试用意见交换法预测明年销售状况和销售额。

表 6-1 业务经理的预测数据表

经理	销售额状态	估计值(万元)	概率	期望值($\hat{y}_j$)(万元)	权数
A	最高销售额 最可能销售额 最低销售额	160 140 100	0.3 0.5 0.2	$160 \times 0.3 + 140 \times 0.5 + 100 \times 0.2 = 138$	0.3
B	最高销售额 最可能销售额 最低销售额	170 150 120	0.2 0.5 0.3	$170 \times 0.2 + 150 \times 0.5 + 120 \times 0.3 = 145$	0.5
C	最高销售额 最可能销售额 最低销售额	150 130 100	0.1 0.6 0.3	$150 \times 0.1 + 130 \times 0.6 + 100 \times 0.3 = 123$	0.2

表 6-2 科室管理人员的预测数据表

科室	销售额状态	估计值(万元)	概率	期望值($\hat{y}_j$)(万元)	权数
D	最高销售额 最可能销售额 最低销售额	160 150 130	0.2 0.6 0.2	$160 \times 0.2 + 150 \times 0.6 + 130 \times 0.2 = 148$	0.4
E	最高销售额 最可能销售额 最低销售额	150 130 110	0.2 0.5 0.3	$150 \times 0.2 + 130 \times 0.5 + 110 \times 0.3 = 128$	0.3
F	最高销售额 最可能销售额 最低销售额	170 140 110	0.1 0.6 0.3	$170 \times 0.1 + 140 \times 0.6 + 110 \times 0.3 = 134$	0.3

表 6-3 四位业务员的预测数据表

业务员	销售额状态	估计值(万元)	概率	期望值($\hat{y}_j$)(万元)	权数
G	最高销售额 最可能销售额 最低销售额	110 100 80	0.2 0.6 0.2	$110 \times 0.2 + 100 \times 0.6 + 80 \times 0.2 = 98$	0.25
H	最高销售额 最可能销售额 最低销售额	110 90 80	0.2 0.6 0.2	$110 \times 0.2 + 90 \times 0.6 + 80 \times 0.2 = 92$	0.25
I	最高销售额 最可能销售额 最低销售额	120 100 80	0.2 0.6 0.2	$120 \times 0.2 + 100 \times 0.6 + 80 \times 0.2 = 100$	0.25
J	最高销售额 最可能销售额 最低销售额	130 110 80	0.2 0.6 0.2	$130 \times 0.2 + 110 \times 0.6 + 80 \times 0.2 = 108$	0.25

解 应用意见交换法得到各类预测人员的预测结果为

业务主管类：$J=1$，即

$$\hat{y}_1 = \frac{\sum_{i=1}^{n} \hat{y}_i w_i}{\sum_{i=1}^{n} w_i} = \frac{138 \text{ 万元} \times 0.3 + 145 \text{ 万元} \times 0.5 + 123 \text{ 万元} \times 0.2}{0.3 + 0.5 + 0.2} = 138.5 \text{ 万元}$$

科室管理类：$J=2$，即

$$\hat{y}_2 = \frac{\sum_{i=1}^{n} \hat{y}_i w_i}{\sum_{i=1}^{n} w_i} = \frac{148 \text{ 万元} \times 0.4 + 128 \text{ 万元} \times 0.3 + 134 \text{ 万元} \times 0.3}{0.4 + 0.3 + 0.3} = 137.8 \text{ 万元}$$

业务员类：$J=3$，即

$$\hat{y}_3 = \frac{\sum_{i=1}^{n} \hat{y}_i w_i}{\sum_{i=1}^{n} w_i} = \frac{98 \text{ 万元} \times 0.25 + 92 \text{ 万元} \times 0.25 + 100 \text{ 万元} \times 0.25 + 108 \text{ 万元} \times 0.25}{0.25 + 0.25 + 0.25 + 0.25}$$

$$= 99.5 \text{ 万元}$$

对三类预测值加以综合：业务经理类的权重为 3，科室管理人员类的权重为 2，业务员类的权重为 1，综合后为

$$\hat{y} = \frac{\sum_{i=1}^{n} \hat{y}_i w_i}{\sum_{i=1}^{n} w_i} = \frac{138.5 \text{ 万元} \times 3 + 137.8 \text{ 万元} \times 2 + 99.5 \text{ 万元} \times 1}{3 + 2 + 1} \approx 131.77 \text{ 万元}$$

意见交换法预测得到该商品明年销售收入为 131.77 万元。

二、头脑风暴法

（一）头脑风暴法的起源

头脑风暴法又称智力激励法、BS 法、自由思考法，是由美国创造学家亚历克斯·奥斯本于 1939 年首次提出、1953 年正式发表的一种激发性思维方法。此法经各国创造学研究者的实践和发展，至今已经形成了一个发明技法群，如奥斯本智力激励法、默写式智力激励法、卡片式智力激励法等。

（二）头脑风暴法的含义

头脑风暴法可分为直接头脑风暴法（通常简称为头脑风暴法）和质疑头脑风暴法（也称反头脑风暴法）。直接头脑风暴法是针对一定的问题，召集有关人员举办小型会议，在融洽轻松的气氛中，各抒己见，自由联想，畅所欲言，互相启发，互相鼓励，使创造性设想连锁反应，获得众多解决问题的方法。质疑头脑风暴法则是对直接头脑风暴法提出的设想、方案逐一质疑，分析其现实可行性的方法。它们都属于意见交换法，通过专家意见不受约束地相互交流，在头脑中进行智力碰撞产生新的智力火花，使专家的论点不断集中和深化。头脑风暴法作为一种创造性的思维方法，一经发明就得到了广泛应用。

（三）头脑风暴法的特点

1. 选择专家

头脑风暴法预测效果的好坏，在很大程度上取决于专家的选择是否得当。专家选择要注意以下几个要点：

（1）专家要有代表性。专家应来自于与预测项目有关的各个方面，相互之间最好互不相识，有较好的代表性。

（2）专家要具有丰富的知识和经验。专家应具有较长的相关工作经历以及较丰富的相关工作经验、良好的联想思维能力和个人表达能力。

（3）专家还应具备较强的市场调研与预测方面的知识和经验。

（4）专家的数量要适当。适当的人数有利于与会者充分发表自己的意见，从各个不同的侧面对问题进行分析，最后得出比较一致的意见。专家人数不宜太多，也不能太少，一般由 10~15 个专家组成。理想的专家小组应该由如下人员组成：方法论学者——预测学家；设想产生者——专业领域专家；分析家——专业领域的高级专家；演绎专家——具有较高逻辑思维能力的专家。

2. 会议时间

召开会议的时间一般为 20~60min 为宜。

3. 会议应遵守的原则

为了使与会者畅所欲言，互相启发和激励，达到较高效率，头脑风暴会议一般应遵循下列原则：①问题不宜太大，不附加各种约束条件；②禁止批评和评论，也不允许自我批判；③目标集中，追求设想数量，越多越好，越新奇越好；④鼓励巧妙地利用和改善他人的设想；⑤不允许私下交谈，不事先准备发言稿；⑥与会者不论职位高低，一律平等；⑦不允许对创造性设想作判断性结论；⑧提倡自由发言，畅所欲言，任意思考；⑨不允许以集体和权威方式妨碍他人提出设想；⑩提出的设想不分好坏，一律记下。

4. 会议实施步骤

（1）会前准备。参与人、主持人和课题任务三落实，必要时可进行柔性训练。

（2）设想开发。由主持人公布会议主题并介绍与主题相关的参考情况，突破思维惯性，大胆联想，控制好时间，力争在有限的时间内获得尽可能多的创意性设想。

（3）设想的分类与整理。一般可将设想分为实用型和幻想型两类。实用型设想是指目前技术工艺可以实现的设想，对此可用脑力激荡法去进行论证，进行二次开发，进一步扩大设想的实现范围；幻想型设想是指目前的技术工艺还不能完成的设想，需用脑力激荡法进行开发，将创意的萌芽转化为成熟的实用型设想。

（四）质疑头脑风暴法

1. 质疑头脑风暴法的含义

在决策过程中，对上述直接头脑风暴法提出的系统化的方案和设想采用质疑头脑风暴法进行质疑和完善。这是头脑风暴法中对设想或方案的现实可行性进行估价的一个专门程序。

2. 质疑头脑风暴法的质疑过程

质疑头脑风暴法的使用需要经过如下四个过程：

（1）要求参加者对每一个提出的设想都要提出质疑，并进行全面评论。评论的重点是研究有碍设想实现的所有限制性因素。在质疑过程中，可能产生一些可行的新设想。

(2) 对每一组或每一个设想，编制一个评论意见一览表，以及可行设想一览表。质疑头脑风暴法应遵守的原则与直接头脑风暴法一样，只是禁止对已有的设想提出肯定意见，而鼓励提出批评和新的可行设想。在进行质疑头脑风暴法时，参加者的注意力主要集中在对所谈论问题进行全面评价上，质疑过程一直进行到没有问题可以质疑为止。质疑中提出的所有评价意见和可行设想，应进行专门记录。

(3) 对质疑过程中抽出的评价意见进行估价，以便形成一个对解决所讨论问题切实可行的最终设想一览表。对于评价意见的估价，与所讨论设想质疑一样重要。

(4) 由分析组负责处理和分析质疑结果。分析组要吸收一些有能力对设想实施做出较准确判断的专家参加。特别是须在很短时间就重大问题做出决策时，吸收这些专家参加尤为重要。

三、德尔菲法（Delphi）

（一）德尔菲法的含义

美国兰德公司与道格拉斯公司协作，研究如何通过有控制地反馈收集专家意见的方法时，以"德尔菲"为代号，德尔菲法因此得名。德尔菲法是采用函询调查方法，对所预测问题有关领域的专家分别提出问题，并将其意见综合、整理、汇总、反馈，经过多次反复循环，最后得到一个比较一致的且可靠的意见。

（二）德尔菲法的特点

德尔菲法的特点可以归纳为以下几点：

(1) 匿名性。为克服专家会议易受心理因素影响的不足，德尔菲法采用匿名函询征求意见。应邀参加预测的专家之间不发生联系，消除了心理因素影响。专家可以参考前一轮的预测结果修改自己的意见，而无须公开说明，无损自己的威望。

(2) 轮间反馈信息。德尔菲法一般要经过几轮的函询与反馈。预测小组对每一轮各位专家的结果做出统计和处理，作为反馈材料再寄给每位专家，达到相互启发的目的。

(3) 预测结果的统计特征。为了给出定量预测的结果，德尔菲法采用统计方法处理每一轮的专家意见，使预测结果具有统计性特点。德尔菲法对预测结果的处理一般采用：中位数法、四分位数法、算术平均法、加权平均法以及比重法等。

（三）德尔菲法的预测程序

运用德尔菲法进行预测的程序如图 6-1 所示。

例 6-2 运用德尔菲法预测某新产品投放市场后的年销售量，选择了不同专长的多名专家，他们分别进行了三次分析预测，第三次分析预测结果如表 6-4 所示。

解法一　算术平均法

由算术平均法的计算公式

$$\bar{y} = \frac{\sum_{i=1}^{n} x_i}{n}$$

得到

$$最低销售量 = \frac{573 \text{ 万套}}{14} \approx 40.93 \text{ 万套}$$

第六章 定性预测法

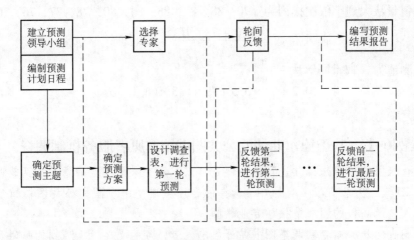

图 6-1 德尔菲法预测程序图

表 6-4 某款新产品年销售量专家预测分析表 （单位：万套）

专家小组成员		设计生产专家			商品学专家			批发业务专家			零售业务专家				合计	平均值
		A	B	C	D	E	F	G	H	I	J	K	L	M	N		
第三次判断	最低销量	35	45	40	41	44	42	43	50	40	35	44	42	35	37	573	40.93
	最可能销量	80	75	70	65	74	72	64	70	66	60	53	52	64	62	927	66.21
	最高销量	87	84	77	90	80	85	84	88	80	78	66	67	76	70	1112	79.43

最可能销售量 $= \dfrac{927 \text{ 万套}}{14} \approx 66.21$ 万套

最高销售量 $= \dfrac{1112 \text{ 万套}}{14} \approx 79.43$ 万套

采用加权移动平均法，分别给最低销售量、最可能销售量、最高销售量的权重为：0.2、0.5、0.3，则综合预测值为

40.93 万套 ×0.2 + 66.21 万套 ×0.5 + 79.43 万套 ×0.3 = 65.12 万套

解法二 中位数法

将预测值按大小顺序不重复依次进行排列，排列在中间的那个数代表平均值，以它作为预测结果。

最低销售量从大到小依次排列为：50，45，44，43，42，41，40，37，35

中位数 = 42 万套

最可能销售量从大到小依次排列为：80，75，74，72，70，66，65，64，62，60，53，52

中位数 $= \dfrac{(66+65) \text{ 万套}}{2} = 65.5$ 万套

最高销售量从大到小依次排列为：90, 88, 87, 85, 84, 80, 78, 77, 76, 70, 67, 66

$$中位数 = \frac{(80+78)\text{万套}}{2} = 79\text{万套}$$

综合预测值为（权重同解法一）：

$$42 \times 0.2 + 68 \times 0.5 + 79 \times 0.3 = 66.1（万套）$$

案例6-1　基于德尔菲法的公共图书馆志愿者服务机制调查

本次调查采用德尔菲法，共进行两轮调查，以了解专家最真实的意见。两轮调查的被调查对象均为13人，为非概率主观抽样，选择的专家主要是来自国内公共图书馆参与志愿者管理的工作人员及高校的图书情报学专业教师。

第一轮调查问卷除向专家调查图书馆开展志愿者服务的必要性、遇到的障碍及解决措施外，最后还设计了一道开放性问题，询问专家对我国开展公共图书馆志愿者服务机制现状的看法。第二轮调查问卷通过收集各位专家的意见和建议，对第一轮的调查表进行数据统计、调整、补充，并融合专家的意见，确定第二轮评价指标调查表。

两轮问卷调查显示，80%的专家认为公共图书馆有建立志愿者服务机制的必要性，而20%的专家持中立态度。

案例思考：
1. 德尔菲法调查的特点是什么？
2. 第一轮反馈信息与第二轮调查有何种关系？是否有必要再增加几轮调查？

第二节　主观概率法

一、主观概率法的含义

主观概率法是预测者对预测事件发生的概率（即可能性大小）做出主观估计，或者说对事件变化动态的一种心理评价，然后计算它的平均值，以此作为预测事件的结论的一种定性预测方法。

主观概率也必须符合概率论的基本定理，即

$$\begin{cases} 0 \le P(A_i) \le 1 \\ \sum P(A_i) = 1 \end{cases} \quad i = 1, 2, 3, \cdots \tag{6-3}$$

式（6-3）中 A 为实验样本的一次事件。概率论基本定理的含义是：所确定的概率必须大于或等于0，而小于或等于1；经验判断所需全部事件中各个事件概率之和必须等于1。

在市场预测中，由于缺乏历史数据，难以按照"大数"规律来确定预测事件出现的客观概率，只能凭经验来判断事物的可能性。

二、主观概率的分布

每一个预测者对同一事件所得出的主观概率是不同的。如果预测者认为某产品未来某时期销售量超过1600台的主观概率是0.125，超过1400台的主观概率是0.5，超过1200台的主观概率是0.875，这样可以得到如图6-2所示的主观概率正态分布图。

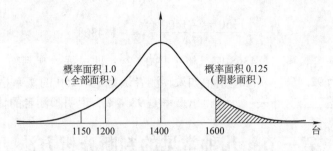

图6-2 主观概率的正态分布图

主观概率的正态分布决定于分布的平均值 $\bar{x}$（中心）和标准差 S。平均值一般采用历史平均值，如图6-2中的平均值为 $\bar{x}=1400$ 台，标准差 S 的确定可依据下列公式

$$S = \frac{x - \bar{x}}{t} \tag{6-4}$$

式中　t——相对于 x 的主观概率的分布值（可以查标准正态分布表得到）；

　　　x——销售量预测值。

只要掌握预测者的主观概率正态分布，就可以根据这个分布进一步推测一系列的主观概率。

三、主观概率的特点

主观概率是一种心理评价，判断中具有明显的主观性。对同一事件，不同人对其发生的概率判断是不同的，因此主观概率的测定因人而异，受人的心理影响较大。谁的判断更接近实际，主要取决于预测者的经验、知识水平和对预测对象的把握程度。

在实际中，主观概率与客观概率的区别是相对的。因为任何主观概率总带有客观性，预测者的经验和其他各信息是市场客观情况的具体反映，因此不能把主观概率看成为纯主观的东西。另一方面，任何客观概率在测定过程中也难免带有主观因素，因为实际工作中所取得的数据资料很难达到（大数）规律的要求。所以，在现实中，既无纯客观概率，也无纯主观概率。

四、主观概率法的应用

例6-3　某企业的某种商品2月份平均销售量为1400台，某专家判断3月份销售量超过1600台的概率是12.5%。试根据这位专家的主观概率的分布，推断3月份销售量超过1150台的概率。

解　根据已知条件得主观概率的分布中心为：$\bar{x}=1400$ 台。现销售预测值为1600台，且 $x>1600$ 的主观概率 $P=0.125$，从标准正态分布表查得对应于 $P=0.125$（或者 $1-P=0.875$）的分布值 $t=1.15$。于是得到这位专家主观概率分布的标准差为

$$S = \frac{x-\bar{x}}{t} = \frac{1600 \text{台} - 1400 \text{台}}{1.15} \approx 174 \text{台}$$

根据公式 $t=\dfrac{x-\bar{x}}{S}$ 可以预测有关销售量情况的主观概率。比如要预测 $x>1150$ 的主观概

率，只要将 $x=1150$、$\bar{x}=1400$、$S=174$ 代入 $t=\dfrac{x-\bar{x}}{S}$ 即可得

$$t = \frac{1150 \text{ 台} - 1400 \text{ 台}}{174} \approx -1.4368$$

查正态分布表，当 $t \approx -1.4368$ 时，概率是 0.924；即根据主观判断，3月份销售量超过 1150 台的概率为 92.4%。实际应用中如果预测者认为 $x>1150$ 的概率是 85%，根据公式 $t=(x-\bar{x})/S$ 和标准正态分布表，计算得出概率是 92.4%，说明预测者的估计偏低了。

第三节　几种常见的判断分析方法

判断分析预测法是依靠与预测对象相关的各类人员的知识和经验，对预测对象的未来发展变化趋势进行判断，得出有关结论的一种预测方法。它是一种定性预测方法，但在实际应用过程中可以采用一些定量分析技术，得出更为科学的预测结果。

一、对比类推法

（一）对比类推法的概念

所谓对比类推法，是指利用事物之间的某种相似特点，把先行事物的表现过程类推到后续事物上去，从而对后续事物的前景做出预测的一种方法。

（二）对比类推法分类

对比类推法依据类比目标的不同可以分为产品类推法、地区类推法、行业类推法和局部总体类推法等。

1. 产品类推法

有许多产品在功能、结构、技术等方面具有相似性，因而这些产品的市场发展规律往往会呈现某种相似性，人们可以利用产品之间的这种相似性进行类推。例如高档轿车与经济型轿车的功能是相似的，因此，可以根据经济型轿车的发展过程类推高档轿车的发展过程。从我国的情况看，轿车特别是高档轿车的发展过程遵循着一条"引进→成长→成熟→衰退"的生命周期演变路线，在不同阶段，其市场需求特征是不同的。通过对经济型轿车的发展过程进行系统的分析，掌握轿车各个阶段的市场需求特征及发生转折的时机，以此进行类推就可以对我国高档轿车市场需求进行估计。

2. 地区类推法

地区类推法是依据其他地区（或国家）曾经发生过的事件进行类推。同一产品在不同地区（或国家）有领先和滞后的时差，可以根据领先地区的市场情况类推滞后地区的市场情况。地区类推法有两种类型：一是国内不同地区之间的类推；另一类是不同国家之间的类推。例如，家用轿车总是先进入城市家庭，而后再进入农村家庭，因此可以利用家用轿车在城市市场的发展规律类推家用轿车在农村市场的发展规律。随着科技的发展和技术的进步，机器人不仅在制造业上正在替代工人，还将在军事、服务、娱乐等领域取代人类，"钢铁侠"不仅仅存在于美国科幻电影中，也正走入我们的生活。服务机器人是机器人家族中的一个年轻成员，据报告，2012年全球服务机器人市场规模为207.3亿美元，2016年全球个人/家用服务机器人销量约为680万台，较2015年增长25.93%，其中，家政服务类机器人占比高达67.65%，娱乐休闲类机器人占比30.88%。家政服务类产品包括吸

尘机器人、除草机器人、泳池清理机器人、窗户清洗机器人等，销量约为 460 万台，销售额约为 16 亿美元。2017 年全球服务机器人销售高达 461.8 亿美元，预计 2018 年将增长 39%。中国服务机器人行业还处于初级发展阶段，其中，大部分产品还处于研发试验阶段，而投入使用并且实现产业化的服务机器人产品较少。2015 年中国服务机器人的市场规模只有 29.6 亿元，2017 年高达 48 亿元，预计 2018 年我国服务机器人的市场规模将超过 70 亿元。通过发达国家服务机器人的发展情况类推我国服务机器人的发展规律，可以为我国机器人市场的发展提供参考依据。

3. 行业类推法

许多产品的发展是从某一个行业市场开始，然后逐步向其他行业推广。如铝合金材料最初用于航空航天工业，现已广泛应用于各行各业。根据这一特点，可以运用行业类推法对产品的行业市场加以预测。又如，预测者可以根据军工产品市场的发展预测民用产品的发展。因为军工产品一般都是技术上领先的产品，军工行业市场的现在就是民用市场的未来，所以预测者应密切注视军工产品的发展动向，推测军工产品或技术在民用市场发展的可能性。

4. 局部总体类推法

局部总体类推法是通过典型调查或其他方式进行一些具有代表性的局部调查，分析市场变化动态及发展规律，预测和类推全局或大范围的市场变化。这是一种应用范围较广的类推方法。例如要预测今后一段时间全国照相机市场的需求状况，只需选取若干大、中、小城市及一些有代表性的农村地区进行调查分析，就可以此类推全国照相机市场的总需求状况。

应用类推法进行预测是在基于事物发展变化相似性的基础上进行的。相似并不等于相同，加之事物发生的时间、地点、范围等许多条件的不同，常会使两个对比事物的发展变化有一定差异。如上述我国小轿车需求前景预测，应考虑我国在社会、经济、消费习惯等方面与其他国家的差异，进行一定的修正，以提高类推预测的精度。同时，在选择类比目标时，应从各方面充分考虑可比性，这对对比类推法的有效应用具有重要意义。

（三）对比类推法的应用

为了具体形象地说明对比类推法的应用，下面以模具设计工时定额制定的实例来说明这种方法的应用过程和步骤。

1. 明确预测目标

明确预测目标即明确预测对象以及预测的目的和要求。这里的预测目标是设计同一类型或是结构相类似的模具的工时定额。

2. 确定类比目标

确定类比目标是指寻找一个相似性较高的实际比较目标，并分析该目标的发展趋势。在这里，选择某典型注射模必要工时，作为同一类型或结构类似的模具设计工时定额预测的类比目标。

3. 分析类比的可行性

类比的可行性分析是指类比目标与预测目标进行比较分析，确定类比是否可行。选择注射模工时作为类比对象，主要出于以下考虑：把模具按其结构分类，取其中一种典型模具的平均设计工时作为参照，作为基准工时 T_0，再按与之类比模具的设计难度，得出该模具的对比系数，根据典型模型的基准工时参考新模具的对比系数就可较为准确地求出新模具的工时。

4. 具体类推计算

注射模设计流程大致可分为模具整体结构设计、模具型面构造设计、工艺设计。各模具由于具体设计任务和设计要求的不同其设计工时存在一定的差异，为此，将模具设计工作量分为基本工作量（即同类模具的相同工作部分）和差异工作量（即特定模具的个性化因素导致的工作量），由此，可得某特定模具设计工时为：

$$T_i = [(a + q_i)/(a + q_0)] \times T_0$$

式中　T_0——基准工时；

　　　a——基本工作量系数；

　　　q_0——基准差异工作量系数；

　　　q_i——差异工作量系数。

目前要设计 A，B，C 三种结构类似的注射模，根据模具设计要求，对照复杂构件工作量因素系数表，可得三种模具设计的差异工作量系数分别为如表 6-5 所示的 39、33、18。而根据以往数据知典型注射模的基本工作量系数为 $a=72$，差异工作量系数 $q_0=30$，基准设计工时 $T_0=150\text{h}$，由此得出 A，B，C 三种结构类似的注射模具的设计工时分别为：

表 6-5　差异工作量系数表

	典型注射模	注射模 A	注射模 B	注射模 C
差异工作量系数 q	30	39	33	18

$$T_A = [(a + q_A)/(a + q_0)] \times T_0 = 164\text{h}$$
$$T_B = [(a + q_B)/(a + q_0)] \times T_0 = 155\text{h}$$
$$T_C = [(a + q_C)/(a + q_0)] \times T_0 = 133\text{h}$$

根据典型注射模设计工时作为类比目标，对比类推得出 A，B，C 三种类似模具的设计工时分别为 164h、155h、133h。

二、联测法

联测法就是以某个企业的普查资料或某一地区的抽样调查资料为基础，进行分析、判断、联测，确定某一行业以至整个市场的预测值。

在市场预测中，普查固然可以获得全面系统的资料，但由于主客观条件的限制，有时不可能进行全面普查，只能进行局部普查或抽样调查。因此，在许多情况之下，运用局部普查资料或抽样调查资料，经过分析、判断，对整个行业或整个市场进行联测，就成为客观需要。运用联测法的关键在于局部普查资料应具有典型意义，抽样调查的样本应能反映母体的全貌，不然就会出现难以估计的误差，从而导致整个预测失去意义。

下面以一个实例来说明联测法的应用步骤。

例 6-4　国家为了了解新能源汽车在全国市场的销售情况，拟用联测法预测 2018 年北京、上海、天津、深圳四个城市对新能源汽车的需求量，已知 2017 年四大城市对新能源汽车的销售量统计数据如表 6-6 所示。

表 6-6　2017 年四大城市对新能源汽车的销售统计数据

市　　场	北京 x_1	上海 x_2	天津 x_3	深圳 x_4
实际销售量（辆）	58745	55279	31348	40029
常住人口（万人）	1961	2301	1293	1035

数据来源：百度公开报告。

解：（1）计算销售率。设 x_1，x_2，x_3，x_4 分别代表北京、上海、天津、深圳四城市 2017 年新销售的新能源汽车数量，根据表 6-6 得到各城市的年销售率分别为

x_1 市场的销售率：c_1 = 实际销售量/居民人口 = 58745/1961 ≈ 30 辆/万人

x_2 市场的销售率：c_2 = 55279/2301 ≈ 24 辆/万人

x_3 市场的销售率：c_3 = 31348/1293 ≈ 24.2 辆/万人

x_4 市场的销售率：c_4 = 40029/1035 = 38.7 辆/万人

（2）抽样调查需求量。选择 x_1 市场进行抽样调查，假设 2018 年 x_1 市场每 1 万常住人口对新能源汽车的需求量为 40 辆，即 x_1 市场对新能源汽车的需求率 d_{x_1} = 40 辆/万人。

（3）根据 x_1 市场的需求量联测其他市场的需求量。各市场销售率差异可以近似地反映出各市场需求水平的差异，即

$$\frac{c_{x_1}}{c_{x_2}} = \frac{d_{x_1}}{d_{x_2}}$$

由上式得到

x_2 市场的需求率 $d_{x_2} = \dfrac{c_{x_2} d_{x_1}}{c_{x_1}} = \dfrac{24 \times 40}{30} = 32$ 辆/万人

x_3 市场的需求率 $d_{x_3} = \dfrac{c_{x_3} d_{x_1}}{c_{x_1}} = \dfrac{24.2 \times 40}{30} \approx 32.3$ 辆/万人

x_4 市场的需求率 $d_{x_4} = \dfrac{c_{x_4} d_{x_1}}{c_{x_1}} = \dfrac{38.7 \times 40}{30} = 51.6$ 辆/万人

（4）根据 2018 年的需求率求该市场的需求量。根据需求率和各地区的常住人口数量得到 2018 年各城市对新能源汽车的需求量分别为

x_1 城市的需求量 = 40 × 1961 万人 = 78440 辆

x_2 城市的需求量 = 32 × 2301 万人 = 73632 辆

x_3 城市的需求量 = 32.3 × 1293 万人 ≈ 41764 辆

x_4 城市的需求量 = 51.6 × 1035 万人 = 53406 辆

三、转导法

转导法也称连续比率法或经济指标法。它是以间接调查所得的某项经济指标预测值为基础，依据该指标与预测目标间相关比率的资料，转导出预测值的一种方法。可见，转导法是一种演绎预测法。这种方法简便易行，在市场预测中被广泛应用。转导预测模型为

$$\hat{y} = y_0 \times (1 + k) \times \eta_1 \times \eta_2 \times \cdots \times \eta_n \tag{6-5}$$

式中　　$\hat{y}$——预期目标下期预测值；

y_0——本期某参考指标观察值；

k ——参考指标下期增或减的比率；

$\eta_1, \eta_2, \cdots, \eta_n$ ——预测目标与参考指标间客观存在的相关联系的比率系数；

n ——相关联系的层次数。

例6-5 已知某地区2018年第一季度社会商品零售总额为4860亿元，根据历史资料显示，第一季度社会商品零售总额为全年的28.6%，其中汽车类产品占2.9%，小轿车的市场份额又占整个汽车市场的42%。某品牌轿车市场占有率为3.5%，国家统计局发布第一季度社会商品零售总额的增长率为11.6%。试运用转导法预测2019年该品牌轿车在该地区的销售额为多少。

解 由已知得到：$y_0 = 4860 \div 28.6\%$，$k = 11.6\%$，$\eta_1 = 2.9\%$，$\eta_2 = 42\%$，$\eta_3 = 3.5\%$

故该品牌轿车在该地区预计销售额为

$$\hat{y} = y_0 \times (1+k) \times \eta_1 \times \eta_2 \times \eta_3$$
$$= (4860 \div 28.6\%) 亿元 \times (1+11.6\%) \times 2.9\% \times 42\% \times 3.5\%$$
$$= 8.0844 亿元$$

实际运用中为了使销售额预测更准确，需要对实际情况进行分析，并根据预测值和市场最新变动情况，对预测值进行调整，得出最终的预测结论。

四、平衡分析法

平衡分析法是利用平衡等式把有关预测目标分解成若干个分目标，组成一个预测系统，逐个预算出分目标，然后再根据分目标推算总目标的一种预测方法。

在实践中，利用平衡关系进行企业预测有许多具体方法，这里仅介绍平衡表预测法。

1. 平衡表的性质

平衡表是表明客观事物之间本质联系和平衡倾向的一种工具。各种事物在发展过程中一方面是互相联系、互相制约、互相作用的，另一方面又处于起伏不定的平衡状态和时刻要求平衡的倾向之中。事物在发展过程中的这种本质联系和平衡倾向，就是通过平衡表来加以说明的。

2. 平衡表的种类

（1）从反映平衡关系的范围来看，有国民经济平衡表（研究整个国民经济内部比例和平衡状况）、部门平衡表（研究一个部门、一个行业范围内各种比例关系和平衡状况）和企业平衡表（研究一个企业内部各种比例关系和平衡状况）。

（2）从反映平衡关系的对象上看，有社会产品的生产、消费积累和物质平衡表；有国民收入的分配和再分配平衡表；有财政平衡表以及货币收支平衡表；还有劳动平衡表和劳动时间使用平衡表等。

3. 平衡表预测法

平衡表预测法是利用平衡表中所反映出来的相互关系和平衡关系进行预测。只要有足以反映事物之间相互关系的平衡表，就可据此进行预测。如货币收支平衡预测就是运用货币收支平衡来预测购买力的一种平衡表预测法，而社会商品购买力预测则主要通过货币支付来实现。社会商品购买力总额的预测，一般是以年度为期限；在年度内，商品销售有一定的季节性。

五、市场因子推演预测法

所谓市场因子，就是市场中存在的能引起对某种产品需求的实际事物。通常以产品使用者的人口数量、支付能力以及购买欲望作为市场因子。

市场因子推演预测法又称"市场因素推算法"，是通过分析市场因子来推算市场潜量的一种预测方法。市场潜量是指在某种市场营销环境下，工商企业尽最大努力进行营销之后，市场需求所达到的最大数额。市场因子推演预测法操作简单，适应于市场因子变化无异常的情况。

本 章 小 结

本章介绍了定性预测方法的含义、特点以及常用的专家预测法、主观概率法以及几种常见的判断分析方法。定性预测的方法很多，实际工作中常采用多种定性预测方法或者定性与定量预测的结合使用。随着云计算、大数据以及互联网的加速发展，基于知识挖掘、专家系统的定性预测方法将是未来的发展方向。

练 习 与 思 考

一、选择题

1. 下面方法中属于专家意见调查法的有（　　）。
   A. 专家会议法　　　　B. 指标判断法　　　　C. 德尔菲法　　　　D. 领先指标法
2. （　　）是预测者对预测事件发生的概率（即可能性大小）做出主观估计。
   A. 客观概率　　　　B. 条件概率　　　　C. 主观概率　　　　D. 相对概率
3. 德尔菲法区别于其他定性方法的最大特性是（　　）。
   A. 反馈性　　　　B. 统计性　　　　C. 匿名性　　　　D. 独立性
4. 下列选项中不属于对比类推法的是（　　）。
   A. 局部总体类推法　　B. 产品类推法　　C. 主观客观类推法　　D. 地区类推法

二、判断题

1. 定性预测法不具有科学性。　　　　　　　　　　　　　　　　　　　　　　　　（　　）
2. 对比类推法属于常见的判断分析方法。　　　　　　　　　　　　　　　　　　　（　　）
3. 专家预测法包括头脑风暴法。　　　　　　　　　　　　　　　　　　　　　　　（　　）
4. 对同一事件，不同人对其发生的概率判断是不同的，因此主观概率的测定因人而异，受人的心理影响较大。　　　　　　　　　　　　　　　　　　　　　　　　　　　　　　　　　　（　　）

三、简答题

1. 什么是定性预测法？定性预测法包括哪些方法？
2. 什么是德尔菲法？有何特点？如何实施？
3. 主观概率法的特点是什么？如何运用？
4. 判断分析方法包括哪些方法？判断分析方法有什么作用？

四、计算题

1. 根据表6-7的资料，用平均数与中位数处理专家意见的预测值。

表 6-7 专家意见的预测值表

专 家	预 测 值		
	最低销售量	最可能销售量	最高销售量
1	50	150	160
2	70	100	150
3	48	80	94
4	40	70	120
5	44	56	68
6	60	100	120

2. 某品牌汽车制造商推出一款新的轿车,并召开了一次销售预测会议,与会者对下一年销售量预测如表 6-8 所示。试用主观概率法预测该款轿车下一年度的销售量。

表 6-8 预测人员对下一年度该款轿车的销售预测表 （单位：万辆）

参与人员预测	最高销售量	概 率	最可能销售量	概 率	最低销售量	概 率	权 数
经理	25	0.3	23	0.5	20	0.2	0.3
副经理	30	0.2	25	0.6	22	0.2	0.25
业务科长	22	0.1	20	0.7	19	0.2	0.2
部门经理	24	0.3	22	0.4	18	0.3	0.15

第七章
时间序列趋势预测法

学习目标

1. 了解时间序列预测法的变动趋势及其预测程序。
2. 熟练掌握简易平均法、移动平均法、指数平滑法、趋势延伸法、季节指数法的具体应用。
3. 熟悉市场占有率预测法的预测步骤。

【引导案例】 某省国内旅游市场发展趋势预测

据统计，某省 2003~2014 年国内旅游市场游客数量如下表所示，运用 SPSS 软件对其进行统计，得出立方曲线预测模型的拟合度最高，即：

$$Y_{预测} = 74250931 - 2275.029(t-2002) + 574.551(t-2002)^2 - 18.963(t-2002)^3$$

式中

$Y_{预测}$——该省国内游客数量；

t——年份

某省 2003~2014 年国内游客数量

年 份	国内游客数量（万人）	年 份	国内游客数量（万人）
2003 年	5218.00	2009 年	13063.40
2004 年	5614.00	2010 年	17003.00
2005 年	6271.53	2011 年	19921.30
2006 年	5052.44	2012 年	23312.00
2007 年	8012.00	2013 年	25700.00
2008 年	10045.00	2014 年	30531.71

将 $t = 15，16\cdots$ 代入预测模型，得出该省 2015 年国内游客数量预计达到 3.33 亿人次，2018 年预计将达到 4.04 亿人次，其年均增长率为 10%。

案例思考：

1. 本案例若采取定性预测法是否可以？
2. 定量预测法的优势是什么？具体应用时应该具备哪些条件？

时间序列趋势预测法是将预测对象过去的历史资料及数据，按时间顺序加以排列，构成数字系列，并根据其变化动向，预测未来的变化趋势。时间序列趋势预测法属于定量预测法，在市场预测中占据重要地位。本章将重点讲解简易平均法、移动平均法、指数平滑法、趋势延伸法、季节指数法、市场占有率预测法等的预测步骤及预测方法。

第一节　时间序列趋势预测法概述

时间序列趋势预测法是市场预测方法中一种经常采用的定量分析方法。它是把某一经济变量的实际观察值按时间先后顺序依次排列，构成一组统计的时间序列，然后应用某种数学方法建立模型，并用此模型来预测该经济变量未来发展变化趋势和变化规律的一种预测技术。

应用时间序列趋势预测法进行市场预测时，一要注意数据的完整性，二要注意数据资料的可比性，三要保证数据资料的一致性。只有满足了上述三点要求，才能应用这组数据去引申历史，推断未来。

一、时间序列数据变动趋势

由于受到多种因素的影响，时间序列数据在不同时期的观察数值存在差异，所呈现出来的变动趋势也不完全一致。这是时间序列数据经常受到一种乃至多种变动因素共同作用的结果。一般情况下，根据各种可能发生变化的因素对时间序列数据变动趋势的影响，按其变动趋势的性质不同，时间序列数据变动趋势分为长期趋势变动、季节变动、循环变动和不规则变动。

1. 长期趋势变动模式

长期趋势变动是指时间序列数据由于受某种根本性因素的影响，使时间序列在较长的时间内朝一定的方向，按线性或非线性变化规律呈上升、水平或下降趋势变化，具体如图 7-1 所示。图 7-1a 为上升趋势，图 7-1b 为下降趋势，它们是时间序列在较长时间内表现出的总的趋势，是经济现象本质在数量方面的反映，是时间序列分析和预测的重点。

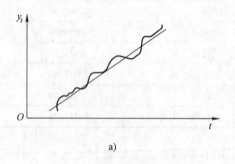
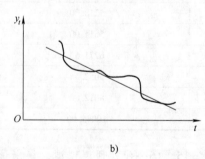

图 7-1　长期趋势示意图
a) 上升趋势　b) 下降趋势

2. 循环变动模式

循环变动是以数年（一般不等）为周期的变动。它与长期趋势变动不同。它不是朝着单一方向持续递增（或递减、或水平）趋势变化，而是按涨落相间的波浪式起伏变动。它与季节变动趋势也不同。它波动的时间较长，而且变动周期长短不等，短则一两年，长则数年、数十年。

3. 季节变动模式

季节变动是指由于自然条件和社会条件的影响，时间序列数据在一年内随着季节的变化而引起的周期性变动。如随着季节变化，啤酒的销售量也呈周期性变动：在夏秋季节旺销，而在冬春季节淡销。再如空调器、电风扇、电热器、时装等商品的销售量也都会随季节变化而呈周期性波动。季节变动的周期性比较稳定，一般以年为单位做周期变动。

4. 不规则变动模式

它是指时间系列呈现出的无规律可循的变动，是由随机因素所引起的，如自然灾害、战争、政治暴动、恐怖活动等因素对时间序列的影响。这种不规则的变动对市场的发展影响较大，难以预测。

二、时间序列数据的组合形式

时间序列数据是由长期趋势变动、季节变动、循环变动及不规则变动等四种数据类型组成的。其组合方式常见的有以下几种：

1. 加法型

$$Y_t = T_t + C_t + S_t + I_t \tag{7-1}$$

式中　Y_t——时间为 t 时的序列值；
　　　T_t——时间为 t 时的趋势值；
　　　C_t——时间为 t 时的循环变动值；
　　　S_t——时间为 t 时的季节变动值；
　　　I_t——时间为 t 时的不规则变动值。

2. 乘法型

$$Y_t = T_t C_t S_t I_t \tag{7-2}$$

3. 混合型

$$Y_t = T_t C_t + S_t I_t \tag{7-3}$$

或

$$Y_t = T_t C_t S_t + I_t \tag{7-4}$$

对于一个具体的时间序列，应采用哪种组合方式，要根据掌握的数据资料、时间序列的性质及研究的目的等具体情况灵活确定。

三、时间序列趋势预测法的预测程序

时间序列趋势预测法的预测程序大体包括如下 5 个步骤：

（1）绘制观察期数据的散点图，确定其变化趋势的类型。

（2）对观察期数据加以处理，以消除季节变动、循环变动和不规则变动因素的影响，使经过处理后的数据消除循环变动、季节性变动和不规则变动因素的影响，仅包括长期趋势变动的影响。

（3）建立数学模型。根据数据处理后的长期趋势变动，结合预测的目的及期限，建立时间序列的预测模型，并对模型进行模拟运算。

（4）修正预测模型。考虑季节变动、循环变动及不规则变动等因素对预测模型的影响并加以修正。

（5）进行预测。采用定量分析与定性分析相结合的方式，对目标变量加以预测，并确定市场未来发展变化的预测值。

第二节 简易平均法

在运用时间序列趋势预测法进行市场预测时，最简单的方式是采用求一定观察期时间数列的平均数。这种以平均数为基础确定预测值的方法，叫简易平均法。它是最简单的数学方法，不需要复杂的运算过程，简便易行，适用于对不呈现明显倾向变化而又具有随机波动特征的经济现象进行预测。

一、算术平均法

算术平均法是利用简单算术平均数在时间序列上形成的平均动态数列来说明某研究对象在时间上的发展趋势。这种方法简单易行，适合于比较稳定形态的商品需求预测；不足之处是不能反映出趋势的季节变化。

假设 x_1，x_2，…，x_n 为 n 期拟求算术平均数的观察值，则算术平均数可依下列公式求得

$$\bar{x} = \frac{\sum_{i=1}^{n} x_i}{n} \tag{7-5}$$

式中 $\bar{x}$ ——平均数；

x_i ——观察期的资料，i 为资料编号；

n ——资料数或期限。

观察期长短的选择，要根据实际情况和要求来确定。一般说来，当时间数列资料波动比较小时，其观察期可以短些，所用数据少一些；当时间数列资料波动大时，观察期可以长一些，所用数据可以多一些，所得的结果相对来说会精确一些。

运用算术平均法求平均数，适用于观察期资料并无显著的长期升降趋势变动和季节变动时。

例 7-1 假设某零售店的最近四年每月销售收入如表 7-1 所示，用算术平均法预测 2018 年该零售店的销售收入。

表 7-1 2014～2017 年某零售店的销售额及平均值 （单位：万元）

年 月	2014 年	2015 年	2016 年	2017 年
1 月	328	330	298	335
2 月	331	324	317	321
3 月	360	348	328	346
4 月	318	360	330	363
5 月	324	327	323	329

(续)

月 \ 年	2014 年	2015 年	2016 年	2017 年
6 月	294	342	348	327
7 月	342	360	342	368
8 月	348	357	351	350
9 月	357	321	318	341
10 月	321	297	336	312
11 月	330	318	354	327
12 月	348	354	358	351
年合计	4001	4038	4003	4070
月平均	333.4	336.5	333.6	339.2

解 如果以 2017 年的月平均值作为 2018 年的每月预测值，则有

$$\bar{x} = \frac{335\ 万元 + 321\ 万元 + \cdots + 351\ 万元}{12} = 339.2\ 万元$$

虽然通过预测得出 2018 年该零售店的月平均收入为 339.2 万元，但所得预测值和实际销售值之间如果差异过大就会使预测失去意义。因此，有必要确定一个合理的误差范围，这就需要计算标准差

$$S_x = \sqrt{\frac{\sum_{i=1}^{n}(x_i - \bar{x})^2}{n-1}} = \sqrt{\frac{(335-339.2)^2 + (321-339.2)^2 + \cdots + (351-339.2)^2}{12-1}} = 17.03$$

式中　S_x——标准差；

x_i——实际值；

$\bar{x}$——预测值（平均数）；

n——观察期数。

然后，按 $\bar{x} \pm t_c S_x$ 公式计算某种可靠程度要求时的预测区间，其中 t_c 为 t 分布临界值。

当可靠度为 95% 时，$\alpha = 0.05$，$n - m - 1 = 10$ 时的 t 分布临界值 $t_c = 1.812$。于是，2008 年每月销售收入预测区间为：$339.2 \pm 1.812 \times 17.03$，即 2008 年该零售店销售收入在 308.34~370.06 万元之间。

二、几何平均法

所谓几何平均法，就是将研究对象 n 个观察期资料数据相乘后开 n 次方，将所得的 n 次方根作为预测值的方法。

设：$x_1, x_2, x_3, \cdots, x_n$ 为观察期的资料，则其几何平均值为

$$G = \sqrt[n]{x_1 \times x_2 \times \cdots \times x_n} \tag{7-6}$$

式中　G——几何平均值；

n——资料期数（数据个数）。

根据式（7-6）可直接求预测值 G，也可用反对数法求预测值 G：

对 $G = \sqrt[n]{x_1 \times x_2 \times \cdots \times x_n}$ 两边取常用对数,得

$$\lg G = \lg \sqrt[n]{x_1 \times x_2 \times \cdots \times x_n}$$

即

$$\lg G = \frac{1}{n}\sum_{i=1}^{n}\lg x_i$$

取反对数得

$$G = \text{arclg}\frac{\sum_{i=1}^{n}\lg x_i}{n}$$

查反对数表得出几何平均数 G,即为所求的预测值。

几何平均法的预测模型为

$$\hat{X}_{t+T} = G^T x_t \tag{7-7}$$

式中 $\hat{X}_{t+T}$ ——第 $t+T$ 期的预测值;

T ——预测期与最后观察期的间隔数。

例 7-2 某企业 2018 年 7~12 月的销售额如表 7-2 所示,用几何平均法预测 2019 年 3 月的销售额。

表 7-2 某企业 2018 年 7~12 月的销售额

观 察 期	7月	8月	9月	10月	11月	12月
销售额(万元)	323	331	338	351	354	362
环比指数(%)	—	102.48	102.11	103.85	100.85	102.26

解 (1)以上月度为基期分别求出各月的环比指数。

8 月份的环比指数 $= \frac{331}{323} \times 100\% \approx 102.48\%$

9 月份的环比指数 $= \frac{338}{331} \times 100\% \approx 102.11\%$

依此类推,求出各月份的环比指数,如表 7-2 所示。

(2)求环比指数的几何平均数,即平均发展速度。

$$G = \sqrt[n]{x_1 \times x_2 \times \cdots \times x_n}$$
$$= \sqrt[5]{102.48\% \times 102.11\% \times 103.85\% \times 100.85\% \times 102.26\%}$$
$$= 102.31\%$$

平均发展速度为 2.31%。

(3)利用平均发展速度进行预测。2019 年 3 月份的销售额为

$$\hat{X}_9 = \hat{X}_{6+3} = 1.0231^3 \times 362 \text{ 万元} \approx 387.67 \text{ 万元}$$

三、加权平均法

所谓加权平均法,就是在求平均数时,根据观察期各期资料对预测值重要性的不同,分别给以不同的权数后加以平均的方法。其特点是所求得的平均数已包含了长期趋势变动的影响。

设 $x_1, x_2, x_3, \cdots, x_n$ 为观察期的资料,$\omega_1, \omega_2, \cdots, \omega_n$ 为观察期资料相对应的权数,

求加权平均数 $\bar{x}$ 的计算公式为

$$\bar{x} = \frac{x_1\omega_1 + x_2\omega_2 + \cdots + x_n\omega_n}{\omega_1 + \omega_2 + \cdots + \omega_n} \tag{7-8}$$

或写成

$$\bar{x} = \frac{\sum_{i=1}^{n} x_i\omega_i}{\sum_{i=1}^{n} \omega_i} \tag{7-9}$$

式中　　$\bar{x}$ ——加权平均数，即预测值；

$x_1, x_2, \cdots, x_n$ ——第 1 期至第 n 期的实际值；

$\omega_1, \omega_2, \cdots, \omega_n$ ——第 1 期至第 n 期实际值的权数。

加权平均法根据各个历史时期数据的不同重要程度分别给予不同的权重。它考虑了事件的长期发展趋势，能真实地反映时间序列的规律，因此优越于算术平均法。

例 7-3　某商店 2014 ~ 2018 年饮料类商品的销售数据如表 7-3 所示，按加权平均法预测 2019 年该商品的销售情况。

表 7-3　商店各年饮料类商品的销售数据

观察期	销售额 x_i（万元）	权数 ω_i	$x_i\omega_i$
2014 年	100	1	100
2015 年	150	2	300
2016 年	200	3	600
2017 年	300	4	1200
2018 年	500	5	2500
合计	1250	15	4700

解　根据表 7-3 可得

算术平均数：$\bar{x} = \dfrac{\sum_{i=1}^{n} x_i}{n} = \dfrac{1250 \text{ 万元}}{5} = 250 \text{ 万元}$

加权平均数：$\bar{x} = \dfrac{\sum_{i=1}^{n} \omega_i x_i}{\sum_{i=1}^{n} \omega_i} = \dfrac{4700 \text{ 万元}}{15} \approx 313 \text{ 万元}$

显然，用算术平均法求得的平均数较低，消除了波动的影响，不能真实地反映市场最新的变化情况，因此，一般只用它来求平均值，再结合其他方法进行预测。加权平均数法是应用比较广泛的一种方法，其关键是合理确定权数。目前，对于权数的确定尚无统一的标准，主要凭预测者或预测专家组在对时间序列资料分析的基础上，做出主观的经验判断。

第三节　移动平均法

移动平均法是将观察期的数据，按时间先后顺序排列，然后由远及近，以一定的跨越期进行移动平均，求得平均值。每次移动平均总是在上次移动平均的基础上，去掉一个最远期的数据，增加一个紧挨跨越期后面的新数据，保持跨越期不变，每次只向前移动一步，逐项移动，滚动前移。这种逐期移动平均的过程，称之为移动平均法。

移动平均法对于原观察期的时间序列数据进行移动平均，所求得的各移动平均值，不仅构成了新的时间序列，而且新的时间序列数据与原时间序列数据相比较，具有明显的修匀效果。它既保留了原时间序列的趋势变动，又削弱了原时间序列的季节变动、周期变动和不规则变动的影响，因此，在市场预测中被广泛地应用。

移动平均法可分为简单移动平均和加权移动平均两类，而简单移动平均又可细分为一次移动平均和二次移动平均（或三次移动平均）等。

一、一次移动平均法

一次移动平均法，就是依次取时序的 n 个观测值予以平均，并依次向前滑动，得到一组平均序列的方法。它是以 n 个观测值的平均值作为下期预测值的一种简单预测方法。其计算公式为

$$\hat{x}_{t+1}^{(1)} = \bar{x}_t^{(1)} = \frac{x_t + x_{t-1} + \cdots + x_{t-n+1}}{n} \tag{7-10}$$

$$= \frac{1}{n}\sum_{i=t-n+1}^{t} x_i \quad (t = n, n+1, \cdots)$$

式中　　$\hat{x}_{t+1}^{(1)}$——第 $t+1$ 期的一次移动平均预测值；

$\bar{x}_t^{(1)}$——第 t 期的一次移动平均值；

$x_t, x_{t-1}, \cdots, x_{t-n+1}$——时间序列第 t 期，第 $t-1$ 期至 $t-n+1$ 期时间观察值；

n——移动平均期数，一般为序列中的数据个数（样本容量）。

当 $n=5$ 时

$$\bar{x}_5^{(1)} = \frac{x_5 + x_4 + x_3 + x_2 + x_1}{5}$$

$$\bar{x}_6^{(1)} = \frac{x_6 + x_5 + x_4 + x_3 + x_2}{5}$$

$$= \bar{x}_5^{(1)} + \frac{x_6 - x_1}{5}$$

同时

$$\bar{x}_7^{(1)} = \frac{x_7 + x_6 + x_5 + x_4 + x_3}{5}$$

$$= \bar{x}_6^{(1)} + \frac{x_7 - x_2}{5}$$

$$\vdots$$

由上述 $\bar{x}_5^{(1)}$、$\bar{x}_6^{(1)}$、$\bar{x}_7^{(1)}$ 的三个移动平均值的公式，可以得出计算一次移动平均值的简便递推公式为

$$\bar{x}_t^{(1)} = \bar{x}_{t-1}^{(1)} + \frac{x_t - x_{t-n}}{n} \tag{7-11}$$

例 7-4 某企业某产品的销售数据如表 7-4 所示,试用一次移动平均法预测下一期的销售收入。

表 7-4 销售收入移动平均计算表 （单位：万元）

时期（t）	销售收入（x_t）	三项移动平均 $\hat{x}_t^{(1)}$	$|x_t - \hat{x}_t^{(1)}|$	五项移动平均 $\hat{x}_t^{(1)}$	$|x_t - \hat{x}_t^{(1)}|$	加权移动平均 $\hat{x}_t^{(1)}$	$|x_t - \hat{x}_t^{(1)}|$
1	60						
2	58						
3	64						
4	70	60.67	9.33				
5	67	64	3			64.8	2.2
6	68	67	1	63.8	4.2	66.4	1.6
7	72	68.33	3.67	65.4	6.6	67.7	4.3
8	78	69	9	68.2	9.8	69.6	8.4
9	69	72.67	3.67	71	2	73.1	4.1
10	74	73	1	70.8	3.2	72.2	1.8
11	75	73.67	1.33	72.2	2.8	73.1	1.9
12	80	72.67	7.33	73.6	6.4	73.8	6.2
13	78	76.33	1.67	75.2	2.8	76.2	1.8
14	86	77.33	8.67	75.2	10.8	77.6	8.4
15	88	81.33	6.67	78.6	9.4	81.3	6.7
合计			56.34		58		47.4
平均绝对误差			4.695		5.8		4.31

解 （1）当 $n=3$ 时，计算三项移动平均数

$$\hat{x}_4^{(1)} = \bar{x}_3^{(1)} = \frac{x_3 + x_2 + x_1}{3} = \frac{64 \text{ 万元} + 58 \text{ 万元} + 60 \text{ 万元}}{3} \approx 60.67 \text{ 万元}$$

$$\hat{x}_5^{(1)} = \bar{x}_4^{(1)} = \frac{x_4 + x_3 + x_2}{3} = \frac{70 \text{ 万元} + 64 \text{ 万元} + 58 \text{ 万元}}{3} = 64 \text{ 万元}$$

依此类推，得到一个销售收入的三项移动平均预测值序列和第 16 期的销售收入预测值为

$$\hat{x}_{16}^{(1)} = \bar{x}_{15}^{(1)} = \frac{x_{15} + x_{14} + x_{13}}{3} = \frac{88 \text{ 万元} + 86 \text{ 万元} + 78 \text{ 万元}}{3} = 84 \text{ 万元}$$

其平均绝对误差为

$$MAE = \frac{\sum_{t=n+1}^{N} |x_t - \hat{x}_t|}{N - n} = \frac{56.34 \text{ 万元}}{15 - 3} = 4.695 \text{ 万元}$$

（2）当 $n=5$ 时，计算五项移动平均数

$$\hat{x}_6^{(1)} = \bar{x}_5^{(1)} = \frac{x_5 + x_4 + x_3 + x_2 + x_1}{5} = \frac{67 \text{ 万元} + 70 \text{ 万元} + 64 \text{ 万元} + 58 \text{ 万元} + 60 \text{ 万元}}{5} = 63.8 \text{ 万元}$$

$$\hat{x}_7^{(1)} = \bar{x}_6^{(1)} = 65.4 \text{ 万元}$$

依此类推，得到

$$\hat{x}_{16}^{(1)} = \bar{x}_{15}^{(1)} = \frac{x_{15}+x_{14}+x_{13}+x_{12}+x_{11}}{5} = \frac{88\text{ 万元}+86\text{ 万元}+78\text{ 万元}+80\text{ 万元}+75\text{ 万元}}{5}$$

$$= 81.4 \text{ 万元}$$

其平均绝对误差为

$$MAE = \frac{\sum_{t=n+1}^{N}|x_t - \hat{x}_t|}{N-n} = \frac{58\text{ 万元}}{15-5} = 5.8 \text{ 万元}$$

显然，$n=3$ 时的预测结果较 $n=5$ 时的预测结果准确。

一次移动平均法只适用于趋势较稳定的时间序列的短期预测；对于下降或上升趋势明显的序列，不宜使用此方法进行预测。一般而言，当序列呈下降趋势时，预测值偏高，称为超前；当序列呈上升趋势时，预测值偏低，称为滞后。为校正预测值，可使用校正公式进行校正。但由于序列非平稳，预测值仍存在偏差。

二、二次移动平均法

1. 二次移动平均法原理

由于一次移动平均法只能用于对下一期的趋势预测，且对单调序列预测值有明显的滞后（超前）偏差。为利用一次移动平均序列的偏差建立模型，以便用模型对以后若干期进行预测，从而引进了二次移动平均法。二次移动平均法是对一组时间序列数据先后进行两次移动平均，即在一次移动平均值的基础上，再进行第二次移动平均，并根据最后的两个移动平均值的结果建立预测模型，求得预测值。

2. 二次移动平均值计算方法

假设 $\bar{x}_1^{(1)}, \bar{x}_2^{(1)}, \cdots, \bar{x}_n^{(1)}$ 为时间序列的一次移动平均值，$\bar{x}_t^{(2)}$ 为第 t 期的二次移动平均值，则

$$\bar{x}_t^{(2)} = \frac{\bar{x}_t^{(1)} + \bar{x}_{t-1}^{(1)} + \cdots + \bar{x}_{t-n+1}^{(1)}}{n}$$

$$= \frac{1}{n}\sum_{i=t-n+1}^{t}\bar{x}_i^{(1)} \quad (t = 2n-1, 2n, 2n+1, \cdots, N) \quad (7\text{-}12)$$

$$\bar{x}_{t+1}^{(2)} = \frac{\bar{x}_{t+1}^{(1)} + \bar{x}_t^{(1)} + \cdots + \bar{x}_{t-n}^{(1)}}{n} \quad (7\text{-}13)$$

$$\vdots$$

同理，根据式（7-11），有二次移动平均法的递推公式

$$\bar{x}_t^{(2)} = \bar{x}_{t-1}^{(2)} + \frac{\bar{x}_t^{(1)} - \bar{x}_{t-n}^{(1)}}{n} \quad (7\text{-}14)$$

二次移动平均值 $\bar{x}_t^{(2)}$ 主要用于建立线性预测模型，不能直接用于预测。二次移动平均法线性预测模型为

$$\hat{x}_{t+T} = a_t + b_t T \quad (7\text{-}15)$$

其中

$$a_t = 2\bar{x}_t^{(1)} - \bar{x}_t^{(2)} \quad (7\text{-}16)$$

$$b_t = \frac{2}{n-1}(\bar{x}_t^{(1)} - \bar{x}_t^{(2)}) \tag{7-17}$$

式中 $\hat{x}_{t+T}$——第 $t+T$ 期的预测值；

$\bar{x}_t^{(1)}$——第 t 期的一次移动平均值；

$\bar{x}_t^{(2)}$——第 t 期的二次移动平均值；

T——预测模型当前所处的时间 t 至需要预测的时间之间的间隔期；

a_t——趋势直线截距估计值；

b_t——趋势直线斜率估计值。

3. 二次移动平均法预测步骤

例 7-5 试用二次移动平均法预测例 7-4 第 16、18 期的销售收入。

解 （1）选择跨越期。首先确定平均移动项数 n，这里取 $n=5$，且要求在求一次、二次移动平均值时采用的跨越期保持一致，即 $n=5$。

表 7-5 销售收入二次移动平均计算表　　　　　　　　　（单位：万元）

时期（t）	销售收入（x_t）	$n=5$，$\bar{x}_t^{(1)}$	$n=5$，$\bar{x}_t^{(2)}$
1	60		
2	58		
3	64		
4	70		
5	67	63.8	
6	68	65.4	
7	72	68.2	
8	78	71	
9	69	70.8	67.84
10	74	72.2	69.52
11	75	73.6	71.16
12	80	75.2	72.56
13	78	75.2	73.4
14	86	78.6	74.96
15	88	81.4	76.8

（2）计算一次移动平均值

$$\bar{x}_5^{(1)} = \frac{x_5 + x_4 + x_3 + x_2 + x_1}{5} = \frac{67\,万元 + 70\,万元 + 64\,万元 + 58\,万元 + 60\,万元}{5} = 63.8\,万元$$

$$\bar{x}_6^{(1)} = \bar{x}_5^{(1)} + \frac{x_6 - x_1}{5} = \left(63.8 + \frac{68-60}{5}\right)万元 = 65.4\,万元$$

$$\vdots$$

依此类推，将计算结果填入表 7-5 中。

(3) 计算二次移动平均值。$n=5$ 时二次移动平均值为

$$\bar{x}_9^{(2)} = \frac{\bar{x}_9^{(1)} + \bar{x}_8^{(1)} + \bar{x}_7^{(1)} + \bar{x}_6^{(1)} + \bar{x}_5^{(1)}}{5}$$

$$= \frac{70.8 \text{ 万元} + 71 \text{ 万元} + 68.2 \text{ 万元} + 65.4 \text{ 万元} + 63.8 \text{ 万元}}{5} = 67.84 \text{ 万元}$$

$$\bar{x}_{10}^{(2)} = \bar{x}_9^{(2)} + \frac{\bar{x}_{10}^{(1)} - \bar{x}_5^{(1)}}{5} = \left(67.84 + \frac{72.2 - 63.8}{5}\right) \text{万元} = 69.52 \text{ 万元}$$

$$\vdots$$

依此类推，将计算结果填入表 7-5 中。

(4) 建立二次移动平均法预测模型。根据观察值最后一项的一次、二次移动平均值，分别计算待定系数 a_t、b_t

$$a_t = 2\bar{x}_t^{(1)} - \bar{x}_t^{(2)} = (2 \times 81.4 - 76.8) \text{万元} = 86 \text{ 万元}$$

$$b_t = \frac{2}{n-1}(\bar{x}_t^{(1)} - \bar{x}_t^{(2)}) = \frac{2}{5-1}(81.4 - 76.8) \text{万元} = 2.3 \text{ 万元}$$

则二次移动平均法预测模型为

$$\hat{x}_{15+T} = 86 + 2.3T$$

(5) 计算预测值

$$\hat{x}_{16} = \hat{x}_{15+1} = (86 + 2.3 \times 1) \text{万元} = 88.3 \text{ 万元}$$

$$\hat{x}_{18} = \hat{x}_{15+3} = (86 + 2.3 \times 3) \text{万元} = 92.9 \text{ 万元}$$

三、加权移动平均法原理

1. 加权移动平均法的定义

加权移动平均法是根据跨越期内时间序列数据资料的重要性不同，分别给予不同的权重，再按移动平均法原理，求出移动平均值，并以最后一项的加权移动平均值为基础进行预测的方法。

加权移动平均法与简易移动平均法（一次或二次移动平均法）不同：简易移动平均法只反映一般的平均状态，不能体现出重点数据的作用，它将各期观测值等同对待不够合理；加权移动平均法对时间序列数据具体分析，区别对待，分别给予不同程度的重视，因此，能较真实地反映时间序列长期发展趋势的规律。

加权移动平均法的关键是合理确定权重，而权重确定是按照"近重远轻"的原则进行的。即越接近预测期的数据赋予较大权数，而越远离预测期的数据则赋予较小的权数。至于近期权数大到什么程度，远期权数小到什么程度，完全取决于预测者个人的经验判断。但就一般情况而言，根据"近重远轻"原则设定权数时，使权数按时间序列由远及近逐渐递增。例如，若时间序列数据变动幅度不大，可采用等差级数的形式：1，2，…，n，其公差为1；若时间序列数据变动幅度较大，可采用等比级数的形式：1，2，4，…，2^n，其公比为2；若时间序列数据波动不定，可视具体情况，分别给予不同的权数，并使其权数之和等于1的形式：0.2，0.3，0.5 等。

加权移动平均法既可用于一次移动平均法，也可用于二次移动平均法。需要注意的是，如果计算一次移动平均值时对原时间序列数据进行过加权，那么在计算二次移动平均值时就

不要再次赋权了,因为对于同一组时间序列的数据资料不能重复两次赋权。

2. 加权移动平均值计算方法

$$\hat{x}_{t+1} = \frac{\omega_1 x_t + \omega_2 x_{t-1} + \cdots + \omega_n x_{t-n+1}}{\sum_{i=1}^{n} \omega_i} \tag{7-18}$$

式中 $\hat{x}_{t+1}$——第 $t+1$ 期预测值;

x_t——时间序列第 t 期观察值;

ω_i——第 i 期的权重。

3. 加权移动平均法预测步骤

例 7-6 仍以例 7-4 为例,若选择跨越期 $n=4$,权重 ω_1,ω_2,ω_3,ω_4 由近到远依次为 4,3,2,1,试用加权一次移动平均法预测第 16 期该产品的销售额为多少万元。

解 (1) 由式 (7-18) 计算第 5 期的加权移动平均值

$$\hat{x}_5^{(1)} = \frac{\omega_1 x_4 + \omega_2 x_3 + \omega_3 x_2 + \omega_4 x_1}{\sum_{i=1}^{4} \omega_i} = \frac{4 \times 70 + 3 \times 64 + 2 \times 58 + 1 \times 60}{4+3+2+1} \text{万元} = 64.8 \text{万元}$$

$$\hat{x}_6^{(1)} = \frac{\omega_1 x_5 + \omega_2 x_4 + \omega_3 x_3 + \omega_4 x_2}{\sum_{i=1}^{4} \omega_i} = \frac{4 \times 67 + 3 \times 70 + 2 \times 64 + 1 \times 58}{4+3+2+1} \text{万元} = 66.4 \text{万元}$$

⋮

依此类推,得到第 16 期的销售收入预测值为

$$\hat{x}_{16}^{(1)} = \frac{\omega_1 x_{15} + \omega_2 x_{14} + \omega_3 x_{13} + \omega_4 x_{12}}{\sum_{i=1}^{4} \omega_i} = \frac{4 \times 88 + 3 \times 86 + 2 \times 78 + 1 \times 80}{4+3+2+1} \text{万元} = 84.6 \text{万元}$$

(2) 计算平均绝对误差

$$MAE = \frac{\sum_{t=n+1}^{N} |x_t - \hat{x}_t|}{N - n} = \frac{47.4}{15 - 4} \text{万元} \approx 4.31 \text{万元}$$

从平均绝对误差可以看出,预测值虽然有所改善,但仍偏低,需要用校正系数进行校正。

第四节 指数平滑法

移动平均法与加权平均法都需要最近 n 期的观测数据,当预测项目很多时,就需要占据大量的预测空间;有时前 n 期的观测数据根本无法得到。指数平滑法很好地解决了这个问题。指数平滑法是一种特殊的加权移动平均预测法,它通过对预测目标历史统计序列逐层的平滑计算,消除由于随机因素造成的影响,找出预测目标的基本变化趋势,并以此预测未来。它的预测效果要比移动平均法好,常用于时间序列数据资料既有长期趋势变动又有季节波动的场合。指数平滑法又可分为一次指数平滑法、二次指数平滑法和三次指数平滑法。

一、一次指数平滑法

(一) 一次指数平滑法原理

一次指数平滑法是以最后一次观察期的指数平滑值为基础，确定市场预测值的一种特殊的加权平均法。

一次移动平均递推公式如下，其中以 $\bar{x}_{t-1}^{(1)}$ 作为 x_{t-n} 的最佳估计，用 $\bar{x}_{t-1}^{(1)}$ 代替 x_{t-n}，则

$$\hat{x}_t^{(1)} = \bar{x}_{t-1}^{(1)} + \frac{x_t - x_{t-n}}{n}$$

$$= \frac{1}{n}x_t + \bar{x}_{t-1}^{(1)} - \frac{x_{t-n}}{n}$$

$$= \frac{1}{n}x_t + \left(1 - \frac{1}{n}\right)\bar{x}_{t-1}^{(1)} \tag{7-19}$$

令 $\alpha = \frac{1}{n}$，得到一次指数平滑法预测公式为

$$\hat{x}_{t+1}^{(1)} = \bar{x}_t^{(1)} = \alpha x_t + (1-\alpha)\bar{x}_{t-1}^{(1)} = \alpha x_t + (1-\alpha)\hat{x}_t^{(1)} \tag{7-20}$$

式中　$\hat{x}_{t+1}^{(1)}$ ——第 $t+1$ 期的一次指数平滑预测值；

　　　$\hat{x}_t^{(1)}$ ——第 t 期的一次指数平滑预测值；

　　　$\bar{x}_t^{(1)}$ ——第 t 期的一次指数平滑值；

　　　$\bar{x}_{t-1}^{(1)}$ ——第 $t-1$ 期的一次指数平滑值；

　　　α ——一次指数平滑系数（$0 \leq \alpha \leq 1$）。

使用指数平滑法进行预测时，需要解决的两个问题是：

(1) 确定平滑系数 α。α 取值的大小直接影响着预测结果精度的高低。α 值越大，表明实际观察数据所占的份额就越大，而原预测值所占的份额相应减少；反之亦然。一般而言，α 取值的大小主要取决于预测目的。如果指数平滑预测法的目的在于用新的指数平滑的平均数去反映时间序列中包含的长期趋势，则应取较小的 α 值，如取 $\alpha = 0.1 \sim 0.3$，即可将季节波动的影响、不规则变动的影响大部分予以消除；如果指数平滑预测法的目的在于使新的平滑值能敏感地反映最新观察值的变化，则应取较大的 α 值，如取 $\alpha = 0.6 \sim 0.8$，使预测模型的灵敏度得以提高，以便迅速地反映最新的市场动态。在实际应用中，可以取几个不同的 α 值进行试算，选择误差最小的一个。

(2) 确定初始预测值 $\hat{x}_1^{(1)}$。由于 $\hat{x}_1^{(1)}$ 不能计算，因此，只能由预测者根据样本数目选取第一期观测值或者最初几期观测值的算术平均值作为 $\hat{x}_1^{(1)}$。当时间序列的数据资料较多（如 $n \geq 10$）时，初始值对以后预测值的影响甚小，可直接选用第一期实际观测值作为初始预测值 $\hat{x}_1^{(1)}$；反之，如果时间序列的数据资料较少，如 $n < 10$，则因初始值对以后预测值的影响较大，此时一般采用最初几期的实际值的算术平均数作为初始预测值 $\hat{x}_1^{(1)}$。

(二) 一次指数平滑法的应用

例7-7　某商场某品牌家电产品 2009~2018 年销售额资料如表 7-6 所示。当平滑系数 $\alpha_1 = 0.2$，$\alpha_2 = 0.8$ 时，试用一次指数平滑法预测该商场该商品 2019 年销售额为多少万元。

解　(1) 确定初始值：$\hat{x}_1^{(1)} = x_1 = 10$

(2) 选择平滑指数：$\alpha_1 = 0.2$；$\alpha_2 = 0.8$
(3) 根据式（7-20）计算一次指数平滑值

表 7-6　某商场某品牌家电销售额及一次指数平滑法计算表　（单位：万元）

年　份	t	销售额 x_t	$\alpha_1 = 0.2$			$\alpha_2 = 0.8$		
			$\bar{x}_t^{(1)}$	$\hat{x}_t^{(1)}$	$\lvert x_t - \hat{x}_t^{(1)} \rvert$	$\bar{x}_t^{(1)}$	$\hat{x}_t^{(1)}$	$\lvert x_t - \hat{x}_t^{(1)} \rvert$
2009	1	10	10	10	0	10	10	0
2010	2	20	12	10	10	18	10	10
2011	3	30	15.6	12	18	27.6	18	12
2012	4	50	22.48	15.6	34.4	45.52	27.6	22.4
2013	5	60	29.98	22.48	37.52	57.10	45.52	14.48
2014	6	80	39.98	29.98	50.02	75.42	57.10	23.90
2015	7	100	51.98	39.98	60.02	95.08	75.42	24.58
2016	8	120	65.58	51.98	69.02	115.02	95.08	24.92
2017	9	160	84.46	65.58	94.42	151.00	115.02	34.98
2018	10	180	103.57	84.46	95.54	174.20	151.00	29
合计					468.94			196.26
平均					46.894			19.626
2019	11		103.57			174.20		

当 $\alpha = 0.2$ 时
$$\hat{x}_2^{(1)} = \alpha x_1 + (1-\alpha)\hat{x}_1^{(1)} = [0.2 \times 10 + (1-0.2) \times 10] 万元 = 10 万元$$
$$\hat{x}_3^{(1)} = \alpha x_2 + (1-\alpha)\hat{x}_2^{(1)} = [0.2 \times 20 + (1-0.2) \times 10] 万元 = 12 万元$$
⋮
$$\hat{x}_{10}^{(1)} = \alpha x_9 + (1-\alpha)\hat{x}_9^{(1)} = [0.2 \times 160 + (1-0.2) \times 65.58] 万元 \approx 84.46 万元$$

当 $\alpha = 0.8$ 时
$$\hat{x}_2^{(1)} = \alpha x_1 + (1-\alpha)\hat{x}_1^{(1)} = [0.8 \times 10 + (1-0.8) \times 10] 万元 = 10 万元$$
$$\hat{x}_3^{(1)} = \alpha x_2 + (1-\alpha)\hat{x}_2^{(1)} = [0.8 \times 20 + (1-0.8) \times 10] 万元 = 18 万元$$
⋮
$$\hat{x}_{10}^{(1)} = \alpha x_9 + (1-\alpha)\hat{x}_9^{(1)} = [0.8 \times 160 + (1-0.8) \times 115.02] 万元 \approx 151.00 万元$$

将上述计算结果分别填入表 7-6 中。

(4) 确定预测值
当 $\alpha = 0.2$ 时，2019 年销售额为
$$\hat{x}_{11}^{(1)} = \alpha x_{10} + (1-\alpha)\hat{x}_{10}^{(1)} = [0.2 \times 180 + (1-0.2) \times 84.46] 万元 \approx 103.57 万元$$

当 $\alpha = 0.8$ 时，2019 年销售额为
$$\hat{x}_{11}^{(1)} = \alpha x_{10} + (1-\alpha)\hat{x}_{10}^{(1)} = [0.8 \times 180 + (1-0.8) \times 151] 万元 = 174.20 万元$$

由上述计算结果可见，平滑指数 α 取值不同，预测值相差很大。为了确定一个适当的 α

值，要分别计算取不同 α 时各自的平均绝对误差 MAE。

当 $\alpha=0.2$ 时，$MAE = \dfrac{\sum_{t=1}^{n}|x_t - \hat{x}_t^{(1)}|}{n} = \dfrac{468.94}{10}$ 万元 $= 46.894$ 万元

当 $\alpha=0.8$ 时，$MAE = \dfrac{\sum_{t=1}^{n}|x_t - \hat{x}_t^{(1)}|}{n} = \dfrac{196.26}{10}$ 万元 $= 19.626$ 万元

平均绝对误差计算结果表明，当 $\alpha=0.8$ 时，$MAE=19.626$ 较小，故取 $\alpha=0.8$ 进行一次指数平滑预测，得 2019 年销售额的预测值为：$\hat{x}_{11}^{(1)} = 174.20$ 万元。

需要注意的是，因为没有试算其他的 α 值，不能说明 0.8 是最佳平滑系数。

二、二次指数平滑法

(一) 二次指数平滑法的含义

与一次移动平均法类似，用一次指数平滑法进行预测时，也存在滞后偏差问题，因此，也需要进行修正。二次指数平滑法的滞后偏差的修正方法，与一次移动平均法相类似，即在一次指数平滑法的基础上，再进行第二次指数平滑，并根据一次、二次的最后一项的指数平滑值，建立直线趋势预测模型，并用此模型进行预测的方法，称之为二次指数平滑预测法。

(二) 二次指数平滑值计算方法

二次指数平滑法的基本公式为

$$\hat{x}_t^{(2)} = \alpha \bar{x}_t^{(1)} + (1-\alpha)\bar{x}_{t-1}^{(2)} \tag{7-21}$$

式中 $\bar{x}_{t-1}^{(2)}$——第 $t-1$ 期的二次指数平滑值；

$\bar{x}_t^{(1)}$——第 t 期的一次指数平滑值；

α——平滑系数，且 $0 \leq \alpha \leq 1$。

二次指数平滑预测模型为

$$\hat{x}_{t+T} = a_t + b_t T \tag{7-22}$$

$$a_t = 2\bar{x}_t^{(1)} - \bar{x}_t^{(2)} \tag{7-23}$$

$$b_t = \dfrac{\alpha}{1-\alpha}(\bar{x}_t^{(1)} - \bar{x}_t^{(2)}) \tag{7-24}$$

式中 $\hat{x}_{t+T}$——第 $t+T$ 期的预测值；

t——预测模型所处的当前时间；

T——预测模型所处的当前期与预测期之间的间隔期；

a_t、b_t——预测模型的待定系数。

二次指数平滑法仍需确定平滑系数 α 和初始值 $\bar{x}_1^{(2)}$，一般选 $\alpha^{(2)} \leq \alpha^{(1)}$，$\bar{x}_1^{(2)}$ 的选法与 $\hat{x}_1^{(1)}$ 的选法类似。

(三) 二次指数平滑预测法的应用

例 7-8 某商店某品牌家电产品 2009~2018 年销售额资料如表 7-7 所示，试用二次指数平滑法预测 2019 年、2022 年销售额为多少万元。已知一次指数平滑系数为 0.8，二次指数平滑系数为 0.6。

表 7-7 某商店某品牌家电销售额及二次指数平滑法计算表 （单位：万元）

年 份	t	x_t	$\bar{x}_t^{(1)}$	$\hat{x}_t^{(1)}$	$\bar{x}_t^{(2)}$	a_t	b_t	$\hat{x}_t^{(2)}$
2009	1	10	10	10	10	10	0	—
2010	2	20	18	10	14.8	21.2	4.8	10
2011	3	30	27.6	18	22.48	32.72	7.68	26
2012	4	50	45.52	27.6	36.30	54.74	13.83	40.4
2013	5	60	57.10	45.52	48.78	65.42	12.48	68.57
2014	6	80	75.42	57.10	64.76	86.08	15.99	77.9
2015	7	100	95.08	75.42	82.95	107.21	18.20	102.07
2016	8	120	115.02	95.08	102.19	127.85	19.25	125.41
2017	9	160	151.00	115.02	131.48	170.52	29.28	147.1
2018	10	180	174.20	151.00	157.11	191.3	25.6	199.8

解 （1）确定初始值，假设 $\hat{x}_1^{(1)} = \bar{x}_1^{(2)} = x_1 = 10$。

（2）选定平滑系数，由已知条件得：$\alpha^{(1)} = 0.8$；$\alpha^{(2)} = 0.6$。

（3）计算一次、二次指数平滑值 $\bar{x}_t^{(1)}$、$\bar{x}_t^{(2)}$，并将结果填入表 7-7 中。

（4）计算待定系数，建立预测模型。

$$a_t = 2\bar{x}_{10}^{(1)} - \bar{x}_{10}^{(2)} = 2 \times 174.20 - 157.11 \approx 191.3$$

$$b_t = \frac{\alpha}{1-\alpha}(\bar{x}_{10}^{(1)} - \bar{x}_{10}^{(2)})$$

$$= \frac{0.6}{1-0.6}(174.20 - 157.11) \approx 25.6$$

于是，得到预测模型为
$$\hat{y}_{2018+T} = 191.3 + 25.6T$$
因此可得
$$\hat{y}_{2019} = \hat{y}_{2018+1} = (191.3 + 25.6 \times 1) 万元 = 216.9 万元$$
$$\hat{y}_{2022} = \hat{y}_{2018+4} = (191.3 + 25.6 \times 4) 万元 = 293.7 万元$$

即 2019 年、2022 年的销售收入的预测值分别为 216.9 万元、293.7 万元。

需要指出的是，二次指数平滑预测法一般适用于具有线性趋势数据的处理分析。

第五节 趋势延伸法

趋势延伸法是研究市场变量的发展变化相对于时间之间的函数关系，分析预测目标时间序列资料呈现的长期趋势变动轨迹的规律性，用数学方法找出拟合趋势变动轨迹的数学模型，据此预测市场未来发展可能的水平的方法。

应用趋势延伸法有两个假设前提条件：①决定过去预测目标发展的各种因素，在很大程度上仍将决定其未来的发展；②预测目标发展过程是渐进性的，而不是突变性的变化过程。满足上述假设前提条件的常见的趋势变化类型有直线、指数曲线、二次曲线、三次曲线、龚珀兹曲线和修正指数曲线等，具体如图 7-2 所示。本节主要介绍直线、指数曲线、二次曲线、三次曲线、修正指数曲线和龚珀兹曲线等预测模型。

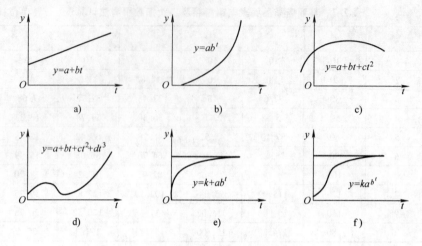

图 7-2 常见的几种趋势曲线模型

a) 直线模型　b) 指数曲线模型　c) 二次曲线模型　d) 三次曲线模型
e) 修正指数曲线模型　f) 龚珀兹曲线模型

一、直线趋势法

(一) 直线趋势法的含义

直线趋势法是将某预测对象的长期趋势用一直线来描述,并通过该直线趋势的向外延伸,估计其预测值,它适用于时间序列观察值数据呈直线上升或下降的情况。当遇到时间序列大多数数据点变化呈线性,个别点有异常现象时,经过分析处理(对异常点进行删除或调整)后再进行预测。直线趋势法的关键是为已知的时间序列找到一条最佳的反映长期线性发展规律的拟合直线。

(二) 直线趋势法的种类

直线趋势法可分为直观法和拟合直线方程法两种。

1. 直观法

直观法又称目测手画法,它是将时间序列观察值数据按时间先后顺序在平面坐标图上一一标出,以横轴表示时间,纵轴表示某预测变量,以此描出散点图;根据散点图走向,用目测徒手画出一条拟合程度最佳的直线,然后沿直线向外延伸,即可进行预测。

根据散点图,用目测徒手画出的拟合直线因人而异,这就有可能形成若干条斜率不同的直线,用这些直线自然延伸所得的预测值也不一样。因此,随手画出的拟合直线是否是最佳的拟合直线,将直接影响预测精度。然而,直观法简便易行,不需要建立数学模型,也不需要进行复杂的计算,因此,在市场预测中被广泛采用。

例 7-9 某企业 2010～2018 年的销售总额如表 7-8 所示,试用直观法预测 2020 年的销售总额为多少万元。

表 7-8 某企业 2010～2018 年销售总额数据表

年 份	2010年	2011年	2012年	2013年	2014年	2015年	2016年	2017年	2018年
销售总额(万元)	100	145	202	253	301	348	400	455	502

解 根据表7-8的数据,横轴 x 表示年份,纵轴 y 表示销售总额,绘制散点图并描出拟合直线,如图7-3所示。过2020年点做垂直线交拟合直线于 A 点,则 A 点所对应的纵坐标数值即为2020年该企业的预测销售值(即 $\hat{y}_{2020}=600$ 万元)。

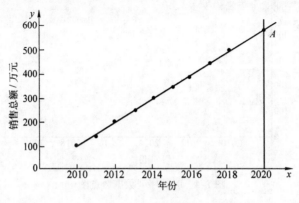

图7-3 拟合直线

2. 拟合直线方程法

拟合直线方程法是根据时间序列数据的长期变动趋势,运用数理统计方法,确定待定参数,建立直线预测模型,并用之进行预测的一种定量预测分析方法。拟合直线方程法的关键是为已知时间序列找到一条能拟合其长期线性发展规律的直线 $\hat{y}_t=a+bx$,并正确地估计出直线的参数 a 和 b。一般用最小二乘法求参数 a 和 b。

下面以一实例来说明拟合直线方程法的应用。

例7-10 某产品2010~2018年利润额如表7-9所示,试预测2019年、2020年该企业利润额各为多少万元。

表7-9 某产品2010~2018年利润额及拟合直线方程法计算表 (单位:万元)

年份	利润额 y(万元)	x	x^2	xy	$\hat{y}$	年份	利润额 y(万元)	x	x^2	xy	$\hat{y}$
2010年	100	-4	16	-400	98.7	2010年	100	0	0	0	98.7
2011年	145	-3	9	-435	149.2	2011年	145	1	1	145	149.2
2012年	202	-2	4	-404	199.7	2012年	202	2	4	404	199.7
2013年	253	-1	1	-253	250.2	2013年	253	3	9	759	250.2
2014年	301	0	0	0	300.7	2014年	301	4	16	1204	300.7
2015年	348	1	1	348	351.2	2015年	348	5	25	1740	351.2
2016年	400	2	4	800	401.7	2016年	400	6	36	2400	401.7
2017年	455	3	9	1365	452.2	2017年	455	7	49	3185	452.2
2018年	502	4	16	2008	502.7	2018年	502	8	64	4016	502.7
合计	2706	0	60	3029		合计	2706	36	204	13853	

解 为了简便计算,将自变量 x 的编号分别取为按正负对称编号: $-4,-3,-2,-1,0,1,2,3,4$ 和按顺序编号: $0,1,2,3,4,5,6,7,8$ 两种来进行计算。

(1) 绘制时间序列数据散点图，如图 7-4 所示，观察各散点的变化趋势。

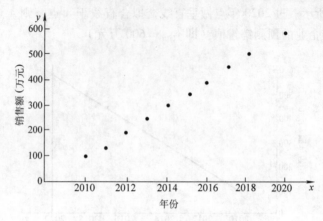

图 7-4　时间序列数据散点图

(2) 将自变量按正负对称编号列表进行计算，其计算结果如表 7-9 所示。
(3) 确定待定系数，建立预测模型。根据最小二乘法得到

$$b = \frac{n\sum xy_t - (\sum x)(\sum y_t)}{n\sum x^2 - (\sum x)^2} = \frac{9 \times 3029 - 0}{9 \times 60 - 0} \approx 50.5$$

$$a = \frac{1}{n}(\sum y_t - b\sum x) = \frac{1}{9}(2706 - 50.5 \times 0) \approx 300.7$$

则预测直线方程为
$$\hat{y}_t = a + bx = 300.7 + 50.5x \tag{7-25}$$

(4) 按顺序编号进行计算，其计算结果如表 7-9 所示。
(5) 确定待定系数，建立预测模型。根据最小二乘法得到

$$b = \frac{n\sum xy_t - (\sum x)(\sum y_t)}{n\sum x^2 - (\sum x)^2} = \frac{9 \times 13853 - 36 \times 2706}{9 \times 204 - 36^2} \approx 50.5$$

$$a = \frac{1}{n}(\sum y_t - b\sum x) = \frac{1}{9}(2706 - 50.5 \times 36) \approx 98.7$$

则预测直线方程为
$$\hat{y}_t = a + bx = 98.7 + 50.5x \tag{7-26}$$

(6) 用拟合直线方程求预测值
1) 按式 (7-25) 进行预测，得到预测值为

$$\hat{y}_{2019} = (300.7 + 50.5 \times 5)\text{万元} = 553.2 \text{万元}$$

$$\hat{y}_{2020} = (300.7 + 50.5 \times 6)\text{万元} = 603.7 \text{万元}$$

2) 按式 (7-26) 进行预测，得到预测值为

$$\hat{y}_{2019} = (98.7 + 50.5 \times 9)\text{万元} = 553.2 \text{万元}$$

$$\hat{y}_{2020} = (98.7 + 50.5 \times 10)\text{万元} = 603.7 \text{万元}$$

由此可见，由于两种时间序列编号方法不同，因此直线方程的表达形式不同，但预测结果是相同的，即该产品 2019 年、2020 年利润额分别为 553.2 万元和 603.7 万元。

二、曲线趋势法

市场经济活动往往受市场供求、价格水平、产品库存等多种因素的综合作用，因此，其

长期趋势变动轨迹有时会呈现不同形式的曲线。这里主要介绍时间序列资料数据呈现指数趋势曲线、修正指数趋势曲线、二次趋势曲线、三次趋势曲线的预测模型的建立及应用。

(一) 指数趋势曲线法

指数趋势曲线法又称对数趋势曲线法。它是指时间序列观察值的长期趋势呈指数曲线变化时，运用观察值的对数与最小二乘法原理求得预测模型的方法。指数趋势曲线法用于时间序列数据按指数曲线规律增减变化的场合。

应用指数趋势曲线法的条件是：时间序列反映预测目标的发展变动大体按一定比例增长的趋势，其数学模型为

$$y_t = ab^x \tag{7-27}$$

对式（7-27）两边取对数，有

$$\lg y_t = \lg a + x \lg b \tag{7-28}$$

令 $\lg y_t = y'$，$\lg a = a'$，$\lg b = b'$，有

$$y' = a' + b'x \tag{7-29}$$

根据最小二乘法可得

$$\begin{cases} b' = \dfrac{n \sum xy_t - (\sum x)(\sum y_t)}{n \sum x^2 - (\sum x)^2} = \dfrac{\sum (x_t - \bar{x})(y_t - \bar{y})}{\sum (x_t - \bar{x})^2} \\ a' = \dfrac{1}{n}(\sum y_t - b' \sum x) = \bar{y_t} - b'\bar{x} \end{cases} \tag{7-30}$$

例 7-11 根据统计年鉴 2005~2016 年国内生产总值如表 7-10 所示，试预测 2017 年、2018 年的国内生产总值为多少亿元。

表 7-10 2005~2016 年国内生产总值资料表

年　份	2005 年	2006 年	2007 年	2008 年	2009 年	2010 年
国内生产总值（亿元）	187318	219438	270232	319515	349081	413030
年　份	2011 年	2012 年	2013 年	2014 年	2015 年	2016 年
国内生产总值（亿元）	489300	540367	595244	643974	689052	744127

注：表内数据来自统计年鉴。

解 （1）根据表 7-10 描绘时间序列数据散点图如图 7-5 所示，观察其变化趋势服从指数曲线变化规律。

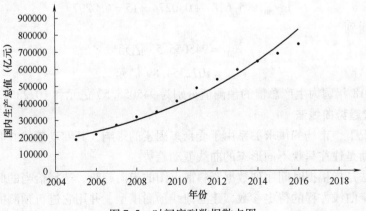

图 7-5 时间序列数据散点图

(2) 列表进行计算，计算结果如表 7-11 所示。

表 7-11 2005~2016 年各年国内生产总值及指数趋势曲线法计算表

（单位：亿元）

观察期（年份）	生产总值 y_t	x	x^2	$\lg y_t$	$x\lg y_t$	$\hat{y}_t$
2005 年	187318	-11	121	5.27	-58.00	207435.38
2006 年	219438	-9	81	5.34	-48.07	235377.00
2007 年	270232	-7	49	5.43	-38.02	267082.38
2008 年	319515	-5	25	5.50	-27.52	303058.48
2009 年	349081	-3	9	5.54	-16.63	343880.58
2010 年	413030	-1	1	5.62	-5.62	390201.44
2011 年	489300	1	1	5.69	5.69	442761.73
2012 年	540367	3	9	5.73	17.20	502401.91
2013 年	595244	5	25	5.77	28.87	570075.65
2014 年	643974	7	49	5.81	40.66	646865.07
2015 年	689052	9	81	5.84	52.54	733998.06
2016 年	744127	11	121	5.87	64.59	832867.89
合计	5460678	0	572	67.42	15.70	

(3) 建立数学模型，计算预测值。

$$\lg a = \frac{\sum \lg y_t}{n} = \frac{67.42}{12} = 5.6187$$

$$\lg b = \frac{n\sum x(\lg y_t) - (\sum x)(\sum y_t)}{n\sum x^2 - (\sum x)^2} = \frac{\sum x \lg y_t}{\sum x^2} = \frac{15.70}{572} = 0.0274$$

得到预测模型为

$$\lg \hat{y}_t = 5.6187 + 0.0274x$$

于是有

$$\lg \hat{y}_{2017} = 5.6187 + 0.0274 \times 13 = 5.9749$$
$$\lg \hat{y}_{2018} = 5.6187 + 0.0274 \times 15 = 6.0297$$

查反对数表，得到

$$\hat{y}_{2017} = 945055.53 \text{ 亿元}$$
$$\hat{y}_{2018} = 1072354.89 \text{ 亿元}$$

即 2017 年、2018 年国内生产总值的预测值分别为 945055.53 亿元和 1072354.89 亿元。

(二) 多次趋势曲线法

在多数情况下，市场的供求关系由于受众多因素的影响，其变动趋势并非总是一条简单的直线方程，而是往往呈现不同形态的曲线变动趋势。

趋势曲线法是指根据时间序列数据资料散点图的走向趋势，选择恰当的曲线方程，利用最小二乘法确定曲线方程的待定参数，建立曲线预测模型，并用它进行预测的方法。

假设：曲线趋势外推预测模型为
$$\hat{y}_t = a + bx + cx^2 + dx^3 + ex^4 + \cdots \quad (7\text{-}31)$$

式中　$\hat{y}_t$——第 t 期某市场变量的预测值（因变量）；

　　　x——时间变量（自变量）。

（1）当 $c = d = e = \cdots = 0$ 时，$\hat{y}_t = a + bx$，即为线性趋势模型。

（2）当 $d = e = \cdots = 0$ 时，$\hat{y}_t = a + bx + cx^2$，即为二次趋势曲线模型。

（3）当 $e = f = \cdots = 0$ 时，$\hat{y}_t = a + bx + cx^2 + dx^3$，即为三次趋势曲线模型。

在此仅介绍二次趋势曲线模型预测法和三次趋势曲线模型预测法。

1. 二次趋势曲线预测法

二次趋势曲线预测法是研究时间序列观察值数据随时间变动呈现一种由高到低再升高（或由低到高再降低）的趋势变化的曲线外推预测方法。由于各数据点的分布呈抛物线轨迹形态，故也称之为二次抛物线预测模型。

二次趋势曲线法数学模型为
$$\hat{y}_t = a + bx + cx^2 \quad (7\text{-}32)$$

式中　a、b、c——方程的待定参数。

各类型的二次曲线图形如图 7-6 所示。

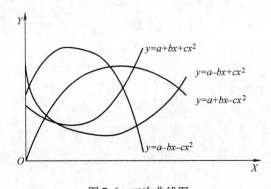

图 7-6　二次曲线图

（1）当 $a > 0$，$b > 0$，$c > 0$ 时，二次曲线开口向上，有最低点，曲线呈正增长趋势；

（2）当 $a > 0$，$b < 0$，$c > 0$ 时，二次曲线开口向上，有最低点，曲线呈负增长趋势；

（3）当 $a > 0$，$b > 0$，$c < 0$ 时，二次曲线开口向下，有最高点，曲线呈正增长趋势；

（4）当 $a > 0$，$b < 0$，$c < 0$ 时，二次曲线开口向下，有最高点，曲线呈负增长趋势。

用最小二乘法确定选定参数。假设：y_t 为第 t 期的时间序列观察值；$\hat{y}_t$ 为第 t 期的预测值；e_t 为第 t 期的离差；Q 为总离差平方和，则有

$$e_t = y_t - \hat{y}_t = y_t - a - bx - cx^2 \quad (7\text{-}33)$$

$$Q = \sum e_t^2 = \sum (y_t - a - bx - cx^2)^2 \quad (7\text{-}34)$$

对式（7-34）求 $\dfrac{\partial Q}{\partial a}$、$\dfrac{\partial Q}{\partial b}$、$\dfrac{\partial Q}{\partial c}$，并分别令其等于零，则

$$\frac{\partial Q}{\partial a} = \frac{\partial}{\partial a} \sum (y_t - a - bx - cx^2)^2 = -2 \sum (y_t - a - bx - cx^2) = 0$$

即
$$\sum y_t = na + b\sum x + c\sum x^2 \qquad (7\text{-}35)$$

$$\frac{\partial Q}{\partial b} = \frac{\partial}{\partial b}\sum(y_t - a - bx - cx^2)^2 = -2x\sum(y_t - a - bx - cx^2) = 0$$

即
$$\sum xy_t = a\sum x + b\sum x^2 + c\sum x^3 \qquad (7\text{-}36)$$

$$\frac{\partial Q}{\partial c} = \frac{\partial}{\partial c}\sum(y_t - a - bx - cx^2)^2 = -2x^2\sum(y_t - a - bx - cx^2) = 0$$

即
$$\sum x^2 y_t = a\sum x^2 + b\sum x^3 + c\sum x^4 \qquad (7\text{-}37)$$

将式（7-35）、式（7-36）、式（7-37）联立解方程组，有

$$\begin{cases} \sum y_t = na + b\sum x + c\sum x^2 \\ \sum xy_t = a\sum x + b\sum x^2 + c\sum x^3 \\ \sum x^2 y_t = a\sum x^2 + b\sum x^3 + c\sum x^4 \end{cases} \qquad (7\text{-}38)$$

将市场现象实际观察值 y_t 和观察期序列号 x 等有关数据代入联立方程组求解，即可求得 a、b、c 3个参考数值。由于 x 是表示时间序列观察期，若人为地令 $\sum x = 0$，则可使计算过程得以简化。为此，将时间序列中间项 $\left(\dfrac{n+1}{2}\right)$ 设为时间原点，则 $\sum x = 0$，$\sum x^3 = 0$，$\sum x^5 = 0$，…式（7-38）可简化为

$$\begin{cases} \sum y_t = na + c\sum x^2 \\ \sum xy_t = b\sum x^2 \\ \sum x^2 y_t = a\sum x^2 + c\sum x^4 \end{cases} \qquad (7\text{-}39)$$

解得
$$\begin{cases} a = \dfrac{\sum x^4 \sum y_t - \sum x^2 \sum x^2 y_t}{n\sum x^4 - (\sum x^2)^2} \\ b = \dfrac{\sum xy_t}{\sum x^2} \\ c = \dfrac{n\sum x^2 y_t - \sum x^2 \sum y_t}{n\sum x^4 - (\sum x^2)^2} \end{cases} \qquad (7\text{-}40)$$

例 7-12 中国 2005～2016 年各年进出口贸易总额如表 7-12 所示，按此趋势，试预测 2017 年、2018 年国内进出口贸易总额将为多少亿美元。

表 7-12 2005～2016 年各年进出口贸易总额资料表

年 份	2005 年	2006 年	2007 年	2008 年	2009 年	2010 年
进出口总额（亿美元）	14219.1	17604.4	21761.8	25632.6	22075.4	29740.0
年 份	2011 年	2012 年	2013 年	2014 年	2015 年	2016 年
进出口总额（亿美元）	36418.6	38671.2	41589.9	43015.3	39530.3	36855.6

注：表内数据来自统计年鉴。

解 （1）根据表中的数据绘制散点图，将 2005～2016 年各年进出口额描绘在图 7-7 中，并观察其变化趋势。

（2）根据散点图的变化趋势确定其属于二次曲线变化趋势，列表计算二次曲线选定参数所需的数据，并将计算结果列入表 7-13 中。

第七章 时间序列趋势预测法

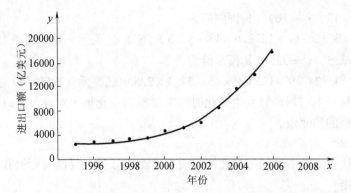

图 7-7 观察值二次曲线散点图

表 7-13 2005～2016 年进出口贸易额及二次趋势曲线法计算表　（单位：亿美元）

年　份	进出口额 y_t	x	x^2	x^4	xy_t	$x^2 y_t$	$\hat{y}_t$
2005 年	14219.1	-11	121	14641	-156410.1	1720511.1	12326.13516
2006 年	17604.4	-9	81	6561	-158439.6	1425956.4	17175.38102
2007 年	21761.8	-7	49	2401	-152332.6	1066328.2	21566.21938
2008 年	25632.6	-5	25	625	-128163	640815	25498.65025
2009 年	22075.4	-3	9	81	-66226.2	198678.6	28972.67363
2010 年	29740	-1	1	1	-29740	29740	31988.28951
2011 年	36418.6	1	1	1	36418.6	36418.6	34545.4979
2012 年	38671.2	3	9	81	116013.6	348040.8	36644.2988
2013 年	41589.9	5	25	625	207949.5	1039747.5	38284.69221
2014 年	43015.3	7	49	2401	301107.1	2107749.7	39466.67812
2015 年	39530.3	9	81	6561	355772.7	3201954.3	40190.25654
2016 年	36855.6	11	121	14641	405411.6	4459527.6	40455.42747
合计	367114.2	0	572	48620	731361.6	16275467.8	

（3）计算待定参数，建立预测模型。将表 7-13 中的数据，代入式（7-40），有

$$\begin{cases} a = \dfrac{\sum x^4 \sum y_t - \sum x^2 \sum x^2 y_t}{n \sum x^4 - (\sum x^2)^2} \\ \quad = \dfrac{48620 \times 367114.2 - 572 \times 16275467.8}{12 \times 48620 - 572^2} \approx 33324.19 \\ b = \dfrac{\sum xy_t}{\sum x^2} = \dfrac{731361.6}{572} \approx 1278.60 \\ c = \dfrac{n \sum x^2 y_t - \sum x^2 \cdot \sum y_t}{n \sum x^4 - (\sum x^2)^2} \\ \quad = \dfrac{12 \times 16275467.8 - 572 \times 367114.2}{12 \times 48620 - 572^2} = -57.3 \end{cases}$$

于是得到所求的二次曲线预测模型为

$$\hat{y}_t = 33324.19 + 1278.6x - 57.3x^2 \tag{7-41}$$

（4）确定预测值。将 2017 年、2018 年在时间序列中的时间变量 x 值和 x^2 值代入式（7-41）中，则有

2017 年的 $x=13$,$x^2=169$,其预测值为

$$\hat{y}_{2017}=(33324.19+1278.6\times13-57.3\times169)\text{亿美元}=40262.29\text{亿美元}$$

2018 年的 $x=15$,$x^2=225$,其预测值为

$$\hat{y}_{2018}=(33324.19+1278.6\times15-57.3\times225)\text{亿美元}=39610.69\text{亿美元}$$

需要指出的是,当市场形势发生变化时,需要根据变化情况对预测值进行调整,以确定符合市场发展趋势的预测值。

2. 分组平均法

其原理与直线模型求参数的方法相同。设有 n 个实际值,要使实际值和理论预测值的偏差代数和为零,则

$$\sum(y_t-\hat{y}_t)=\sum[y_t-(a+bx+cx^2)]$$
$$=\sum(y_t-a-bx-cx^2)=0$$
$$\sum y_t=Na+b\sum x+c\sum x^2$$

由于求参数 a、b、c 需要 3 个方程,于是将时间序列分成相等的 3 个间距,分别求出每一间距内各时期时序值之和,再将 3 个间距时序值组成 3 个方程,联立求解方程组得到 3 个参数。这种方法叫三和值方法。它只能用来对参数进行粗略的估计,常用来确定具有 3 个参数的模型。

根据三和值方法的原理将实际观察值平均分成 3 段,每段的样本数 $r=n/3$,于是产生一个由 3 个方程组成的方程组

$$\begin{cases}\sum_{t=1}^{r}y_t=ra+b\sum_{t=1}^{r}x_t+c\sum_{t=1}^{r}x_t^2\\\sum_{t=r+1}^{2r}y_t=ra+b\sum_{t=r+1}^{2r}x_t+c\sum_{t=r+1}^{2r}x_t^2\\\sum_{t=2r+1}^{3r}y_t=ra+b\sum_{t=2r+1}^{3r}x_t+c\sum_{t=2r+1}^{3r}x_t^2\end{cases} \quad (7-42)$$

即

$$\begin{cases}\sum_{1}y_i=na+b\sum_{1}x_i+c\sum_{1}x_i^2\\\sum_{2}y_i=na+b\sum_{2}x_i+c\sum_{2}x_i^2\\\sum_{3}y_i=na+b\sum_{3}x_i+c\sum_{3}x_i^2\end{cases} \quad (7-43)$$

假设以 $\bar{y}_1$、$\bar{y}_2$、$\bar{y}_3$ 分别表示各组实际值因变量的平均数,$\bar{x}_1$、$\bar{x}_2$、$\bar{x}_3$ 分别表示各组数据自变量的平均数,式(7-43)两边同除以 n 得

$$\begin{cases}\bar{y}_1=a+b\bar{x}_1+c\dfrac{1}{n}\sum_{1}x_i^2\\\bar{y}_2=a+b\bar{x}_2+c\dfrac{1}{n}\sum_{2}x_i^2\\\bar{y}_3=a+b\bar{x}_3+c\dfrac{1}{n}\sum_{3}x_i^2\end{cases} \quad (7-44)$$

运用式(7-44)也可对呈二次曲线趋势变化的情况进行预测。

例 7-13 2011~2016 年国内各年税收收入总额如表 7-14 所示,根据表中给定的数据和趋势,试预测 2017 年、2018 年国内税收收入总额为多少亿元。

表 7-14　2011～2016 年各年税收收入总额资料表

x_i	1	2	3	4	5	6
年　份	2011 年	2012 年	2013 年	2014 年	2015 年	2016 年
税收收入（亿元）	89738.39	100614.28	110530.70	119175.31	124922.20	130360.73

注：表内数据来自统计年鉴。

解　（1）绘制散点图。将 2011～2016 中国各年税收收入总额描绘在图 7-8 中，并观察其变化趋势。

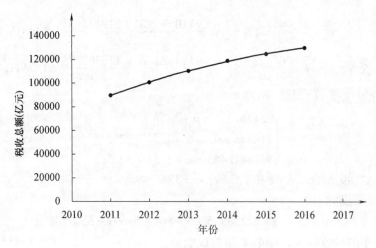

图 7-8　观察值二次曲线散点图

（2）用三和值法将样本 n 平均分成三段，每段样本数 $r = n/3 = 6/3 = 2$，则二次曲线模型为

$$\begin{cases} y_1 = a + bx_1 + cx_1^2 \\ y_2 = a + bx_2 + cx_2^2 \\ \vdots \\ y_r = a + bx_r + cx_r^2 \end{cases} \begin{cases} y_{r+1} = a + bx_{r+1} + cx_{r+1}^2 \\ y_{r+2} = a + bx_{r+2} + cx_{r+2}^2 \\ \vdots \\ y_{2r} = a + bx_{2r} + cx_{2r}^2 \end{cases} \begin{cases} y_{2r+1} = a + bx_{2r+1} + cx_{2r+1}^2 \\ y_{2r+2} = a + bx_{2r+2} + cx_{2r+2}^2 \\ \vdots \\ y_{3r} = a + bx_{3r} + cx_{3r}^2 \end{cases}$$

将上面三式分别相加，然后除以 r，得

$$\begin{cases} \dfrac{1}{r}\sum_{i=1}^{r} y_i = \dfrac{ra}{r} + b\dfrac{\sum_{i=1}^{r} x_i}{r} + c\dfrac{\sum_{i=1}^{r} x_i^2}{r} \\[2mm] \dfrac{1}{r}\sum_{i=r+1}^{2r} y_i = \dfrac{ra}{r} + b\dfrac{\sum_{i=r+1}^{2r} x_i}{r} + c\dfrac{\sum_{i=r+1}^{2r} x_i^2}{r} \\[2mm] \dfrac{1}{r}\sum_{i=2r+1}^{3r} y_i = \dfrac{ra}{r} + b\dfrac{\sum_{i=2r+1}^{3r} x_i}{r} + c\dfrac{\sum_{i=2r+1}^{3r} x_i^2}{r} \end{cases} \quad (7\text{-}45)$$

以 $\bar{y}_1$、$\bar{y}_2$、$\bar{y}_3$ 分别表示各段因变量的平均数，以 $\bar{x}_1$、$\bar{x}_2$、$\bar{x}_3$ 分别表示各组数据自变量的平均数，于是有

$$\begin{cases} \bar{y}_1 = a + \bar{b x_1} + c \sum_1 x_1^2 \\ \bar{y}_2 = a + \bar{b x_2} + c \sum_2 x_2^2 \\ \bar{y}_3 = a + \bar{b x_3} + c \sum_3 x_3^2 \end{cases} \tag{7-46}$$

将表 7-14 中的数据代入式 (7-46) 得

$$\bar{x}_1 = \frac{1+2}{2} = 1.5 \quad \bar{x}_1^2 = \frac{1^2+2^2}{2} = 2.5 \quad \bar{y}_1 = \frac{89738.39 + 100614.28}{2} = 95176.335$$

$$\bar{x}_2 = \frac{3+4}{2} = 3.5 \quad \bar{x}_2^2 = \frac{3^2+4^2}{2} = 12.5 \quad \bar{y}_2 = \frac{110530.70 + 119175.31}{2} = 114853.005$$

$$\bar{x}_3 = \frac{5+6}{2} = 5.5 \quad \bar{x}_3^2 = \frac{5^2+6^2}{2} = 30.5 \quad \bar{y}_3 = \frac{124922.20 + 130360.73}{2} = 127641.465$$

将上述数值代入式 (7-46) 中得

$$\begin{cases} 95176.335 = a + 1.5b + 2.5c \\ 114853.005 = a + 3.5b + 12.5c \\ 127641.465 = a + 5.5b + 30.5c \end{cases} \tag{7-47}$$

解得：$a = 82189.5806$，$b = 8067.5869$，$c = 354.1496$。

于是所求的二次曲线方程为

$$\hat{y}_t = a + bx + cx^2 = 82189.5806 + 8067.5869x + 354.1496x^2 \tag{7-48}$$

预测 2017 年的税收收入，即第 7 期的税收收入，将 $x = 7$ 代入式 (7-48) 中，得 2017 年的预测销售量为

$$\hat{y}_{2017} = (82189.5806 + 8067.5869 \times 7 + 354.1496 \times 7^2) \text{亿元} = 156016.0193 \text{亿元}$$

预测 2018 年的税收收入，即是第 8 期的税收收入，将 $x = 8$ 代入式 (7-48) 中，得 2018 年的预测销售量为

$$\hat{y}_{2018} = (82189.5806 + 8067.5869 \times 8 + 354.1496 \times 8^2) \text{亿元} = 169395.8502 \text{亿元}$$

3. 三次趋势曲线法

三次趋势曲线法是指时间序列观察期资料的趋势变化中，呈现由低而高后再下降又上升的趋势变化曲线，即具有三次曲线状态时所运用的预测方法。

三次趋势曲线法的预测模型为

$$\hat{y}_t = a + bx + cx^2 + dx^3 \tag{7-49}$$

同二次趋势曲线法一样，三次趋势曲线预测模型待定参数 a、b、c、d 的确定也是运用最小二乘法原理，使离差平方和 Q 取最小值，再用高等数学的求极值原理，令 $\frac{\partial Q}{\partial a}$、$\frac{\partial Q}{\partial b}$、$\frac{\partial Q}{\partial c}$、$\frac{\partial Q}{\partial d}$ 分别等于零，便可得到三次趋势曲线预测模型参数估计标准的联立方程组。

当时间序列数 x 的编号采用 1，2，$\cdots$，n 时，联立方程组为

$$\begin{cases} na + b\sum x + c\sum x^2 + d\sum x^3 = \sum y_t \\ a\sum x + b\sum x^2 + c\sum x^3 + d\sum x^4 = \sum xy_t \\ a\sum x^2 + b\sum x^3 + c\sum x^4 + d\sum x^5 = \sum x^2 y_t \\ a\sum x^3 + b\sum x^4 + c\sum x^5 + d\sum x^6 = \sum x^3 y_t \end{cases} \tag{7-50}$$

当时间序列数 x 的编号采用…，-3，-2，-1，0，1，2，3，…时，由于 $\sum x = \sum x^3 = \sum x^5 = 0$，联立方程组简化为

$$\begin{cases} na + c\sum x^2 = \sum y_t \\ b\sum x^2 + d\sum x^4 = \sum xy_t \\ a\sum x^2 + c\sum x^4 = \sum x^2 y_t \\ b\sum x^4 + d\sum x^6 = \sum x^3 y_t \end{cases} \quad (7\text{-}51)$$

根据时间序列观察期的数据资料，列表分别计算 $\sum x^2$，$\sum x^4$，$\sum x^6$，$\sum y_t$，$\sum xy_t$，$\sum x^2 y_t$，$\sum x^3 y_t$，并将计算结果代入式（7-51）中解出 a、b、c、d，即可求出所求的三次趋势曲线预测模型。

例 7-14 某企业 2006～2018 年商品销售额如表 7-15 所示，用三次趋势曲线法预测 2019 年的销售额为多少万元。

表 7-15 某企业商品销售额及三次趋势曲线法有关数据计算表 （单位：万元）

年 份	销售额 y_t	x	x^2	x^4	x^6	xy_t	$x^2 y_t$	$x^3 y_t$	$\hat{y}_t$
2006 年	1502	-6	36	1296	46656	-9012	54072	-324432	1399.731
2007 年	1613	-5	25	625	15625	-8065	40325	-201625	1652.757
2008 年	1708	-4	16	256	4096	-6832	27328	-109312	1829.923
2009 年	1850	-3	9	81	729	-5550	16650	-49950	1943.259
2010 年	1998	-2	4	16	64	-3996	7992	-15984	2004.795
2011 年	2106	-1	1	1	1	-2106	2106	-2106	2026.561
2012 年	2198	0	0	0	0	0	0	0	2020.587
2013 年	2068	1	1	1	1	2068	2068	2068	1998.903
2014 年	1987	2	4	16	64	3974	7948	15896	1973.539
2015 年	1769	3	9	81	729	5307	15921	47763	1956.525
2016 年	1886	4	16	256	4096	7544	30176	120704	1959.891
2017 年	2008	5	25	625	15625	10040	50200	251000	1995.667
2018 年	2145	6	36	1296	46656	12870	77220	463320	2075.883
合计	24838	0	182	4550	134342	6242	332006	197342	

解 （1）绘制散点图。将时间序列观察期资料绘制在直角坐标系中，如图 7-9 所示。观察其发展趋势是否具有三次曲线的变化规律。

（2）列表计算待定参数有关的数据资料，具体如表 7-15 所示。

（3）利用式（7-51）联立方程组为

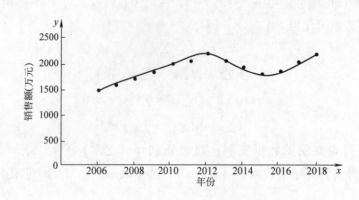

图 7-9　某企业商品销售额曲线图

$$\begin{cases} 24838 = 13a + 182c \\ 6242 = 182b + 4550d \\ 332006 = 182a + 4550c \\ 197432 = 4550b + 134342d \end{cases}$$

求解联立方程组得
$$\begin{cases} a = 2020.587 \\ b = -15.928 \\ c = -7.855 \\ d = 2.009 \end{cases}$$

于是所求的三次趋势曲线预测模型为
$$\hat{y}_t = 2020.587 - 15.928x - 7.855x^2 + 2.009x^3$$

根据预测模型得到2019年该商品销售额预测值为
$$\hat{y}_{2019} = (2020.587 - 15.928 \times 7 - 7.855 \times 7^2 + 2.009 \times 7^3) 万元 = 2213.283 万元$$

（三）修正指数趋势曲线法

修正指数趋势曲线模型预测法是根据预测对象具有修正指数曲线变动趋势的历史数据，拟合成一条修正指数曲线，通过建立修正指数曲线模型来进行预测。

修正指数曲线模型为

$$\hat{y} = k + ab^t \tag{7-52}$$

式中　k、a、b——待定参数；

　　　t——时间。

同 $\hat{y} = ab^t$ 相比较，修正指数曲线模型只比指数曲线模型多一个 $k(k>0)$ 值。它是对指数曲线模型的某种"修正"，故称为修正指数曲线模型。根据 a，b 数值的不同有如图 7-10 所示的四种不同形状的修正指数曲线，其中（7-10a）最为常用。

修正指数曲线模型比较复杂，不宜用最小二乘法求其参数，宜用三和值法求解。若样本数为 n，则每段样本数为 $\frac{n}{3}$。令 $r = \frac{n}{3}$，$\sum y_\mathrm{I}$、$\sum y_\mathrm{II}$、$\sum y_\mathrm{III}$ 分别为第一段、第二段以及第三段观察值数据之和，则有

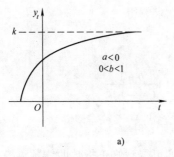
a)

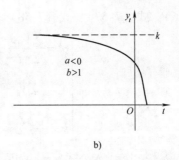
b)

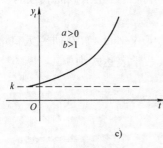
c)

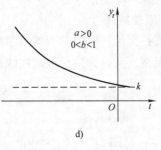
d)

图 7-10　修正指数曲线的四种形状

$$\begin{cases} y_1 = k + ab^1 \\ y_2 = k + ab^2 \\ y_3 = k + ab^3 \\ \vdots \\ y_r = k + ab^r \end{cases} \tag{7-53}$$

$$\begin{cases} y_{r+1} = k + ab^{r+1} \\ y_{r+2} = k + ab^{r+2} \\ y_{r+3} = k + ab^{r+3} \\ \vdots \\ y_{2r} = k + ab^{r+r} \end{cases} \tag{7-54}$$

$$\begin{cases} y_{2r+1} = k + ab^{2r+1} \\ y_{2r+2} = k + ab^{2r+2} \\ y_{2r+3} = k + ab^{2r+3} \\ \vdots \\ y_{3r} = k + ab^{2r+r} \end{cases} \tag{7-55}$$

分别将式 (7-53)、式 (7-54)、式 (7-55) 左右两边相加得

$$\sum y_{\mathrm{I}} = \sum_{i=1}^{r} y_i = rk + a(b^1 + b^2 + \cdots + b^r) \tag{7-56}$$

$$\sum y_{\mathrm{II}} = \sum_{i=r+1}^{2r} y_i = rk + ab^r(b^1 + b^2 + \cdots + b^r) \tag{7-57}$$

$$\sum y_{\mathrm{III}} = \sum_{i=2r+1}^{3r} y_i = rk + ab^{2r}(b^1 + b^2 + \cdots + b^r) \tag{7-58}$$

对式（7-56）、式（7-57）、式（7-58）联立求解得

$$\begin{cases} b^r = \dfrac{\sum y_{\text{III}} - \sum y_{\text{II}}}{\sum y_{\text{II}} - \sum y_{\text{I}}} \\ a = (\sum y_{\text{II}} - \sum y_{\text{I}}) \dfrac{b-1}{(b^r-1)^2} \\ k = \dfrac{1}{r}\left(\sum y_{\text{I}} - \dfrac{b^r-1}{b-1}a\right) \end{cases} \tag{7-59}$$

将所求得的 b、a、k 代入公式 $\hat{y} = k + ab^t$ 中即可得到修正指数曲线预测模型。

（四）罗吉斯曲线法

罗吉斯曲线是由比利时数学家维哈尔斯特（P. F. Verhulot）在研究人口增长规律时提出来的曲线预测模型，又称为生长理论曲线模型。其数学表达式为

$$\hat{y}_t = \dfrac{1}{k + ab^t} \tag{7-60}$$

式中　k，a，b——待定参数；

　　　t——时间。

对式（7-60）两边取导数，有

$$\dfrac{1}{\hat{y}_t} = k + ab^t$$

令

$$\dfrac{1}{\hat{y}_t} = y'$$

则有

$$y' = k + ab^t \tag{7-61}$$

即为修正指数曲线模型。

对式（7-61）求一阶、二阶导数有

$$\hat{y}'_t = \dfrac{-ab^t \ln b}{(k + ab^t)^2} \tag{7-62}$$

$$\hat{y}''_t = \dfrac{-ab^t (\ln b)^2 (k - b^t a)}{(k + ab^t)^3} \tag{7-63}$$

取 $\hat{y}''_t = 0$，可得曲线拐点坐标为

$$\left(t = \dfrac{\ln k - \ln a}{\ln b}, \hat{y}_t = \dfrac{1}{2k}\right) \tag{7-64}$$

罗吉斯曲线仍可采用三和值法估算参数，若时间序列观察值数据为 n 个，将其分成间距相等的三段，假设第一段、第二段、第三段因变量数据之和分别为 $\sum y'_{\text{I}}$、$\sum y'_{\text{II}}$、$\sum y'_{\text{III}}$，令 $r = \dfrac{n}{3}$，则有

$$\begin{cases} b^r = \dfrac{\sum y'_{\text{III}} - \sum y'_{\text{II}}}{\sum y'_{\text{II}} - \sum y'_{\text{I}}} \\ a = (\sum y'_{\text{II}} - \sum y'_{\text{I}}) \dfrac{b-1}{(b^r-1)^2} \\ k = \dfrac{1}{r}\left(\sum y'_{\text{I}} - \dfrac{b^r-1}{b-1}a\right) \end{cases} \tag{7-65}$$

求解式（7-65），将求出的 k、a、b 之值代入罗吉斯曲线 $\hat{y}_t = \dfrac{1}{k+ab^t}$，即为所求的罗吉斯曲线预测模型。

罗吉斯曲线的图形如图 7-11 所示，它是一条关于拐点对称的 S 形曲线，描述了市场变量的变化规律，即开始缓慢增长，而后逐渐加快，达到拐点后，增长率减慢，最后达到某一临界值。

（五）龚珀兹曲线预测法

龚珀兹曲线预测法是根据预测对象具有龚珀兹曲线变动趋势的历史数据，拟合成一条龚珀兹曲线，通过建立龚珀兹曲线模型来进行预测的方法。

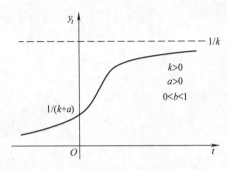

图 7-11 罗吉斯曲线图形

龚珀兹曲线是英国人寿保险专家龚珀兹（B. Gompertz）在 1820 年为预测人口增长而提出的一条曲线，它由美国学者普莱斯科特（R. Prescott）在 1922 年首次应用于市场预测中，随后被广泛应用于耐用消费品的产品生命周期预测。

龚珀兹曲线模型为

$$\hat{y}_t = ka^{b^t} \quad (k>0) \tag{7-66}$$

对式（7-66）两边取对数得

$$\lg \hat{y} = \lg k + b^t \lg a \tag{7-67}$$

式中 $\hat{y}_t$——历史发展 t 时期产品的销售额（数量）；

t——观测期的某时间周期；

k、a、b——龚珀兹曲线的参数。

通常利用三和值法将样本平均分成三段，每段就有 $n/3$ 个样本，令 $r=n/3$，则上式变为

$$\begin{cases} \lg y_1 = \lg k + b^1 \lg a \\ \lg y_2 = \lg k + b^2 \lg a \\ \lg y_3 = \lg k + b^3 \lg a \\ \vdots \\ \lg y_r = \lg k + b^r \lg a \end{cases} \tag{7-68}$$

$$\begin{cases} \lg y_{r+1} = \lg k + b^{r+1} \lg a \\ \lg y_{r+2} = \lg k + b^{r+2} \lg a \\ \lg y_{r+3} = \lg k + b^{r+3} \lg a \\ \vdots \\ \lg y_{r+r} = \lg k + b^{r+r} \lg a \end{cases} \tag{7-69}$$

$$\begin{cases} \lg y_{2r+1} = \lg k + b^{2r+1} \lg a \\ \lg y_{2r+2} = \lg k + b^{2r+2} \lg a \\ \lg y_{2r+3} = \lg k + b^{2r+3} \lg a \\ \vdots \\ \lg y_{2r+r} = \lg k + b^{2r+r} \lg a \end{cases} \tag{7-70}$$

将式（7-68）、式（7-69）、式（7-70）左边与右边分别相加得

$$\begin{cases} \sum_{i=1}^{r} \lg y_i = r \cdot \lg k + (b^1 + b^2 + b^3 + \cdots + b^r)\lg a \\ \sum_{r+1}^{2r} \lg y_i = r \cdot \lg k + b^r(b^1 + b^2 + b^3 + \cdots + b^r)\lg a \\ \sum_{2r+1}^{3r} \lg y_i = r \cdot \lg k + b^{2r}(b^1 + b^2 + b^3 + \cdots + b^r)\lg a \end{cases} \quad (7\text{-}71)$$

解式（7-71）得

$$\begin{cases} b^r = \dfrac{\sum_{2r+1}^{3r}\lg y_i - \sum_{r+1}^{2r}\lg y_i}{\sum_{r+1}^{2r}\lg y_i - \sum_{1}^{r}\lg y_i} \\ \lg a = \Big(\sum_{r+1}^{2r}\lg y_i - \sum_{1}^{r}\lg y_i\Big)\dfrac{b-1}{(b^r-1)^2} \\ \lg k = \dfrac{1}{r}\Big(\sum_{1}^{r}\lg y_i - \dfrac{b^r-1}{b-1}\lg a\Big) \end{cases} \quad (7\text{-}72)$$

查反对数表得到 k、a、b 之值，将 k、a、b 值代入龚珀兹曲线方程得到所求曲线方程为

$$\hat{y} = ka^{b^t} \quad (7\text{-}73)$$

例 7-15 某企业某商品各年销售资料如表 7-16 所示，运用龚珀兹曲线模型预测 2019 年的销售量为多少。

表 7-16 某企业某商品各年销售资料

年　份	2010 年	2011 年	2012 年	2013 年	2014 年	2015 年	2016 年	2017 年	2018 年
时间 t_i	1	2	3	4	5	6	7	8	9
销售量 y_i/t	10	10.4	12	13.2	15	15.6	17	17.4	19

解（1）将表 7-16 中的数据描绘在直角坐标系中，观察变化趋势，发现符合龚珀兹曲线模型，因此，用龚珀兹曲线模型 $\hat{y} = ka^{b^t}$ 来进行预测。

（2）用三和值法将观测值的数目（样本数）$n=9$ 平均分成 3 段，每段观测值的个数为 $r=3$ 个。

（3）分段进行运算为

$$\begin{cases} \sum_{1}^{r}\lg y_i = \lg 10 + \lg 10.4 + \lg 12 = 1 + 1.017 + 1.0792 = 3.0962 \\ \sum_{r+1}^{2r}\lg y_i = \lg 13.2 + \lg 15 + \lg 15.6 = 1.1206 + 1.1761 + 1.1931 = 3.4898 \\ \sum_{2r+1}^{3r}\lg y_i = \lg 17 + \lg 17.4 + \lg 19 = 1.2304 + 1.2405 + 1.2788 = 3.7497 \end{cases} \quad (7\text{-}74)$$

解 由式（7-74）得

$$b^3 = \dfrac{\sum_{2r+1}^{3r}\lg y_i - \sum_{r+1}^{2r}\lg y_i}{\sum_{r+1}^{2r}\lg y_i - \sum_{1}^{r}\lg y_i} = \dfrac{3.7497 - 3.4898}{3.4898 - 3.0962} \approx 0.6603$$

$$b = \sqrt[3]{0.6603} = 0.8708$$

$$\lg a = \left(\sum_{r+1}^{2r} \lg y_i - \sum_{1}^{r} \lg y_i\right)\frac{b-1}{(b^r-1)^2}$$

$$= (3.4898 - 3.0962)\frac{0.8707-1}{(0.8708^3-1)^2} = -0.4407$$

$$\lg k = \frac{1}{r}\left(\sum_{1}^{r} \lg y_i - \frac{b^r-1}{b-1}\lg a\right)$$

$$= \frac{1}{3}\left(3.0962 - \frac{0.6603-1}{0.8708-1}\lg a\right) = 1.4183$$

查反对数表得 $a = 0.3625, k = 26.1999$。

将 k、a、b 的值代入龚珀兹曲线模型得

$$\hat{y} = ka^{b^t} = 26.1999(0.3625)^{0.8708^t} \tag{7-75}$$

预测 2019 年的销售量,即第 10 期的销售量,将 $t = 10$ 代入式(7-75)得

$$\hat{y} = 26.1999(0.3625)^{0.8708^{10}} = 20.3154$$

第六节 季节指数法

季节指数法是以市场季节性周期为特征,计算反映在时间序列资料上呈现的有规律的季节性变动的一种预测方法。利用季节指数预测法进行预测时,时间序列的时间单位是季或月,其变动循环周期为 4 个月或 12 个月。利用季节指数进行预测,首先要利用统计方法计算出预测目标的季节指数,以测定季节变动的规律性;然后在已知季度的平均值条件下,预测未来某个月(季)的预测值。

季节指数是指预测目标在某季或某月受季节影响而引起的周期性变动比例。测定时间序列季节指数的方法很多,本节主要介绍直接平均季节指数法和移动平均季节指数法两种。

一、直接平均季节指数法

(一)直接平均季节指数法的概念

直接平均季节指数法是根据季节变动序列资料,用求算术平均值的方法,直接计算各月或各季度指数,以此达到预测目的的一种方法。

(二)直接平均季节指数法的使用步骤

(1)收集历年(至少 3 年)各月或各季度的统计资料。

(2)求出各年同月或同季的平均数(用 $\bar{x}_t$ 表示)。

(3)求历年间所有月份或季度的总平均值(用 M 表示)。

(4)计算同月或同季度的季节指数 $\beta = \bar{x}_t/M$。

(5)用未来季度的没有考虑季节影响的预测值 $\hat{x}_t$,乘以相应季节指数,就得未来半年内各月和各季度包含季节变动的预测值 $\hat{y}_t$。具体计算模型为

$$\begin{cases} \hat{y}_t = \hat{x}_t \beta_t \\ \beta_t = \dfrac{\bar{x}_t}{M} \\ \hat{x}_t = \dfrac{1}{4} \times [\text{上一年各季度的合计数} \times (1+\text{增减率})] \end{cases} \tag{7-76}$$

例 7-16 某企业 2014～2018 年销售资料如表 7-17 所示，预计 2019 年比 2018 年增长 7%，预测 2019 年各季度销售额。

解 （1）求出历年各季度的平均数为

$$\bar{x}_1 = \frac{454.94 + 438.96 + 432.97 + 468.58 + 445.42}{5} \text{万元} \approx 448.17 \text{万元}$$

$$\bar{x}_2 = \frac{470.18 + 557.59 + 498.50 + 516.18 + 515.72}{5} \text{万元} \approx 511.63 \text{万元}$$

$$\bar{x}_3 = \frac{412.08 + 369.26 + 417.83 + 316.55 + 286.53}{5} \text{万元} = 360.45 \text{万元}$$

$$\bar{x}_4 = \frac{452.16 + 542.12 + 567.42 + 490.29 + 356.21}{5} \text{万元} = 481.64 \text{万元}$$

（2）求出历年各季度的总平均数为

$$M = \frac{448.174 + 511.63 + 360.45 + 481.64}{4} \text{万元} \approx 450.47 \text{万元}$$

（3）计算同季度的季节指数，如表 7-17 所示。

（4）计算各季度包含季节变动的预测值 $\hat{y}_t$，具体如表 7-17 所示。

表 7-17 某企业 2014～2018 年资料表 （单位：万元）

季度 t	2014 年	2015 年	2016 年	2017 年	2018 年	$\bar{x}_t$	$\beta = \bar{x}_t/M$（%）	$\hat{y}_t = \hat{x}_t\beta$
1	454.94	438.96	432.97	468.58	445.42	448.17	99.49	426.85
2	470.18	557.59	498.50	516.18	515.72	511.63	122.46	525.40
3	412.08	369.26	417.83	316.55	286.53	360.45	80.02	343.32
4	452.16	542.12	567.42	490.29	356.21	481.64	106.92	458.73
合计	1789.36	1907.93	1916.72	1791.6	1603.88	1801.89	$\hat{x}_t = 1/4[1603.88 \times (1+7\%)]$	
				历年季节总平均		$M = 450.47$	$= 429.04$	

二、移动平均季节指数法

（一）移动平均季节指数的概念

利用移动平均法分解时间序列四类变动因子，计算出既消除长期趋势变动又消除循环变动和不规则变动的比较精确地反映季节变动情况的季节指数。

（二）移动平均季节指数法的使用步骤

（1）利用移动平均法，对移动平均序列进行中心化处理得

$$\frac{X}{M_t} = \frac{TC \times SI}{TC} = SI \tag{7-77}$$

（2）求各年同季度季节指数平均值，消除不规则因子 I。求出各季节指数调整值 K（利用 K 值）

$$K = \frac{4}{\text{季节指数平均数总和}} \times 100\% \tag{7-78}$$

（3）用直线趋势法建立预测模型

$$\hat{X}_t = a + bt \tag{7-79}$$

(4) 利用 S 求出预测趋势值

$$\hat{Y} = \hat{X}_t S \qquad (7-80)$$

例 7-17 某公司 2014~2018 年分季度销售资料如表 7-18 所示，试用移动平均季节指数法预测 2019 年各季度销售额。

表 7-18　某公司 2014~2018 年分季度销售资料表　　（单位：万元）

年份＼季度	一季度	二季度	三季度	四季度
2014 年	3260	2300	4100	3960
2015 年	3500	2410	4410	4300
2016 年	3720	2570	4800	4540
2017 年	4080	2730	5120	4920
2018 年	4300	2860	5600	5380
2019 年预测				

解　(1) 计算季节指数 S，如表 7-19 所示。

表 7-19　某企业销售量数据及季节指数法计算表　　（金额单位：万元）

(1) 年份	(2) 季度	(3) 销售额 $X = TS \times CI$	(4) $N=4$ 移动平均数 TC	(5) 中心化移动平均数 $M_t = TC$	(6) 各年季度季节指数（%）$SI = \frac{(3)}{(5)} \times 100\%$
2014 年	1	3260			
	2	2300			
	3	4100			
	4	3960	3405		
2015 年	1	3500	3465	3435	119.36
	2	2410	3492.5	3478.75	113.83
	3	4410	3570	3531.25	99.12
	4	4300	3655	3612.5	66.71
2016 年	1	3720	3710	3682.5	119.76
	2	2570	3750	3730	115.28
	3	4800	3847.5	3798.75	97.93
	4	4540	3907.5	3877.5	66.28
2017 年	1	4080	3997.5	3952.5	121.44
	2	2730	4037.5	4017.5	113.01
	3	5120	4117.5	4077.5	100.06
	4	4920	4212.5	4165	65.55
2018 年	1	4300	4267.5	4240	120.75
	2	2860	4300	4283.75	114.85
	3	5600	4420	4360	98.62
	4	5380	4535	4477.5	63.87

(2) 计算调整值 K。先计算季节指数，如表 7-20 所示。

$$K = \frac{400}{400.002} = 1.00$$

表 7-20 季节指数计算表　　　　　　　　　　（金额单位：元）

年份 季度	2014 年	2015 年	2016 年	2017 年	2018 年	同季度季节指数 平均值（%）	季节指数调 整值 S（%）
1	95.74	95.76	95.2	96.85	94.82	95.674	95.67
2	67.55	65.94	65.77	64.81	63.07	65.428	65.43
3	120.41	120.66	122.84	121.54	123.48	121.786	121.79
4	116.3	117.65	116.19	116.8	118.63	117.114	117.11
合计						400.002	400

(3) 利用最小二乘法计算出 2019 年各季度的趋势值，如表 7-21 所示。

表 7-21　各季度趋势值计算表

年　份	季　度	时序 t	X_i（万元）	tX_i（万元）	t^2
2014 年	1	−19	3260	−61940	361
	2	−17	2300	−39100	289
	3	−15	4100	−61500	225
	4	−13	3960	−51480	169
2015 年	1	−11	3500	−38500	121
	2	−9	2410	−21690	81
	3	−7	4410	−30870	49
	4	−5	4300	−21500	25
2016 年	1	−3	3720	−11160	9
	2	−1	2570	−2570	1
	3	1	4800	4800	1
	4	3	4540	13620	19
2017 年	1	5	4080	20400	25
	2	7	2730	19110	47
	3	9	5120	46080	81
	4	11	4920	54120	121
2018 年	1	13	4300	55900	169
	2	15	2860	42900	225
	3	17	5600	95200	289
	4	19	5380	102220	361
合计		0	78860	114040	2668

$$a = \frac{\sum x_t}{n} = \frac{78860}{20} 万元 = 3943 \text{ 万元}$$

$$b = \frac{\sum tx}{\sum t^2} = \frac{114040}{2660} 万元 \approx 42.87 \text{ 万元}$$

趋势预测模型为 $\hat{X}_t = 3943 + 42.87t$

根据趋势预测模型，得到 2019 年各季度的趋势预测值为

第一季度，即当 $t=21$ 时，$\hat{X}_t = (3943 + 42.87 \times 21)$ 万元 = 4843.27 万元

第二季度，即当 $t=23$ 时，$\hat{X}_t = (3943 + 42.87 \times 23)$ 万元 = 4929.01 万元

第三季度，即当 $t=25$ 时，$\hat{X}_t = (3943 + 42.87 \times 25)$ 万元 = 5014.75 万元

第四季度，即当 $t=27$ 时，$\hat{X}_t = (3943 + 42.87 \times 27)$ 万元 = 5100.49 万元

（4）利用季节指数和趋势预测值，求出 2019 年各季度的预测值为

第一季度预测值 $\hat{Y} = \hat{X}_t S = 4633.556$ 万元

第二季度预测值 $\hat{Y} = \hat{X}_t S = 3225.051$ 万元

第三季度预测值 $\hat{Y} = \hat{X}_t S = 6107.464$ 万元

第四季度预测值 $\hat{Y} = \hat{X}_t S = 5973.184$ 万元

第七节 市场占有率预测法

一、两种商品的长期市场占有率预测

在市场经济的条件下，各企业都十分注意扩大自己的市场占有率。因此，预测企业产品的市场占有率，成为企业十分关心的问题。下面以牙膏销售的例子来说明市场占有率的预测方法。为简单起见，假定市场上只有 2 种牌子的牙膏，但后面可以看到，市场占有率的预测可以很方便地从 2 种牌子推广到多种牌号。

市场占有率的预测步骤如下：

首先，调查目前的市场占有率情况，得到市场占有率向量 A。

通过抽样调查，了解目前的市场占有率情况。如通过对牙膏消费市场的 10000 名消费者的随机抽样调查，发现其中有 3000 名消费者使用黑妹牙膏，7000 名消费者使用中华牙膏。这表明目前黑妹牙膏的市场占有率为 30%，中华牙膏的市场占有率为 70%，即

$$A = (0.3, 0.7)$$

其次，调查消费者的变动情况，计算转移概率矩阵 B：

一个月后再次进行市场调查，发现牙膏市场的消费情况发生了变化：原来使用黑妹牙膏的 3000 名消费者当中有 60% 继续使用黑妹牙膏，而有 40% 的消费者转为使用中华牙膏；原来使用中华牙膏的 7000 名消费者当中有 70% 继续使用中华牙膏，而有 30% 的消费者转为使用黑妹牙膏。

则转移概率矩阵为

$$B = \begin{pmatrix} 0.6 & 0.4 \\ 0.3 & 0.7 \end{pmatrix}$$

再次，预测一个月或数月后的市场占有率情况。

一个月后的市场占有率为 $AB = (0.3, 0.7) \begin{pmatrix} 0.6 & 0.4 \\ 0.3 & 0.7 \end{pmatrix} = (0.39, 0.61)$

若此后消费者对牙膏的消费变动情况保持一致，则两个月后的市场占有率为

$$AB^2 = AB \cdot B = (0.39, 0.61) \begin{pmatrix} 0.6 & 0.4 \\ 0.3 & 0.7 \end{pmatrix} = (0.417, 0.583)$$

一般地，k 个月后的市场占有率为 AB^k。

最后，计算稳定后的市场占有率。

设 $X = (x_1, x_2)$ 是稳定后黑妹牙膏和中华牙膏的市场占有率，则 X 不随时间的推移而变化，这时，一步转移矩阵 B 对 X 不起作用，即有

$$XB = X \tag{7-81}$$

$$(x_1, x_2) \begin{pmatrix} 0.6 & 0.4 \\ 0.3 & 0.7 \end{pmatrix} = (x_1, x_2)$$

即 $(0.6x_1 + 0.3x_2, 0.4x_1 + 0.7x_2) = (x_1, x_2)$，于是有

$$\begin{cases} 0.6x_1 + 0.3x_2 = x_1 \\ 0.4x_1 + 0.7x_2 = x_2 \end{cases} \tag{7-82}$$

又因为假定市场上只有这两种牙膏，故

$$x_1 + x_2 = 1 \tag{7-83}$$

式（7-82）和式（7-83）组成一个联立方程组，解方程组

$$\begin{cases} 0.4x_1 + 0.7x_2 = x_2 \\ x_1 + x_2 = 1 \end{cases} \tag{7-84}$$

得

$$\begin{cases} x_1 = \dfrac{3}{7} \\ x_2 = \dfrac{4}{7} \end{cases}$$

这就是稳定后的两种牙膏的市场占有率。即

$$\left(\frac{3}{7}, \frac{4}{7}\right) \begin{pmatrix} 0.6 & 0.4 \\ 0.3 & 0.7 \end{pmatrix} = \left(\frac{3}{7}, \frac{4}{7}\right)$$

也即当市场占有率趋于稳定后，尽管对单个消费者来说牌号的变换仍在进行，但从总体上看，不同牌子牙膏的市场占有率不再变化，达到了动态平衡。

二、多种商品的长期市场占有率预测

在上面的讨论中，假定市场上只有两种牌子的牙膏。但是，实际上销售的牙膏有十几种甚至几十种。因此，预测每种牙膏的市场占有率，需要十分繁杂的计算。如当市场上的牙膏种类为20种时，转移概率矩阵将是一个 20×20 的矩阵，即有400个元素。如果仅对黑妹与中华两种牌子牙膏的市场占有率感兴趣，则可以把其他牙膏都归入"其他"类，这样转移概率矩阵只有一个如表7-22所示 3×3 的矩阵，大大地简化了计算。

表 7-22　整个牙膏市场归并后的 3×3 概率转移矩阵表

现用＼拟用	黑妹牙膏	中华牙膏	其他牙膏
黑妹牙膏	b_{11}	b_{12}	b_{13}
中华牙膏	b_{21}	b_{22}	b_{23}
其他牙膏	b_{31}	b_{32}	b_{33}

本章小结

本章主要介绍了时间序列法，详细阐述了时间序列变化的主要影响因素及其常用的移动平均法、指数平滑法、季节指数法、趋势延伸法与占有率预测法等几种时间序列法的预测过程，通过研究预测目标时间序列的变化趋势和变化规律，为科学预测和决策提供理论依据。

练习与思考

一、选择题

1. 时间序列研究的是预测对象（　　）。
   A. 与所有影响因素之间的关系　　B. 与每个具体影响因素之间的关系
   C. 与时间因素之间的关系　　　　D. 与其变化趋势之间的关系
2. 指数平滑法是以（　　）来反映对时间序列资料的修匀程度的。
   A. 跨越期数　　B. 平滑常数　　C. 趋势变动值　　D. 移动平均值
3. 各季度资料少于（　　）年，会导致因资料过少而无法准确反映季节变动规律。
   A. 4　　　　　B. 3　　　　　C. 2　　　　　D. 5
4. 指数平滑法中的平滑系数 α 的取值范围是（　　）。
   A. [0, 1]　　B. (0, 1)　　C. [-1, 1]　　D. [-1, 0]

二、判断题

1. 时间序列数据变动趋势通常可分为四种形式。　　　　　　　　　　　　（　　）
2. 运用移动平均法在资料期数较少时，选择移动项数 n 只能取小些。　　（　　）
3. 季节比率是以相对数表现的季节变动指标。　　　　　　　　　　　　　（　　）
4. 判断时间序列的趋势是否是直线型趋势，可以采用图解法。　　　　　　（　　）

三、简答题

1. 时间序列数据变动趋势分为哪几种类型？其分类依据是什么？
2. 季节变动分析预测有哪些方法？
3. 时间序列数据的组合形式有哪些？
4. 指数平滑法包括哪几种，分别适用于什么情况？

四、计算题

1. 在过去 6 周里，某酒店每周的营业额如表 7-23 所示。

表 7-23　某酒店每周的营业额　　　　　　　　　　（单位：万元）

周	1	2	3	4	5	6
营业额	65	54	59	72	58	68

要求：

（1）用 5 个时期的移动平均法预测第 7 周的营业额。

（2）用 3 个时期的加权移动平均法预测第 7 周的营业额，预测中使用如下的权数：$\omega_1 = 0.5$，$\omega_2 = 0.3$，$\omega_3 = 0.2$。

（3）用指数平滑法预测第 7 周的营业额。取 α 的值为 0.2，并假设第 6 周的预测营业额为 60 万元。

（4）以上每个预测中，需要进行什么假设？

2. 某花卉商店在最近两周销售出去的百合花的数量如表 7-24 所示。

表 7-24 百合花的数量表

天	1	2	3	4	5	6	7	8	9	10	11	12	13	14
销售量（支）	154	160	136	128	168	170	160	148	130	110	106	150	148	156

（1）计算出 3 个时期和 5 个时期移动平均法的预测销售量。

（2）在坐标纸上画出预测和原来的数据。

（3）以上哪个预测最好？为什么？

3. 某商店上周销售额的预测值是 88000 元，但实际的销售额为 96000 元。

（1）用指数平滑法并取 $\alpha = 0.3$，对本周的销售额进行预测。

（2）如果本周的实际销售额为 110000 元，请预测下周的销售额。

4. 某电脑销售公司用一阶指数平滑法预测其电脑的销售量，上月的预测值是 28000 台，实际的销售量是 27000 台。

（1）取 $\alpha = 0.1$ 对下月的销售量进行预测。

（2）取 $\alpha = 0.2$ 和 $\alpha = 0.3$，对下周的销售量进行预测。

（3）假设下月的实际销售量是 28630 台，问哪个 α 取值更好？

5. 用习题 2 的数据对下列情况进行指数平滑预测。

（1）$\alpha = 0.2$，初始值 $\hat{X}_1^{(1)} = 154$。

（2）$\alpha = 0.35$，初始值 $\hat{X}_1^{(1)} = 154$。

（3）对预测偏差和平均相对误差，请问哪个预测模型更好？实际运用中 α 值该如何选取？

第八章 回归分析预测法

学习目标
1. 熟悉回归分析预测法的类型与预测步骤。
2. 熟练掌握一元线性回归分析预测模型的建立、参数估计、模型检验与应用。
3. 掌握多元线性回归分析预测法的应用。

【引导案例】 宝丽来公司胶卷保存时间与感光速率的影响分析

1947年宝丽来公司创始人埃德文·兰德博士（Dr. Edwin Land）宣布，他们在研究即时显像技术方面迈出了新的一步，使一分钟成像成为可能。为此，宝丽来公司推出了多种可进行即时显像的产品，一种用于测量摄影材料感光度并提供曝光时间范围的测光计应运而生。在宝丽来感光实验室中心，科学家们模拟消费者购买显像胶片后的保存条件，把它们置于一定的温度和湿度下，然后对其进行系统的抽样检验和分析。他们分别抽取了保存1~13个月不等的胶卷，运用回归分析，建立了回归模型，研究保存时间和感光速率之间的联系，实验数据显示，感光速率随保存时间的延长而下降服从如下关系：

$$Y = -19.8 - 7.6x$$

式中 Y——胶卷感光率的变动；

x——胶卷保存时间（月）。

宝丽来公司通过对胶卷保存时间与感光速率的回归分析，调整生产计划，以最新的胶卷更好地满足了顾客的需要。

案例思考：
1. 什么情况适合使用回归分析？使用回归分析需要什么条件？
2. 除了回归分析还有什么方法可以解决相同的问题？实际工作中是如何做的？

对市场预测而言，回归分析预测法是其重要的组成部分，回归分析的理论与应用具有重要的意义。本章在介绍回归分析的内涵、回归分析的基本步骤和要求的基础上，进一步介绍一元线性回归分析法和多元线性回归分析法的原理、数学模型、参数估计和模型检验；最后讨论回归分析预测法的内容、特征及其应用。

第一节 回归分析预测法概述

回归分析法是处理变量之间相关关系的一种数理统计分析法。它是通过对预测对象历史资料数据的统计，找出自变量与因变量之间的因果关系，建立变量之间的经验公式，即回归方程式，再运用回归方程，通过自变量的数值变化去推算、预测因变量未来发展状态或发展趋势的一种定量预测分析方法。

一、"回归"的含义

最早提出"回归"一词的是英国生物学家兼统计学家高尔登（Galton 1822—1911）。他在研究人类身高时发现，从整个发展趋势来看，高个子父母所生子女的身高与矮个子父母所生子女的身高，将从两个不同的方向"回归"于人口的平均高度，即高个子父母所生子女的身高有低于其父母身高的趋势；而矮个子父母所生子女的身高有高于其父母身高的趋势。这就是所谓的"回归"。

二、变量间的因果关系

市场的发展变化是由多种因素决定的，各种因素之间存在一定的依存关系。其中，一部分是原因因素，称自变量；一部分是结果因素，称因变量。这种具有前因后果的依存关系的变量称作因果变量，而这种依存关系称作因果关系。

回归分析法是研究因果变量之间的因果关系。观其因，测其果，是因果分析法的宗旨。回归分析法与相关分析法的共同之处在于两者都是研究变量之间的依存关系问题；但两者又有明显区别。回归分析法研究的相关变量关系中，自变量是非随机变量，而因变量是随机变量，即对于自变量的每一个确定的值，因变量都有一个确定的概率分布的值与之相对应。而且自变量对因变量的影响是单方向的、不可逆的，即只研究因为自变量的变化，才单方向地引起因变量的变化结果；而不研究因变量的变化对自变量的反作用（即所谓的不可逆）。相关分析所研究的两个相关变量（自变量与因变量）都是随机变量，而且可以互相转换，即原先的自变量可以转换为因变量。同理，原先的因变量也可以转换为自变量。也就是说，对于两个变量（自变量与因变量），只要给定其中任意一个变量的一个确定值，另一个变量都存在一个以一定概率分布的值与之相对应。

对市场经济变量之间因果关系问题的研究，可以从质的分析和量的分析两个方面进行。质的分析是从定性的角度说明因果变量之间的质的规律性；量的分析则是从定量的角度描述因果变量之间的函数表达式。这些因果函数关系表达式大致上可以分为以下两类：

（一）确定性因果关系

确定性因果关系是指在自变量与因变量之间存在一种严格、确定的依存关系，即对于自变量的某个数值，因变量都存在一个且只有一个确定数值与之相对应。这种一一对应的关系可以用一个数学表达式来描述，称之为确定性因果关系函数式。如假设某产品的单位价格为 P，销售量为 N，则当 P 不变时，对于每一个销售量 N，总有一个唯一的销售收入 R 与之相对应，即 $R = PN$。这种确定性因果关系不会因时空变化而发生变化。

（二）非确定性因果关系

非确定性因果关系是指自变量与因变量之间的关系只能用数理统计的方法确定它们之间的回归关系。如居民家庭的月均消费支出与其月均收入之间有着密切的依存关系，但这种关系在不同地区或不同时期会有不同的变化。这种关系密切而非唯一的关系称之为非确定性因果关系。对非确定性因果关系的量的分析，人们只能在掌握大量的观察期数据资料的基础上，利用数理统计方法建立变量间的回归关系函数表达式，并据此描述变量之间的数量平均变化关系。非确定性因果关系由于市场经济现象的时空不同，或观察期数据资料来源不同，所建立的因果关系的函数表达式也不相同。由于市场关系较复杂，因此，非确定性因果关系在市场现象中大量存在，是回归分析预测法的主要研究内容。

三、回归分析预测法的类型

市场经济现象间的因果关系可以从不同的角度和范围进行分析研究，从而形成不同类型的回归分析预测法。

（一）根据回归模型自变量的多少分类

如果研究的因果关系只涉及两个变量，即根据一个自变量与一个因变量之间的因果关系建立的模型，叫作一元回归分析模型，其相应的方程式 $\hat{y}=f(x_1)$ 称作一元回归方程式；如果研究的因果关系涉及两个以上变量，即根据一个因变量与两个或两个以上自变量之间的因果关系建立的模型，叫作多元回归分析模型，其相应的方程式 $\hat{y}=f(x_1,x_2,\cdots,x_n)$ 称作多元回归方程式。

（二）根据回归模型是否存在线性关系分类

如果研究的回归模型的自变量与因变量的关系是线性的比例变化，如耐用消费品销售量与居民收入的关系，基本上呈线性变化关系，则其回归模型就称作线性回归模型；反之，如果研究的回归模型的自变量与因变量间的关系是呈非线性的变化，如某商品的流通费用率与销售额的变化关系是呈双曲线型，则其回归模型就称作非线性回归模型。非线性回归分析通常可化为线性回归来处理，称作非线性回归分析的线性化。线性回归分析方法是最基本的方法，也是市场预测方法中的一种重要预测方法。回归分析的具体分类如图8-1所示。

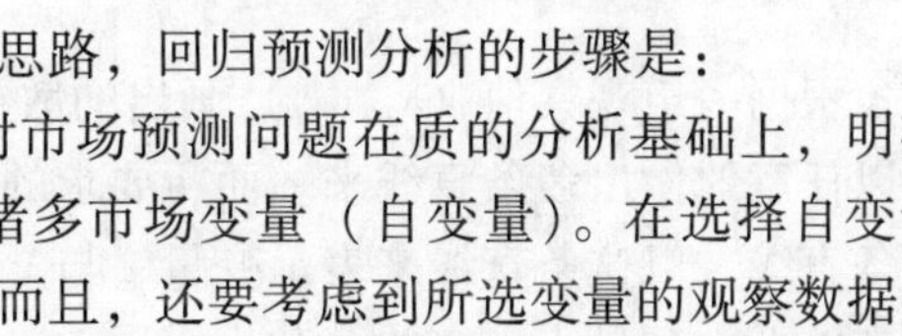

$$回归分析法\begin{cases}一元回归模型\begin{cases}一元线性回归模型\\一元非线性回归模型\end{cases}\\多元回归模型\begin{cases}多元线性回归模型\\多元非线性回归模型\end{cases}\end{cases}$$

图8-1　回归分析的分类

四、回归预测分析的步骤

回归预测分析法的基本思路是：预测人员通过对市场经济现象间的因果关系的分析研究，揭示其内在的相互联系的规律性，采用数理统计分析方法，建立恰当的数学模型，并用它预测市场发展前景及可能达到的水平。基于这个基本思路，回归预测分析的步骤是：

（1）凭借个人的经验、知识及思维判断力，对市场预测问题在质的分析基础上，明确预测对象的目标变量（因变量）及其影响因素的诸多市场变量（自变量）。在选择自变量时，必须抓住影响预测目标变化的主要影响因素，而且，还要考虑到所选变量的观察数据资料是可以收集到的。

（2）根据变量间的因果关系的类型，选择数学模型；再经过数学运算，求出回归参数，建立预测模型。

（3）对回归预测模型的可信程度进行统计检验，估计预测值的置信区间。

（4）利用回归预测模型对市场经济活动的某一过程进行分析、预测和控制。

第二节 一元线性回归分析预测法

一元线性回归分析法,是在观察两个变量之间相互依存的线性关系形态后,借助回归分析方法推导出该变量之间线性关系方程式,以此来描述两个变量之间的平均变化关系,并运用该回归方程对市场的发展变化趋势或状态进行预测与控制。

一、一元线性回归模型

设 x 为自变量,y 为因变量,y 与 x 之间存在线性关系,则一元线性回归模型为

$$y_i = a + bx_i + e_i \quad (i=1,2,\cdots,n) \tag{8-1}$$

式中 x_i——可以控制的或预先给定的影响因素,称为自变量;

y_i——预测目标,称为因变量。由于受各种随机干扰因素的影响,它是一个以回归直线上的对应值为中心的正态分布的随机变量,即 $y \sim N(a+bx, \sigma^2)$;

e_i——所有随机干扰因素对 y 的影响总和,它也是服从正态分布的随机干扰量,即 $e \sim N(0, \sigma^2)$。

设自变量 x 和因变量 y 的一组观察值为 (x_i, y_i),$i=1,2,\cdots,n$。其散点状态的估计式为

$$\hat{y}_i = a + bx_i \quad (i=1,2,\cdots,n) \tag{8-2}$$

式中 $\hat{y}_i$——y_i 的估计值(或称回归值)。

对应于每一个自变量 x_i,都可以得到一个估计值 $\hat{y}_i = a + bx_i$。其中 a 和 b 称为回归系数。a 是回归直线方程的截距;b 是回归直线方程的斜率,它表示自变量 x_i 增(减)一个单位时,因变量 $\hat{y}_i$ 相应增(减)多少。可以证明:当 $b>0$ 时,x 与 y 正相关,x 与 y 同方向变化(即 x 增加,y 也增加;x 减少,y 也减少);当 $b<0$ 时,x 与 y 负相关,x 与 y 反方向变化(即 x 增加,y 相应减少;x 减少,y 反而增加);$b=0$ 时,x 与 y 无关,即不管 x 如何变化,y 总不变化,且恒等于 a。

二、回归系数估计

根据一组观察值 (x_i, y_i) 画出的散点图(见图 8-2)中 x 与 y 两变量的直线趋势关系,可以任意地做出多条直线来。而所要求的回归直线,则是在任意直线中最接近实际观察值的那条直线,以这条直线来表示变量 x 与 y 的关系与实际观察值的误差比任何其他直线都小,且离差平方和最小,离差总和为零。

设任意一个回归值 $\hat{y}_i$ 与其实际观察值 y_i 之间存在的误差为 e_i,则

$$e_i = y_i - \hat{y}_i = y_i - a - bx_i \quad (i=1,2,\cdots,n)$$

设 Q 为全部的回归值 $\hat{y}_i$ 与实际观察值 y_i 之间存在的总离差平方和,则

$$Q = \sum_{i=1}^{n} e_i^2 = \sum_{i=1}^{n} (y_i - a - bx_i)^2 \tag{8-3}$$

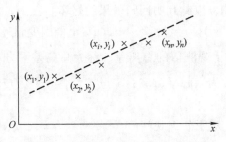

图 8-2　一组观察值与回归直线散点图

根据微分学的极值原理，为使式（8-3）中 Q 达到极小，可分别对 a 和 b 求偏导数，并令其等于零，即

$$\frac{\partial Q}{\partial a} = -2\sum_{i=1}^{n}(y_i - a - bx_i) = 0$$

$$\frac{\partial Q}{\partial b} = -2\sum_{i=1}^{n}(y_i - a - bx_i)x_i = 0$$

若用 $\sum$ 表示 $\sum_{i=1}^{n}$（下同），经整理得

$$\begin{cases} \sum y_i = na + b\sum x_i \\ \sum x_i y_i = a\sum x_i + b\sum x_i^2 \end{cases} \tag{8-4}$$

对上面两方程联立求解，得回归系数 a 和 b 的计算公式为

$$\begin{cases} a = \dfrac{\sum y_i}{n} - b\dfrac{\sum x_i}{n} = \bar{y} - b\bar{x} \\ b = \dfrac{n\sum x_i y_i - \sum x_i \sum y_i}{n\sum x_i^2 - (\sum x_i)^2} = \dfrac{\sum x_i y_i - n\bar{x}\cdot\bar{y}}{\sum x_i^2 - n\bar{x}^2} = \dfrac{\sum(x_i-\bar{x})(y_i-\bar{y})}{\sum(x_i-\bar{x})^2} \end{cases} \tag{8-5}$$

式中　$\bar{x} = \dfrac{\sum x_i}{n}$——自变量平均数；

　　　$\bar{y} = \dfrac{\sum y_i}{n}$——因变量平均数。

三、回归模型检验

运用最小二乘法估计回归系数 a 和 b 后，就确定了一元线性回归模型。但若使用的数据资料不同，或数据资料数量多少不同，则求得的回归系数 a 和 b 就不同，一元线性回归模型也就不同。因此，在运用一元线性回归模型进行预测之前，还要借助数理统计方法对所建立的回归模型的可靠性进行检验。其内容包括以下几个方面。

（一）方差分析

在一元线性回归模型中，观察值 y_i 的数值大小是上下波动的，一般不会正好落在回归直线上。这种波动现象称作误差。产生误差的原因有两个：一是受自变量本身变动的影响，即 x 取值不同的原因是造成 y 变动的结果；二是受其他随机干扰因素的影响，包括一元线性回归模型中没有包括的其他自变量的影响、观察误差的影响等。为了分析这两方面的影响，需要对回归模型因变量 y 的离差平方和进行分析，其目的是检验自变量 x 对因变量 y 的变异是否有显著的线性相关影响,以此判明回归效果的好坏。

对于 n 组观察值 (x_i, y_i),$i=1,2,\cdots,n$,n 个因变量 y 观测值的偏差的大小记为 S_T^2。$S_T^2 = \sum(y_i - \bar{y})^2$,反映了观测值的总离差,称为总离差平方和;$S_R^2 = \sum(\hat{y}_i - \bar{y})^2$,反映了回归直线引起的偏差,称为回归平方和;$S_E^2 = \sum(y_i - \hat{y}_i)^2$,反映了随机因素引起的偏差,称为随机离差平方和。

由于 $S_T^2 = \sum(y_i - \bar{y})^2$,对于 n 组观察值 (x_i, y_i),$i=1,2,\cdots,n$,有

$$\sum(y_i - \bar{y})^2 = \sum[(y_i - \hat{y}_i) + (\hat{y}_i - \bar{y})]^2$$
$$= \sum(y_i - \hat{y}_i)^2 + \sum(\hat{y}_i - \bar{y})^2 + 2\sum(y_i - \hat{y}_i)(\hat{y}_i - \bar{y})$$

经数理统计证明,其中交叉项等于零,因此,总离差平方和可以分解为回归平方和、剩余离差平方和两个部分,即

$$\sum(y_i - \bar{y})^2 = \sum(\hat{y}_i - \bar{y})^2 + \sum(y_i - \hat{y}_i)^2 \tag{8-6}$$

于是有

$$S_T^2 = S_R^2 + S_E^2 \tag{8-7}$$

即总离差平方和 S_T^2 由回归离差平方和 S_R^2 与随机离差平方和 S_E^2 两部分构成。其中:$S_T^2 = \sum(y_i - \bar{y})^2$ 是 n 个观察值 $y_1, y_2, \cdots, y_n$ 对其平均值 $\bar{y}$ 的离差平方和,它的大小反映了 n 个因变量观察值的分散程度;$S_R^2 = \sum(\hat{y}_i - \bar{y})^2$ 是 n 个因变量回归值 $\hat{y}_1, \hat{y}_2, \cdots, \hat{y}_n$ 对其平均值的离差平方和,它的大小反映了 n 个因变量回归值的分散程度;$S_E^2 = \sum(y_i - \hat{y}_i)^2$ 是对应于每个因变量观察值 y_i 与其回归值 $\hat{y}_i$ 的离差平方和,它的大小反映了除自变量 x_i 之外其他随机因素对 y_i 的影响程度。

对于一组观察值 (x_i, y_i),$i=1,2,\cdots,n$,可用表 8-1 的方差分析表来计算 S_T^2、S_R^2 和 S_E^2。

表 8-1 方差分析表

离差来源	平方和	自由度
回归(因素 x)	$S_R^2 = \sum(\hat{y}_i - \bar{y})^2 = \dfrac{l_{xy}^2}{l_{xx}}$	m
剩余(随机因素)	$S_E^2 = \sum(y_i - \hat{y}_i)^2 = l_{yy} - \dfrac{l_{xy}^2}{l_{xx}}$	$n-m-1$
总计	$S_T^2 = \sum(y_i - \bar{y})^2 = l_{yy}$	$n-1$

注:m 为回归方程中自变量的数量;n 为回归分析所用的观察数据量。

表中:

$$l_{xy} = \sum(x_i - \bar{x})(y_i - \bar{y}) = \sum x_i y_i - \frac{\sum x_i \sum y_i}{n} \tag{8-8}$$

$$l_{xx} = \sum(x_i - \bar{x})^2 = \sum x_i^2 - \frac{(\sum x_i)^2}{n} \tag{8-9}$$

$$l_{yy} = \sum(y_i - \bar{y})^2 = \sum y_i^2 - \frac{(\sum y_i)^2}{n} \qquad (8\text{-}10)$$

（二）标准误差分析

标准误差是指实际观察值分布在回归直线周围的离散程度的统计量，其数值大小等于剩余离差平方和的均方根值。即

$$s = \sqrt{\frac{S_E^2}{n-m-1}} = \sqrt{\frac{\sum(y_i - \hat{y}_i)^2}{n-m-1}} \qquad (8\text{-}11)$$

s 越大，观察值对回归直线的离散程度也越大；反之亦然。当 $s/\bar{y} < 15\%$ 时，回归方程用于预测的精度令人满意；反之，则精度不能令人满意。

（三）相关分析

1. 相关系数的计算方法

相关分析是指通过相关系数 r 反映自变量 x 与因变量 y 之间的线性相关关系的强弱程度。相关系数 r 的计算方法有两种：

（1）平方根法

$$\begin{aligned}r^2 &= \frac{S_R^2}{S_T^2} = 1 - \frac{S_E^2}{S_T^2} \\ &= \frac{\sum(\hat{y}_i - \bar{y})^2}{\sum(y_i - \bar{y})^2} = 1 - \frac{\sum(y_i - \hat{y}_i)^2}{\sum(y_i - \bar{y})^2}\end{aligned} \qquad (8\text{-}12)$$

则相关系数的计算公式为

$$r = \sqrt{\frac{S_R^2}{S_T^2}} = \sqrt{1 - \frac{S_E^2}{S_T^2}} \qquad (8\text{-}13)$$

或

$$r = \sqrt{\frac{\sum(\hat{y}_i - \bar{y})^2}{\sum(y_i - \bar{y})^2}} = \sqrt{1 - \frac{\sum(y_i - \hat{y}_i)^2}{\sum(y_i - \bar{y})^2}} \quad (0 \leq r^2 \leq 1) \qquad (8\text{-}14)$$

（2）积差法

$$r = \frac{n\sum x_i y_i - \sum x \sum y}{\sqrt{n\sum x_i^2 - (\sum x_i)^2}\sqrt{n\sum y_i^2 - (\sum y_i)^2}} \qquad (8\text{-}15)$$

或

$$r = \frac{\sum(x_i - \bar{x})(y_i - \bar{y})}{\sqrt{\sum(x_i - \bar{x})^2}\sqrt{\sum(y_i - \bar{y})^2}} \quad (-1 \leq r \leq 1) \qquad (8\text{-}16)$$

2. 相关系数的取值

（1）相关系数的取值范围为：$0 \leq |r| \leq 1$。若 r 与 b 的符号相同，当 $b>0$、$r>0$ 时，表明 x 和 y 同方向变化，称正相关；当 $b<0$、$r<0$ 时，表明 x 和 y 反方向变化，称负相关。

（2）剩余离差平方和 S_E^2 是 $|r|$ 的减函数，$|r|$ 越大，则 S_E^2 越小；反之，$|r|$ 越小，则 S_E^2 越大。因此，$|r|$ 的大小反映了 x 与 y 之间的线性相关密切程度的高低。

（3）按 $|r|$ 数值大小划分两变量的线性相关密切程度：

当 $|r| = 1$，称两变量完全线性相关。这时回归直线经过所有观察点；

当 $0.7 \leq |r| < 1$，表明两变量间有高度线性相关关系；

当 $0.3 \leq |r| < 0.7$，表明两变量间有中度线性相关关系；

当 $0 < |r| < 0.3$，表明两变量间有低度线性相关关系；

当 $|r| = 0$，表明两变量为完全不线性相关。此时 $b = 0$，回归直线平行于 x 轴，不管 x 如何变化，因变量 y 不发生变化。

（四）显著性检验

一元线性回归分析显著性检验分为相关系数显著性检验与回归方程显著性检验。

1. 相关系数显著性检验

相关系数是一元线性回归模型中用来衡量两个变量之间相关程度的指标。一般说来，$|r|$ 愈大，说明两个变量之间的相关关系愈密切。但 $|r|$ 大到什么程度时，方能认为两变量之间的相关关系是显著的，回归模型用来预测是有意义的？这个问题，对于不同的观察值，或不同组数的观察值，按照不同数值的显著性水平，衡量的标准是不同的。相关系数检验法的步骤为：

(1) 计算相关系数 r。

(2) 选择检验的显著性水平 α。通常 α 取 5% 或 10%，其意义是指利用局部资料计算的相关系数去说明总体客观相关系数，其出错的概率是 5% 或 10%，或其置信度 $(1-\alpha)$ 是 95% 或 90%。

(3) 从相关系数临界值表中查出临界值 r_c。

(4) 做出判断。若 $|r| \geq r_c$，表明两变量之间线性相关关系显著，检验通过，建立的回归模型可以用来预测；反之，若 $|r| < r_c$，表明两变量之间线性相关关系不显著，检验不能通过，这时的回归模型不能用来预测，应进一步分析原因，重新建立回归模型或对回归模型进行处理。

2. 回归方程显著性检验

它是利用方程分析结果，在考虑各自的自由度前提下的回归离差平方和 S_R 与剩余离差平方和 S_E 之比值，称为 F 统计量。即

$$F = \frac{S_R^2/m}{S_E^2/(n-m-1)} \tag{8-17}$$

将计算得到的 F 值与 F 分布查表得到的临界值 F_c 进行比较，以判断回归方程是否具有显著性。其检验步骤为：

(1) 按式 (8-17) 计算 F 值。

(2) 选择显著性水平 α。

(3) 根据 α 以及分子 (m) 和分母 $(n-m-1)$ 的自由度，查 F 分布表的临界值 F_c。

(4) 做出判断。若 $F > F_c(\alpha, m, n-m-1)$，则认为回归预测模型具有显著水平，说明自变量 x 的变化足够解释因变量 y 的变化，从总体上看所建立的回归模型是有效的；反之，若 $F \leq F_c(\alpha, m, n-m-1)$，则认为回归预测模型达不到应有显著水平，自变量 x 的变化不足以说明因变量 y 的变化，从总体上看所建立的回归模型无效，模型不能用于预测。

四、预测区间估计

回归预测模型通过显著性检验后，就可以用于预测了。在一元线性回归模型中，对于自变量 x 的一个给定值 x_0，代入 $y = a + bx$，就可以求得一个对应的回归预测值 $\hat{y}_0$，称之为点

估计值。但在实践应用中，预测目标的实际值往往不是刚好就等于预测值，两者之间总会产生或大或小的偏差，如果仅仅根据点估计值的计算结果做出预测结论，难免出现谬误。因此，不但要预测出 y 的点估计值，而且还要给出 y 的预测区间。所谓预测区间，是指在一定的显著性水平上，应用数理统计方法确定因变量预测值可能的区间范围。

对于观察数据量 $n \leq 30$ 的小样本而言，因变量 y 的点估计值 $\hat{y}_0$ 的置信区间为

$$[\hat{y}_0 - \sigma, \hat{y}_0 + \sigma] \tag{8-18}$$

其中

$$\sigma = t_{1-\alpha/2,(n-m-1)} s \sqrt{1 + \frac{1}{n} + \frac{(x_0 - \bar{x})^2}{\sum(x_i - \bar{x})^2}} \tag{8-19}$$

式中 $t_{1-\alpha/2,(n-m-1)}$ ——在 $\alpha/2$ 显著水平上，$(n-m-1)$ 自由度的 t 分布临界值；
$\quad\quad\quad s$ ——标准误差；
$\quad\quad\quad x_0$ ——预测的给定值；
$\quad\quad\quad x_i$ ——自变量 x 的观察值，$i = 1, 2, \cdots, n$；
$\quad\quad\quad n$ ——观察数据量。

由式（8-18）可见，预测的置信区间的宽度 $d = 2\sigma$。σ 越小，则预测精度越高；反之，d 越大，则预测精度越低。又由式（8-19）可见，σ 的大小，一是取决于标准差 s，s 大则 σ 大，置信区间就大；反之则窄。二是取决于 n，n 小则 σ 大，置信区间就大；反之则窄。三是取决于 $(x_0 - \bar{x})$ 的值，其差额越小，即 x_0 越趋近 $\bar{x}$，则 σ 就越小，置信区间就越窄；反之就越宽。显然，当 x_0 做连续变化时，因变量预测置信区间形成两条以回归直线为对称的，呈喇叭形分布的连续曲线，如图 8-3 所示。

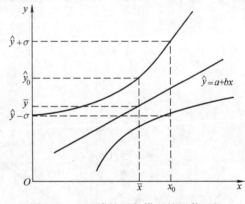

图 8-3 一元线性回归模型的置信区间

若只要求对因变量预测置信区间作近似估计，则可利用预测点估计值 $\hat{y}_0$ 和回归分析的标准差 s，做出以下不同置信度的结论：

当置信度为 68.3% 时，预测值 $\hat{y}_0$ 的近似置信区间为

$$[\hat{y}_0 - s, \hat{y}_0 + s] \tag{8-20}$$

当置信度为 95.4% 时，预测值 $\hat{y}_0$ 的近似置信区间为

$$[\hat{y}_0 - 2s, \hat{y}_0 + 2s] \tag{8-21}$$

当置信度为 99.7% 时，预测值 $\hat{y}_0$ 的近似置信区间为

$$[\hat{y}_0 - 3s, \hat{y}_0 + 3s] \tag{8-22}$$

五、应用举例

（一）一元线性回归分析预测的应用

例 8-1 某企业某产品 2012~2018 年广告支出以及该产品销售收入资料如表 8-2 所示，

如果 2019 年广告支出达到 40 万元，试预测同时期内该产品的销售额应为多少万元。

表 8-2 调查资料数据和回归计算数据表

年　份	广告支出 x_i（万元）	销售额 y_i（万元）	$x_i - \bar{x}$	$y_i - \bar{y}$	$(x_i - \bar{x})(y_i - \bar{y})$	$(x_i - \bar{x})^2$	$(y_i - \bar{y})^2$
2012 年	5	100	-10	-86	860	100	7396
2013 年	10	120	-5	-66	330	25	4356
2014 年	12	150	-3	-36	108	9	1296
2015 年	15	180	0	-6	0	0	36
2016 年	18	200	3	14	42	9	196
2017 年	20	250	5	64	320	25	4096
2018 年	25	300	10	114	1140	100	12996
$n=7$	$\Sigma = 105$	$\Sigma = 1300$	$\Sigma = 0$	$\Sigma = -2$	$\Sigma = 2800$	$\Sigma = 268$	$\Sigma = 30372$

解　（1）绘制散点图，建立数学模型。根据表 8-2 的资料数据，绘散点图如图 8-4 所示，粗略判断各散点之间能用直线进行拟合，说明 x、y 两个变量之间具有线性相关关系，可以用一元线性回归模型来描述两个变量的因果关系

$$\hat{y} = a + bx \tag{8-23}$$

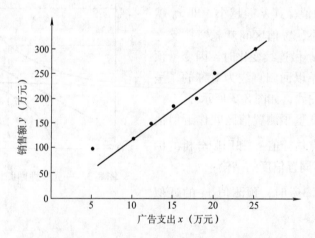

图 8-4　观察值数据散点图及回归直线

（2）计算平均值

$$\bar{x} = \frac{\Sigma x_i}{n} = \frac{105}{7} = 15, \quad \bar{y} = \frac{\Sigma y_i}{n} = \frac{1300}{7} \approx 186$$

（3）计算回归参数，确定预测模型。根据最小二乘法公式得到

$$b = \frac{\Sigma(x_i - \bar{x})(y_i - \bar{y})}{\Sigma(x_i - \bar{x})^2} = \frac{2800}{268} \approx 10$$

$$a = \bar{y} - b\bar{x} = 186 - 10 \times 15 = 36$$

将所求的 a、b 值代入式（8-23），得到所求的一元线性回归预测模型为

$$\hat{y} = a + bx = 36 + 10x$$

(4) 预测模型的检验。由已知条件得到

$$l_{xy} = \sum x_i y_i - \frac{\sum x_i \sum y_i}{n} = \sum(x_i - \bar{x})(y_i - \bar{y}) = 2800$$

$$l_{xx} = \sum x_i^2 - \frac{(\sum x_i)^2}{n} = \sum(x_i - \bar{x})^2 = 268$$

$$l_{yy} = \sum y_i^2 - \frac{(\sum y_i)^2}{n} = \sum(y_i - \bar{y})^2 = 30372$$

$$S_R^2 = \sum(\hat{y}_i - \bar{y})^2 = \frac{l_{xy}^2}{l_{xx}} = \frac{2800^2}{268} \approx 29254,\ 自由度\ m = 1$$

$$S_E^2 = \sum(y_i - \hat{y}_i)^2 = l_{yy} - \frac{l_{xy}^2}{l_{xx}} = 30372 - 29254 = 1118$$

自由度 $n - m - 1 = 7 - 1 - 1 = 5$

$$S_T^2 = S_R^2 + S_E^2 = 29254 + 1118 = 30372$$

自由度 $n - 1 = 7 - 1 = 6$

计算 F 统计量，即

$$F = \frac{S_R^2/m}{S_E^2/(n-m-1)} = \frac{29254}{1118/5} \approx 130.8$$

选择显著性水平 $\alpha = 0.05$，查表可知临界值 $F_c(\alpha, m, n-m-1) = F_c(0.05, 1, 5) = 6.61$。由于 $F > F_c$，回归预测模型具有显著水平，自变量 x 的变化能引起因变量 y 的显著变化，所以建立的回归预测模型是有效的。

也可以根据式（8-13）计算相关系数 r，即

$$r = \sqrt{\frac{S_R^2}{S_T^2}} = \sqrt{\frac{29254}{30372}} = 0.9814$$

查相关系数表：$r_c(0.05, 5) = 0.7545$，由于 $r = 0.9956 > r_c$，表明 x 与 y 具有高度线性相关关系，所建立的回归模型可以用于预测。

(5) 预测模型点估计及置信区间。当2008年该产品的广告支出为40万元时，在同期内相应的该产品销售额为

$$\hat{y}_0 = 36 + 10x = (36 + 10 \times 40)万元 = 436\ 万元$$

其标准误差为

$$s = \sqrt{\frac{s_E^2}{n-m-1}} = \sqrt{\frac{1118}{7-1-1}} = 15$$

当置信度为95.4%时，预测值 y_0 的置信区间为

$$[\hat{y}_0 - 2s, \hat{y}_0 + 2s] = [436 - 2 \times 15, 436 + 2 \times 15] = [406, 466]$$

即当2019年该产品的广告支出为40万元时，相应该产品销售额在406～466万元之间的概率为95.4%。

(6) 综合分析做出判断和估计。根据上面的定量分析计算，综合考虑其他因素，最后将销售额定为430万元左右。

(二) 一元线性回归模型控制

回归预测模型的控制与预测所解决的问题正好相反。如果预测是解决自变量取值给定的前提下，预测因变量相应的变化范围（即置信区间），那么回归模型的控制所解决的问题却是将因变量控制在某一设定范围 (y_m, y_M) 的前提下，确定自变量相应的变化范围 (x_m, x_M)。

假设自变量的变化范围控制在 (x_m, x_M) 内，置信度为 95.4% 的因变量的置信区间为 (y_m, y_M)，则有

$$\begin{cases} y_m = \min\{a + bx_m - 2s, \ a + bx_M - 2s\} \\ y_M = \max\{a + bx_m + 2s, \ a + bx_M + 2s\} \end{cases} \quad (8\text{-}24)$$

式中，$s = \sqrt{S_E^2 / (n - m - 1)}$。

而置信度为 95.4% 的自变量的控制范围为 (x_m, x_M)，则有

$$\begin{cases} x_m = \min\left\{\dfrac{y_m - a - 2s}{b}, \ \dfrac{y_m - a + 2s}{b}\right\} \\ x_M = \max\left\{\dfrac{y_M - a - 2s}{b}, \ \dfrac{y_M - a + 2s}{b}\right\} \end{cases} \quad (8\text{-}25)$$

例 8-2 仍以例 8-1 为例，当销售额在 450 ~ 500 万元之间，置信度为 95.4% 时，广告费应控制在什么范围？

解 将相关数字代入式 (8-25) 有

$$\begin{cases} \begin{aligned} x_m &= \min\left\{\dfrac{y_m - a - 2s}{b}, \ \dfrac{y_m - a + 2s}{b}\right\} \\ &= \min\left\{\dfrac{450 - 36 - 2 \times 15}{10}, \ \dfrac{450 - 36 + 2 \times 15}{10}\right\} \\ &= \min\{38.4, \ 44.4\} \\ &= 38.4 \end{aligned} \\ \begin{aligned} x_M &= \max\left\{\dfrac{y_M - a - 2s}{b}, \ \dfrac{y_M - a + 2s}{b}\right\} \\ &= \max\left\{\dfrac{500 - 36 - 2 \times 15}{10}, \ \dfrac{500 - 36 + 2 \times 15}{10}\right\} \\ &= \max\{43.4, \ 49.4\} \\ &= 49.4 \end{aligned} \end{cases}$$

即当销售额在 450 ~ 500 万元之间，置信度为 95.4% 时，广告费应控制在 38.4 ~ 49.4 万元之间。

第三节　多元线性回归分析预测法

一、二元线性回归预测模型

由于事物的复杂性，有时要预测的变量与一个以上的变量有相互关系，此时，就需要用到多元线性回归预测模型。常用的是二元线性回归预测模型，其数学表达式为

$$y = a + bx + cz \quad (8\text{-}26)$$

今有 n 组观察数据 (y_1, x_1, z_1)，(y_2, x_2, z_2)，…，(y_n, x_n, z_n)，将已知的 n 组观察数据代入式（8-26）得

$$\begin{cases} y_1 = a + bx_1 + cz_1 \\ y_2 = a + bx_2 + cz_2 \\ \vdots \\ y_n = a + bx_n + cz_n \end{cases} \tag{8-27}$$

写成矩阵形式为

$$\begin{pmatrix} y_1 \\ \vdots \\ y_n \end{pmatrix} = \begin{pmatrix} 1 & x_1 & z_1 \\ \vdots & \vdots & \vdots \\ 1 & x_n & z_n \end{pmatrix} \begin{pmatrix} a \\ b \\ c \end{pmatrix} \tag{8-28}$$

上式两边均乘矩阵 $\begin{pmatrix} 1 & \cdots & 1 \\ x_1 & \cdots & x_n \\ z_1 & \cdots & z_n \end{pmatrix}$ 得

$$\begin{pmatrix} 1 & \cdots & 1 \\ x_1 & \cdots & x_n \\ z_1 & \cdots & z_n \end{pmatrix} \begin{pmatrix} y_1 \\ \vdots \\ y_n \end{pmatrix} = \begin{pmatrix} 1 & \cdots & 1 \\ x_1 & \cdots & x_n \\ z_1 & \cdots & z_n \end{pmatrix} \begin{pmatrix} 1 & x_1 & z_1 \\ \vdots & \vdots & \vdots \\ 1 & x_n & z_n \end{pmatrix} \begin{pmatrix} a \\ b \\ c \end{pmatrix} \tag{8-29}$$

即

$$\begin{pmatrix} \sum y_i \\ \sum x_i y_i \\ \sum z_i y_i \end{pmatrix} = \begin{pmatrix} n & \sum x_i & \sum z_i \\ \sum x_i & \sum x_i^2 & \sum x_i z_i \\ \sum z_i & \sum x_i z_i & \sum z_i^2 \end{pmatrix} \begin{pmatrix} a \\ b \\ c \end{pmatrix} \tag{8-30}$$

即

$$\begin{cases} na + (\sum x_i)b + (\sum z_i)c = \sum y_i \\ (\sum x_i)a + (\sum x_i^2)b + (\sum x_i z_i)c = \sum x_i y_i \\ (\sum z_i)a + (\sum x_i z_i)b + (\sum z_i^2)c = \sum z_i y_i \end{cases} \tag{8-31}$$

这是一个关于未知数 a、b 和 c 的三元一次方程组。由于 x_i、z_i、y_i 的数据都是已知的，故可以求出 a、b、c 的值，于是得到预测模型为

$$y = a + bx + cz \tag{8-32}$$

例 8-3 表 8-3 中数据来自国外某住宅区的 20 个家庭，记 $x =$ 总居住面积（单位：100m^2），$z =$ 评估价值（单位：万美元）及 $y =$ 销售价格（单位：万美元）。试建立适当的回归模型并进行统计检验；若总居住面积为 1800m^2，评估价值为 72.5 万美元，当显著性水平 $\alpha = 0.05$ 时，试估计销售价格的预测区间。

表 8-3　国外某小区住宅售价、总居住面积、评估价值等多元线性回归模型计算表

序号	销售价格 y（万美元）	总居住面积 $x/100\text{m}^2$	评估价值 z（万美元）	xz	x^2	z^2	xy	zy
1	74.8	15.31	57.3	877.263	234.3961	3283.29	1145.188	4286.04
2	74	15.2	63.8	969.76	231.04	4070.44	1124.8	4721.2
3	72.9	16.25	65.4	1062.75	264.0625	4277.16	1184.625	4767.66

（续）

序号	销售价格 y（万美元）	总居住面积 $x/100\text{m}^2$	评估价值 z（万美元）	xz	x^2	z^2	xy	zy
4	70	14.33	57	816.81	205.3489	3249	1003.1	3990
5	74.9	14.57	63.8	929.566	212.2849	4070.44	1091.293	4778.62
6	76	17.33	63.2	1095.256	300.3289	3994.24	1317.08	4803.2
7	72	14.48	60.2	871.696	209.6704	3624.04	1042.56	4334.4
8	73.5	14.91	57.7	860.307	222.3081	3329.29	1095.885	4240.95
9	74.5	15.25	56.4	860.1	232.5625	3180.96	1136.125	4201.8
10	73.5	13.89	55.6	772.284	192.9321	3091.36	1020.915	4086.6
11	71.5	15.18	62.6	950.268	230.4324	3918.76	1085.37	4475.9
12	71	14.44	63.4	915.496	208.5136	4019.56	1025.24	4501.4
13	78.9	14.87	60.2	895.174	221.1169	3624.04	1173.243	4749.78
14	86.5	18.63	67.2	1251.936	347.0769	4515.84	1611.495	5812.8
15	68	15.2	57.1	867.92	231.04	3260.41	1033.6	3882.8
16	102	25.76	89.6	2308.096	663.5776	8028.16	2627.52	9139.2
17	84	19.05	68.6	1306.83	362.9025	4705.96	1600.2	5762.4
18	69	15.37	60.1	923.737	236.2369	3612.01	1060.53	4146.9
19	88	18.06	66.3	1197.378	326.1636	4395.69	1589.28	5834.4
20	76	16.35	65.8	1075.83	267.3225	4329.64	1242.6	5000.8
合计	1531	324.43	1261.3	20808.457	5399.317	80580.29	25210.649	97516.85

解 （1）计算回归预测模型。已知住宅销售价格为 y，总居住面积为 x，住宅评估价值为 z，于是选用二元回归预测模型进行预测

$$y = a + bx + cz$$

将表 8-3 中各相关数据代入式（8-31）可得方程组

$$\begin{cases} 1531 = 20a + 324.43b + 1261.3c \\ 25210.649 = 324.43a + 5399.317b + 20808.457c \\ 97516.85 = 324.43a + 20808.457b + 80580.29c \end{cases}$$

求解方程组得到

$$\begin{cases} a = 30.967 \\ b = 2.634 \\ c = 0.045 \end{cases}$$

于是所求的回归预测模型为

$$\hat{y} = 30.967 + 2.634x + 0.045z \tag{8-33}$$

（2）回归预测模型统计检验。根据已知条件，列表计算 $\hat{y}_i$、$(y_i - \bar{y})^2$、$(y_i - \hat{y}_i)^2$、$(\hat{y}_i - \bar{y})^2$，并将其填入表 8-4 中。

表 8-4　方差分析计算数据表

序号	y_i（万美元）	$\hat{y}_i$	$(y_i-\bar{y})^2$	$(y_i-\hat{y}_i)^2$	$(\hat{y}_i-\bar{y})^2$
1	74.8	74.00983	3.0625	0.624368629	6.452464
2	74	74.0116	6.5025	0.00013456	6.443475
3	72.9	76.85875	13.3225	15.67170156	0.095327
4	70	71.40619	42.9025	1.977370316	26.45878
5	74.9	72.34651	2.7225	6.52031118	17.66933
6	76	79.61419	0.3025	13.06236936	9.38926
7	72	71.94664	20.7025	0.00284729	21.19092
8	73.5	72.97063	9.3025	0.280232597	12.81189
9	74.5	73.81075	4.2025	0.475065563	7.503491
10	73.5	70.18027	9.3025	11.02060727	40.57346
11	71.5	73.90474	25.5025	5.782774468	6.9974
12	71	71.98492	30.8025	0.970067406	20.83996
13	78.9	72.97741	5.5225	35.07707231	12.7634
14	86.5	83.23009	99.0025	10.69231141	44.6236
15	68	73.7101	73.1025	32.60524201	8.065032
16	102	103.08268	647.7025	1.172195982	703.9831
17	84	84.40315	55.5025	0.162529922	61.67196
18	69	74.29441	57.0025	28.03077725	5.087686
19	88	81.68308	131.1025	39.90347829	26.34851
20	76	77.14105	0.3025	1.301995102	0.34934
Σ	1531	1533.567	1237.870	205.333	1039.318

根据表 8-4 得到方差分析表 8-5。

表 8-5　方差分析表

离差来源	平方和	自由度
S_R^2	1039.318	$m=2$
S_E^2	205.333	$n-m-1=17$
S_T^2	1237.870	$n-1=19$

进行 F 检验

$$F=\frac{S_R^2/m}{S_E^2/(n-m-1)}=\frac{1039.318/2}{205.333/17}\approx 43.024$$

取显著性水平 $\alpha=0.05$，查得 $F_c=3.59$。由于 $F>F_c$，说明线性回归效果显著，该预测模型可用。

（3）进行预测。当 $x=18$、$z=72.5$ 时，代入式（8-33）得预测值为

$$\hat{y} = 30.967 + 2.634x + 0.045z$$
$$= (30.967 + 2.634 \times 18 + 0.045 \times 72.5) 万美元$$
$$= 81.642 万美元$$

其区间估计为

$$\hat{y} \pm 2s = \left(81.642 \pm 2 \times \sqrt{\frac{205.333}{17}}\right) 万美元 = (81.642 \pm 6.951) 万美元$$

即当住宅总居住面积为 1800m^2，评估价值为 72.5 万美元时，住宅预计销售价格在 74.691~88.593 万美元之间的置信度为 95%。

二、一般的 k 元线性回归预测模型

二元线性回归预测方法很容易推广到一般的 k 元线性回归预测中。k 元（多元）线性回归预测数学模型为

$$y = b_0 + b_1x_1 + \cdots + b_kx_k \tag{8-34}$$

根据已知的 n 组观察值

$$Y = \begin{pmatrix} y_1 \\ \vdots \\ y_n \end{pmatrix}, \quad X_1 = \begin{pmatrix} x_{11} \\ \vdots \\ x_{1n} \end{pmatrix}, \quad \cdots, \quad X_k = \begin{pmatrix} x_{k1} \\ \vdots \\ x_{kn} \end{pmatrix}$$

计算得出参数 $b_0, b_1, \cdots, b_k$。将 n 组观察数据代入式（8-34），得

$$\begin{cases} y_1 = b_0 + b_1x_{11} + \cdots + b_kx_{k1} \\ y_2 = b_0 + b_1x_{12} + \cdots + b_kx_{k2} \\ \vdots \\ y_n = b_0 + b_1x_{1n} + \cdots + b_kx_{kn} \end{cases} \tag{8-35}$$

写成矩阵形式为

$$\begin{pmatrix} y_1 \\ y_2 \\ \vdots \\ y_n \end{pmatrix} = \begin{pmatrix} 1 & x_{11} & \cdots & x_{k1} \\ 1 & x_{12} & \cdots & x_{k2} \\ \vdots & \vdots & \cdots & \vdots \\ 1 & x_{1n} & \cdots & x_{kn} \end{pmatrix} \begin{pmatrix} b_0 \\ b_1 \\ \vdots \\ b_k \end{pmatrix} \tag{8-36}$$

或简记为

$$Y = XB \tag{8-37}$$

式（8-37）两边均乘转置矩阵 X' 得

$$X'Y = X'XB \tag{8-38}$$

式（8-38）是一个 $(k+1)$ 元一次方程组，称为最小二乘估计的正规方程，从中可以解出

$$B = (X'X)^{-1}X'Y \tag{8-39}$$

这里

$$B = \begin{pmatrix} b_0 \\ b_1 \\ \vdots \\ b_k \end{pmatrix} \tag{8-40}$$

是含有 $k+1$ 个参数的向量。有时，为了强调起见，也用字母上加"^"的记号来强调 $\hat{B}$ 是参

数真值 B 的最小二乘估计值，而不是真值本身。

本 章 小 结

本章首先介绍了回归分析预测的含义、类型和实施步骤，重点介绍了一元线性回归预测和多元线性回归预测模型的建立、参数估计、区间估计、模型检验及其应用。

练习与思考

一、选择题
1. 回归预测模型 $Y = (X_1, X_2, \cdots, X_n)$ 中，预测对象称之为（　　）。
   A. 自变量　　　　　B. 因变量　　　　　C. 调节变量　　　　　D. 控制变量
2. 在一元线性回归方程 $\hat{y} = a + bx$ 中，（　　）表示当自变量每增减一个单位时，因变量的平均增减量。
   A. $\hat{y}$　　　　　　B. a　　　　　　　C. b　　　　　　　D. x
3. 回归分析预测法有多种类型，可根据自变量个数分为（　　）。
   A. 线性和非线性回归预测法
   B. 一元回归预测法和多元回归预测法
   C. 线性回归预测法和一元回归预测法
   D. 非线性回归预测法和一元回归预测法
4. 多元回归分析预测法中，研究的是（　　）。
   A. 两个自变量和两个因变量的因果关系
   B. 两个自变量和一个因变量的因果关系
   C. 两个以上自变量和一个因变量的因果关系
   D. 两个以上自变量和两个以上因变量的因果关系

二、判断题
1. 回归分析法等同于相关分析法。　　　　　　　　　　　　　　　　　　　　　　　（　　）
2. 利用回归预测模型可以对市场经济活动的某一过程进行分析、预测和控制。　　（　　）
3. 确定性因果关系是指在自变量与因变量之间存在一种严格、确定的依存关系。（　　）
4. 非线性回归分析通常可化为线性回归来处理，称作非线性回归分析的线性化。（　　）

三、简答题
1. 简述一元线性回归预测法的步骤。
2. 建立多元线性回归的准则有哪些？
3. 回归分析预测法的类型有哪些？
4. 变量间的因果关系分为几类，分别是指什么？

四、计算题
1. 表 8-6 为我国 2006～2015 年城镇居民人均可支配收入与消费支出的情况，根据资料分析城镇居民可支配收入与消费支出间的关系，并试用回归分析预测法在 95% 置信度内预测 2016 年的人均收入。

表 8-6　城镇居民消费支出与收入情况　　　　　　　　　　（单位：元）

年 份	消费支出 y_i	城镇居民人均收入 x_i
2006	6510.9	8472.2
2007	7182.1	9421.6

（续）

年　份	消费支出 y_i	城镇居民人均收入 x_i
2008	7942.9	10493.0
2009	8696.6	11759.5
2010	9997.5	13785.8
2011	11242.9	15780.8
2012	12264.6	17174.7
2013	13471.5	19109.4
2014	15160.9	21809.8
2015	16674.3	24564.7

2. 家庭收入和食品支出的关系如表8-7所示：试建立回归模型。
(1) 做出散点图，显示两者之间的关系。
(2) 求样本回归曲线。

表8-7　家庭收入和食品支出的回归计算表

家　庭	收入 x_i（元）	支出 y_i（元）	x_i^2	y_i^2	$x_i y_i$
1	20	7	400	49	140
2	30	9	900	81	270
3	33	8	1089	64	264
4	40	11	1600	121	440
5	15	5	225	25	75
6	13	4	169	16	52
7	26	8	676	64	208
8	38	10	1444	100	380
9	35	9	1225	81	315
10	43	10	1849	100	430
总和	293	81	9577	701	2574

3. 某家电社会购买力与该市家庭人均年收入的资料如表8-8所示。

表8-8　某家电社会购买力与人均年收入资料表

年　份	2000	2001	2002	2003	2004	2005	2006	2007
购买力（10^5元）	1150	1300	1580	1780	2080	2710	3400	4020
人均年收入（元）	9820	10850	11980	12930	14280	15820	17400	19880

要求：(1) 建立一元线性回归模型。
(2) 对回归模型进行显著性检验（$\alpha=0.05$）。
(3) 如果市民人均年收入按照11%的速度增长，试预测该市2009年、2010年的购买力为多少？
(4) 对2009年该市居民消费购买力做区间估计（取$\alpha=0.05$）。

第九章 市场预测的综合分析

学习目标

1. 了解预测方法的选择原则；
2. 掌握组合预测方法的应用；
3. 熟悉预测误差的概念及其预测误差测量指标；
4. 明确预测误差产生的原因和提高预测误差精度的途径。

【引导案例】 单一调查结论的不确定性

CPC 国际公司在将脱水蔬菜卖到美国时也遇到了一些抵制。该公司对其产品曾经做过市场调查，方法是向路人提供一小杯已经备好的热汤，在品尝之后每个行人要回答一些关于销售前景之类的问题。调研结果表明美国人对该产品有一定的兴趣，但当包装好的产品摆到商场的货架上后，销售却非常差。追究其原因发现，市场测试忽略了大多数美国人避免脱水汤包的倾向。在测试过程中受访者没有意识到他们品尝的是脱水汤包调出来的汤，在品尝中发现味道很好，于是他们就说会买这种汤。如果他们事先知道这种汤是以脱水形式出售，并且准备过程需要 15～20min 的时间来搅动，可能就不会对该产品表现出太大的兴趣。

案例思考：
1. 为何通过市场调查认可的产品，推广到市场后会遭受滞销？
2. 该公司要获得该产品良好的销路，还应该采取什么办法？

对于任何一项市场预测而言，预测人员在掌握各种预测方法和技术的同时，还会遇到各种各样的问题。例如，如何从众多的预测方法中选择适合预测目的的预测方法，如何对预测结果的可信程度做出分析评价，如何尽可能减少预测误差等一系列具体而实际的问题。对这些问题的综合分析、评价，称之为预测的综合分析。

第一节 预测方法的选择

预测工作为决策提供依据，是决策的前提。因此，预测对象的选择和预测目的的分析都取决于对决策要求的分析，预测人员要根据决策的需要和预测对象的特性，确定预测目标，选择预测方法，评价预测结果。明确预测目标，是预测过程的起点。明确认识预测对象和预测目的，是保证预测过程顺利进行的基础；选择适合预测目标的预测方法是达到预测效果的关键。

一、预测方法的选择原则

预测方法的选择是预测中的一个十分重要的问题，它直接影响到预测人员的预测效率和预测的可靠性。预测人员应全面考虑各方面的影响因素，选择适当的预测方法和预测模型。为此，需要重点考虑以下几个方面：

（一）预测的目的和要求

方法的选择首先应服从于预测目的，应该能向决策者提供所需要的具体信息。例如，对企业产品的市场预测与年度生产计划和经营发展规划所需要的预测信息是不同的。因此选择的预测方法、预测范围、预测期限的长短也可能不同。对市场形势的宏观预测，宜采用专家小组意见法和德尔菲法等方法；对具体商品（产品）的市场需求预测和企业销售预测，宜采用时间序列预测法和回归预测分析法；对事物突变分析（即转折点分析），宜采用龚珀兹曲线模型等。一般对预测期效短的预测宜采用指数平滑法、趋势预测法、回归分析法等；预测期较长的预测宜采用德尔菲法等。

（二）预测目标本身特点

不同的预测目标具有不同的属性，因而在产品的生命周期、产品的自然属性、消费市场的特征等方面会有不同的变化特点，相应的预测方法也不同。如服装、玩具、电子产品的经济寿命往往表现为一种流行型曲线，一旦被社会接受，其发展迅速，然而更新淘汰也很快。针对这类产品，宜采用市场调查、对比类推分析预测法。对于机械产品，由于产品技术复杂、投资大、开发周期长、经济寿命周期也较长，依据事物发展的惯性原理（连续性原理），采用趋势预测法进行中短期预测仍不失为一种行之有效的方法。

（三）预测目标的历史统计数据情况

在预测目标的历史数据比较缺乏的情况下，宜多采用定性预测方法；在数据资料丰富、信息准确可靠的情况下，宜多采用定量预测方法。在选定定量预测方法后，具体采用何种定量预测方法和模型，主要取决于数据的变动规律。常用的方法是把历史数据绘制在一坐标图上进行观察、分析。

（1）若预测目标本身的历史时间序列接近某种函数曲线（如抛物线等），则可采用相应的函数关系建立预测模型；若呈线性变化规律，则可用直线趋势法、移动平均法等建立预测模型。

（2）若预测目标的数据模型不典型，此时往往选用几种比较接近的模型，分析比较它们的误差大小来选定最佳的预测模型；有时也把几种模型的预测结果进行综合后获得最终预测结果。

（3）若预测目标本身的数据出现无规则变动，则宜采用回归分析法进行预测。通过对预测目标以及有关的市场变量进行因果分析，找出一种或多种主要影响因素作为回归模型的自变量。一般情况下，回归分析法的预测结果比时间序列预测法所得的结果更为准确。因此，只要有可能，应尽量采用回归分析法进行预测。

（四）预测的精度要求和费用

预测是决策的基础，预测精度要求是由决策决定的。对于预测精度要求不高的市场预测，宜采用定性预测方法；对于预测精度要求较高的市场预测，则宜采用定量预测法，有时可能还需要几种预测方法同时使用，综合预测结果，以提高预测质量。在考虑预测精度要求时还需同时考虑预测成本。一般情况下，预测精度高，预测价值也高，但同时预测成本也高。预测人员应根据预测精度、预测成本以及决策需要，综合考虑选择所需的预测方法。

（五）产品生命周期的不同阶段

在进行商品市场需求预测时，必须充分考虑商品所处的生命周期的不同阶段。一般来说，商品处于试销期，宜采用定性预测方法；商品处于成长期，宜采用各种定量预测法；商品处于成熟期，宜采用定性分析和定量分析相结合的预测方法（如德尔菲法、专家小组意见法与龚珀兹曲线法）；处于衰退期的商品，在开始下降阶段可采用定量分析法来测量衰退速率，再用专家意见法探求淘汰时机。

（六）现有条件和基础

预测方法的选择必须建立在可以实现的基础上。尽管有的方法预测效果很好，但在实际预测中，往往由于数据、经费、人力、设备等方面的制约，许多预测模型实施起来十分困难。一个最好的办法是面对现实，建立一个可以实施的模型，在达到预测要求的情况下，预测模型越简单越好。大量预测实践表明，预测精度并不与预测模型的复杂性成正比。选用简单模型的另一个好处是易被决策者接受，因为对决策者来说，只有理解的东西，才会放心地使用它，也才能真正地发挥预测效益。

二、组合预测方法

组合预测方法（Method of Combinatorial Forecasting）是一种新的预测思想，但并非新的预测方法。它是指同时应用多种预测方法或预测模型对同一预测目标进行预测，通过一定的方法将多种预测结果进行组合，以获得一个最终的预测结果。由于组合预测比一般预测包含更丰富、更全面的信息，因此它的预测结果更为准确。应用组合预测方法的关键是掌握多种预测结果的综合处理方法，常用的综合处理方法是加权组合法。根据权重系数 ω_i 的取法不同，加权组合法又可分为以下几种形式：

1. 平均值法

$$\omega_i = \frac{1}{r} \quad (i = 1, 2, \cdots, r) \tag{9-1}$$

这里 r 是使用不同方法得到的预测结果的个数，它对所有的预测方法采用平等的态度，特别适用于对预测模型取舍没有把握的情况。

2. 二项式系数法

$$\omega_i = \frac{C_{r-1}^{i-1}}{2^{r-1}} \quad (i = 1, 2, \cdots, r) \tag{9-2}$$

二项式系数法要求先将预测值从小到大排列，然后取二项式 C_{r-1}^{i-1} 的展开系数为权重系数。由于各预测值按增序排列，故中位数将取得最大的权重系数，从而突出了中位数的重要地位，使得综合结果向中位数靠近。

例 9-1 某预测公司对某项产品未来发展趋势采用了 6 种预测模型进行预测，各种预测模型得出的预测结果如表 9-1 所示。

表 9-1 各种预测模型预测值

预测模型	模型 1	模型 2	模型 3	模型 4	模型 5	模型 6
预测值 y_i	98.22	88.29	113.16	105.16	100.13	99.23

采用组合预测法得到的综合预测结果为：

（1）运用平均值法预测

$$\omega_i = \frac{1}{6} \quad (i=1,2,\cdots,6)$$

$$\hat{y} = \sum_{i=1}^{6} y_i \omega_i$$

$$= 98.22 \times \frac{1}{6} + 88.29 \times \frac{1}{6} + 113.16 \times \frac{1}{6} + 105.16 \times \frac{1}{6} + 100.13 \times \frac{1}{6} + 99.23 \times \frac{1}{6}$$

$$= 100.70$$

（2）运用二项式系数法预测

按增序排列预测值 y_i，各种模型的预测值排列如下

$$\{88.29, 98.22, 99.23, 100.13, 105.16, 113.16\}$$

二项式权重系数为

$$\omega_i = \frac{C_{r-1}^{i-1}}{2^{r-1}} = \frac{C_{6-1}^{i-1}}{2^{6-1}} = \frac{C_5^{i-1}}{2^5} \quad (i=1,2,\cdots,6)$$

将具体数据代入得权重系数为

$$\omega = \{0.03125, 0.15625, 0.3125, 0.3125, 0.15625, 0.03125\}$$

综合预测结果为

$$\hat{y} = \sum_{i=1}^{6} y_i \omega_i$$

$$= 88.29 \times 0.03125 + 98.22 \times 0.15625 + 99.23 \times 0.3125 + 100.13 \times 0.3125 + 105.16 \times 0.15625 + 113.16 \times 0.03125$$

$$\approx 2.759 + 15.347 + 31 + 31.29 + 16.43 + 3.536$$

$$= 100.362$$

除上述两种确定权重系数的方法以外，还常用经验判断法确定权重系数，即根据预测人员的主观经验判断模型结果的可信度，并给予不同的权重系数。

例 9-2 某公司在 2000 年对某品牌洗衣机未来几年在某农村地区市场需求情况进行了预测，选用了四种预测模型分别得出不同的预测结果如表 9-2 所示，试采用组合预测方法得出最终预测结果。

解 （1）根据预测人员主观经验判断预测模型结果的可信度，分别给予不同的权重系数，如表 9-2 第二行所示。

（2）根据各种预测结果以及权重系数，采用组合预测法得到该地区今后各年对该品牌洗衣机的需求情况，如表 9-2 最右列所示。

表 9-2　各种预测模型预测结果的综合处理汇总表

(单元：台/平均每百户)

预测模型		农村居民收入模型	农村居民储蓄存款模型	日用品消耗模型	家庭户数模型	综合结果
权 重 系 数		0.4	0.3	0.2	0.1	1.0
预测结果	2000 年	30	33	31	35	31.6
	2001 年	34	39	35	42	36.5
	2002 年	38	46	39	51	41.9
	2003 年	41	53	42	59	46.6
	2004 年	45	61	46	74	50.5
	2005 年	49	69	50	88	59.1

第二节　预测结果的分析和评价

预测结果的分析和评价在整个预测过程中是很重要的一环，对预测结果的误差分析最终将直接影响决策的效果。预测人员分析预测误差的目的不在于消除误差，因为预测误差是不可避免的，消除误差是不可能的，因此分析预测误差的目的在于尽量减少未来预测的误差，从而提高预测精度。

一、预测误差的概念和测量指标

（一）预测误差的概念

分析预测结果一般是通过分析误差来实现的。所谓误差，是指预测模型计算值与实际值之间产生的离差。

（二）误差的测量指标

为了比较几种预测方法或预测模型的精确度，常用代表性的综合指标来测定误差。常用的误差综合指标有：平均绝对误差、均方误差、均方根误差等。

1. 平均绝对误差（Mean Absolute Error，MAE）

$$MAE = \frac{1}{n}\sum_{i=1}^{n}|e_i| = \frac{\sum_{i=1}^{n}|(y_i - \hat{y}_i)|}{n} \quad (i = 1,2,\cdots,n) \tag{9-3}$$

式中　e_i——第 i 期的误差；

n——历史时期数；

y_i——第 i 期历史观察值；

$\hat{y}_i$——第 i 期预测模型计算值。

2. 均方误差（Mean Square Error，MSE）

$$MSE = \frac{1}{n}\sum_{i=1}^{n}e_i^2 = \frac{\sum_{i=1}^{n}(y_i - \hat{y}_i)^2}{n} \quad (i=1,2,\cdots,n) \tag{9-4}$$

3. 标准误差（又称均方根误差，Mean Square Root Error，MSRE）

$$\text{MSRE} = \sqrt{\frac{1}{n-1}\sum_{i=1}^{n} e_i^2} = \sqrt{\frac{1}{n-1}\sum_{i=1}^{n}(y_i - \hat{y}_i)^2} \quad (i = 1, 2, \cdots, n) \quad (9\text{-}5)$$

实际应用时，只需计算各种模型的任何一种误差，选择误差最小的预测方案。一般情况下，用得较多的是标准误差（均方根误差）。

二、预测误差产生的原因分析

（一）环境因素的影响

环境因素对预测误差的影响主要表现为两个方面。一是某些环境因素发生突变所带来的影响。在预测期间，若预测对象赖以存在的外部环境中的某些因素发生了根本性的变化或出现了某些意想不到的偶然因素，导致预测目标发生了转折性变化，这些变化在建立预测模型期间并未估计到，这样还用原有的模型和方法对未来进行预测，必然会产生较大的误差。二是由于预测人员对环境变化估计不足而导致的预测误差。

（二）预测方法和模型本身的局限性

预测方法和预测模型本身不够完善，具有一定局限性，这也会使预测结果产生一定的误差。预测方法和模型的局限性主要表现在以下几个方面：

（1）任何一种预测方法和模型都有各自的特点，所包含的信息量和信息价值也是不同的。

（2）预测方法和模型总是取主要的影响因素，不可能把影响市场的所有因素都考虑在内，因此，预测模型本身包含了一个理论上允许的误差项，即拟合误差。

（3）预测模型的参数是根据历史数据来估计的，这些参数与预测期间的实际参数会有差别，这必然也会给预测带来误差。

（三）预测所需信息的质量与相关因素的误差

预测工作需要大量的信息，若信息的质量不高、统计数据不全或有重复计数和异常数据，在不加以分析和处理的情况下就直接利用这些数据进行预测，则会直接影响预测模型的质量，从而造成预测误差。有时需要对预测目标的相关因素进行先期预测，这种先期预测误差必然会影响后期的主要预测工作。例如，在一元回归模型 $y_0 = a + bx_0$ 中，若参数 b 的数值较大，则自变量 x_0 的先期预测误差经过 b 倍放大后，直接对最终预测目标 y_0 产生很大的影响。

（四）人们认识能力和经验水平的限制

人们认识市场规律要有一定过程，当未来事物的规律性尚未充分显示时，人们的认识就免不了会有一定的偏差。另外，预测目标的确定，信息资料的收集、评价、判断、加工整理，预测方法的选择，模型参数的估算，模型的建立以及最终对预测结果的综合，都离不开人的主观努力。因此，预测人员的知识、经验、观察思考和判断能力，对预测结果的准确性都会有重大影响，由于这方面原因造成的预测误差也是常见的。

（五）预测者心理因素的影响

预测过程不仅受到预测人员的认识能力和经验水平的影响，同时还受到预测人员心理因素的影响。通常造成预测误差的心理因素有以下几种情况：

（1）不科学的从众心理。在一些模糊性较大的预测中，小部分人往往不加深入分析就接受"大家的看法",这可能将预测引入歧途。

（2）对领导与权威的迷信。人们往往会因为领导或权威掌握信息多,知识渊博,经验丰富,而盲目崇拜和迷信他们,有时甚至会放弃自己的正确意见,这也是很危险的。

（3）对个人专长或所熟悉工作的偏爱。预测者易重视自己熟悉或擅长的信息,而忽视其他信息,或自觉或不自觉地片面强调对自己观点有利的一面等,这都会影响预测的客观性。

三、提高预测精度的途径

在产生预测误差的各种原因中,有主观的原因,也有客观的原因,因此,要完全消除误差是不可能的,关键的问题是如何通过一定的努力使预测误差减少到最小程度,以提高预测精度。提高预测精度的主要途径有：

（一）重视对预测目标转折点的分析

外界环境因素突变对预测目标的影响往往表现为预测目标的变化出现转折点,即转折点前后的变化趋势截然不同,从而使预测产生较大的误差。对转折点分析的目的在于能够及时发现可能导致转折点产生的原因。比如对技术环境的突变,需着重进行替代产品研究。一种全新产品可能完全替代某种旧产品,从而使该旧产品的市场销售趋势发生突然的逆转,产生转折点。此外,还要注意一种间接替代关系,它也会引起转折点的出现,如石油价格的变化会引起塑料价格的变化,从而间接地影响塑料产品替代金属品或纸品的现象。

（二）注重数据资料的分析处理

数据必须经过"去粗取精、去伪存真、由此及彼、由表及里"的分析处理才能应用。对于历史上的观察数据,有的年份波动过大,其原因不是源于自身发展规律,而是外界如自然灾害或战争等的干扰,这就需要经过判断,选用反映客观规律的数据,对受随机干扰的异常值,应予以剔除；若原始数据走向具有一定规律性,但因受随机因素的干扰,造成数据波动大,则应进行移动平均处理,以消除波动现象。

（三）重视定性定量相结合和多种预测方法的组合应用

定性分析和定量分析两大类方法具有很好的互补性,在具体应用时把这两类方法结合起来使用,既能在定量的基础上对事物的方向、性质做出判断和估计,又能使定性分析更有依据,并对事物的发展程度做出量化的测定。同时,由于事物的复杂性以及各种具体预测方法和模型的局限性,对同一预测目标,只要有可能,都应从多个不同角度（即用多种预测方法和模型）进行预测,综合各种预测方法的结果,提高预测精度。

四、预测效果的评价

预测效果是预测工作质量优劣的综合反映,效果如何,应从决策角度来分析评价。预测结果越接近决策实践结果,表明预测精度越高,预测越成功,效果就越好。反之,预测结果离开决策实践结果越远,精度越低,效果就越差。这种评价方法,也是采用预测误差的大小来衡量。如果预测误差落在决策预期要求的范围以内,就可认为预测是成功的；反之,则要修正预测模型,直到预测结果满足要求为止。预测效果的分析评价,对提高预测人员的预测水平及科学决策都具有重要意义。

第三节 案例分析——某企业生产能力调查与需求预测

一、实际调查研究

（一）企业概况

某企业是一个汽车模具制造型企业，其主要生产部门有设计部、数控加工车间、装配车间和调试车间。产品的生产需要经过设计、数控加工、装配、调试四个工艺过程，各部门详细工作情况如表 9-3 所示。

表 9-3 部门工作情况表

部门	对象	资源数	每班工作时间/h	每年工作天数（天）
设计部门	设计人员	32 人	11	251
数控车间	数控工段白班	18 台	9	342
数控车间	数控工段晚班	18 台	9	342
装配车间	装配工人	20 人	10	303
调试车间	调试压机	8 台	10	303
调试车间	调试人员	54 人	10	303

（二）企业生产效率和工时定额

通过对企业的实际调研，在对大量数据进行收集、统计、分析整理的基础上，得到了各部门的生产效率以及生产代表产品 A 的工时定额，如表 9-4 所示。

表 9-4 各部门生产效率及生产代表产品 A 的工时定额

部门	对象	效率（%）	生产代表产品 A 的工时定额/h
设计部门	设计人员	79.00	184.00
数控车间	数控车间白班	84.12	331.85
数控车间	数控车间晚班	67.30	331.85
装配车间	装配人员	67.90	111.50
调试车间	调试压机	62.30	70.46
调试车间	调试人员	67.70	403.30

二、企业生产能力计算

（一）设计部门的生产能力

根据设计部门的实际情况，得到设计部门全年实际生产能力为

$$P_{设计} = \frac{设计部门工作时间}{代表产品 A 设计工时定额} \times \eta_{设计}$$

$$= \frac{年有效工作天数 \times 日有效工作时间 \times 设计人员数}{代表产品 A 设计工时定额} \times \eta_{设计}$$

$$= \frac{251 \times 11 \times 32}{184} 套 \times 79\% \approx 379.34 \text{ 套}$$

第九章 市场预测的综合分析

式中 $P_{设计}$——设计部门实际生产能力；

$\eta_{设计}$——设计部门效率。

（二）数控车间生产能力

1. 数控车间白班实际生产能力

$$P_{数白} = \frac{每台数控机床白班实际总工作时间 \times 白班数控机器数}{产品A的数控加工工时} \times \eta_{数白}$$

$$= \frac{年工作天数 \times 日工作时数 \times 白班工作机器数}{产品A的数控加工工时} \times \eta_{数白}$$

$$= \frac{342 \times 9 \times 18}{331.85} 套 \times 84.12\% \approx 140.44 套$$

式中 $P_{数白}$——数据车间白班实际生产能力；

$\eta_{数白}$——数控车间白班生产效率。

2. 数控车间晚班实际生产能力

$$P_{数晚} = \frac{每台数控机床晚班实际总工作时间 \times 晚班工作机器数}{产品A的数控加工工时} \times \eta_{数晚}$$

$$= \frac{年工作天数 \times 日工作时数 \times 晚班数控机器数}{产品A的数控加工工时} \times \eta_{数晚}$$

$$= \frac{342 \times 9 \times 18}{331.85} 套 \times 67.3\% \approx 112.36 套$$

式中 $P_{数晚}$——数控车间晚班实际生产能力；

$\eta_{数晚}$——数控车间晚班生产效率。

3. 数控车间实际生产能力

$$P_{数控} = P_{数白} + P_{数晚} = 140.44 套 + 112.36 套 = 252.8 套$$

式中 $P_{数控}$——数控车间实际生产能力。

（三）装配车间实际生产能力

$$P_{装配} = \frac{装配实际总工作时间}{产品A的装配工时定额} \times \eta_{装配}$$

$$= \frac{年工作天数 \times 日工作时数 \times 装配工人人数}{产品A的装配工时定额} \times \eta_{装配}$$

$$= \frac{303 \times 10 \times 20}{111.5} 套 \times 67.9\% \approx 369.03 套$$

式中 $P_{装配}$——装配车间实际生产能力；

$\eta_{装配}$——装配车间效率。

（四）调试车间实际生产能力

调试车间的生产能力取决于调试产品所需要的调试压机的生产能力以及调试人员的生产能力。

1. 调试压机实际生产能力

$$P_{压机} = \frac{压机最大总工作时间}{产品A在压机上的工时定额} \times \eta_{压机}$$

$$= \frac{年工作天数 \times 日工作时数 \times 调试压机数}{产品A在压机上的工时定额} \times \eta_{压机}$$

$$= \frac{303 \times 10 \times 8}{70.46} 套 \times 62.3\% \approx 214.33 \ 套$$

式中　$P_{压机}$——压机实际生产能力；

　　　$\eta_{压机}$——压机效率。

2. 调试人员实际生产能力

$$P_人 = \frac{调试人员的实际工作时间}{产品 A 的调试工时定额} \times \eta_人$$

$$= \frac{年工作天数 \times 日工作时数 \times 调试工人数}{产品 A 的调试工时定额} \times \eta_人$$

$$= \frac{303 \times 10 \times 54}{403.3} 套 \times 67.7\% \approx 274.66 \ 套$$

式中　$P_人$——调试人员实际生产能力；

　　　$\eta_人$——调试人员效率。

由于调试人员全年实际生产能力为 274.66 套 A 产品，而调试压机全年实际生产能力只有 214.33 套 A 产品，因此，调试车间的生产瓶颈在调试压机部分，也就是说调试车间实际生产能力将取决于调试压机的实际生产能力，或者说调试压机的实际生产能力就是调试车间的实际生产能力。

3. 调试车间实际生产能力

$$P_{调试} = P_{压机} = 214.33 \ 套$$

式中　$P_{调试}$——调试车间实际生产能力。

三、企业各部门人均生产能力与生产能力需求预测

根据上述计算，可以得到该企业各部门实际生产能力情况如图 9-1 所示。

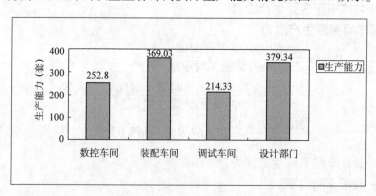

图 9-1　企业生产能力平衡图

由图 9-1 可知，调试车间实际生产能力最低，数控车间实际生产能力次之。由于数控车间是企业的关键部门，也是企业生产能力的瓶颈所在，因此，企业的生产能力应以数控车间的生产能力为基准来进行各部门生产能力之间的核算与平衡。

（一）企业各部门人均生产能力

1. 设计部门年人均实际生产能力

设计部门总共有 2 个部门，有设计人员 32 人，设计部门的年实际生产（设计）能力是

379.34 套 A 产品，因此，设计人员年均实际生产（设计）能力为

$$m_{设计} = \frac{P_{设计}}{n_{设计}} = \frac{379.34}{32} 套 \approx 11.85 \text{ 套}$$

式中　$m_{设计}$——设计部门人均实际生产（设计）能力；

　　　$n_{设计}$——设计人员数；

　　　$P_{设计}$——设计部门年实际生产（设计）能力。

2. 数控车间平均生产能力

数控车间共有 18 台数控机床，每年实际生产能力为 252.8 套 A 产品，每台数控机床年均实际生产能力为

$$m_{数控} = \frac{P_{数控}}{n_{数控}} = \frac{252.8}{18} 套 \approx 14.04 \text{ 套}$$

式中　$m_{数控}$——数控车间平均实际生产能力；

　　　$n_{数控}$——数控机器数；

　　　$P_{数控}$——数控车间年实际生产能力。

3. 装配车间人均实际生产能力

装配车间年实际生产能力为 369.03 套 A 产品，则装配人员的年人均实际生产能力为

$$m_{装配} = \frac{P_{装配}}{n_{装配}} = \frac{369.03}{20} 套 \approx 18.45 \text{ 套}$$

式中　$m_{装配}$——装配车间人均实际生产能力；

　　　$n_{装配}$——装配车间机器数；

　　　$P_{装配}$——装配车间年实际生产能力。

4. 调试压机年均实际生产能力

由于调试车间压机年实际生产能力为 214.33 套 A 产品，因此，调试车间每台压机年均实际生产能力为

$$m_{压机} = \frac{P_{压机}}{n_{压机}} = \frac{214.33}{8} 套 \approx 26.79 \text{ 套}$$

式中　$m_{压机}$——调试压机年均实际生产能力；

　　　$n_{压机}$——调试压机数；

　　　$P_{压机}$——调试压机实际生产能力。

（二）生产能力需求预测

由于数控车间是企业的关键车间，因此，应以数控车间的生产能力为基准来进行生产能力之间平衡与需求预测。

1. 设计人员需求预测

设计部门与数控车间生产能力差距为

$$\Delta P_{设计} = P_{设计} - P_{数控} = 379.34 \text{ 套} - 252.8 \text{ 套} = 126.54 \text{ 套}$$

每名设计人员的年均实际设计（生产）能力为 11.85 套 A 产品，则设计部门富裕的人员数为

$$\Delta n_{设计} = \frac{\Delta P_{设计}}{m_{设计}} = \frac{126.54}{11.85} 人 \approx 11 \text{ 人}$$

式中　$\Delta n_{设计}$——设计富余人员数；

$\Delta P_{设计}$——设计与数控实际生产能力差距。

由此可见，由于数控车间是企业的生产瓶颈，以数控车间的生产能力为基准进行生产能力平衡时，设计部门富裕 11 名设计人员，也就是说即使少 11 名设计人员也可以满足数控车间生产能力的要求。在以后的生产安排工作中，企业可以考虑多接设计订单，以消化富裕的设计人员，从而达到各部门生产能力之间的协调与平衡。

2. 装配车间人员需求预测

以数控车间为基准，装配车间富裕的生产能力为

$$\Delta P_{装配} = P_{装配} - P_{数控} = 369.03 \text{ 套} - 252.8 \text{ 套} = 116.23 \text{ 套}$$

每名装配人员年均实际生产能力为 18.45 套 A 产品，则装配车间富裕的人员数为

$$\Delta n_{装配} = \frac{\Delta P_{装配}}{m_{装配}} = \frac{116.23}{18.45} \text{人} \approx 6 \text{ 人}$$

式中　$\Delta n_{装配}$——装配富余人员数；

$\Delta P_{装配}$——装配与数控实际生产能力差距。

3. 调试压机需求预测

以数控车间生产能力为基准，调试车间富裕的生产能力为

$$\Delta P_{调试} = P_{调试} - P_{数控} = 214.33 \text{ 套} - 252.8 \text{ 套} = -38.47 \text{ 套}$$

由于代表产品 A 在调试压机上进行调试的工时定额为 70.46h，为了满足数控车间生产能力要求，全年还需要压机提供的工作时间为

$$\Delta t_{压机} = \Delta P_{调试} \times t_{压机} = -38.47 \times 70.46\text{h} \approx -2710.6\text{h}$$

式中　$\Delta t_{压机}$——压机需要增加的工作时间；

$t_{压机}$——A 产品占用压机的工时定额。

由此可见，为满足数控车间生产能力需求，调试车间压机生产能力不足，尚欠缺 2710.6h。

本 章 小 结

本章介绍了市场预测综合分析的含义，阐明了选择预测方法时所遵循的基本原则以及如何选择应用组合预测方法，着重介绍了预测结果的分析和评价，主要内容包括预测误差的含义、测量及其成因分析、提高预测精度的有效途径和预测效果的评价指标，最后，以一个实际案例详细阐述了市场预测的综合分析过程。

练习与思考

一、选择题

1. 组合预测是一种（　　）。

A. 预测方法　　　　B. 预测形式　　　　C. 预测思想　　　　D. 预测结果

2. 不属于常用的误差综合指标的是（　　）。

A. 平均绝对误差　　B. 均方误差　　　　C. 均方根误差　　　D. 协方差

3. 提高预测精度的途径不包括（　　）。
A. 重视对预测目标转折点的分析
B. 注重数据资料的分析处理
C. 重视定性定量相结合和多种预测方法的组合应用
D. 尽可能专于一种预测方法
4. 预测效果应从（　　）角度来分析评价。
A. 调查　　　　　　B. 预测　　　　　　C. 决策　　　　　　D. 评价

二、判断题
1. 预测对象的选择和预测目的的分析都取决于对决策要求的分析。　　　　（　　）
2. 组合预测方法是一种新的预测方法。　　　　　　　　　　　　　　　　（　　）
3. 在分析预测误差时，预测误差是不可避免的，消除误差是不可能的。　　（　　）
4. 预测者心理因素的影响不属于预测误差产生的原因。　　　　　　　　　（　　）

三、简答题
1. 什么是市场预测的综合分析？
2. 市场预测方法的选择原则包括哪几方面？
3. 简述市场预测误差的概念，其产生原因有哪些？
4. 怎样提高预测精度并评价预测效果？

第三篇

市场决策

第十章
决策理论与方法概述

学习目标

1. 明确预测与决策的关系。
2. 熟悉决策的含义与特征。
3. 掌握决策的类型与决策程序。

【引导案例】 寓言两则

在西方决策史上,有一个非常著名的故事——《布里丹的驴子》。故事讲的是,一个名叫布里丹的人养了一头驴,这头驴和别的驴不同,它喜欢思考,凡事都喜欢问个为什么?有一次布里丹在它面前放了两堆体积、颜色完全一样的干草作为午餐。这下可把它给难住了,由于这两堆干草没有任何差别,因此,它无法选择先吃哪一堆,后吃哪一堆,于是,这头可怜的驴就这样站在原地,一会儿分析颜色,一会儿分析新鲜度,一会儿考虑数量,一会儿考虑质量,犹犹豫豫,在无所适从中活活地饿死了。

《聊斋志异》中有这样一则故事:两个牧童进深山,入狼窝,发现了两只小狼崽,于是他俩各抱一只分别爬上了两棵大树,两棵大树相距数十步。老狼回来后,发现两只小狼崽被两个牧童掠到了树上,在树下朝着这两个牧童咆哮,吓得两个牧童都不敢下树。相持良久,一个牧童在树上掐小狼的耳朵,弄得小狼嗷嗷直叫,老狼闻声奔来,气急败坏地在树下乱抓乱咬;此时,另一棵树上的牧童又拧他抱着的那只小狼的腿,这只小狼也连声嗷叫,老狼又闻声赶去。就这样,老狼不停地在两棵树之间来回奔波,终于累得气绝身亡,两个牧童也得以平安回家。

驴之所以饿死,老狼之所以累得气绝身亡,其原因都是不擅于决策,不懂得取舍和放弃。每个人在生活和工作中也会面临多种抉择,如何决策对人生的成败得失至关重要,若老是犹豫不决,举棋不定,无决策目标,机会稍纵即逝,终将一无所获,甚至给自己带来终身遗憾。学习科学决策的方法和原理,在多个方案中选择一个最优或者较满意的方案,获得最佳的经济效益或者最大的收获是决策的目的。

案例思考:

1. 两个牧童采取的是什么策略?还有无更好的办法?
2. 现实生活中,你是否遇到过两难决策的事情没有?决策结果如何?

预测最终是为决策服务的,是科学决策的基础。决策是经营管理的核心,将直接影响企业经济效益。没有科学的决策,再好的预测也无济于事。本章主要介绍关于市场决策的基本概念、分类以及决策程序。

第一节 决策的含义及特征

一、决策的含义

企业管理的重点在于经营，经营的关键在于决策。按照 H. A. 西蒙（H. A. Simon）的观点，"管理就是决策"。决策，是指组织和个人为了实现某种目标而对未来一定时期内有关活动的方向、内容及方式的选择或调整过程；或者说，决策就是对各种所需决策的问题提出一套在进行决策时所必要的推理方法、逻辑步骤和科学手段，并根据所取得的信息对各种替代方案在各种不同的客观状态下，做出科学的分析和定量的计算，以此供决策人员在决策过程中对要采用的替代方案做出合理的抉择。简单地说，决策是从两个或两个以上的方案中选择一个最优的或较满意的方案的过程。决策就是决定。而市场决策就是对市场未来的变化趋势或变化状态做出的科学决定。

二、决策的特征

根据决策的各种含义的表达，决策具有如下特征：

（1）有明确而具体的决策目标。若决策的目标是模糊的，甚至是模棱两可的，则无法以目标为标准评价方案，更无从选择方案。

（2）有两个以上的备选方案，以便比较并选出最优或最满意的决策方案。

（3）以了解和掌握信息为基础。一个合理的决策是以充分了解和掌握各种信息为前提的，千万不要在问题不明、条件不清、要求模糊的状态下，急急忙忙做出选择，要坚决反对"情况不明决心大，心中无数办法多"的错误做法。

（4）需要对备选方案进行综合分析和评估。每个实现目标的可行方案，都会对目标的实现发挥某种积极作用和产生某种消极影响。因此，必须对每个可行方案进行可行性研究，不但必须在技术上可行，而且应当考虑社会、政治、道德等各方面的因素，使决策结果的副作用降到尽可能小的范围内。

（5）追求的是最可能的优化效应。提供给决策者参考的几个备选可行方案，是人们在现有的认识能力下提出来的。由于组织水平以及决策人员能力的不同，加上人们对客观事物的认识是一个不断深化的过程，所以，对于任何目标，都很难提出全部的可行方案。决策者只能得到一个适宜或满意的方案，而不可能得到最优方案。

三、决策的结构

决策是由决策主体、决策客体、决策方法3个基本要素相互结合构成的有机系统。任何一项决策都由目标、方案、任务、措施和反馈5个要素组成，这5个要素互为条件、相互作用，构成共同推动市场决策活动的运行和实现的动态结构。其中的目标是指一项决策活动预期要实现的目的；方案是指实现决策目标的经营策略及资源保证的具体化；任务和措施是指实现决策方案的组织保证；反馈是指决策方案时间效果的监督和控制，据此对目标、方案、任务、措施做出修订或调整。大量决策实践说明，决策过程如果能做到目标、方案、任务、措施、反馈5要素的紧密联系，相互协调，就可以保证决策的成功。

四、决策的发展

决策是人类社会的一种实践活动，自从有了人，就有了人的决策活动。《孙子兵法》《资治通鉴》《三国演义》等著述中，记载了人类历史上非常具有代表性的决策活动。例如，秦商鞅变法，西汉张良为刘邦运筹帷幄，三国时诸葛亮为刘备三分天下做"隆中对"，李冰父子主持都江堰工程等都是由一系列决策活动所构成的。

20世纪20~30年代，决策作为一门科学正式形成。作为一门新学科，决策的发展具有如下趋势：

（1）传统型的个人独断决策向民主化、科学化决策方向发展。在20世纪，无论是自然科学还是社会科学，都取得了巨大的成就。随着现代科学技术的高速发展，电子技术、信息技术已经为人们决策的科学化提供了决策手段和海量的信息资料，靠个人独断进行决策的时代已成为过去，取而代之的是电子计算机和现代通信手段相结合的现代化的、民主化的决策。

（2）由定性决策向定量决策发展。当代科学技术与生产力的发展，使决策者面对的是复杂而庞大的系统，必须借助于电子计算机才能进行迅速有效的分析和决策，才能实现决策过程和决策结果的定量化。电子技术和数学的发展，已经为定量化决策提供了科学的技术手段与方法。

（3）由单目标向多目标决策方向发展。随着新技术、新工艺的不断使用，人们对自然规律和社会规律的认识在不断深化，单目标决策向多目标决策的发展已成为决策科学和决策实践向前发展的不可逆转的潮流。

（4）战略决策由短期向长期的方向发展。开荒种田造成了土地沙漠化和水土流失；工业废弃物的排放带来温室效应。历史的经验教训告诉我们，在决策时不得不进行更长远的思考。苏联编制的第一个五年计划，是具有系统化、综合性特点的长期决策的典型代表。由于按五年时间跨度进行发展规划，使苏联在1936年前后基本上实现了工业化，国家实力排在世界前列。自此以后，世界各国纷纷编制自己的中长期发展计划。决策的长期化是决策发展的必然趋势。

五、市场预测与决策的关系

从决策理论的角度来看，预测就是对一个或多个非控制变量的预报，是描述一定环境中或一定条件下可能发生的变化，向人们提供一种未来将会发生何种情况的信息。因此，科学预测是科学决策的重要依据。

预测既是决策的依据，也是改进决策的手段，其目的在于帮助人们做出科学决策或者修正决策。决策者应当根据变化了的情况，及时对事物未来的发展方向进行预测，不失时机地修正已有的决策，以便不断提高决策的科学性。科学的决策，不仅要求人们注意对客观情况的分析，更应注重进行动态分析，并善于根据动态分析与预测及时调整决策，修正方案。

当然，决策对预测也具有反作用。人们进行决策时，必须考虑这些决策将怎样改变预测；只做预测不采取行动，将会一事无成。当人们采取了行动之后，必须对预测进行修正，以反映这项行动所产生的影响；否则，就会产生错误，使人们误入歧途。

另外，预测与决策的相同之处是：①与时间相关。预测是从某一时点开始对未来将会发生的事情进行判断或估计，这一时刻定得过早或过晚，都会影响预测的正确性；而决策也必须考虑未来，根据预测结果做出科学的决定也与时间有关；②均存在不确定性因素，都必须广泛地收集资料，进行分析，并据此做出正确判断；③都必须从历史出发来分析现在，预测未来，都必须在一定程度上依据以往的信息来做出相应的预测和决策。

第二节　决策的分类

现代经营管理活动的复杂性和多样性，决定了现代管理决策有着多种不同的类型。由于划分决策的标准不同，因此，得到的决策类型也不同。常见的决策类型主要有如下几种：

一、按决策的实施范围分

1. 总体决策

总体决策是指涉及组织系统内管理对象的整体行动的各个重要方面的决策，是全局性的决策。这类决策需要收集的信息要全面且多数为预测性的信息。

2. 局部决策

局部决策是指只涉及组织系统内管理对象的某一部分的决策或整体行动的某一方面的决策。它是总体决策的一个组成部分，不应脱离总体决策的目标和方向而独立存在。

二、按决策主体的构成不同分

1. 个人决策

个人决策是指由决策者凭借个人的智慧、经验及掌握的信息做出决定的过程。个人决策的决策速度快，决策效率高，适用于常规事务及紧迫性问题决策。

2. 集体决策

根据集体的构成不同，集体决策可分为领导机构决策和上下相结合的决策两种。领导机构决策是通过股东大会、董事会等机构成员共同做出的决策；上下相结合的决策则是指领导机构与下属相关机构相结合，领导与下属员工相结合形成的决策。上下相结合的集体决策能充分发挥集体智慧，集思广益，可信度高；但决策过程复杂，费时多，因此，适宜制定长期规划时用。

三、按决策问题的性质和重要程度分

1. 战略决策

战略决策是指对涉及经济活动系统全局性、长远性、方向性问题的重大决策，通常由高层领导集体做出。它体现企业长远的指导思想与经营发展规划的总体设想，具有影响时间长、涉及范围广、作用程度深的特点，是战术决策和执行决策的依据和中心目标。战略决策正确与否，直接决定企业的发展方向和总体效果。

2. 战术决策

战术决策是指根据战略目标的要求，对某一战略阶段的企业经营要素优化组合的重大问题做出的决策，它是战略决策的重要组成部分，是实施战略决策的重大步骤，是战略决策与

执行决策的桥梁和纽带。它由高层管理者和中层管理者结合做出。它针对战略决策阶段经济活动内容进行总体部署,将战略决策目标具体化和细分化,为执行决策提供依据和指明方向。

3. 执行决策

执行决策是指围绕实施阶段性战略目标的具体业务问题的决策,如企业经营计划的编制、人员调配、生产作业计划、物资需求计划等。执行决策是战术决策的延伸和具体化,具有深、细、量化以及局部和短期性的特点,属于低层决策,一般由中基层管理人员来完成,其应用效果对战略目标的实现有重要影响。

四、按照决策的程序划分

1. 程序性决策

程序性决策又称结构化决策,是指针对企业经营活动中反复出现且有某种规律的问题做出的决策。它所要解决的问题以前已经遇到过,且有解决此类问题的经验及处理的程序和方法,如日常的生产作业安排、学生学籍处理等,决策者只需根据相关的程序进行决策即可。

2. 非程序性决策

非程序性决策是指针对企业经营管理中偶然出现的特殊性问题或首次出现的情况或问题做出的决策。这类问题不经常出现,没有处理的经验,对这类问题应严格按照科学、民主的决策程序,制定出客观科学的处理方法。如,2007年年底,中国南方出现了百年不遇的暴风雪,造成21个省(自治区、直辖市)不同程度受灾,因灾死亡107人,失踪8人,紧急转移安置151.2万人,累计救助铁路公路滞留人员192.7万人;农作物受灾面积1.77亿亩,绝收2530亩;森林受损面积近2.6亿亩;倒塌房屋35.4万间;因灾直接经济损失1111亿元。应对这种抗雪救灾的决策就属于典型的非程序性决策。虽然中国以前没有处理这类问题的经验,但由于决策正确,在全国人民的共同努力下,最终取得了抗雪救灾的胜利。

五、按掌握信息程度的不同划分

1. 确定性决策

确定性决策是一种肯定状态下的决策,是指决策过程中各备选方案在确知的客观条件下,每个方案只有一种结果,比较其结果优劣而做出最优的决策。这种决策的着眼点在于选择肯定状态下的最佳方案。

2. 风险性决策

风险性决策是指决策过程事先能预知各备选方案在几种可能约束条件下产生的几种不同结果及出现概率的情况下做出的决策。处理问题的每个决策方案都有几种可能的结果,各种结果出现的可能性可用概率分布来描述。因此这种决策又可称为统计型决策。

3. 非确定型决策

客观上存在着两种或两种以上的自然状态,它们出现的概率无法估计或确定,针对这种状况所做的决策称为非确定型决策。

六、按决策目标的多寡划分

1. 单目标决策

单目标决策是指决策目标只有一个的决策。

2. 多目标决策

多目标决策是指决策目标有两个或两个以上的决策，它的解必须同时满足这些目标的要求。

现代决策的发展趋势是由单一目标决策向多目标决策发展。因此，决策技术也越来越复杂，决策难度也越来越大。

七、按决策在事物发展过程中的作用分

1. 追踪决策

追踪决策是指由于存在决策失误或客观情况的变化需要重新做出的决策，是对原有的决策做根本性的改变。追踪决策与一般性的决策修正相比，具有回溯分析，即从反馈信息开始逆程序分析和非零起点等特点。

2. 突破性决策

突破性决策是指改变或引导事物的发展方向或改变事物性质的一种决策，也称为发展性决策。

第三节 决策分析与决策过程

一、决策分析

决策分析是整个决策过程中的关键一环，是由分析人员会同决策者共同完成的，是对已经描述出来的决策问题的求解。简单地说，决策分析的主要任务就是求解决策问题。一个完整的决策问题，应由以下要素构成：

1. 决策主体

决策主体即决策者，是指做出决策的个体或个体的集合，是决策中最为重要的一个因素，能够控制决策的整个过程。它的选择会受到政治、经济、文化、习惯和心理等因素的影响。

2. 决策目标

决策目标是决策者所期望达到的效果，这些效果必须具体化、定量化；同时要明确决策目标是否附加约束条件。这个结果或许并非最优，只要令人满意即可。

3. 决策方案

凡是决策问题，总存在着两个或两个以上的备选方案。这些方案中有的是很明确的，可供选择；有些是不明确的，只提出一些约束条件，方案本身还需进一步落实，且实施较困难。

4. 执行结果

每个备选方案被选择执行后，对应一个可能出现的自然状态。这个结果可以用实物单位、货币单位或者效用来衡量，对它们发生的可能性则可用状态概率来描述。

5. 决策准则

决策准则的确定和方案的选择都与决策者的价值观或偏好有关。决策准则是选择方案时的依据，也是评价方案达到目标要求的价值标准。

6. 效用

每一个结果如果能以一定的价值来评估就称为效用。效用如同湿度计度量空气中的水分一样，可以用来度量决策分析中可能出现的各种结果，使之能在数量上进行比较。决策分析应按照效用理论进行，根据决策者的效用曲线来计算各个方案的期望效用值，并以得出的最大的期望效用值作为方案选择的依据。关于效用分析，将在后续的章节讲述。

从上述要素可以看出，决策分析方法应该是一种定量的方法，但由于确定自然状态概率大小以及确定效用值时需要用到主观的方法，因此，决策分析方法是一种定性与定量相结合的方法。

二、决策的一般程序

决策是一个复杂的动态过程，是一个提出问题、分析问题并解决问题的逻辑过程。在现代管理决策中，为了提高决策的可靠性和科学性，人们建立起了决策的参谋系统，并依据这个参谋系统帮助决策主体进行决策。参谋系统的主要任务就是对决策问题进行情报收集、预测研究、可行性评价等决策信息的研究和方案的设计、论证工作。因此，重大问题的决策方案往往是由决策参谋系统完成的。这个系统发挥着智囊团的作用，有助于提高决策的科学性和减少决策的风险。一般来说，决策程序包括以下 5 个步骤：

1. 提出问题和分析问题

问题是指决策对象的现状、期望以及期望与现状之间的差距。明确决策要解决的问题以及要达到的目标，首先就是要深入调查研究及时发现问题、分析问题、认识问题，这是决策者的首要任务。它可以由决策智囊团完成，也可以委托社会调研机构完成。

2. 确定目标和明确方向

决策目标就是决策者为之奋斗的方向，为此，它应满足以下几个要求。

（1）目标要合理；决策目标的含义、内容表述必须明确；必须规定目标完成的期限；能从定性和定量两方面评价目标完成的成果。

（2）目标的实现能满足决策者的期望，既有激励性又不可脱离现实。

（3）目标的实现过程符合效率和经济性的原则。

3. 分析矛盾和提出方案

方案的提出一方面要敢于大胆探索，另一方面还要精心策划，并充分尊重专家的意见。这一点对决策效果影响极大。为此，要求预选方案应具备如下两个条件：一是要详尽，即所拟定的全部方案应把所有可能方案包括无遗；二是要互斥，即不同的预选方案必须是相互排斥的，执行了一个，就不能同时执行另外一个。另外，还要注意如下几个准则：乐观准则，即最大期望值准则；保守准则，即最小期望值准则；平均值决策准则；折中值决策准则等。

4. 评价分析和方案优选

评价分析的任务是方案优选，即对提出的若干个备选方案，运用多种科学方法进行评价和分析，淘汰掉不可取的方案，以供最后选择。方案优选是决策过程的选择阶段，应符合如下三个条件：一是选择标准要尽量具体化、量化；二是选择方法要科学化；三是选择结果要最优化。实际决策过程中由于影响因素多,最优方案有时根本不存在,因此,只能在目前条件下权衡利弊之后选择较满意的方案,总体把握"遗憾最小"原则。除此以外,选择结果还应符合技术上可行、经济上合理、结果上可靠等原则。

5. 执行准备和实施条件

方案确定之后,如何组织实施是决策方案成败的关键。为此应包括以下内容:

(1) 任务分配。包括时间分配和岗位分配。时间上的任务分配应当能做到时间过半和任务过半,不能前松后紧或前紧后松或时松时紧;岗位分配应明确责任、合理分工。

(2) 条件准备。包括人、财、物的准备和工作现场的平面布置以及执行活动的边界范围等。

(3) 对已有方案的再修正。已选方案并非毫无缺陷,要善于及时地发现问题,予以修正。

上述决策过程可简单以图10-1来表示。

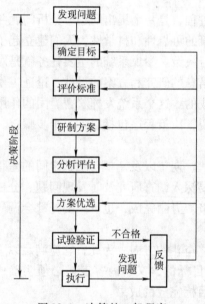

图 10-1 决策的一般程序

本 章 小 结

本章主要介绍了决策的含义、特征、结构、发展、与市场预测的关系和分类,阐述了决策分析与决策过程。企业的发展会面临许多的决策,在一定调查基础上所做出的科学决策能带领企业走向成功;相反,盲目决策将带给企业灭顶之灾。

练习与思考

一、选择题

1. 请问下列选项中,哪些选项里包含决策的理念( )。

A. 草船借箭　　　B. 愚公移山　　　C. 三顾茅庐　　　D. 望梅止渴
2. 下列（　　）属于决策的要素。
A. 决策主体　　　B. 决策目标　　　C. 决策方案　　　D. 效用

二、判断题

1. 无论决策的目标是否清晰，决策的过程都能顺利进行。（　　）
2. 秉承实质重于形式的决策原则，当决策可以最大化企业利益之时，企业决策者可以不用管决策是否符合法律和道德标准。（　　）
3. 决策方案确定之后，如何组织实施是决策方案成败的关键。一般来说，任务分配、条件准备、对已有方案的修正是其实施的主要内容。（　　）

三、思考题

1. 什么叫市场决策？它有哪些主要特征？
2. 简述市场预测和市场决策之间的联系。
3. 影响市场决策的因素主要有哪些？
4. 详细阐述市场决策的分类，并结合现实生活举出确定型决策及风险型决策的例子。
5. 对重大问题的决策应采取怎样的决策程序？

四、案例分析

有一个流传很广的笑话：齐国有个女孩，遇到东家和西家的两个年轻人同时来求婚。东家的儿子很丑，但是家财万贯，西家的儿子相貌英俊，但是家徒四壁。女孩的父母犹豫不决，不知道究竟应该选择谁家的男孩做女婿，于是就去征求女儿的意见，问她想嫁给谁。母亲对女儿说："东家的孩子虽然丑，但是富甲一方，你跟了他不会吃苦。"老父摇了摇头，对女儿说："看人不能只看外表，都说穷人的孩子早当家，而且以后这孩子指不定会有大出息。"女儿却只是脸红，什么话也不说。最后还是老迈的阿爷站了出来，笑着说道："孙女，这可是你的终身大事，可不许此时闹脾气哦，这样吧，你想嫁哪个就露出哪边的胳膊。"

经过阿爷这一说，于是女孩就露出了两个胳膊。母亲奇怪地问她原因，女孩说："我想在东家吃饭，西家住。"

案例思考：

1. 你觉得这个小故事中谁的决策最好？为什么？
2. 如果你是那个女孩，你会怎样决策？

第十一章
单目标决策方法

学习目标

1. 熟练掌握确定型、风险型与不确定型决策方法。
2. 掌握动态规划法在决策中的应用。
3. 熟悉效用曲线,掌握效用曲线的应用。

【引导案例】 中国蓝星(集团)股份有限公司收购法国安迪苏集团

法国安迪苏集团是全球最大的专业动物营养添加剂生产企业,其主要产品蛋氨酸市场份额占全球29%,居世界第二,生产的维生素A和维生素E居全球第三,生物酶产量名列全球第五。该集团在比利时注册,由英国CVC集团全面控股,在全球有5家主要生产工厂,拥有大量技术专利和世界上最先进的蛋氨酸生产技术,经销网络遍及全球140个国家和地区。2006年1月13日,中国化工集团旗下的中国蓝星(集团)总公司以4亿欧元(约合40亿元人民币)的价格实现对法国安迪苏集团的全资收购,并于1月17日在比利时正式签署对安迪苏集团的交割协议,这是中国基础化工行业第一个海外并购决策,也是中国企业收购法国企业迄今为止最大的一笔交易。由于符合国家相关政策,此次收购得到了国家开发银行的大力支持,并提供了大部分收购资金。

蛋氨酸是动物饲料中必不可少的添加剂,加有蛋氨酸的动物饲料可以在短时间内帮助动物快速成长,并可以节省约40%的饲料。蛋氨酸在中国应用广泛,市场潜力巨大。2005年,中国蛋氨酸的进口量为12万吨,预计未来几年蛋氨酸的需求量将以每年10%~15%的速度增长。中国蓝星(集团)股份有限公司收购安迪苏后,成立了南京安迪苏公司,三年后将蛋氨酸生产技术带到中国,改造国内蛋氨酸项目,引入液体蛋氨酸技术并在国内建设新的生产装置,形成20万吨的年生产能力,改变了中国无法自行生产蛋氨酸的历史,促进了国内蛋氨酸生产规模、生产水平的大幅度提高。2015年,哈佛大学商学院正式将中国蓝星(集团)股份有限公司收购法国安迪苏公司的案例收入案例库。

案例思考:

1. 中国蓝星(集团)股份有限公司收购法国安迪苏公司的决策依据是什么?
2. 你认为收购成功的原因是什么?为什么?

进行科学决策,除了需要掌握必要的信息外,还要有恰当的决策方法。对于不同的决策问题,所采用的解决方法也不同。为此,按照决策目标的多寡将其分为单目标决策或多目标决策。对于单目标决策问题,又可进一步将其分成确定型决策问题、风险型决策问题和不确定型决策问题。本章主要介绍确定型、风险型和不确定型条件下的一些单目标决策分析方法。

第一节　确定型决策分析

一、确定型决策分析的含义

确定型决策是在明确决策目标的情况下，对未来自然状态完全已知，对方案中涉及的可控制决策变量与决策目标内在因果关系的认识明确无疑，且能完全度量方案执行可能得到的后果的情况下做出的决策。为此，它必须具备如下四个条件：

(1) 存在着决策人希望达到的一个目标；
(2) 存在着一个确定的自然状态；
(3) 存在着可供选择的两个或两个以上的可行的行动方案；
(4) 不同行动方案在各自然状态下的益损值，可以通过计算或估计定量地表示出来。

现实生活中，确定型决策往往相当复杂，尤其是当行动方案数量较多时，很难直观地找出其中的最优方案。为此，常用盈亏平衡分析法、经济批量法、线性规划法等来解决确定型决策问题。

二、确定型决策分析方法

(一) 盈亏平衡分析法

1. 盈亏平衡分析法的概念

盈亏平衡分析法又称保本点分析或量本利分析法。它是根据产品的业务量（产量或销量）、成本、利润之间的相互制约关系的综合分析来预测利润、控制成本、判断经营状况的一种数学分析方法。产量（产销额）、成本、利润之间的关系可表示成如图 11-1 所示的形式。

2. 盈亏平衡分析法的计算公式

假设 R 表示企业的总收入，P 表示单位售价，V 表示单位可变成本，N 为年生产产量，E 表示年利润，F 表示固定投资，有

$$R = PN = VN + F + E \tag{11-1}$$

则

企业年获利润为　$E = (P - V)N - F$

盈亏平衡产量或保本产量为　$N^* = \dfrac{F}{P - V}$

最低价格为　$P^* = V + \dfrac{F}{N}$

3. 盈亏平衡分析法的应用

(1) 单一品种盈亏平衡分析法。这是指企业只生产一种产品，求生产该种产品下的盈亏平衡点的方法，具体运用情况如例 11-1 所示。

例 11-1　某摩托车厂生产一种摩托车零件，单位销售价格为 300 元/件，单位可变成本

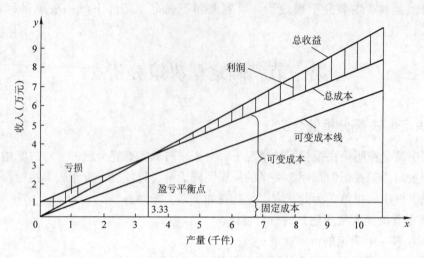

图 11-1 盈亏平衡分析图

为 200 元/件，固定成本为 10000 元，年产量为 400 件。问：

① 该厂年获利多少？
② 盈亏平衡产量为多少？
③ 如要保证企业不会亏损，其最低定价应为多少？
④ 若想要达到目标利润为 4 万元，其目标总成本应为多少？
⑤ 由于原材料价格上涨和工人工资的增加，使其单位可变成本上升为 280 元/件，在单位售价不变，又不能转产的情况下，企业是否应做出停产决定？为什么？

解

① 企业年获利　$E = (P-V)N - F = [(300-200) \times 400 - 10000]$ 元 $= 30000$ 元

② 盈亏平衡产量
$$N^* = \frac{F}{P-V} = \frac{10000}{300-200} \text{件} = 100 \text{件}$$

③ 最低定价
$$P^* = \frac{VN+F}{N} = V + \frac{F}{N} = \left(200 + \frac{10000}{400}\right) \text{元/件} = 225 \text{元/件}$$

④ 若希望目标利润为 4 万元，则达到目标销售额的目标产量应为
$$N = \frac{F+E}{P-V} = \frac{10000+40000}{300-200} \text{件} = 500 \text{件}$$

目标总成本 $= VN + F = (200 \times 500 + 10000)$ 元 $= 110000$ 元

⑤ 当单位可变成本上升为 280 元/件时，利润
$$E = (P-V_1)N - F = [(300-280) \times 400 - 10000] \text{元} = -2000 \text{元}$$

边际收益 $= P - V_1 = (300-280)$ 元 $= 20$ 元

因为边际收益 >0 在其他条件不允许的情况下，不能做出停产决定，否则，亏损更大。

（2）多品种盈亏平衡分析法。企业同时生产两种或两种以上的产品时，由于不同产品不能简单地进行加减，因此，在确定盈亏平衡点时，不能利用有关产品的实物数量，而必须利用能综合反映各种产品销售量的金额指标（即销售收入）来进行盈亏平衡的计算。具体

计算方法有：边际贡献法和加权平均边际贡献法。

(1) 边际贡献法

首先，求总边际贡献率 $\varphi = \dfrac{\sum\limits_{i=1}^{q} P_i N_i - \sum\limits_{i=1}^{q} V_i N_i}{\sum\limits_{i=1}^{q} P_i N_i}$

其次，求盈亏平衡点 $N^* = \dfrac{F}{\varphi}$

式中 φ——总边际贡献率；
 P——单位售价；
 V——单位可变成本；
 N——年产量；
 q——品种数；
 F——固定成本；
 N^*——盈亏平衡产量。

例 11-2 假设某企业生产 A、B、C 三种产品，相关数据见表 11-1，试确定其盈亏平衡点。

表 11-1 三种产品的有关资料

产品 项目	A	B	C
销售量（件）	5000	4000	3000
单位售价（元/件）	50	100	80
单位可变成本（元/件）	20	40	70
固定成本总额（元）	80000		

解 总销售收入 = (5000×50 + 4000×100 + 3000×80) 元 = 890000 元

总变动成本 = (5000×20 + 4000×40 + 3000×70) 元 = 470000 元

总边际贡献率 $\varphi = \dfrac{890000 - 470000}{890000} = 47.19\%$

盈亏平衡点 $N^* = \dfrac{F}{\varphi} = \dfrac{80000\ 元}{47.19\%} \approx 169527.44$ 元

(2) 加权平均边际贡献法

① 计算出各产品各自的边际贡献率 β_i，$\beta_i = \dfrac{P_i N_i - V_i N_i}{P_i N_i} = \dfrac{P_i - V_i}{P_i}$。

② 计算各种产品预计销售收入占总销售收入的比例 α_i，$\alpha_i = \dfrac{P_i N_i}{\sum\limits_{i=1}^{q} P_i N_i}$。

③ 计算总边际贡献率 β，$\beta = \sum\limits_{i=1}^{q} \alpha_i \beta_i$ $i = 1, 2, 3, \cdots, q$（q 为品种数）。

④ 计算盈亏平衡点 N^*，$N^* = \dfrac{F}{\beta}$。

以例 11-2 为例来说明加权平均边际贡献法的运用。

① 计算出各产品的边际贡献率，即

A 产品的边际贡献率 $\beta_A = \dfrac{P-V}{P} = \dfrac{50-20}{50} \times 100\% = 60\%$

B 产品的边际贡献率 $\beta_B = \dfrac{P-V}{P} = \dfrac{100-40}{100} \times 100\% = 60\%$

C 产品的边际贡献率 $\beta_C = \dfrac{P-V}{P} = \dfrac{80-70}{80} \times 100\% = 12.5\%$

② 计算各产品预计销售收入占总销售收入的比例

A 产品的边际贡献率 $\alpha_A = \dfrac{5000 \times 50}{890000} = \dfrac{25}{89}$

B 产品的边际贡献率 $\alpha_B = \dfrac{4000 \times 100}{890000} = \dfrac{40}{89}$

C 产品的边际贡献率 $\alpha_C = \dfrac{3000 \times 80}{890000} = \dfrac{24}{89}$

③ 计算总边际贡献率

$$\beta = \sum_{i=1}^{q} \alpha_i \beta_i = \dfrac{25}{89} \times 60\% + \dfrac{40}{89} \times 60\% + \dfrac{24}{89} \times 12.5\% = 47.19\%$$

④ 计算盈亏平衡点 $N^* = \dfrac{F}{\beta} = \dfrac{80000}{47.19\%}$元 $= 169527.44$ 元

由此可见，由两种方法得到的计算结果完全一样。

(3) 分阶段盈亏平衡分析法

例 11-3 某玩具厂生产某种毛绒玩具，其相关数据如表 11-2 所示，求各阶段盈亏平衡产量。

表 11-2 玩具相关资料

产（销）量 项目	N_1 400~600 件	N_2 600~800 件	N_3 800~1000 件	N_4 1000 件以上
固定成本（元）	2500	2500	4000	6000
单位售价（元/件）	25	25	25	20
单位变动成本（元/件）	20	15	15	13

解 ① 当产量为 N_1 时

总收入 $= N_1 P_1 = 25 N_1$

总成本 $= N_1 V_1 + F_1 = 20 N_1 + 2500$

盈亏平衡点 $N_1^* = \dfrac{F_1}{P_1 - V_1} = \dfrac{2500}{25-20}$ 件 $= 500$ 件

② 当产量为 N_2 时

总收入 $= N_2 P_2 = 25 N_2$

总成本 $= (N_2 - 600) \times 15 + 600 \times 20 + 2500 = N_2 \times 15 + 5500 = 15 N_2 + 5500$

盈亏平衡点 $N_2^* = \dfrac{F_2}{P_2 - V_2} = \dfrac{5500}{25 - 15}$ 件 = 550 件

而此时的产销量已经为 600~800 件，因此，这一阶段企业始终处于盈利状态，不存在盈亏平衡点。

③ 当产量为 N_3 时

总收入 = $N_3 P_3 = 25 N_3$

总成本 = $(N_3 - 800) \times 15 + (800 - 600) \times 15 + 600 \times 20 + 4000$
       $= 15 N_3 + 7000$

盈亏平衡点 $N_3^* = \dfrac{F_3}{P_3 - V_3} = \dfrac{7000}{25 - 15}$ 件 = 700 件

④ 当产量为 N_4 时

总收入 = $(N_4 - 1000) \times 20 + 1000 \times 25 = N_4 \times 20 + 5000 = 20 N_4 + 5000$

总成本 = $(N_4 - 1000) \times 13 + (1000 - 600) \times 15 + 600 \times 20 + 6000$
       $= 13 N_4 + 11000$

盈亏平衡点 $N_4^* = \dfrac{F_4}{P_4 - V_4} = \dfrac{6000}{20 - 13}$ 件 ≈ 857 件

（4）多个盈亏平衡点的决策分析

例 11-4 某手机市场上的销售价格为 2000 元/台，已知其成本函数为 $C(x) = 0.5 x^2 + 500x + 1000000$，求：

① 该手机的盈亏平衡点。

② 要获得最大利润应该生产多少台手机？其最大利润为多少？

解 假设 $E(x)$ 是利润函数，$P(x)$ 是收入函数，根据已知条件可得

$$E(x) = P(x) - C(x) = 2000x - (0.5x^2 + 500x + 1000000)$$
$$= -0.5x^2 + 1500x - 1000000$$

盈亏平衡时，$E(x) = 0$，解得：$x_1 = 1000$ 台，$x_2 = 2000$ 台。

从计算结果可以看出，该企业有两个盈亏平衡点：第一个盈亏平衡点是 1000 台，在此处该企业可以"扭亏为盈"；第二个盈亏平衡点是 2000 台，在此处该企业"转盈为亏"。其原因是当生产数量超过了现有条件下的最大生产能力时，需要增添生产设备，以满足不断增加的生产数量的要求，从而使生产成本大大增加。

当利润最大时，利润函数的一阶导数为零，即

$$E(x) = P(x) - C(x) = -0.5x^2 + 1500x - 1000000$$

令

$$\dfrac{dE}{dx} = -0.5 \times 2x + 1500 = 0$$

得

$$x = 1500 \text{ 台}$$

即当生产 1500 台手机时，企业获得最大利润，其最大利润为

$$E(x) = P(x) - C(x) = -0.5x^2 + 1500x - 1000000$$
$$= (-0.5 \times 1500^2 + 1500 \times 1500 - 1000000) \text{元} = 125000 \text{元}$$

（二）线性规划决策分析

线性规划（Linear Programming，LP）是一种重要的解决有约束条件最优化问题的定量分析方法，在现代决策管理中应用相当广泛。它可以用来解决科学研究、工程设计、生产安排、军事指挥、经济规划以及经营管理等中遇到的问题。

线性规划实质上是求解满足一组约束条件下，使目标函数最优（最大值或最小值）的一组变量 $x_i(i=1,2,3,\cdots,n)$ 的值。为此，需要建立目标函数，加上约束条件，求解满足约束条件的一组最佳解。线性规划法数学表达的一般形式为

$$\max(\min)Z = c_1x_1 + c_2x_2 + \cdots + c_nx_n \tag{11-2}$$

$$\text{s.t.} \begin{cases} \sum_{j=1}^{n} a_{ij}x_j \leq (\text{或} \geq, =)b_i & (i=1,2,\cdots,m) \\ x_j \geq 0 & (j=1,2,\cdots,n) \end{cases}$$

为了方便计算，通常将线性规划问题化成标准形式，其形式为

求解约束条件：$\begin{cases} \sum_{j=1}^{n} a_{ij}x_j = b_i & (i=1,2,\cdots,m) \\ x_j \geq 0 & (j=1,2,\cdots,n) \end{cases}$ （11-3）

下的一组变量：$x = (x_1, x_2, \cdots, x_n)^T$

使目标函数 $Z = c_1x_1 + c_2x_2 + \cdots + c_nx_n$ 最大化。

例 11-5 某企业准备生产 A、B 两种产品，均需要在甲乙两种机床上加工。其中，机床甲的有效生产能力为 20h；机床乙的有效生产能力为 25h；产品 A 的销售上限为 9 个单位。每生产一个单位 A 盈利 10 元、每生产一个单位 B 盈利 8 元，A、B 两种产品加工需要的单位台时定额如表 11-3 所示，问当 A、B 两种产品生产量为多少时，企业获利最多？

表 11-3 某企业有关资料数据

产品 加工工序	产品加工台时定额/h	
	A	B
机床甲	2	2
机床乙	3	2

解法一：图解法

① 假设生产 A 产品为 x_1 单位、B 产品为 x_2 单位时企业获利最大，则目标函数为

$$\max Z = 10x_1 + 8x_2$$

$$\text{s.t.} \begin{cases} 2x_1 + 2x_2 \leq 20 \\ 3x_1 + 2x_2 \leq 25 \\ x_1 \leq 9 \\ x_1 \geq 0, \ x_2 \geq 0 \end{cases}$$

② 图解法求解。以 x_1 为横坐标，x_2 为纵坐标，于坐标系上标出各约束条件，由各约束条件直线及坐标轴围成的公共阴影部分的区域即为可行解。

目标函数 $Z = 10x_1 + 8x_2$，在这个坐标平面上，它可表示以 Z 为参数、以 $-5/4$ 为斜率的一族平行线：$x_2 = -5/4 x_1 + z/8$。位于同一直线上的点，具有相同的目标函数值，因而称它

为"等值线"。当 Z 由小变大时,直线 $x_2 = -5/4x_1 + z/8$ 沿其法线方向向右上方移动,当移动到 C 点时,使 Z 值在可行域边界上实现最大化。由图 11-2 可知,顶点 C 的直角坐标为(5,5),即当 x_1 为 5、x_2 为 5 时,也就是当 A 产品为 5 个单位,B 产品为 5 个单位时,企业获得最大利润,其利润为
$Z = 10x_1 + 8x_2 = (10 \times 5 + 8 \times 5)$ 元 = 90 元

解法二:单纯形法

此方法用于有两个以上变量的情况,具体的求解思路仍以例 11-5 为例来加以说明:

① 首先,将目标函数化为标准形式
$\max Z = 10x_1 + 8x_2 + 0x_3 + 0x_4 + 0x_5$

② 其次,将约束条件增加松弛变量变为标准形式

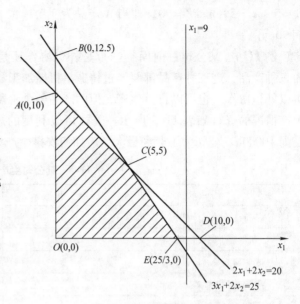

图 11-2 线性规划图解法

$$\begin{cases} 2x_1 + 2x_2 + x_3 = 20 \\ 3x_1 + 2x_2 + x_4 = 25 \\ x_1 + x_5 = 9 \\ x_1, x_2, x_3, x_4, x_5 \geq 0 \end{cases}$$

③ 然后,做初始单纯形表,逐步迭代后求出最优解。具体迭代过程如表11-4所示。

表 11-4 单纯形法逐次迭代过程表上计算法

	x_1	x_2	x_3	x_4	x_5	B_i
x_3	2	2	1	0	0	20
x_4	3	2	0	1	0	25
x_5	1	0	0	0	1	9
Z	-10	-8	0	0	0	0
x_3	0	2/3	1	-2/3	0	10/3
x_1	1	2/3	0	1/3	0	25/3
x_5	0	-2/3	0	-1/3	1	-2/3
Z	0	-4/3	0	10/3	0	250/3
x_2	0	1	3/2	-1	0	5
x_1	1	0	-1	1	0	5
x_5	0	0	0	-1	1	8/3
Z	0	0	2	2	0	90

从表 11-4 中可以看出,经过两次迭代后,检验数均为非负。因此,问题的最优解是:

$x_1 = 5$,$x_2 = 5$,$\max Z = 90$,即当 A 产品为 5 个单位、B 产品为 5 个单位时,企业获得最大利润 90 元。

例 11-6 某公司目前面临一个是外包协作还是自行生产的问题。该公司生产甲、乙、丙三种产品,这三种产品都要经过铸造、机械加工和装配三个车间,甲、乙两个产品的铸造可以外包协作,也可以自行生产,但丙产品各个阶段都必须由本厂制造才能保证质量。有关生产情况的资料如表 11-5 所示。公司可以利用的总工时为:铸造 8000h,机加工 12000h,装配 10000h。公司为了获利最大,应如何安排生产?

表 11-5 某公司生产情况表

工时与成本	甲	乙	丙
铸造工时(h/件)	5	10	7
机加工工时(h/件)	6	4	8
装配工时(h/件)	3	2	2
自产铸件成本(元/件)	3	5	4
外协铸件成本(元/件)	5	6	0
机加成本(元/件)	2	1	3
装配成本(元/件)	3	2	2
产品售价(元/件)	23	18	16

解 设 x_1、x_2、x_3 分别为三道工序都由本公司加工的甲、乙、丙三种产品的数量,x_4、x_5 分别由外协铸造再由本公司加装配的甲、乙产品的数量,根据题意有:

产品甲全部自制的利润 = 23 元 − (3 + 2 + 3)元 = 15 元
产品甲铸造外协,其余自制的利润 = 23 元 − (5 + 2 + 3)元 = 13 元
产品乙全部自制的利润 = 18 元 − (5 + 1 + 2)元 = 10 元
产品乙铸造外协,其余自制的利润 = 18 元 − (6 + 1 + 2)元 = 9 元
产品丙的利润 = 16 元 − (4 + 3 + 2)元 = 7 元
若用 Z 表示利润,则满足约束条件

$$\text{s.t.} \begin{cases} 5x_1 + 10x_2 + 7x_3 \leq 8000 \\ 6x_1 + 4x_2 + 8x_3 + 6x_4 + 4x_5 \leq 12000 \\ 3x_1 + 2x_2 + 2x_3 + 3x_4 + 2x_5 \leq 10000 \\ x_i \geq 0 \ (i = 1, 2, 3, 4, 5) \end{cases}$$

的目标函数为:$\max Z = 15x_1 + 10x_2 + 7x_3 + 13x_4 + 9x_5$

通过运用单纯形法或运筹学软件,经过多次迭代,可以计算出 x_1,x_2,x_3,x_4,x_5 的值。

例 11-7 华润商场是个中型的百货商场,它对售货人员的需求经统计分析如表 11-6 所示,为了保证售货员充分休息,售货人员每周工作五天,休息两天,且要求一旦休息必须连续休息两天。试问,该商场如何安排售货人员的休息,才能既满足商场工作需要,又使售货人员休息充分且售货人员总数最少?

表 11-6　华润商场日需要售货人员情况

星　　期	所需人数
星期一	15
星期二	24
星期三	25
星期四	19
星期五	31
星期六	28
星期日	28

解　设 x_1 为星期一休息的人数，x_2 为星期二休息的人数，…，x_7 为星期日休息的人数。只要计算出连续休息两天的售货人员数量，再将每天休息的人员数相加，即为该商场满足工作需要的最少售货人员总数。若用 P 表示人数，则满足约束条件的目标函数为

$$\min(P) = x_1 + x_2 + x_3 + x_4 + x_5 + x_6 + x_7$$

$$\text{s. t.} \begin{cases} x_2 + x_3 + x_4 + x_5 + x_6 \geqslant 15 \\ x_3 + x_4 + x_5 + x_6 + x_7 \geqslant 24 \\ x_4 + x_5 + x_6 + x_7 + x_1 \geqslant 25 \\ x_5 + x_6 + x_7 + x_1 + x_2 \geqslant 19 \\ x_6 + x_7 + x_1 + x_2 + x_3 \geqslant 31 \\ x_7 + x_1 + x_2 + x_3 + x_4 \geqslant 28 \\ x_1 + x_2 + x_3 + x_4 + x_5 \geqslant 28 \\ x_i \geqslant 0 \quad (i = 1, 2, \cdots, 7) \end{cases}$$

（三）确定型库存管理决策分析法

企业为了保持生产经营活动能连续地进行，需要保持一定的库存水平。但库存过多势必增加运营成本，库存不足又将使生产经营中断。因此，库存管理决策分析的目的就是既要满足生产经营的需要，又要降低库存费用。为此，必须建立定量化的库存模型，实现库存最优化。

1. 不允许缺货，订货一次全部到达的库存模型

为了使库存模型简化，在建立库存模型时需要做如下假设：①某种货物的采购提前期为零，即当天订货当天到达；②每批订货一次全部到达；③供应周期内货物被均匀消耗；④不存在价格或数量折扣。在此假设条件下，库存量随时间的变化如图 11-3 所示。

假设：某货物全年需求量为 D，供应周期为 t，每件货物年库存费用为 C，则全年库存费用由以下几部分组成：

（1）全年订购费用 $= \dfrac{D}{Q} C_p$

（2）全年货物存储费

$$\text{平均存货量} = \dfrac{Q + 0}{2} = \dfrac{Q}{2}$$

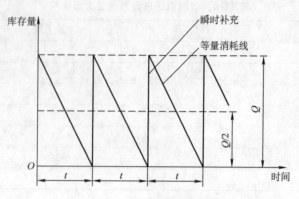

图 11-3　库存状态的改变

$$\text{全年货物存储费} = \frac{Q}{2}C_H$$

(3) 全年货物购入费用 $= DC_R$

(4) 全年缺货成本 $= 0$

$$\text{全年库存总费用}\quad F(C) = \frac{D}{Q}C_p + \frac{Q}{2}C_H + DC_R \tag{11-4}$$

对式（11-4）两边求导，令 $\dfrac{\mathrm{d}F(C)}{\mathrm{d}Q} = 0$，得

$$Q^* = \sqrt{\frac{2DC_p}{C_H}} \tag{11-5}$$

式中　$F(C)$——库存总费用；

　　　D——全年总需求量；

　　　Q——一次订购数量；

　　　C_p——每次订购费用；

　　　C_H——每件货物存储费；

　　　C_R——每件货物购入费。

由于 $\dfrac{\mathrm{d}F^2(C)}{\mathrm{d}^2Q} = \dfrac{2DC_p}{Q^3} > 0$，故当 $Q^* = \sqrt{\dfrac{2DC_p}{C_H}}$ 时，年库存总费用 $F(C)$ 取得最小值，此时称 Q^* 为这种给定条件下的经济订货批量 EOQ。

订货批量与年库存费用的关系如图 11-4 所示。从图中可看出，Q^* 刚好是存储费与订购费交点的横坐标。

订货次数 $n = \dfrac{D}{Q}$，则经济订货次数 $n^* = \sqrt{\dfrac{DC_H}{2C_p}}$

订货间隔期 $t = \dfrac{1}{n}$，则经济订购间隔期 $t^* = \dfrac{1}{n^*} = \sqrt{\dfrac{2C_p}{DC_H}}$

于是得到最低年库存总费用 $F(C^*) = \sqrt{\dfrac{DC_H}{2C_p}} \cdot C_p + \dfrac{1}{2}\sqrt{\dfrac{2DC_p}{C_H}} \cdot C_H + DC_R$

$$= \sqrt{2DC_pC_H} + DC_R$$

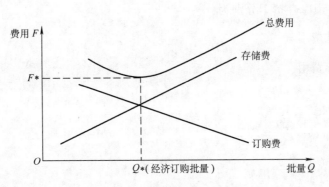

图 11-4 经济批量法示意图

式中 n——全年订购次数。

例 11-8 某门业有限公司全年需耗用钢材 2000t，每次订货费用为 100 元，钢材年存储费为 10 元/t，求企业的经济订货批量。

解 根据题意得经济订购批量为

$$Q^* = \sqrt{\frac{2DC_p}{C_H}} = \sqrt{\frac{2 \times 2000 \times 100}{10}}\,t = 200t$$

即为了使企业年库存总费用最低，企业的经济采购批量为 200t。

2. **不允许缺货，订货均匀到达的库存模型**

上面的库存模型所计算出的经济订购批量是假设库存的补充是瞬间完成的，或者是假定在补充库存的过程中没有库存的消耗。然而在实际库存管理活动中，库存往往是边消耗边补充，这时的库存模型如图 11-5 所示。原来瞬间到货所形成的 90°直线由于库存消耗率（或生产率）的协同作用而形成了小于 90°的直线，这种库存补充问题在生产过程中极为常见。

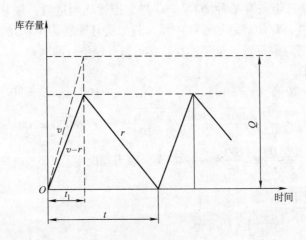

图 11-5 库存量的变化

假设 t_1 为进货期间，在这期间一方面进货（v 为每日到货量），另一方面也在消耗（r 为每日消耗量）。当 t_1 时间结束时，进货完毕；当供货间隔期 t 结束时，库存量刚好降为零，这种情况下各项库存费用分别为：

（1）全年订购费用 $= \dfrac{D}{Q} C_p$

（2）全年存储费用

由于，$t_1 = \dfrac{Q}{v}$，故

最大存储量 $= (v-r)\dfrac{Q}{v} = Q\left(1 - \dfrac{r}{v}\right)$

平均存储量 $= \dfrac{Q}{2}\left(1 - \dfrac{r}{v}\right)$

全年存储费用 $= \dfrac{Q}{2}\left(1 - \dfrac{r}{v}\right) C_H$

（3）全年购入费 $= DC_R$

（4）全年缺货费。由于不允许缺货，因此，全年缺货费用为零。

由此，得到全年库存总费用

$$F(C) = \dfrac{D}{Q} C_p + \dfrac{Q}{2}\left(1 - \dfrac{r}{v}\right) C_H + DC_R \tag{11-6}$$

令 $\dfrac{\mathrm{d}F(C)}{\mathrm{d}Q} = 0$，得

经济订购批量 $Q^* = \sqrt{\dfrac{2DC_p}{C_H}\left(\dfrac{v}{v-r}\right)}$ （11-7）

经济订购次数 $n^* = \sqrt{\dfrac{DC_H}{2C_p}\left(\dfrac{v-r}{v}\right)}$

最低年库存总费用 $F(C)^* = \sqrt{2DC_p C_H \left(\dfrac{v-r}{v}\right)} + DC_R$ （11-8）

例 11-9 某企业每年需要某种物料 1200 件，连续均匀进货，进货期间每日到货为 20 件，每日消耗为 10 件，存储费每年每件 4 元。若每次订购费为 100 元，货物的单位购入价格为 30 元，计算经济订购批量、全年库存总费用以及经济订购次数。

解 根据题意有

$D = 1200$ 件，$v = 20$ 件，$r = 10$ 件，$C_H = 4$ 元，$C_p = 100$ 元，$C_r = 30$ 元。则

经济订购批量 $Q^* = \sqrt{\dfrac{2 \times 1200 \times 100}{4}\left(\dfrac{20}{20-10}\right)}$ 件 $= \sqrt{120000} = 200\sqrt{3} \approx 346$

经济订购次数 $n^* = \dfrac{D}{Q^*} = \dfrac{1200}{346}$ 次 ≈ 3.46 次，取为 4 次

年库存最低总费用

$$\begin{aligned}F(C)^* &= \sqrt{2DC_p C_H \left(\dfrac{v-r}{v}\right)} + DC_R \\ &= \left(\sqrt{2 \times 1200 \times 100 \times 4 \times \left(\dfrac{20-10}{20}\right)} + 1200 \times 30\right) \text{元} = 36693 \text{元}\end{aligned}$$

3. 允许缺货，订货一次全部到达库存模型

从库存总费用最小的角度出发，缺货不一定就是不利的。实际运作过程中为了避免发生

缺货，就需要增加库存量，从而造成库存费用的增加，增加的库存费用有时可能大于由于缺货而产生的损失费，对于商业部门来说尤其如此。

假设 Q 为缺货不补的订货批量，U 为缺货后要补的订货批量，$U-Q$ 为最大缺货量，这种情况下库存量随时间的变化如图 11-6 所示。

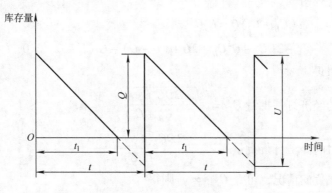

图 11-6 库存量的变化

由图 11-6 可知，$t_1 = \dfrac{Q}{r}$，$t = \dfrac{U}{r}$

(1) 全年订购费用 $= \dfrac{D}{U}C_P$

(2) 全年存储费

订货期间内的平均存储量 $= \dfrac{\dfrac{Q}{2}t_1 + 0}{t} = \dfrac{Q^2}{2U}$

全年存储费 $= \dfrac{Q^2}{2U}C_H$

(3) 全年购入成本 $= DC_R$

(4) 全年缺货成本

缺货时间 $= t - t_1 = \dfrac{U - Q}{r}$

平均缺货量 $= \dfrac{0 + \left(\dfrac{U-Q}{2}\right)(t - t_1)}{t} = \dfrac{\left(\dfrac{U-Q}{2}\right)\dfrac{U-Q}{r}}{t} = \dfrac{(U-Q)^2}{2U}$

年缺货费用 $= \dfrac{(U-Q)^2}{2U}C_s$

由此可知，全年库存总费用

$$F(C) = \dfrac{DC_p}{U} + \dfrac{Q^2 C_H}{2U} + \dfrac{(U-Q)^2}{2U}C_s + DC_R \tag{11-9}$$

式中 C_s ——单位缺货费用。

对式 (11-9) 求偏导 $\dfrac{\partial F(C)}{\partial U}$，$\dfrac{\partial F(C)}{\partial Q}$，并令 $\dfrac{\partial F(C)}{\partial U} = 0$，$\dfrac{\partial F(C)}{\partial Q} = 0$，得

$$\begin{cases} \dfrac{\partial F(C)}{\partial U} = -\dfrac{D}{U^2}C_p - \dfrac{Q^2 C_H}{2U^2} + \dfrac{2(U-Q)UC_s - (U-Q)^2 C_s}{2U^2} = 0 \\ \dfrac{\partial F(C)}{\partial Q} = \dfrac{2QC_H}{2U} - \dfrac{2(U-Q)C_s}{2U} = 0 \end{cases}$$

简化后得到方程组

$$\begin{cases} (C_H + C_s)Q = C_s U \\ -2DC_p - Q^2 C_H + 2C_s U(U-Q) - C_s(U-Q)^2 = 0 \end{cases}$$

解上面方程组得

缺货不补时的经济订货批量 $Q^* = \sqrt{\dfrac{2DC_p C_s}{C_H(C_H + C_s)}}$

缺货后要补时的经济订货批量 $U^* = \sqrt{\dfrac{2DC_p(C_s + C_H)}{C_H C_s}}$

对于不允许缺货的情况，可令 $C_s \to \infty$，则得

$$Q^* = \sqrt{\dfrac{2DC_p C_s}{C_H(C_H + C_s)}} = \sqrt{\dfrac{2DC_p}{C_H}} \tag{11-10}$$

式（11-10）就是第一种情况下的经济订货批量。

例 11-10 某企业根据合同要求每月向外单位供货 100 件，每次订购费为 10 元，存储费每月每件为 0.3 元，如不能按期交货每月每件罚款 0.4 元，试求经济订货批量。

解 根据题意有 $D = 100$ 件，$C_H = 0.3$ 元，$C_p = 10$ 元，$C_s = 0.4$ 元。则

缺货不补时的经济订货批量 $Q^* = \sqrt{\dfrac{2DC_p C_s}{C_H(C_H + C_s)}} = \sqrt{\dfrac{2 \times 100 \times 10 \times 0.4}{0.3(0.3 + 0.4)}}$ 件 ≈ 62 件

缺货后要补时的经济订货批量

$$U^* = \sqrt{\dfrac{2DC_p(C_s + C_H)}{C_H C_s}} = \sqrt{\dfrac{2 \times 100 \times 10 \times (0.4 + 0.3)}{0.4 \times 0.3}} \text{件} = 108 \text{件}$$

4. 具有数量折扣条件下的库存模型

有时货物的单价与批量大小有关，供货企业为了吸引用户多购货物，当订购数量超过一定界限时，给予一定的折扣优惠。

例如，当 $0 \leqslant Q < N_1$，单价为 C_1

$N_1 \leqslant Q < N_2$，单价为 C_2

$\vdots$

$N_{m-1} \leqslant Q < N_m$，单价为 C_m

在这种情况下，单价是订购批量的函数，单位货物的存储费用以货物单价的一定百分率表示，即以 $C_H = C_i h$ 来表示，其中的 h 为百分率，C_i 为货物单价，此时库存总费用为

$$F(C) = \dfrac{DC_p}{Q} + \dfrac{Q}{2}C_i h + DC_R \tag{11-11}$$

为了求得全局最优值，先用式（11-11）求出每个价格段上的最小费用点，然后加以比较，最后确定出全局最小值。

（四）确定条件下的其他决策方法

1. 差量分析法

差量分析法是指对若干备选方案的预期收入、成本及利润进行计算，并得出其间的差量，从而选择出最优方案的一种决策方法。具体决策过程见下例：

例 11-11 M公司准备进行某项投资，目前有两个备选方案，其有关资料如表 11-7 所示。若投资规模相同，决策时应该采用哪个方案？

表 11-7 M公司投资有关资料

项目＼方案	方案1	方案2	差　量
R（预期收入）	R_1	R_2	$R_2 - R_1$
C（预期成本）	C_1	C_2	$C_2 - C_1$
E（预期利润）	$E_1 = R_1 - C_1$	$E_2 = R_2 - C_2$	$E_2 - E_1 = (R_2 - R_1) - (C_2 - C_1)$

解 若 $E_2 - E_1 > 0$，即 $(R_2 - R_1) - (C_2 - C_1) > 0$，则方案2优于方案1；

若 $E_2 - E_1 < 0$，即 $(R_2 - R_1) - (C_2 - C_1) < 0$，则方案1优于方案2。

2. 临界成本法

在对若干种可行方案的预期固定成本和预期变动成本进行计算、比较后，根据方案的临界业务量选择优势方案的决策方法叫临界成本法。

设 F_1、F_2 分别为方案1、方案2的固定成本，V_1、V_2 分别为方案1、方案2的单位可变成本，C_1、C_2 为方案1、方案2的总成本，N 为所需生产的产品数量，于是有

$$C_1 = F_1 + V_1 N$$
$$C_2 = F_2 + V_2 N$$

令 $C_1 = C_2$，即

$$F_1 + V_1 N = F_2 + V_2 N$$

则临界业务量为

$$N^* = \frac{F_2 - F_1}{V_1 - V_2} \tag{11-12}$$

由式（11-12）可知，当业务量大于临界业务量时，企业应采取固定成本高、变动成本低的方案；当业务量小于临界业务量时，企业应采取固定成本低而变动成本高的方案。

例 11-12 某企业现准备生产某零件，有两套备选方案可供选择，其有关资料如表 11-8 所示。问该企业应该采用哪套方案？

表 11-8 生产某产品的相关资料

方案＼成本	固定成本（元）	单位可变成本（元/件）
方案1	18000	4
方案2	24000	3

解 根据式（11-12）计算临界业务量为

$$N^* = \frac{F_2 - F_1}{V_1 - V_2} = \frac{24000 - 18000}{4 - 3} \text{件} = 6000 \text{件}$$

如果企业预计销量在 6000 件以下，则宜采用方案 1；若预计销量在 6000 件以上，则宜采用方案 2。

第二节 风险型决策分析

在确定型决策中，未来自然状态处于完全确定，即 100%肯定的情况下，其决策方案只有一个确定的效益结果。但大多数决策问题所处的未来自然状态是不确定的，这样每个可行方案在执行中会出现几种可能的结果，所对应的效益就是不确定的。如果我们能预先知道各种自然状态出现的可能性大小，也就是已知各种自然状态出现的概率大小，那么不确定程度就会减少。风险型决策分析就是根据几种不同自然状态下可能发生的概率和某种决策准则来进行方案选择。由于决策分析中引入了概率的概念，而不同自然状态出现的概率多半是通过对历史资料或大量观察试验进行统计分析求得的，因此，又称风险型决策分析为统计决策分析或随机决策分析。

一、期望值法

（一）期望值法的概念和步骤

1. 期望值法的概念

期望值法就是根据不同方案的损益期望值，选取具有期望最大值或期望最小值作为最优方案的决策方法。

2. 期望值法的计算程序

（1）首先，假设决策者的所有可能行动方案的集合为 a，则 $a = \{a_1, a_2, \cdots, a_m\}$，若把它看作一个向量，$a_i(i = 1, 2, \cdots, m)$ 就是它的分量，可记作 $a = (a_1, a_2, \cdots, a_m)$，称为方案分量。

（2）其次，假设 $c = \{c_1, c_2, \cdots, c_n\}$ 为各自然状态的集合，把它也看作一个向量，则 $c_j(j = 1, 2, \cdots, n)$ 就是它的分量，可记作 $c = (c_1, c_2, \cdots, c_n)$，称为自然状态向量。

（3）然后，假设状态 c_j 发生的概率为 P_j，则 $P = (P(c_1), P(c_2), \cdots, P(c_j))$ 称为状态概率向量，全部状态概率之和应等于 1，即 $\sum_{j=1}^{n} P(c_j) = \sum_{j=1}^{n} P_j = 1$。

（4）最后，当采取 a_i 方案面临自然状态 c_j 时，其相应的损益值记为 $A(a_i, c_j)$，简记为 a_{ij}，即 $A(a_i, c_j) = a_{ij}$，则方案 a_i 的期望损益值为 $E(a_i) = \sum_{j=1}^{n} P_j a_{ij}, (i = 1, 2, \cdots, m)$。比较各方案的损益值，其中 $E(a) = \max\{E(a_1), E(a_2), \cdots, E(a_i)\}, (i = 1, 2, \cdots, m)$ 为最优方案。

3. 期望值法的矩阵表示形式

状态概率、行动方案、各方案对应的损益值用矩阵的形式表示如表 11-9 所示。

表 11-9　方案对应的损益值矩阵形式

损益矩阵 行动方案 a_i	状态概率 p	$p_1\quad p_2\quad \cdots\quad p_n$	期望损益值 $E(a_i)$
a_1		$a_{11}\quad a_{12}\quad \cdots\quad a_{1n}$	$E(a_1)$
a_2		$a_{21}\quad a_{22}\quad \cdots\quad a_{2n}$	$E(a_2)$
$\vdots$		$\vdots\quad \vdots\quad \quad \vdots$	$\vdots$
a_m		$a_{m1}\quad a_{m2}\quad \cdots\quad a_{mn}$	$E(a_m)$
决　策		\multicolumn{2}{c}{$E(a)=\max[E(a_i)]$ 或 $E(a)=\min[E(a_i)]$}

表 11-9 中的损益矩阵又称作风险矩阵，可表示为

$$A=\begin{pmatrix} a_{11} & a_{12} & \cdots & a_{1n} \\ a_{21} & a_{22} & \cdots & a_{2n} \\ \vdots & \vdots & & \vdots \\ a_{m1} & a_{m2} & \cdots & a_{mn} \end{pmatrix}$$

$E(a_i)$ 用列矩阵表示为 $E(a_i)=\begin{pmatrix} E(a_1) \\ E(a_2) \\ \vdots \\ E(a_m) \end{pmatrix}$

状态概率向量 P 的转置矩阵记为

$$P^{\mathrm{T}}=\begin{pmatrix} P_1 \\ P_2 \\ \vdots \\ P_n \end{pmatrix}$$

显然，以上三者之间存在以下的关系

$$AP^{\mathrm{T}}=\begin{pmatrix} a_{11} & a_{12} & \cdots & a_{1n} \\ a_{21} & a_{22} & \cdots & a_{2n} \\ \vdots & \vdots & & \vdots \\ a_{m1} & a_{m2} & \cdots & a_{mn} \end{pmatrix}\begin{pmatrix} P_1 \\ P_2 \\ \vdots \\ P_n \end{pmatrix}=\begin{pmatrix} \sum_{j=1}^{n}P_j a_{1j} \\ \sum_{j=1}^{n}P_j a_{2j} \\ \vdots \\ \sum_{j=1}^{n}P_j a_{mj} \end{pmatrix}=\begin{pmatrix} E(a_1) \\ E(a_2) \\ \vdots \\ E(a_m) \end{pmatrix} \qquad (11\text{-}13)$$

根据决策标准是收益还是损失来选取 $E(a)=\max[E(a_i)]$ 或 $E(a)=\min[E(a_i)]$ 作为最优方案。如果决策结果有两个行动方案的期望值完全相同，可进一步计算它们的全距和均方差，选取全距和均方差较小的方案为最优方案。

（二）期望值法的应用

例 11-13　某公司准备今后十年内生产某汽车零件，现需要决策的是大批量生产、中批

量生产还是小批量生产。根据以往销售统计资料及市场调查和预测可知：未来市场出现因需求量大而销路好、因需求量一般而销路一般和因需求量少而销路差三种状态的概率分别为 0.2、0.6 和 0.2；若该产品按大批、中批、小批量进行投产，则今后十年内在不同状态下的损益值可以估算并列入表 11-10 中。根据现有条件试决策使工厂获得最大期望收益的最优生产方案。

表 11-10 决策表 （单位：万元）

生产方案 a \ 损益值 \ 状态 c	需求大 c_1	需求一般 c_2	需求少 c_3
概率 P	0.2	0.6	0.2
大批生产 a_1	25	18	-4
中批生产 a_2	15	20	14
小批生产 a_3	12	16	18

解 计算各方案的期望损益值：

a_1 方案　$E(a_1) = \sum_{j=1}^{n} P(a_{1j})$
　　　　　　　　$= [0.2 \times 25 + 0.6 \times 18 + 0.2 \times (-4)]$ 万元 $= 15$ 万元

a_2 方案　$E(a_2) = \sum_{j=1}^{n} P(a_{2j})$
　　　　　　　　$= (0.2 \times 15 + 0.6 \times 20 + 0.2 \times 14)$ 万元 $= 17.8$ 万元

a_3 方案　$E(a_3) = \sum_{j=1}^{n} P(a_{3j})$
　　　　　　　　$= (0.2 \times 12 + 0.6 \times 16 + 0.2 \times 18)$ 万元 $= 15.6$ 万元

通过计算比较可知，方案 a_2 的期望损益值最大，所以选择行动方案 a_2 为最优方案，即采用中批生产的方案为最佳。

例 11-14 某公司准备对一新建项目进行决策分析，共有五种可供选择的方案，其有关资料如表 11-11 所示。试决策出最优方案。

表 11-11 某投资公司各决策方案的有关资料 （单位：万元）

备选方案 \ 收益值 \ 自然状态	c_1	c_2	c_3	c_4	期望损益值 $E(a)$
状态概率 P	0.2	0.4	0.3	0.1	
a_1	200	500	700	600	510
a_2	400	200	600	800	420
a_3	500	600	400	500	510
a_4	300	700	300	500	480
a_5	500	350	600	400	460

解 (1) 计算各方案的期望收益值

$$E(a) = \begin{pmatrix} E(a_1) \\ E(a_2) \\ E(a_3) \\ E(a_4) \\ E(a_5) \end{pmatrix} = AP^{\mathrm{T}} = \begin{pmatrix} 200 & 500 & 700 & 600 \\ 400 & 200 & 600 & 800 \\ 500 & 600 & 400 & 500 \\ 300 & 700 & 300 & 500 \\ 500 & 350 & 600 & 400 \end{pmatrix} \begin{pmatrix} 0.2 \\ 0.4 \\ 0.3 \\ 0.1 \end{pmatrix} = \begin{pmatrix} 510 \\ 420 \\ 510 \\ 480 \\ 460 \end{pmatrix}$$

由此可知，a_1 和 a_3 两个方案的期望收益值同为最大，即 $E(a_1) = E(a_3) = 510$ 万元，为此，需要进一步计算它们的全距和均方差。

(2) 计算 a_1 和 a_3 两个方案的全距和均方差

a_1 方案的全距 $= 700$ 万元 $- 200$ 万元 $= 500$ 万元

a_3 方案的全距 $= 600$ 万元 $- 400$ 万元 $= 200$ 万元

a_1 方案的均方差 $= \sqrt{(200-510)^2 \times 0.2 + (500-510)^2 \times 0.4 + (700-510)^2 \times 0.3 + (600-510)^2 \times 0.1} = 176$

a_3 方案的均方差 $= \sqrt{(500-510)^2 \times 0.2 + (600-510)^2 \times 0.4 + (400-510)^2 \times 0.3 + (500-510)^2 \times 0.1} = 83$

由于两方案的均方差相同但 a_3 方案的全距和均方差小于 a_1 方案，因此，选择 a_3 方案为最优方案。

二、决策树法

现实中许多管理决策是由一系列相互联系的决策组成的，在某一阶段或时点上做出的选择能改变决策发生的概率或者改变决策的结果。人们在做出决策或采取行动之前要慎重考虑和权衡各种可能发生的情况。使决策方法形象化，把计算过程通过树枝形状的图像表示出来，称之为决策树法。决策树主要由节点和分支两大部分组成，其中节点又分为状态节点、决策节点和结果节点。

决策节点用"□"表示，从此节点引出的各分支代表了要进行分析和决策的各种方案，分支上要注明方案名称；状态节点用"○"表示，从此节点引出的各分支代表了决策者面临的各种自然状态，分支上要注明主观概率；结果节点用"△"表示，此节点代表的是不同方案在各自然状态下取得的结果，节点右端注明结果值。只有一个决策节点的，称之为单级决策，有两个以上的决策节点称之为多级决策，多级决策问题需要进行多次决策分析之后才能得到解决。

（一）单级决策分析

例 11-15 某服装商店经过市场调研，预测未来服装市场需求量有大、中、小三种可能状态。这三种可能状态出现的概率分别为 0.2、0.5、0.3。企业经过分析，认为可以通过扩建、兼并及合同转包三个方案来进行生产。三个方案各自在三种自然状态下的损益值如表 11-12 所示。

1. 绘制决策树

将表 11-12 中所示的各种信息绘制成决策树，如图 11-7 所示。

2. 计算期望损益值

将计算得出的各行动方案的期望损益值标注在相应的状态节点上端，如图 11-8 所示。

表 11-12　某服装商店各决策方案的有关资料　　　　　　　　（单位：万元）

收益值　　自然状态　状态概率 P　　备选方案	c_1 0.2	c_2 0.5	c_3 0.3	期望损益值 $E(a)$
扩建 a_1	350	500	200	380
兼并 a_2	300	300	400	330
转包 a_3	250	600	280	434

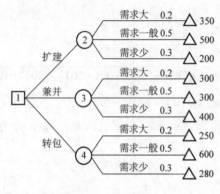

图 11-7　决策树

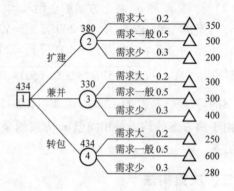

图 11-8　各方案的期望损益值

3. 比较损益值并确定方案

根据图 11-8 可知，方案 a_3 的期望损益值最大，因此，a_3 即为最优方案。然后在其他几个方案分枝上划上"‖"记号，表明这些方案已被舍去，具体如图 11-9 所示。

（二）多级决策分析

多级决策分析的原理与单级决策分析的原理一致，只是在分析时要进行分级计算期望损益值，具体分析过程如例 11-16 所示。

例 11-16　某企业准备选择在 A 区或 B 区建厂生产某种产品。在 A 区建厂需要投资 200 万元，在 B 区建厂则需投资 600 万元，两个厂区的生产年限暂定为 10 年。根据市场预测得知建成后该产品前 3 年销量好的概率为 0.7，如果前三年销量好，则后 7 年销量也好的概率为 0.9；如果前 3 年销量差，那么后 7 年销量肯定也差。一旦选择在 A 区建厂，当前 3 年销量好时，则考虑扩建，扩建需投资 300 万元，扩建后还可进行 7 年的生产，且年损益值与在 B 区建厂的年损益值一样。两个方案在各种状态下的年度损益值如表 11-13 所示，请选择出最佳决策方案。

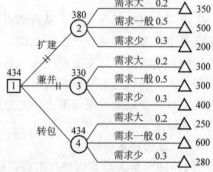

图 11-9　最终决策树

表 11-13　两方案的年度损益值表　　　　　　　　　　（单位：万元）

损益值 方案	市场状态	销　量　好	销　量　差
A 区建厂	不扩建	80	20
	扩建	200	-50
B 区建厂		200	-50

解　(1) 绘制多级决策树，如图 11-10 所示。

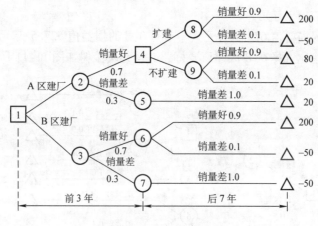

图 11-10　决策树

(2) 计算期望损益值

设 a_{1j} 为 A 区建厂方案在 j 状态下的损益值；P 为相应状态下的概率，F_A 为在 A 区建厂的投资，F'_A 为在 A 区建厂后再扩建的投资，F_B 为在 B 区建厂的投资，则：

节点 8 的期望损益值为

$$E(8) = \sum_{j=1}^{n} Pa_{1j} - F_A = [0.9 \times 200 \times 7 + 0.1 \times (-50) \times 7 - 300] \text{万元} = 925 \text{万元}$$

节点 9 的期望损益值为

$$E(9) = \sum_{j=1}^{n} Pa_{1j} = [0.9 \times 80 \times 7 + 0.1 \times 20 \times 7] \text{万元} = 518 \text{万元}$$

由于 925 > 518，因此，节点 4 处的损益值为 925 万元。

节点 5 的期望损益值为

$$E(5) = \sum_{j=1}^{n} Pa_{1j} = (1.0 \times 20 \times 7) \text{万元} = 140 \text{万元}$$

节点 2 的期望损益值为

$$E(2) = \sum_{j=1}^{n} Pa_{1j} - F'_A$$
$$= [0.7 \times (80 \times 3 + 925) + 0.3 \times (20 \times 3 + 140) - 200] \text{万元}$$
$$= 675.5 \text{万元}$$

节点 6 的期望损益值为

$$E(6) = \sum_{j=1}^{n} Pa_{1j} = [0.9 \times 200 \times 7 + 0.1 \times (-50) \times 7] 万元 = 1225 万元$$

节点 7 的期望损益值为

$$E(7) = \sum_{j=1}^{n} Pa_{1j} = [1.0 \times (-50) \times 7] 万元 = -350 万元$$

节点 3 的期望损益值为

$$\begin{aligned} E(3) &= \sum_{j=1}^{n} Pa_{1j} - F_B \\ &= 0.7 \times (200 \times 3 + 1225) + 0.3 \times [(-50) \times 3 + (-350)] - 600 \\ &= 527.5（万元） \end{aligned}$$

由于节点 2 处的损益值 675.5 万元大于节点 3 处的损益值 527.5 万元，因此，选择在 A 区建厂且 3 年后扩建比选择在 B 区建厂要好，其最终决策树如图 11-11 所示。

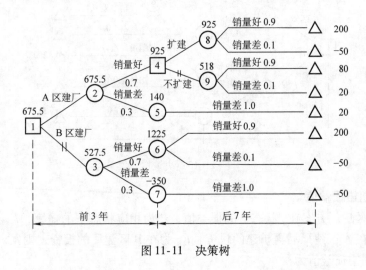

图 11-11　决策树

第三节　不确定型决策分析

在风险型决策中，当对未来可能出现的各种自然状态的概率无法确定其时，这时的决策就称之为不确定型决策。此类决策较之风险型决策，具有更大的风险和不确定性，决策者的主观态度对决策的影响重大。常用的不确定型决策方法主要有以下几种：

一、悲观决策（小中取大准则）

悲观决策法属于保守型决策，是指决策者事先列出各方案在不同自然状态下的最小收益值，再从中选取最大者，其最大者所属方案为最佳决策方案。

若用 $f(a_i)$ 表示采取 a_i 方案时的最小收益，即

$$f(a_i) = \min\{\theta_{i1}, \theta_{i2}, \cdots, \theta_{in}\} \quad i = 1, 2, \cdots, m \tag{11-14}$$

则满足 $f(a) = \max_{1 \leq i \leq m} f(a_i)$ 的方案为按悲观决策法决策出的最优方案。

例 11-17 企业为生产某种家电,准备了 A、B、C 三种可行的方案,采取任何一种方案都可能会面临未来市场需求好、需求一般或需求差这三种状况,预计各方案在各自然状况下的收益值如表 11-14 所示。试用悲观法进行决策。

表 11-14 某企业生产某家电产品的收益情况 （单位：万元）

预期收益 方案　　市场需求	好	一般	差
A	1000	800	-200
B	1500	700	-300
C	600	300	100

解 （1）确定 A、B、C 三个方案在各自然状态下的最小收益值,其中:
方案 A 的最小收益值为

$$f(a_A) = \min\{\theta_{i1}, \theta_{i2}, \cdots, \theta_{in}\} = \min\{1000, 800, -200\} 万元 = -200 万元$$

方案 B 的最小收益值为

$$f(a_B) = \min\{\theta_{i1}, \theta_{i2}, \cdots, \theta_{in}\} = \min\{1500, 700, -300\} 万元 = -300 万元$$

方案 C 的最小收益值为

$$f(a_C) = \min\{\theta_{i1}, \theta_{i2}, \cdots, \theta_{in}\} = \min\{600, 300, 100\} 万元 = 100 万元$$

（2）找出最小收益值中的最大者,并确定最优方案

$$f(a) = \max_{1 \leq i \leq m} f(a_i) = \max_{1 \leq i \leq m}\{-200, -300, 100\} 万元 = 100 万元$$

即 100 万元所对应的 C 方案能在最不利的情况下带来最大的收益值,为最佳方案。

二、乐观决策法（大中取大准则）

乐观决策法又叫大中取大法,采用这种方法的决策者乐观进取,富于冒险精神,总是从最好的情况出发去选择行动方案。用乐观法进行决策的具体步骤如下:

（1）列出各方案在不同自然状态下的最大收益值,若用 $g(a_i)$ 代表采取方案 a_i 时的最大收益,即

$$g(a_i) = \max\{\theta_{i1}, \theta_{i2}, \cdots, \theta_{in}\} \quad i=1,2,\cdots,m \tag{11-15}$$

（2）从最大收益值中选出最大的那个值所属的方案为最佳方案。
即满足 $g(a^*) = \max\limits_{1 \leq i \leq m} g(a_i)$ 的方案为最优方案。

仍以例 11-17 的有关数据为例,各方案的最大收益值为

$$g(a_A) = \max\{\theta_{i1}, \theta_{i2}, \cdots, \theta_{in}\} = \{1000, 800, -200\} 万元 = 1000 万元$$

$$g(a_B) = \max\{\theta_{i1}, \theta_{i2}, \cdots, \theta_{in}\} = \{1500, 700, -300\} 万元 = 1500 万元$$

$$g(a_C) = \max\{\theta_{i1}, \theta_{i2}, \cdots, \theta_{in}\} = \{600, 300, 100\} 万元 = 600 万元$$

则最优方案为: $g(a^*) = \max\limits_{1 \leq i \leq m} g(a_i) = \max(1000, 1500, 600)$ 万元 = 1500 万元,它所对应的方案为 B 方案,因此,根据乐观法决策 B 方案为最优方案。

三、遗憾值法（最小后悔值准则）

大多数人在做出决策之后,如果遇到不利的情况,常会产生遗憾。人们之所以遗

憾，是因为未来状态不确定，当某一状态出现时，人们发现并没有采取相应的最佳方案，故而丧失了机会。为了尽可能减少机会损失，将遗憾降到最低，人们只有选取最小的那个遗憾值所对应的方案。遗憾值法也称最小后悔值法，是指决策者在做出决策之前，先计算出各备选方案在不同自然状态下由于没有采取相对最佳方案而造成的"遗憾值"，然后找出各方案的最大遗憾值，其中最小的那个最大遗憾值所属的方案即为最佳决策方案。

设在自然状态 C_j 下各方案的最大收益值为

$$\theta_j^* = \max_{1 \leq i \leq m} \theta_{ij} \quad j=1,2,\cdots,n$$

第 i 个方案 a_i 在各自然状态下的遗憾值分别为

$$\theta_1^* - \theta_{i1}, \theta_2^* - \theta_{i2}, \cdots, \theta_n^* - \theta_{in}$$

每个方案在不同状态下有不同的遗憾值，其中最大者称为该方案的最大遗憾值，即

$$R(a_i) = \max_j \{\theta_j^* - \theta_{ij}\} \tag{11-16}$$

各方案中最大遗憾值中的最小者，即 $\min_i R(a_i)$ 所对应的方案，就是最小遗憾值法的最优方案。

依据例 11-17 的有关资料，采取遗憾值法进行决策，其步骤为：

（1）列出不同自然状态下的遗憾值，其结果如表 11-15 所示。

计算各自然状态 C_j 下各方案的最大收益值为：

市场需求好时的最大收益值为

$$\theta_1^* = \max_{1 \leq i \leq m} \theta_{ij} = \max\{1000, 1500, 600\} 万元 = 1500 万元$$

市场需求一般时的最大收益值为

$$\theta_2^* = \max_{1 \leq i \leq m} \theta_{ij} = \max\{800, 700, 300\} 万元 = 800 万元$$

市场需求差时的最大收益值为

$$\theta_3^* = \max_{1 \leq i \leq m} \theta_{ij} = \max\{-200, -300, 100\} 万元 = 100 万元$$

（2）第 i 方案 a_i 在各自然状态下的遗憾值如表 11-15 所示。

（3）各方案在不同状态下的最大遗憾值

$$R(a_1) = \max_j \{500, 0, 300\} 万元 = 500 万元$$

$$R(a_2) = \max_j \{0, 100, 400\} 万元 = 400 万元$$

$$R(a_3) = \max_j \{900, 500, 0\} 万元 = 900 万元$$

表 11-15　不同自然状态下的遗憾值　　　　　　　　　　（单位：万元）

方案 \ 自然状态 遗憾值	高	中	低
A	500 *	0	300
B	0	100	400 *
C	900 *	500	0

(4) 最小的那个最大遗憾值

$$R(a^*) = \min\{R(a_1), R(a_2), R(a_3)\} = \min\{500, 400, 900\} 万元 = 400 万元$$

即 400 万元所对应的 B 方案为最佳方案。

四、折中分析法（赫威斯准则）

折中分析法又叫赫威斯法，它是介于乐观决策法和悲观决策法之间的一种方法，折中法对未来发生的情况既不保守，也不乐观，处于折中的地位。

该方法具体准则为：

（1）首先设置一个决策者乐观程度的折中系数，用 α 表示，$0 \leq \alpha \leq 1$。决策者对状态的估计越乐观，α 就越趋近于1；越悲观，折中系数就越趋近于0。

（2）其次，运用折中系数计算出各行动方案的折中收益值，最大折中收益值所属方案为最优方案。即

$$H(a_i) = \alpha(\max_j \theta_{ij}) + (1-\alpha)(\min_j \theta_{ij}) \tag{11-17}$$

其中，$0 \leq \alpha \leq 1$，则满足

$$H(a^*) = \max_{1 \leq i \leq m} H(a_i)$$

的方案为该准则下的最优方案。

式中 $H(a_i)$——折中收益值。

例 11-18 根据例 11-17 的资料，各方案的预期收益值如表 11-16 所示，试运用折中分析法选择最佳方案。

表 11-16 各方案的预期收益值　　　　（单位：万元）

预期收益＼方案	市场需求 高	中	低
A	1000	800	-200
B	1500	700	-300
C	600	300	100

解

（1）设 $\alpha = 0.6$

（2）计算每个方案的最大收益值以及最小收益值

方案 A：

最大收益值　$\max(1000, 800, -200)$ 万元 = 1000 万元

最小收益值　$\min(1000, 800, -200)$ 万元 = -200 万元

方案 B：

最大收益值　$\max(1500, 700, -300)$ 万元 = 1500 万元

最小收益值　$\min(1500, 700, -300)$ 万元 = -300 万元

方案 C：

最大收益值 $\max(600, 300, 100)$ 万元 $= 600$ 万元

最小收益值 $\min(600, 300, 100)$ 万元 $= 100$ 万元

（3）计算折中收益值

$$H(A) = [0.6 \times 1000 + (1 - 0.6) \times (-200)] \text{万元} = 520 \text{万元}$$

$$H(B) = [0.6 \times 1500 + (1 - 0.6) \times (-300)] \text{万元} = 780 \text{万元}$$

$$H(C) = [0.6 \times 600 + (1 - 0.6) \times 100] \text{万元} = 400 \text{万元}$$

（4）确定最优方案

$$H(a^*) = \max_{1 \leq i \leq m} H(a_i) = \max\{520, 780, 400\} \text{万元} = 780 \text{万元}$$

即 780 万元所对应的 B 方案为最优方案。

同一个决策问题，用以上四种不确定型决策方法进行决策会得出不同结果，可见，方案的选择与决策者决策方法的选择和决策习惯有很大关系。如何对决策方案进行取舍，要视具体市场环境、企业自身情况而定，除应遵循一定的准则外，还应对准则本身的选取加以慎重考虑，这样才能找出相对正确的决策方案。

五、等概率法

等概率法是假定各种自然状态出现的概率相等的情况下，选取期望收益值最大的决策方案为最优决策方案的方法。如果有 n 种自然状态，则每种自然状态出现的概率均为 $1/n$。这样，就可以把不确定型决策问题转换成风险型决策分析问题来解决。

例 11-19 某食品加工厂预测，当采取不同的经营方式时，其市场状态及年收益情况如表 11-17 所示，请用等概率法进行决策。

表 11-17　每种品牌的销售状态　　　　　　　　　　（单位：万元）

预期需求　　　市场需求　　方案	畅销 Q_1	一般 Q_2	滞销 Q_3
方案 A_1：代理商专营	90	70	40
方案 A_2：中间商代销	120	80	-20
方案 A_3：直接推销	100	60	30

解 决策步骤：

（1）假设未来 3 种销售状态发生的概率都相等，即为 0.33。

（2）求出每一方案的收益期望值。

（3）选择具有最大效益期望值的方案为决策方案。

具体过程见表 11-18，由此可知，选择最大效益期望值 66 万元所对应的 A_1 方案为最佳决策方案。

表 11-18　等概率法计算表　　　　　　　　　　　　　　　（单位：万元）

方案＼收益＼概率＼销量	畅销 Q_1	一般 Q_2	滞销 Q_3	效益期望值 $E(A_i) = \sum A_i \times P_i$
	0.33	0.33	0.33	
方案 A_1：代理商专营	90	70	40	66
方案 A_2：中间商代销	120	80	−20	59.4
方案 A_3：直接推销	100	60	30	62.7

实际决策过程中，如果出现有两个以上的方案的期望值相等，则需要进一步比较其方差，取方差较小的方案为最佳方案。

第四节　多阶段决策分析方法

一、多阶段决策分析方法概述

1. 多阶段决策分析方法的概念

在管理决策中，凡决策的问题通过一次决策就可以求得满意的决策方案，称为单阶段决策。如果要做出的决策问题比较复杂，在决策过程中，需要将研究的问题分为两个或两个以上相关阶段或层次，进行多阶段、多层次的决策分析来找出整个问题的满意方案，一般称为多阶段决策。多阶段决策分析中，由于整个决策过程各阶段的决策相互间存在着依存关系，因此也称为序贯决策。

2. 多阶段决策分析的特点

（1）将整个决策问题分解为若干个关联阶段，构成多阶段子问题，这些子问题以阶段顺序贯通，形成多阶段决策过程。

（2）整个问题求解遵循最优化原则。通常由最后一个阶段的子问题决策开始，逐个向前阶段推进做出决策。在每个阶段上的决策是求得自最后阶段至本阶段的最优解，即决策结果，并将此最优解带入前一阶段，直至在起始阶段做出决策为止。其决策过程可表示为图 11-12 所示。

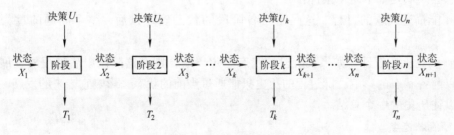

图 11-12　决策过程图

3. 多阶段决策方法

多阶段决策方法主要有动态规划法和决策树法，本节主要介绍动态规划法。

二、动态规划方法

(一) 动态规划基本要素

动态规划是一种重要的数量规划方法。它常以动态规划模型来应对多阶段决策问题并依据最优化原则进行抽样描述。这种抽样描述应该包括多阶段动态规划的基本要素。

1. 阶段和阶段变量

为了便于求解和表示决策及过程的发展顺序,而把所给问题恰当地划分为若干个相互联系和有区别的子问题,称之为多阶段决策问题的阶段。一个阶段,就是需要做出一个决策的子问题。通常阶段是按决策问题的时间或空间顺序来划分的。用来描述阶段的变量叫作阶段变量,一般用 k 来表示。阶段数等于多段决策过程从开始到结束所需做出的决策数目。图 11-13 所示的运输网络最短路线问题就是一个四阶段决策过程的问题。

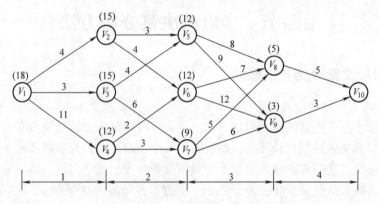

图 11-13 运输网络最短路线问题

2. 状态与状态变量

用以描述事物(或系统)在某特定的时间与空间域中所处位置及运动特征的量,称为状态。反映状态变化的量叫作状态变量。状态变量必须包含在给定的阶段上确定全部允许决策所需要的信息。按照过程进行的先后,每个阶段的状态可分为初始状态和终止状态,或称输入状态和输出状态。阶段 k 的初始状态记作 s_k,终止状态记为 s_{k+1}。但为了清楚起见,通常定义阶段的状态即指其初始状态。

状态必须满足如下两个条件:

(1) 能描述问题的过程。这是指当各阶段的状态确定以后,整个问题的过程就已经确定。

(2) 满足无后效性。如果某阶段的状态给定以后,则在这阶段以后过程的发展不受这一阶段以前各状态的影响,即过程的历史只能通过当前的状态去影响它未来的发展,当前的状态是以往历史的一个总结。

3. 可能状态集

一般状态变量的取值有一定的范围或允许集合,称为可能状态集,或可达状态集。可能状态集实际上是关于状态的约束条件。通常可能状态集用相应阶段状态 s_k 的大写字母 S_k 表示,$s_k \in S_k$。可能状态集可以是一离散取值的集合,也可以为一连续的取值区间,视具体问题而定。

在图 11-13 所示的最短路问题中，第一阶段状态为 v_1，状态变量 s_1 的状态集合 $S_1 = \{v_1\}$；第二阶段则有三个状态：v_2，v_3，v_4，状态变量 s_2 的状态集合 $S_2 = \{v_2, v_3, v_4\}$；第三阶段也有三个状态：v_5，v_6，v_7，状态变量 s_3 的状态集合 $S_3 = \{v_5, v_6, v_7\}$；第四阶段有两个状态：v_8，v_9，状态变量 s_4 的状态集合 $S_4 = \{v_8, v_9\}$。

4. 决策变量和允许决策集合

用以描述决策变化的量称为决策变量，与状态变量一样，决策变量可以用一个数、一组数或一个向量来描述，也可以是状态变量的函数，记为 $u_k = u_k(s_k)$，表示在阶段 k 状态 s_k 时的决策变量。

决策变量的取值往往也有一定的允许范围，称为允许决策集合。决策变量 $u_k(s_k)$ 的允许决策集用 $U_k(s_k)$ 表示，$u_k(s_k) \in U_k(s_k)$，允许决策集合实际是决策的约束条件。

5. 策略和允许策略集合

策略（Policy）也叫决策序列。策略有全过程策略和 k 部子策略之分。全过程策略是指具有 n 个阶段的全部过程，由依次进行的 n 个阶段决策构成的决策序列，简称策略，表示为 $P_{1,n}\{u_1, u_2, \cdots, u_n\}$。从 k 阶段到第 n 阶段，依次进行的阶段决策构成的决策序列称为 k 部子策略，表示为 $P_{k,n}\{u_k, u_{k+1}, \cdots, u_n\}$。显然，当 $k=1$ 时的 k 部子策略就是全过程策略。

在实际问题中，由于在各个阶段可供选择的决策有许多个，因此，它们的不同组合就构成了许多可供选择的决策序列（策略），由它们组成的集合，称之为允许策略集合，记作 $P_{1,n}$。从允许策略集中找出的具有最优效果的策略称为最优策略。

6. 状态转移方程

系统在阶段 k 处于状态 s_k，执行决策 $u_k(s_k)$ 的结果是系统状态的转移，即系统由阶段 k 的初始状态 s_k 转移到终止状态 s_{k+1}，或者说，系统由 k 阶段的状态 s_k 转移到了阶段 $k+1$ 的状态 s_{k+1}。多阶段决策过程的发展就是用阶段状态的相继演变来描述的。

对于具有无后效性的多阶段决策过程，系统由阶段 k 到阶段 $k+1$ 的状态转移完全由阶段 k 的状态 s_k 和决策 $u_k(s_k)$ 所确定，与系统过去的状态 $s_1, s_2, \cdots, s_{k-1}$ 及其决策 $u_1(s_1)$，$u_2(s_2), \cdots, u_{k-1}(s_{k-1})$ 无关。系统状态的这种转移，用数学公式描述为

$$s_{k+1} = T_k(s_k, u_k(s_k)) \tag{11-18}$$

通常称式（11-18）为多阶段决策过程的状态转移方程。有些问题的状态转移方程不一定存在数学表达式，但是它们的状态转移，还是有一定规律可循的。

7. 函数

（1）指标函数。它是用来衡量策略或子策略或决策效果的某种数量指标，是定义在全过程或各子过程或各阶段上的确定数量函数。针对不同问题，指标函数可以是费用、成本、产值、利润、产量、距离、时间、效用等。

（2）阶段指标函数（也称阶段效应）。用 $v_k(s_k, u_k)$ 表示第 k 段处于 s_k 状态且所做决策为 $u_k(s_k)$ 时的指标，则它就是第 k 段指标函数。

（3）过程指标函数（也称目标函数）。用 $V_{k,n}(p_{k,n}(s_k))$ 表示第 k 子过程的指标函数。如图 11-13 的 $V_{k,n}(p_{k,n}(s_k))$ 表示处于第 k 段 s_k 状态且所做决策为 u_k 时，从 s_k 点到终点 v_{10} 的距离。由此可见，$V_{k,n}(p_{k,n}(s_k))$ 不仅与当前状态 s_k 有关，还与该子过程策略 $p_k(s_k)$ 有

关，因此它是 s_k 和 $p_k(s_k)$ 的函数，严格说来，应表示为
$$V_{k,n}(p_{k,n}(s_k))$$
多阶段决策问题中，常见的目标函数形式之一是取各阶段效应之和的形式，即
$$V_{k,n}(p_{k,n}(s_k)) = \sum_{j=k}^{n} v_j(s_j, u_j)$$
有些问题，如系统可靠性问题，其目标函数是取各阶段效应的连乘积形式，

如
$$V_{k,n}(p_{k,n}(s_k)) = \prod_{j=k}^{n} v_j(s_j, u_j)$$
实际运用中，针对具体问题的目标函数表达形式需要视具体问题而定。

8. 最优解

用 $f_k(s_k)$ 表示第 k 子过程指标函数在状态 s_k 下的最优值，即
$$f_k(s_k) = \underset{p_{k,n} \in P_{k,n}(s_k)}{\mathrm{opt}} V_{k,n}(p_{k,n}(s_k)) = V_{k,n}(p^*_{k,n}(s_k))$$
称 $f_k(s_k)$ 为第 k 子过程上的最优指标函数，与它相应的子策略称为 s_k 状态下的最优子策略，记为 $p^*_k(s_k)$；而构成该子策略的各段决策称为该过程上的最优决策，记为
$$u^*_k(s_k), u^*_{k+1}(s_{k+1}), \cdots, u^*_n(s_n)$$
又 $\qquad p^*_k(s_k) = \{u^*_k(s_k), u^*_{k+1}(s_{k+1}), \cdots, u^*_n(s_n)\}, k=1,2,\cdots,n$

简记为 $\qquad p^*_k = \{u^*_k, u^*_{k+1}, \cdots, u^*_n\}, k=1,2,\cdots,n$

特别当 $k=1$ 且 s_1 取值唯一时，$f_1(s_1)$ 就是问题的最优值，而 p^*_1 就是最优策略。但若取值不唯一，则问题的最优值记为 f_0，有
$$f^*_0 = \underset{s_1 \in S_1}{\mathrm{opt}} \{f_1(s_1)\} = f_1(s_1 = s^*_1)$$
最优策略即为 $s_1 = s^*_1$ 状态下的最优策略
$$p^*_1(s_1 = s^*_1) = \{u^*_1(s^*_1), u^*_2, \cdots, u^*_n\}$$

我们把最优策略和最优值统称为问题的最优解，而最优决策则是指它们在全过程上整体最优（即所构成的全过程策略为最优），而不一定在各阶段上单独最优。

（二）多阶段决策问题的数学模型

适于应用动态规划方法求解的一类多阶段决策问题，亦即具有无后效性的多阶段决策问题的数学模型呈以下形式
$$f = \underset{u_1 \sim u_n}{\mathrm{opt}} R = R(s_1, u_1, s_2, u_2, \cdots, s_n, u_n)$$
$$\mathrm{s.t.} \begin{cases} s_{k+1} = T_k(s_k, u_k) \\ s_k \in S_k \\ u_k \in U_k \\ k=1,2,\cdots,n \end{cases} \qquad (11\text{-}19)$$

式中 "opt"——最优化，视具体问题取 max 或 min。

上述数学模型说明了对于给定的多阶段决策过程，求取一个（或多个）最优策略或最优决策序列 $\{u^*_1, u^*_2, \cdots, u^*_n\}$，使之既满足式（11-19）给出的全部约束条件，又使式（11-19）所示的目标函数取得极值，并且同时指出了执行该最优策略时，过程状态的演变序列，即最优路线。

(三) 最优化原理（贝尔曼最优化原理）

对于最优策略过程中的任意状态而言，无论其过去的状态和决策如何，余下的诸决策必构成一个最优子策略。若某一全过程最优策略为

$$p_1^*(s_1) = \{u_1^*(s_1), u_2^*(s_2), \cdots, u_k^*(s_k), \cdots, u_n^*(s_n)\}$$

则对上述策略中所隐含的任一状态而言，第 k 子过程上对应于该状态的最优策略必然包含在上述全过程最优策略 p_1^* 中，即

$$p_k^*(s_k) = \{u_k^*(s_k), u_{k+1}^*(s_{k+1}), \cdots, u_n^*(s_n)\}$$

基于上述原理，提出了一种逆序递推法。该法的关键在于给出一种递推关系，一般把这种递推关系称为动态规划的函数基本方程。

(四) 函数基本方程

用标号法求解最短路线的计算公式可以概括表示为

$$\begin{cases} f_5(s_5) = 0 \\ f_k(s_k) = \min_{u_k \in U_k(s_k)} \{v_k(s_k, u_k(s_k)) + f_{k+1}(s_{k+1})\}, k = 4, 3, 2, 1 \end{cases}$$

其中，$v_k(s_k, u_k(s_k))$ 表示从状态 s_k 到由决策 $u_k(s_k)$ 所决定的状态 s_{k+1} 之间的距离，是边界条件。一般地，对于 n 个阶段的决策过程，假设只考虑指标函数是"和"与"积"的形式，第 k 阶段和第 $k+1$ 阶段间的递推公式可表示成如下的形式：

(1) 当过程指标函数为下列"和"的形式时

$$f_k(s_k) = \mathop{\text{opt}}_{p_k \in P_K(s_k)} \{V_k(s_k, p_k(s_k))\} = \sum_{i=k}^{n} v_i(s_i, u_i)$$

其相应的函数基本方程为

$$\begin{cases} f_{n+1}(s_{n+1}) = 0 \\ f_k(s_k) = \mathop{\text{opt}}_{u_k \in U_k} \{v_k(s_k, u_k(s_k)) + f_{k+1}(s_{k+1})\}, k = n, n-1, \cdots, 2, 1 \end{cases}$$

(2) 当过程指标函数为下列"积"的形式时

$$f_k(s_k) = \mathop{\text{opt}}_{p_k \in P_K(s_k)} \{V_k(s_k, p_k(s_k))\} = \prod_{i=k}^{n} v_i(s_i, u_i)$$

其相应的函数基本方程为

$$\begin{cases} f_{n+1}(s_{n+1}) = 1 \\ f_k(s_k) = \mathop{\text{opt}}_{u_k \in U_k} \{v_k(s_k, u_k(s_k)) \cdot f_{k+1}(s_{k+1})\}, k = n, n-1, \cdots, 2, 1 \end{cases}$$

由此可以看出，和、积函数的基本方程中边界条件是不同的。

(五) 动态规划问题的求解步骤

(1) 首先应将实际问题恰当地分割成 n 个子问题（n 个阶段）。通常是根据时间或空间而划分的，或者在经由静态的数学规划模型转换为动态规划模型时，常取静态规划中变量的个数 n，即 $k = n$。

(2) 正确地定义状态变量 s_k，使它既能正确地描述过程的状态，又能满足无后效性。动态规划中的状态与一般控制系统中和通常所说的状态的概念是有所不同的，动态规划中的状态变量必须具备以下三个特征。

1) 要能够正确地描述受控过程的变化特征。

2）要满足无后效性，即如果在某个阶段状态已经给定，那么在该阶段以后，过程的发展不受前面各段状态的影响。如果所选的变量不具备无后效性，就不能作为状态变量来构造动态规划的模型。

3）要满足可知性，即所规定的各段状态变量的值，可以直接或间接地测算得到。一般在动态规划模型中，状态变量大都选取那种可以进行累计的量。此外，在与静态规划模型的对应关系上，通常线性与非线性规划中约束条件的个数相当于动态规划中状态变量 s_k 的维数，而前者约束条件所表示的内容，就是状态变量 s_k 所代表的内容。

（3）正确地定义决策变量及各阶段的允许决策集合 $U_k(s_k)$。根据经验，一般将问题中待求的量，选作动态规划模型中的决策变量。或者在把静态规划模型（如线性与非线性规划）转换为动态规划模型时，常取前者的变量 x_j 为后者的决策变量 u_k。

（4）能够正确地写出状态转移方程，至少要能正确反映状态转移规律。如果给定第 k 阶段状态变量 s_k 的值，则该段的决策变量 u_k 一经确定，第 $k+1$ 段的状态变量 s_{k+1} 的值也就完全确定，即 $s_{k+1}=T_k(s_k,u_k)$。

（5）根据题意，正确地构造出目标与变量的函数关系——目标函数。目标函数应满足下列条件：

1）可分性，即对于所有 k 后部子过程，其目标函数仅取决于状态 s_k 及其以后的决策 u_k，u_{k+1}，…，u_n，就是说它是定义在全过程和所有后部子过程上的数量函数。

2）递推性，即 $V_{k,n}(s_k,u_k,s_{k+1},u_{k+1},\cdots,s_{n+1})=f_k[s_k,u_k,V_{k+1}(s_{k+1},\cdots,s_{n+1})]$。

3）单调性，函数 $f_k[s_k,u_k,V_{k+1}(s_{k+1},\cdots,s_{n+1})]$ 对其变元 V_{k+1} 来说要严格单调。

（6）写出动态规划函数基本方程，常见的指标函数是取各段指标和的形式，即

$$V_k(s_k)=\sum_{i=k}^{n}v_i(s_i,u_i)$$

式中 $v_i(s_i,u_i)$——第 i 阶段的指标。

三、动态规划方法的应用

例 11-20 现要从 A 到 E 修建一条石油管道（石油输送网络见图 11-14），必须在 B、C、D 处设立加压站，各边上的数值为两地之间的距离，单位为 km。要求：找一条路径使石油输送总距离最短。

解 （1）将问题分成五个阶段，第 k 阶段到达的具体地点用状态变量 x_k 表示，如 $x_2=B_3$ 表示第二阶段到达位置 B_3 等，这里状态变量取字符值而不是数值，将决策定义为到达下一站所选择的路径。如目前的状态是 $x_2=B_3$，这时决策允许集合包含三个决策，它们是 $D_2(x_2)=D_2(B_3)=\{B_3\rightarrow C_1,B_3\rightarrow C_2,B_3\rightarrow C_3\}$。

（2）最优指标函数 $f_k(x_k)$ 表示从目前状态到 E 的最短路径，终端条件为：$f_5(x_5)=f_5(E)=0$，其含义是从 E 到 E 的最短路径为 0。

（3）递推方程

1）第四阶段的递推方程为

$$f_4(x_4)=\min_{d_4\in D_4(x_4)}\{v(x_4,d_4)+f_5(x_5)\}$$

从 $f_5(x_5)$ 到 $f_4(x_4)$ 的递推过程如表 11-19 所示。

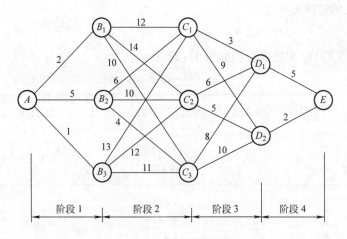

图 11-14 石油输送网络图

表 11-19 第四阶段递推过程

x_4	$D_4(x_4)$	x_5	$v_4(x_4,d_4)$	$v_4(x_4,d_4)+f_5(x_5)$	$f_4(x_4)$	最优决策 d_4^*
D_1	$D_1 \rightarrow E$	E	5	$5+0=5^*$	5	$D_1 \rightarrow E$
D_2	$D_2 \rightarrow E$	E	2	$2+0=2^*$	2	$D_2 \rightarrow E$

2）第三阶段的递推方程为

$$f_3(x_3) = \min_{d_3 \in D_3(x_3)} \{v_3(x_3,d_3)+f_4(x_4)\}$$

从 $f_4(x_4)$ 到 $f_3(x_3)$ 的递推过程如表 11-20 所示。

表 11-20 第三阶段递推过程

x_3	$D_3(x_3)$	x_4	$v_3(x_3,d_3)$	$v_3(x_3,d_3)+f_4(x_4)$	$f_3(x_3)$	最优决策 d_3^*
C_1	$C_1 \rightarrow D_1$	D_1	3	$3+5=8^*$	8	$C_1 \rightarrow D_1$
	$C_1 \rightarrow D_2$	D_2	9	$9+2=11$		
C_2	$C_2 \rightarrow D_1$	D_1	6	$6+5=11$	7	$C_2 \rightarrow D_2$
	$C_2 \rightarrow D_2$	D_2	5	$5+2=7^*$		
C_3	$C_3 \rightarrow D_1$	D_1	8	$8+5=13$	12	$C_3 \rightarrow D_2$
	$C_3 \rightarrow D_2$	D_2	10	$10+2=12^*$		

由此得到 $f_3(x_3)$ 的表达式，如表 11-21 所示。

表 11-21 $f_3(x_3)$ 的表达式

x_3	$f_3(x_3)$	最优决策 d_3^*
C_1	8	$C_1 \rightarrow D_1$
C_2	7	$C_2 \rightarrow D_2$
C_3	12	$C_3 \rightarrow D_2$

3）第二阶段的递推方程为

$$f_2(x_2) = \min_{d_2 \in D_2(x_2)} \{v_2(x_2,d_2) + f_3(x_3)\}$$

从 $f_3(x_3)$ 到 $f_2(x_2)$ 的递推过程如表 11-22 所示。

表 11-22　第二阶段递推过程

x_2	$D_2(x_2)$	x_3	$v_2(x_2,d_2)$	$v_2(x_2,d_2)+f_3(x_3)$	$f_2(x_2)$	最优决策 d_2^*
B_1	$B_1 \to C_1$	C_1	12	12+8=20*	20	$B_1 \to C_1$
	$B_1 \to C_2$	C_2	14	14+7=21		
	$B_1 \to C_3$	C_3	10	10+12=22		
B_2	$B_2 \to C_1$	C_1	6	6+8=14*	14	$B_2 \to C_1$
	$B_2 \to C_2$	C_2	10	10+7=17		
	$B_2 \to C_3$	C_3	4	4+12=16		
B_3	$B_3 \to C_1$	C_1	13	13+8=21	19	$B_3 \to C_2$
	$B_3 \to C_2$	C_2	12	12+7=19*		
	$B_3 \to C_3$	C_3	11	11+12=23		

由此得到 $f_2(x_2)$ 的表达式，如表 11-23 所示。

表 11-23　$f_2(x_2)$ 的表达式

x_2	$f_2(x_2)$	最优决策 d_2^*
B_1	20	$B_1 \to C_1$
B_2	14	$B_2 \to C_1$
B_3	19	$B_3 \to C_2$

4）第一阶段的递推方程为

$$f_1(x_1) = \min_{d_1 \in D_1(x_1)} \{v_1(x_1,d_1) + f_2(x_2)\}$$

从 $f_2(x_2)$ 到 $f_1(x_1)$ 的递推过程如表 11-24 所示。

表 11-24　第一阶段递推过程

x_1	$D_1(x_1)$	x_2	$v_1(x_1,d_1)$	$v_1(x_1,d_1)+f_2(x_2)$	$f_1(x_1)$	最优决策 d_1^*
A	$A \to B_1$	B_1	2	2+20=22	19	$A \to B_2$
	$A \to B_2$	B_2	5	5+14=19*		
	$A \to B_3$	B_3	1	1+19=20		

由此得到 $f_1(x_1)$ 的表达式，如表 11-25 所示。

表 11-25　$f_1(x_1)$ 的表达式

x_1	$f_1(x_1)$	最优决策 d_1^*
A	19	$A \to B_2$

从表达式 $f_1(x_1)$ 可以看出，从 A 到 E 的最短路径长度为 19km，由 $f_1(x_1)$ 向 $f_4(x_4)$ 回

溯,得到最短路径为:$A \to B_2 \to C_1 \to D_1 \to E$。

第五节 效用曲线法

一、效用值概念

在前面的风险型决策分析中,都是以损益期望值的大小作为在风险情况下选择最优方案的准则。实际工作中,同样的决策问题如果只做一次或少数几次,用损益期望值作为决策准则并不一定合理。另一方面,在决策分析中需要反映决策者对决策问题的主观意图和倾向,反映决策者对决策结果的满意程度等。而决策者的这些意图和倾向又由各种错综复杂的主、客观因素所决定。单纯的期望值的大小是无法反映这些影响因素的。因此,除了用损益期望值作为决策准则外,有必要利用一些能反映上述因素的指标来反映决策者对利益和损失的独特态度与反应,即风险偏好。经济学中用"效用"这一术语来度量决策者对货币量的风险偏好程度。

例如,有两个投资方案供选择:方案A:投资150万元,有50%的把握获利150万元,但也有50%的可能亏损30万元;方案B:投资150万元,有100%的把握盈利20万元。问这两个方案哪个更优?

方案A的期望收益值为:$E(A) = 150$ 万元 $\times 50\% - 30$ 万元 $\times 50\% = 60$ 万元

方案B的期望收益值为:$E(B) = 20$ 万元 $\times 100\% = 20$ 万元

从计算结果可以看出,方案A的期望收益值大,应该选择方案A。但在实际应用中,很多决策者更愿意选择方案B,因为方案B不用去承担任何风险。由此可知,由于决策者的价值观不同,对同样的期望值所表现出的主观反应也不同。决策者对风险与价值的取舍,与决策者的地位、个人因素以及对风险的态度等有关。因此,决策分析需要一种能反映决策者价值观念的准则。效用值就是为了处理这类问题而建立起来的一种概念。

效用,就是决策者对决策后果的一种感受、反应或倾向,是决策者的价值观和偏好在决策活动中的综合反映。在经济学领域里,效用是指人们在消费一种商品或劳务时所获得的一种满足程度,其实质是代表决策人对风险所抱的态度,其大小可用概率的形式来表示。应用效用这个概念去衡量人们对同一期望值在主观上的价值,就是效用值。效用值的取值范围为:$0 \leq$ 效用值 ≤ 1。

效用值的计算是在已知决策某方案可能产生的所有结果 $W_i(i=1,2,3,\cdots,n)$ 之后,用每种结果的效用 $U_i(i=1,2,3,\cdots,n)$ 乘以相应结果出现的概率 $P_i(i=1,2,3,\cdots,n)$,然后相加,即

$$E_j(U) = \sum_{i=1}^{n} U_i P_i \tag{11-20}$$

式中 $E_j(U)(j=1,2,3,\cdots,k)$ ——方案效用期望值。

如果决策结果有 k 个方案,只要分别计算出 k 个方案的效用期望值 $E_j(U)(j=1,2,3,\cdots,k)$,从中选择效用期望值最大的方案,即把决策者对方案结果的风险态度变化加进了决策之中。

二、效用曲线

1. 效用曲线的概念

用效用值进行决策的时候,需要绘制效用曲线。效用曲线表示每个结果与其所具有的效用值之间的对应关系,将决策者对风险所持有的态度用变化曲线来表示。

绘制效用曲线时,先找出一些结果所对应的效用值,然后在直角坐标系统内,用横坐标表示结果,用纵坐标表示效用值,这样就确定了曲线上的点,最后平滑地将这些点连接起来就形成了效用曲线,具体如图 11-15 所示。

2. 效用曲线的类型

决策者在决策时要想降低风险就要相应地减少期望收益,要想获得更多的期望收益就意味着要承担更大的风险。决策中,决策者对风险的态度及偏好各不相同,但总体上可以分为三类,即稳重型、中立型及冒险型。

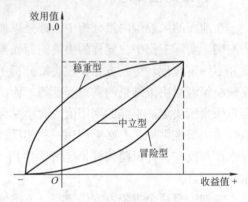

图 11-15 三类效用曲线图

(1) 稳重型。此类决策者对决策行为慎重稳妥、谨小慎微,不求高利润,但对损失十分敏感,因此,尽量逃避风险进行决策。他们认为随着收益的增加,从中获得的心理满足是递减的,即效用曲线斜率为递减的。

(2) 中立型。此类决策者比较循规蹈矩,既不敢冒险,又不甘落后。他们认为随着收益的增加,从收益中获得的心理满足是不变的,即效用曲线斜率为常数。

(3) 冒险型。此类决策者进取心强,对收益十分敏感,敢于冒险以追求高风险。他们认为随着收益的增加,从中获得的心理满足是递增的。

这三类效用曲线的示意图如图 11-15 所示。

三、效用曲线的应用

例 11-21 某企业准备生产两种新型号的手机 P、Q,生产 P 需要投资 200 万元,生产 Q 则需 80 万元,初步确定两款手机的生产年限均为 3 年。由于考虑到资金的限制及销路等因素,企业只选择生产其中的一款手机。通过市场调查分析得知,两款手机未来市场销路好的概率均为 0.6、销路不好的概率均为 0.4,其年度收益值如表 11-26 所示。试分别用决策树法及效用曲线法进行决策。

表 11-26 新产品年度收益表 (单位:万元)

市场状态 备选方案	销路好 (0.6)	销路不好 (0.4)
投产 P	250	−50
投产 Q	100	20

解法一 决策树法

根据表 11-26 的资料数据,绘制决策树如图 11-16 所示,得知生产 P 手机为最优方案。

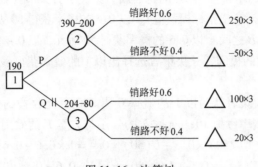

图 11-16 决策树

解法二 效用曲线法

(1) 确定曲线端点。根据表 11-26 中的数据可以看出，获利 250 万元为最满意的损益值，亏损 50 万元是最不满意的损益值，分别用 1 和 0 来表示其效用值，则可记为 $U(250) = 1$，$U(-50) = 0$。这样就可以确定该决策效用曲线的两端点：$A(250,1)$，$B(-50,0)$，如图 11-17 所示。

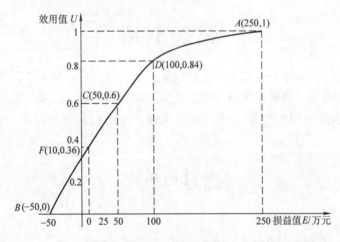

图 11-17 效用曲线

(2) 计算方案的效用值。若方案的效用值记为 $E(U_P)$，则

$$E(U_P) = U(250) \times 0.6 + U(-50) \times 0.4 = 1 \times 0.6 + 0 \times 0.4 = 0.6$$
$$E(U_Q) = U(100) \times 0.6 + U(20) \times 0.4 = 1 \times 0.6 + 0 \times 0.4 = 0.6$$

(3) 确定中间点的效用值（利用辩优提问模式）。首先，向决策者提出第一个问题：假设有两个方案 M 和 N，方案 M 有 0.6 的概率获 250 万元及 0.4 的概率亏损 50 万元，方案 N 有 1 的概率获得 X 万元，请问 X 为多少时，您会认为两个方案的效用值相等？

如果决策者最后认定能获得 50 万元的方案 N 与方案 M 的效用值相等，那么就有

$$E(U_N) = U(50) = E(U_M) = 0.6$$

这样就找到第三个点 C 为 $(50, 0.6)$。

(4) 确定其他两点的效用值。从已知的三个点 A、B、C 中，以相邻的两个点对应的横坐标损益值，构建出具有原方案出现概率的新方案：

从 $A(250, 1)$ 和 $C(50, 0.6)$ 两点间构建新方案——方案 D（在 A 和 C 之间）以 0.6 的概率获得 250 万元（A 点对应横坐标损益值），以 0.4 的概率获得 50 万元（C 点对应横坐标损益值）；方案 F（在 C 和 B 之间）以 0.6 的概率获得 50 万元，以 0.4 的概率亏损 50 万元。

重复前面（3）阶段的提问，让决策者选择出以 1 的概率获得多少收益的效用与方案 D、方案 F 的效用相等。

假设经过测定后，决策者认为以 1 的概率获得 100 万元收益的效用与方案 D 的效用相等，决策者认为以 1 的概率亏损 10 万元收益的效用与方案 F 的效用相等，那么

$E(U_D) = U(100) = U(250) \times 0.6 + U(50) \times 0.4 = 1 \times 0.6 + 0.6 \times 0.4 = 0.84$

$E(U_F) = U(10) = U(50) \times 0.6 + U(-50) \times 0.4 = 0.6 \times 0.6 + 0 \times 0.4 = 0.36$

这样就可以确定其他的两个点为 $D(100, 0.84)$，$F(10, 0.36)$。

（5）绘制效用曲线（见图 11-17），进行决策

$E(U_Q) = U(100) \times 0.6 + U(10) \times 0.4 = 0.84 \times 0.6 + 0.36 \times 0.4 = 0.648$

$E(U_P) = 0.6$ 明显小于 $E(U_Q) = 0.648$

最终选定投产手机 Q 为最优方案。可见决策者是属于稳重型的，他宁愿无风险地获利 124 万元也不愿承担风险地获利 190 万元。

本 章 小 结

本章主要讲述了几种单目标决策方法的决策过程，包括确定型决策方法、风险型决策方法、不确定型决策方法、多阶段决策分析方法以及效用曲线法。决策时需要根据掌握信息的多少与确定程度选择不同的决策方法，只有这样才能进行科学的决策并使决策更加科学合理。

练 习 与 思 考

一、选择题

1. 下列（　　）属于不确定性决策方法。

　A. 乐观法　　　　　B. 悲观法　　　　　C. 折中分析法　　　　　D. 遗憾值法

2. 下列（　　）属于确定型决策分析法。

　A. 经济批量法　　　B. 线性规划法　　　C. 量本利分析法　　　　D. 差量分析法

　E. 临界成本法

3. 决策树中"□"代表（　　）。

　A. 决策节点　　　　B. 状态节点　　　　C. 结果节点　　　　　　D. 位置节点

二、判断题

1. 确定型决策是在明确决策目标的情况下，对未来自然状态完全已知，对方案中涉及的可控制决策变量与决策目标内在因果关系的认识明确无疑，且能完全度量方案执行可能得到的后果的情况下做出的决策。

（　　）

2. 为了使决策方法形象化，把计算过程通过树枝形状的图像表示出来，称之为决策树法。其中决策节点用"□"表示，从此节点引出的各分支代表了决策者面临的各种自然状态，分支上要注明主观概率。

（　　）

3. 悲观决策法又叫大中取大法，采用这种方法的决策者乐观进取，富于冒险精神，总是从最好的情况出发去选择行动方案。（　　）

4. 在风险型决策中，对未来可能出现的各种自然状态的概率是可以确定的，当无法确定其概率时，这时的决策就称之为不确定型决策。折中分析法和等概率法属于不确定性决策方法。（　　）

三、简答题

1. 确定型决策分析方法常用的有哪几种？不确定型决策方法有哪几种？试分析一下各自的适用范围。
2. 风险条件下决策分析的特征有哪些？

四、计算题

1. 某厂生产一种产品，其总固定成本为 200000 元，单位产品变动成本为 15 元，产品销售价格为 20 元。
求：
（1）该厂的盈亏平衡点产量应为多少？
（2）如果要实现利润 80000 元时，其产量应为多少？

2. 春节前，某商场为了促销家电产品，准备做广告宣传，宣传方式多种，其中，做广播广告要 10 万元，做报纸广告要 4 万元，发放传单要 2 万元。未来产品可能畅销，可能销售一般，也可能不畅销，由于广告效果不同，根据估计，通过广播，使产品处于上述三种情况的概率依次为 0.7，0.2，0.1；通过登报，各销售状态概率依次为 0.5，0.3，0.2；通过发传单，各销售状态概率依次为 0.4，0.3，0.3。另外，已知如果产品畅销，该商场可获利 50 万元；如果产品销售一般可获利 25 万元；如果产品滞销则将亏损 10 万元。问：该商场该采取哪种广告方式能获取最大利润？

3. 某公司准备今后十年内生产某汽车零件，现需要决策是大批量生产、中批量生产还是小批量生产。根据以往销售统计资料及市场调查和预测可知：未来市场需求大、需求一般、需求少的概率分别为 0.2、0.6 和 0.2；若该产品按大批、中批、小批量进行投产，则今后十年内在不同状态下的损益值可以估算并列入表 11-27 中，根据现有条件试决策使工厂获得最大期望收益的最优生产方案。

表 11-27　各状态损益值　　　　　　　　　　　　（单位：万元）

损益值 \ 生产方案 a	状态 c 概率 P	需求大 c_1 0.2	需求一般 c_2 0.6	需求少 c_3 0.2
大批生产 a_1		25	18	-4
中批生产 a_2		15	20	14
小批生产 a_3		12	16	18

4. 企业为生产某种家电，准备了 A、B、C 三种可行的方案，采取任何一种方案都可能会面临未来市场需求好、需求一般或需求差这三种状况，预计各方案在各自然状况下的收益值如表 11-28 所示，试用多种方法进行决策。

表 11-28　某企业生产某电子产品各方案的损益情况　　　　（单位：万元）

方案 \ 预期收益	市场需求状况 好	一般	差
方案 A	1000	800	-200
方案 B	1500	700	-300
方案 C	600	300	100

5. 某公司计划生产一种新产品。该产品在市场上的销售情况有四种可能：销路好、销路一般、销路不好、销路很差。对每种情况出现的概率均无法预测。现有四种生产制造方案：A 方案是自己动手，改造原有设备进行生产；B 方案是设备全部更新，进行生产；C 方案是购进关键设备自己制造生产；D 方案是租赁设备进行生产，该产品计划生产 5 年。据测算，各个方案在各种自然状态下 5 年内的预期损益如表 11-29 所示，试分别用悲观决策法、乐观决策法、遗憾值法、折衷分析法（折衷系数为 0.8）和等概率法优选决策方案。

表 11-29　各方案状态预期损益　　　　　　　　　　（单位：万元）

收益值 \ 方案 \ 状态	销路好 X_1	销路一般 X_2	销路不好 X_3	销路很差 X_4
A	700	680	350	100
B	900	500	420	50
C	800	600	400	150
D	500	400	430	200

6. 某企业计划同时生产两种产品，已知生产单位产品所需的设备运转时间、原材料消耗与单位产品获利如表 11-30 所示，问该如何安排生产计划使企业获利最多？

表 11-30　生产两种产品的预期损益

	甲产品	乙产品	资源限制
设备	5	10	16（h）
材料 A	8	2	40（kg）
材料 B	4	6	30（kg）
单位产品利润（元）	4	6	

7. 某化工厂为扩大生产能力，拟定了三种扩建方案以供决策：①大型扩建；②中型扩建；③小型扩建。如果大型扩建，遇产品销路好，可获利 200 万元，销路差则亏损 60 万元；如果中型扩建，遇产品销路好，可获利 150 万元，销路差可获利 20 万元；如果小型扩建，遇产品销路好，可获利 100 万，销路差可获利 60 万元。根据历史资料，预测未来产品销路好的概率为 0.7，销路差的概率为 0.3，试做出最佳扩建方案决策。

第十二章
多目标决策

 学习目标

1. 了解多目标决策特点及其决策过程。
2. 掌握层次分析决策方法。

 【引导案例】 格兰仕微波炉的营销策略

广东格兰仕公司（以下简称格兰仕）是世界最大的微波炉制造商，从1995年至2002年，格兰仕在中国微波炉市场上连续8年蝉联第一，在中国微波炉市场的占有率高达70%，2002年格兰仕的微波炉产量为1400万台，是松下电器微波炉产量的七八倍。

格兰仕早期做羽绒服起家，1991年初，格兰仕最高决策层认为，羽绒服装出口前景不佳，为保持公司持续发展，应从纺织行业转移到成长性行业。考虑到中国大家电（冰箱、彩电等）企业的竞争较为激烈，公司决定将微波炉等小家电作为主攻方向。通过梁庆德总裁和企业全体员工的不懈努力，在1995年，格兰仕微波炉销售量达25万台，销售收入3.84亿元，利润3100万元。与此同时，微波炉行业的高利润也吸引了众多企业进入并导致市场竞争不断加剧。1996年5月，北京的雪花牌微波炉率先通过降价增大销售来提高市场占有率，格兰仕也面临是降价促销还是不降价滞销的艰难抉择。若降价促销，当价格下降超过一定幅度时，企业将面临亏损；若不降价，恐怕雪花微波炉等后来者，会顷刻间让中国消费者忘记格兰仕的存在。最终格兰仕还是选择了降价，且一降就降到了"跳楼价"，降价幅度超过40%。由于格兰仕的降价壮举，当年格兰仕全年销售量高达65万台，市场占有率达34.7%。2002年，格兰仕微波炉内外销继续保持上扬势头，销售规模达1300万台，其中外销约占70%，仅出口美国市场的销量就突破百万台，在整个欧洲市场的占有率高达45%，2013年，格兰仕销售收入突破400亿，成为中国乃至世界家电行业中极具话语权的巨无霸小家电企业之一。

案例思考：

1. 你认为格兰仕当初选择降价到"跳楼价"是否是明智的决策？为什么？
2. 面对竞争者的进入，选择降价是否是唯一决策方案？若是你，会怎样决策？

在现实工作中，决策者往往面临的并非利润最大化或成本最小化等单个目标，而是要同时满足多个目标，这些目标之间既相互作用又相互矛盾，从而使他们难以轻易做出决定。这时就需要决策者借助多目标决策方法来开展工作。本章从多目标决策问题的特点出发，在讨论多目标决策理论与方法的基础上，主要介绍层次分析决策法、模糊评价决策法及风险型多目标决策法等几种常用方法。

第一节 多目标决策的基本概念

生产实际工作中，决策问题大多数是比较复杂的。在决策时，不但要考虑企业自身的效益，而且还要兼顾社会、经济等综合效益，这样就会产生多个目标。为此，必须研究处理多个目标及其相互关系，从而形成多目标决策。多目标决策是近年来管理科学出现的一个应用性很强的重要分支。

一、多目标决策的特点

1. 决策目标数量大于一个

这是多目标决策与单目标决策的本质区别。

2. 目标之间的不可公度性

不可公度性是指各个目标没有统一的衡量标准，因而难以进行直接比较。例如，商品的数量计量单位有台、件、瓶等，而商品质量有优等品、合格品等指标，这样数量和质量就无共同的度量标准。

3. 目标之间的冲突性

多目标决策问题都可能存在着某些冲突，采用一种方案去改进某一目标的值，就可能会使另一个目标的值变坏。例如，某火力发电厂若想提高发电量，就需要增加煤炭用量，这样会使能源消耗增大，环境污染程度增加。

由于多个目标之间的不可公度性和冲突性，因此，不能简单地把多个目标分解为单个目标而用单目标决策方法去解决多目标问题。

二、多目标决策的基本组成要素

多目标决策主要由决策单元、目标体系、决策准则和属性等要素组成。

1. 决策单元

决策单元由决策相关人员、电子计算机等结合起来共同构成，其主要作用是收集并处理各种信息、制定决策规划以及做出决定等。

2. 目标体系

目标体系就是决策者选择方案所考虑的目标组及其结构。

3. 决策准则

决策准则是指用于选择方案的标准，通常情况下有最优准则标准和满意准则标准。

4. 属性

属性是用来表示目标达到程度的标准。目标的属性必须达到可理解性和可测性。可理解性是指其值能标定相应目标达到的程度；可测性是指对于给定的方案，能按某种标度给属性赋值。

三、多目标决策的基本原则

由于决策目标的增多，使得多目标决策要分析的问题变得复杂。因此，在处理多目标决策问题时，应根据决策需要尽量减少决策目标的数量，并遵循以下两个基本原则：

1. 化多为少原则

决策目标数量越多，选择的标准就越多，比较和选择各种不同方案就越困难。因此，在进行多目标决策时，应将目标化多为少，在满足决策要求的前提下，尽量减少决策目标数量。为此，常采用如下方法：

（1）剔除法。剔除那些不必要和从属性的目标。

（2）合并法。把相似的目标合并为一个目标。例如，一个企业要求降低原材料成本、降低管理成本、降低人工成本等，就可以把它们合并成"降低成本"一个目标。

（3）变次要目标为约束条件。根据各个目标的重要性，分清主次关系，把主要目标列为决策目标，把次要目标和非本质的目标列为约束条件。

（4）构成综合目标法。通过平均或构成函数的方法将多个决策目标构成一个综合目标。

2. 目标排序法

决策者根据目标的重要程度排成一个次序，最重要的目标排在第一位。在选择方案时，必须先达到重要目标后才能再考虑下一个目标；然后进行选择，做出决策。

四、多目标决策过程

假设一复杂问题的决策有 n 个决策目标，明确的评价指标为 $f_j(1 \leq j \leq n)$，如果有 m 个备选方案 $A_i(1 \leq i \leq m)$，则 A_i 方案指标 f_j 的结果为 x_{ij}，全部 x_{ij} 便可组成一个 m 行 n 列的决策矩阵。此时，多目标分析的重点就是根据决策矩阵进行判断，确定满意方案。多目标决策由于决策变量多，因此，决策过程比较复杂，决策步骤较多，一般由起始步、构成问题步、构成模型步、分析—评价步和实施步 5 个步骤所组成，具体如图 12-1 所示。

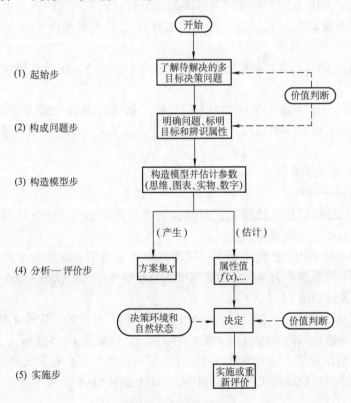

图 12-1　多目标决策过程

第二节 多目标决策方法

用于多目标决策的方法较多,本节介绍层次分析决策法、模糊评价决策法和风险型多目标决策法三种方法。

一、层次分析决策法

(一)层次分析法的概念

美国运筹学家、匹兹堡大学教授托马斯·萨蒂(Thomas L. Saaty)在20世纪70年代初提出了一种新的决策方法,即层次分析法(Analytical Hierarchy Process,简称AHP法)。这是一种定性分析与定量分析相结合的系统分析方法。

AHP本质上是一种决策思维方法,它把复杂的问题分解为各组成因素。将这些因素按照某种相互作用的方式和相互联系的规则进行分组,形成有序的递阶层次结构,通过各层次上的两两比较判断来确定每一层次中因素的相对重要性,然后利用递阶层次结构进行合成,得到决策因素相对于总目标重要性的顺序。

(二)层次分析法的特点

(1)系统性。系统分析是当今大科学、大工程、大社会背景下的一种必需的决策分析方法,它要求把分析对象看成是一个整体,分清层次,下层因素受到上层因素的支配;反过来上层因素又要受到下层因素的影响。决策者在对问题进行决策分析时,首先要将分析对象的诸因素建立起彼此相关的层次递阶系统结构。

(2)综合性。AHP方法在对事物进行决策分析时,能对定性问题与定量问题进行综合分析处理,得到明确的定量化结论,并以优劣排序的形式表现出来,有助于决策者做出判断。

(3)简便性。AHP方法对事物的评判决策过程十分简便,用计算器就能完成全部的决策分析过程。

(4)准确性。AHP方法不仅可以为人们提供"满意的决策"或"最优的决策",而且还能吸纳决策者个人或集体的阅历、经验、智慧、判断能力,从而使得决策建立在更牢靠的基础上。

(三)层次分析法的步骤

1. 建立多级递阶结构

对构成决策问题的目标(准则)及行动方案等要素建立多级递阶结构。一般来说,多级递阶结构可分为如下三种类型:

(1)完全相关性结构。其特点是上一级的各个要素与下一级的各个要素完全相关,也就是说上一级每个要素都作为下一级的决策准则而起作用。这里以购买汽车的决策来说明完全相关性结构,具体如图12-2所示。

(2)完全独立性结构。其特点是上一级要素都各自有独立的、完全不相同的下级要素。这里以企业文化的递阶结构来说明完全独立性结构,具体如图12-3所示。

(3)混合结构。它是上述两种结构的结合,是一种既非完全相关又非完全独立的结构。这里以总人口数量的递阶结构来说明混合结构,具体如图12-4所示。

第十二章 多目标决策

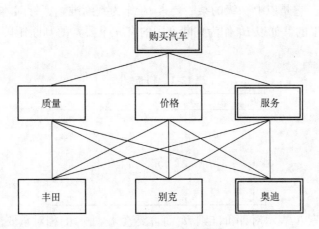

图 12-2　完全相关性结构

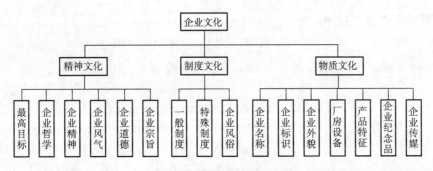

图 12-3　完全独立性结构

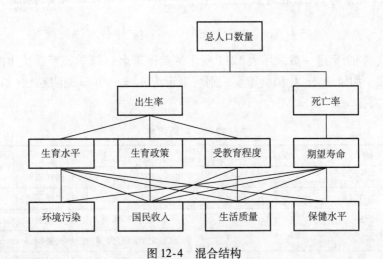

图 12-4　混合结构

2. 建立判断矩阵

判断矩阵是层次分析法的基本信息，也是进行相对重要度计算的重要依据。为此，需要建立判断矩阵。

(1) 判断矩阵。它是以上一级的某一要素 H_s 作为判断准则,针对本级的要素进行两两比较来确定矩阵元素的。如以 H_s 作为判断准则的有 n 个要素的判断矩阵,其形式如表 12-1 所示。

表 12-1 判断矩阵

H_s	A_1	A_2	$\cdots$	A_j	$\cdots$	A_n
A_1	a_{11}	a_{12}	$\cdots$	a_{1j}	$\cdots$	a_{1n}
A_2	a_{21}	a_{22}	$\cdots$	a_{2j}	$\cdots$	a_{2n}
$\vdots$	$\vdots$	$\vdots$		$\vdots$		$\vdots$
A_i	a_{i1}	a_{i2}	$\cdots$	a_{ij}	$\cdots$	a_{in}
$\vdots$	$\vdots$	$\vdots$		$\vdots$		$\vdots$
A_n	a_{n1}	a_{n2}	$\cdots$	a_{nj}	$\cdots$	a_{nn}

判断矩阵 A 中的元素 a_{ij} 表示对评价准则 H_s 而言要素 A_i 对 A_j 的相对重要性。即

$$a_{ij} = \frac{w_i}{w_j}$$

因此,判断矩阵 A 又可写为

$$A = \begin{pmatrix} w_1/w_1 & w_1/w_2 & \cdots & w_1/w_j & \cdots & w_1/w_n \\ w_2/w_1 & w_2/w_2 & \cdots & w_2/w_j & \cdots & w_2/w_n \\ \vdots & \vdots & & \vdots & & \vdots \\ w_i/w_1 & w_i/w_2 & \cdots & w_i/w_j & \cdots & w_i/w_n \\ \vdots & \vdots & & \vdots & & \vdots \\ w_n/w_1 & w_n/w_2 & \cdots & w_n/w_j & \cdots & w_n/w_n \end{pmatrix}$$

(2) 判断尺度。表示要素 A_i 对 A_j 的相对重要性的数量尺度称为判断尺度。判断矩阵 A 中元素 a_{ij} 表示 i 元素与 j 元素相对重要度之比,且有下述关系(即为反对称阵):

$$a_{ij} = 1/a_{ji}, \quad a_{ii} = \frac{w_i}{w_i} = 1 \quad (i,j = 1,2,\cdots,n)$$

为了方便,判断尺度一般采用表 12-1 所示的美国著名运筹学家萨蒂给出的 1~9 标度。由表 12-2 可知,如果 A_i 比 A_j 稍微重要,则可表示为 $a_{ij} = w_i/w_j = 3$;反之,如 A_j 比 A_i 稍微重要,则表示为 $a_{ij} = w_j/w_i = 1/3$。

表 12-2 判断尺度

判断尺度	含 义
1	对 H_s 而言,A_i 与 A_j 同样重要
3	对 H_s 而言,A_i 比 A_j 稍微重要
5	对 H_s 而言,A_i 比 A_j 重要
7	对 H_s 而言,A_i 比 A_j 重要得多
9	对 H_s 而言,A_i 比 A_j 绝对重要
2, 4, 6, 8	介于上述两相邻判断尺度中间

(3) 建立判断矩阵。同一级的要素用上一级的要素为准则进行两两比较,根据评价尺度确定其相对重要性,并据此建立判断矩阵。假设 H_s 为购买私人轿车,其下一级要素为价

格、性能、外观、质量。决策人认为：汽车的性能比价格稍微重要，价格比外观重要，质量比外观重要得多，而质量比价格略微重要，性能比质量重要一点，于是得到两两判断矩阵，如表 12-3 所示。

表 12-3　两两判断矩阵

H_s	价格 A_1	性能 A_2	外观 A_3	质量 A_4
价格 A_1	1	1/3	5	1/3
性能 A_2	3	1	5	2
外观 A_3	1/5	1/5	1	1/7
质量 A_4	3	1/2	7	1

3. 相对重要度的计算

（1）求特征向量 v。在进行多目标决策时，需要知道 A_i 对于 H_s 的相对重要度，也就是 A_i 对于 H_s 的权重。为此，可以先求出有关判断矩阵的特征向量，然后经过归一化处理，以此求出 A_i 对于 H_s 的相对重要度，即权重。求特征向量 v 的分量 v_i 的方法为

$$v_i = \sqrt[n]{\prod_{j=1}^{n} a_{ij}} \quad (i=1,2,\cdots,n)$$

（2）归一化处理。对 $v = (v_1, v_2, \cdots, v_n)^{\mathrm{T}}$ 进行归一化处理，则 A_i 相对于 H_s 相对重要度 v_i^0 为

$$v_i^0 = \frac{v_i}{\sum\limits_{i=1}^{n} v_i}$$

4. 一致性检验

在决策时，决策人不可能准确地判断出 $\dfrac{w_i}{w_j}$ 的数值，只是凭经验对其进行估计。如果估计时有误差，必然导致判断矩阵的特征值出现偏差；如果判断矩阵 A 被判断为 A' 有偏差，则 A' 称为不一致判断矩阵，这时就有 $A'v' = \lambda_{\max} v'$，v' 反映了带有偏差的相对重要度向量；我们希望度量由于与 A 不一致所造成的 $\lambda_{\max}$ 和 v 误差。

若矩阵 A 是完全一致的，则有 $\lambda_{\max} = n$；否则，$\lambda_{\max} > n$。实际评价中为了检验判断矩阵的一致性（相容性），根据 AHP 的原理，可以利用 $\lambda_{\max} - n$ 来检验一致性，一般常用 $\lambda_{\max}$ 的代数平均值作为衡量一致性的指标。

设一致性指标为 $C.I.$，则有

$$C.I. = \frac{\lambda_{\max} - n}{n-1} \tag{12-1}$$

$$\lambda_{\max} = \frac{1}{n} \sum_i \left(\frac{(Av)_i}{v_i} \right) \tag{12-2}$$

当 $C.I. \leq 0.1$ 时，就认为矩阵 A' 有一致性，据此计算的 v 值可以接受。除此以外也可以使用随机一致性比值 $C.R. = C.I./R.I.$（$C.R.$ 必须小于 0.1 才能通过一致性检验）来进行判断，式中 $R.I.$ 为平均随机一致性指标。通过查表得到部分平均随机一致性指标如表 12-4 所示。

表 12-4 平均随机一致性指标

阶数	3	4	5	6	7	8	9	10	11	12
R.I.	0.52	0.89	1.12	1.26	1.36	1.41	1.46	1.49	1.52	1.54

5. 计算综合重要度

在获得各级指标同层各要素之间的相对重要程度之后,就可以自上而下地计算各级要素相对于总体的综合重要度。设 A 级有 m 个要素 $A_1, A_2, \cdots, A_m$,其对总值的重要度分别为 $a_1, a_2, \cdots, a_m$;A 级的下级 B 有 n 个要素 $B_1, B_2, \cdots, B_n$,它们关于 A_i 的相对重要度为 $b_j = \sum_{i=1}^{m} a_i b_j^i$ $(j=1,2,\cdots,n)$,即某一级的综合重要度是以上一级要素的综合重要度为权重的相对重要度的加权和。如 B 级全部要素的综合重要度如表 12-5 所示。

表 12-5 综合重要度

B_j \ b_j^i \ A_i	A_1	A_2	$\cdots$	A_m	b_j
	a_1	a_2	$\cdots$	a_m	
B_1	b_1^1	b_1^2	$\cdots$	b_1^m	$b_1 = \sum_{i=1}^{m} a_i b_1^i$
B_2	b_2^1	b_2^2	$\cdots$	b_2^m	$b_2 = \sum_{i=1}^{m} a_i b_2^i$
$\vdots$	$\vdots$	$\vdots$		$\vdots$	
B_n	b_n^1	b_n^2	$\cdots$	b_n^m	$b_n = \sum_{i=1}^{m} a_i b_n^i$

(四)层次分析法的运用

下面结合实例对层次分析法加以详细说明。

例 12-1 某企业准备对员工的工作业绩进行评价,而工作业绩主要包括:工作数量、工作质量、按期交货率、出错率及创新改善等方面,试运用层次分析法对各项指标进行评定,并确定其相对于工作评价的重要性。

解 (1)建立多级递阶结构。针对例 12-1 建立的多级递阶结构如图 12-5 所示。

(2)建立判断矩阵。根据表 12-2 的判断尺度得到判断矩阵,如表 12-6 所示。

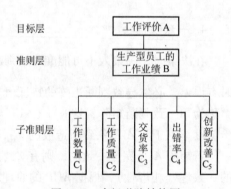

图 12-5 多级递阶结构图

表 12-6 判断矩阵

相对重要度	C_1	C_2	C_3	C_4	C_5
C_1	1	1/3	2	1/2	4
C_2	3	1	3	2	5
C_3	1/2	1/3	1	1/3	3
C_4	2	1/2	3	1	4
C_5	1/4	1/5	1/3	1/4	1

$$A_c = \begin{pmatrix} 1 & 1/3 & 2 & 1/2 & 4 \\ 3 & 1 & 3 & 2 & 5 \\ 1/2 & 1/3 & 1 & 1/3 & 3 \\ 2 & 1/2 & 3 & 1 & 4 \\ 1/4 & 1/5 & 1/3 & 1/4 & 1 \end{pmatrix}$$

(3) 相对重要度的计算。将矩阵按行求特征向量 v 的分量 v_i

$$v_i = \sqrt[n]{\prod_{j=1}^{n} a_{ij}} = \sqrt[5]{\prod_{j=1}^{5} a_{ij}} = \begin{pmatrix} \sqrt[5]{1 \times \frac{1}{3} \times 2 \times \frac{1}{2} \times 4} \\ \sqrt[5]{3 \times 1 \times 3 \times 2 \times 5} \\ \sqrt[5]{\frac{1}{2} \times \frac{1}{3} \times 1 \times \frac{1}{3} \times 3} \\ \sqrt[5]{2 \times \frac{1}{2} \times 3 \times 1 \times 4} \\ \sqrt[5]{\frac{1}{4} \times \frac{1}{5} \times \frac{1}{3} \times \frac{1}{4} \times 1} \end{pmatrix} = \begin{pmatrix} 1.059 \\ 2.46 \\ 0.699 \\ 1.644 \\ 0.334 \end{pmatrix}$$

(4) 归一化处理

$$v_i^0 = \frac{v_i}{\sum v_i} = \begin{pmatrix} \dfrac{1.059}{1.059+2.46+0.699+1.644+0.334} \\ \dfrac{2.46}{1.059+2.46+0.699+1.644+0.334} \\ \dfrac{0.699}{1.059+2.46+0.699+1.644+0.334} \\ \dfrac{1.644}{1.059+2.46+0.699+1.644+0.334} \\ \dfrac{0.334}{1.059+2.46+0.699+1.644+0.334} \end{pmatrix} = \begin{pmatrix} 0.171 \\ 0.397 \\ 0.113 \\ 0.265 \\ 0.054 \end{pmatrix}$$

(5) 一致性检验。因为 $v' = (0.171, 0.397, 0.113, 0.265, 0.054)^{\mathrm{T}}$，由此得到

$$A_c' v' = \begin{pmatrix} 1 & 1/3 & 2 & 1/2 & 4 \\ 3 & 1 & 3 & 2 & 5 \\ 1/2 & 1/3 & 1 & 1/3 & 3 \\ 2 & 1/2 & 3 & 1 & 4 \\ 1/4 & 1/5 & 1/3 & 1/4 & 1 \end{pmatrix} \begin{pmatrix} 0.171 \\ 0.397 \\ 0.113 \\ 0.265 \\ 0.054 \end{pmatrix}$$

$$= \begin{pmatrix} \lambda_1 & 0 & 0 & 0 & 0 \\ 0 & \lambda_2 & 0 & 0 & 0 \\ 0 & 0 & \lambda_3 & 0 & 0 \\ 0 & 0 & 0 & \lambda_4 & 0 \\ 0 & 0 & 0 & 0 & \lambda_5 \end{pmatrix} \begin{pmatrix} 0.171 \\ 0.397 \\ 0.113 \\ 0.265 \\ 0.054 \end{pmatrix} = \lambda v'$$

解得

$$\begin{pmatrix} 0.171\lambda_1 \\ 0.397\lambda_2 \\ 0.113\lambda_3 \\ 0.265\lambda_4 \\ 0.054\lambda_5 \end{pmatrix} = \begin{pmatrix} 0.878 \\ 2.049 \\ 0.580 \\ 1.360 \\ 0.280 \end{pmatrix}$$

所以 $\lambda_1 = \dfrac{0.878}{0.171} \approx 5.135$，$\lambda_2 = \dfrac{2.049}{0.397} \approx 5.161$，$\lambda_3 = \dfrac{0.580}{0.113} \approx 5.133$，

$$\lambda_4 = \dfrac{1.360}{0.265} \approx 5.132,\quad \lambda_5 = \dfrac{0.280}{0.054} \approx 5.185$$

于是可得 $\lambda_{\max} = \lambda_5 = 5.185$

又 $C.I. = \dfrac{\lambda_{\max} - 5}{5 - 1} = \dfrac{5.185 - 5}{4} \approx 0.046 < 0.100$

或者 $C.R. = \dfrac{0.046}{1.12} \approx 0.041 < 0.100$

因此，该判断矩阵能够通过一致性检验。

（6）综合重要度的计算。通过计算得到各指标的综合重要度如表 12-7 所示。

表 12-7　各指标综合重要度

综合重要度	B 相对 A 的重要度 1	$v'_i = \sum_j v_j v_{ji}$
分指标	C 相对 B 指标的重要度	相对总指标的重要度
C_1	0.171	0.171
C_2	0.397	0.397
C_3	0.113	0.113
C_4	0.265	0.265
C_5	0.054	0.054

二、模糊评价决策法

（一）模糊数学的产生与发展

模糊数学是研究和处理模糊性现象的数学。集合论是模糊数学立论的基础之一。在集合论中，对一个元素是否属于某一子集简单地给予肯否或否定，而现实生活中，"亦此亦彼"的现象及有关的不确定概念却大量存在，如"很漂亮""很好看""好天气""效果好"等，这些现象及其概念严格说来均无明确的界限和外延，称之为模糊现象及模糊概念。

1965 年，美国著名的控制学家 L. A 扎德（L. A. Zedeh）教授发表了"Fuzzy Sets（模糊集合）"的论文，并引入"隶属函数"的定量描述方法，把对该子集的属于程度用"隶属度"的概念加以描述，力图用定量、精确的数学方法来处理模糊性现象。近年来，模糊数

学在管理科学方面开始得到广泛应用，如科学研究项目评选、企业部门的考评及质量评定、人才预测与规划、教学与科研人员的分类、模糊生产平衡等；在图像识别、人工智能、信息控制、医疗诊断、天气预报、聚类分析、综合评判等方面也取得了较大的进步。

（二）模糊评价法的基本概念

模糊评价法是利用模糊集合理论进行评价的一种方法。它以现实世界广泛存在的模糊性及其在人脑中的反映为研究对象，以模糊集合论为数学工具，力图在理论上把握模糊性，在实践上处理模糊性问题，建立一套独特的概念体系和方法论框架。由于模糊的方法更接近于东方人的思维习惯和描述方法，因此它更适用于对社会经济系统及工程技术问题进行评价。

模糊决策就是对事先难以确定的决策目标的模糊性，用定量的方法做出界定。将一些模糊目标转化为决策评价的标准，必须通过模糊决策数量分析方法才能解决。

（三）模糊决策分析方法

当分析的目标包含多个标准时，可用矩阵式进行决策分析。其步骤为：①建立评判因素集 $U=\{u_1,\cdots,u_n\}$；②建立评价集 $V=\{v_1,\cdots,v_n\}$；③确定各评价指标的权重值 $W_1, W_2, \cdots, W_n$；④计算模糊乘积 $U \cdot V$。

（四）模糊评价决策法的应用举例

对员工的工作进行公平合理的评价是企业绩效管理的关键。下面以实际例子来说明模糊评价法的具体评价过程。

例 12-2 结合例 12-1 中的员工工作评价指标体系，对该企业的 A 员工运用模糊评价法进行综合评价。

解 （1）确定评价因素集 U 及评价集 V。

$$U = \begin{pmatrix} 工作数量 \\ 工作质量 \\ 交货率 \\ 出错率 \\ 创新改善 \end{pmatrix} \quad V = \begin{pmatrix} 很好 \\ 较好 \\ 一般 \\ 不太好 \\ 不好 \end{pmatrix}$$

（2）确定各评价指标的隶属度，得出模糊矩阵。通过统计 A 员工的所有评价数据，得到各指标的隶属度：在对 A 员工工作数量指标进行评价时，有 20% 的人认为很好，60% 的人认为较好，15% 的人认为一般，5% 的人认为不太好，0% 的人认为不好，则 A 员工的工作数量指标的隶属度为

$$A_{工作数量} = (0.2/很好, 0.6/较好, 0.15/一般, 0.05/不太好, 0.0/不好)$$

同理，得出该员工其他各评价指标的隶属度，于是得出 A 员工隶属度矩阵为

$$R = \begin{pmatrix} 0.2 & 0.6 & 0.15 & 0.05 & 0.0 \\ 0.3 & 0.5 & 0.1 & 0.1 & 0.0 \\ 0.1 & 0.3 & 0.4 & 0.15 & 0.05 \\ 0.2 & 0.4 & 0.3 & 0.05 & 0.05 \\ 0.15 & 0.25 & 0.4 & 0.1 & 0.1 \end{pmatrix}$$

（3）进行模糊综合评判。由例 12-1 可以得出各评判指标的权重为

$$W_c = \begin{pmatrix} 0.171 \\ 0.397 \\ 0.113 \\ 0.265 \\ 0.054 \end{pmatrix}^T$$

则 A 员工工作业绩的综合评判为

$$\begin{aligned}
\boldsymbol{B} &= W_c R \\
&= \begin{pmatrix} 0.171 \\ 0.397 \\ 0.113 \\ 0.265 \\ 0.054 \end{pmatrix}^T \begin{pmatrix} 0.2 & 0.6 & 0.15 & 0.05 & 0.0 \\ 0.3 & 0.5 & 0.1 & 0.1 & 0.0 \\ 0.1 & 0.3 & 0.4 & 0.15 & 0.05 \\ 0.2 & 0.4 & 0.3 & 0.05 & 0.05 \\ 0.15 & 0.25 & 0.4 & 0.1 & 0.1 \end{pmatrix} \\
&= (0.226 \quad 0.455 \quad 0.212 \quad 0.084 \quad 0.024)
\end{aligned}$$

为了计算方便，将 $\boldsymbol{B}$ 进行标准化处理得

$$\boldsymbol{B}' = \begin{pmatrix} \dfrac{0.226}{0.226+0.455+0.212+0.084+0.024} \\ \dfrac{0.455}{0.226+0.455+0.212+0.084+0.024} \\ \dfrac{0.212}{0.226+0.455+0.212+0.084+0.024} \\ \dfrac{0.084}{0.226+0.455+0.212+0.084+0.024} \\ \dfrac{0.024}{0.226+0.455+0.212+0.084+0.024} \end{pmatrix}^T = (0.23 \quad 0.46 \quad 0.21 \quad 0.05 \quad 0.01)$$

如果将评价等级的尺度定义为 $C = (100 \quad 80 \quad 60 \quad 40 \quad 20)$，综合上述综合评价模糊值，则可将评价值转换为一个确定的标量值

$$D = CB'^T = (100 \quad 80 \quad 60 \quad 40 \quad 20)(0.23 \quad 0.46 \quad 0.21 \quad 0.05 \quad 0.01)^T = 76$$

从模糊评价结果可以看出，A 员工的工作业绩为 75.2 分，介于"80"和"60"之间，即说明 A 员工的工作业绩表现在"一般"和"较好"之间。

三、风险型多目标决策法

（一）基本概念

风险型多目标决策问题由 m 个方案 A_i 及 n 个评价指标 I_j 构成，对于每个评价指标，又有 S_u 种自然状态下的结果 w_{ih}，且发生的概率 P_u 满足

$$\sum_{u=1}^{h} P_u = 1 \tag{12-3}$$

其中，$i = 1, 2, \cdots, m$；$j = 1, 2, \cdots, n$；$u = 1, 2, \cdots, h$。

风险型多目标决策对于每个评价指标都有一张如表 12-8 所示的单目标风险型决策表。而每个单目标决策都有一个决策矩阵。因此，多目标决策就有 n 个决策矩阵 $\boldsymbol{B} = [B_{iu}^j]_{m \times h}$（$j = 1, 2, \cdots, n$）。解决这类多目标风险型决策就需要将其转换为单目标风险型决策进行分析。具体

的分析方法有效用曲线法和线性加权法。效用曲线法在第 11 章已经介绍过，下面重点介绍线性加权法。

表 12-8 单目标风险型决策表

I_j ($j=1,2,\cdots,n$)	方案＼状态	S_1	S_2	$\cdots$	S_h
	A_1	u_{11}	u_{12}	$\cdots$	u_{1h}
	A_2	u_{21}	u_{22}	$\cdots$	u_{2h}
	$\vdots$	$\vdots$	$\vdots$		$\vdots$
	A_m	u_{m1}	u_{m2}	$\cdots$	u_{mh}
	概率 P_u	P_1	P_2	$\cdots$	P_h

（二）线性加权法

例 12-3 某企业为生产一种新产品准备投建一个新厂，新厂有 A_1、A_2、A_3、A_4 四个可供选择的厂址方案，对各方案主要从直接收益、间接收益、污染损失这三个方面去进行评价，但无论采取哪个方案，未来市场前景都可能面临销售情况好（S_1）、较好（S_2）、一般（S_3）、差（S_4）这四种自然状态。四个方案在各种自然状态下对直接收益、间接收益、污染损失这三个方面的损益值及出现概率分别如表 12-9 至表 12-11 所示，试问应该选择哪种方案？

表 12-9 直接收益 I_1　　　　　　　　　　　　（单位：万元）

方案＼状态（损益值）	S_1	S_2	S_3	S_4
A_1	50	60	60	50
A_2	30	40	35	25
A_3	25	30	36	38
A_4	36	28	40	35
概率	0.1	0.3	0.4	0.2

表 12-10 间接收益 I_2　　　　　　　　　　　　（单位：万元）

方案＼状态（损益值）	S_1	S_2	S_3	S_4
A_1	150	180	200	160
A_2	100	120	160	130
A_3	120	110	120	105
A_4	130	120	150	140
概率	0.1	0.3	0.4	0.2

表 12-11　污染损失 I_3　　　　　　　　　　（单位：万元）

方案＼损益值＼状态	S_1	S_2	S_3	S_4
A_1	250	260	280	250
A_2	210	250	240	230
A_3	280	260	240	220
A_4	270	300	250	240
概率	0.1	0.3	0.4	0.2

解　（1）指标决策表矩阵标准化处理

1）求各个决策表矩阵元素的均值 $\overline{B}_j$ 与标准差 δ_j，其计算公式分别为

$$\overline{B}_j = \frac{1}{m \times h} \sum_{i=1}^{m} \sum_{u=1}^{h} b_{iu}^{j} \tag{12-4}$$

$$\delta_j = \sqrt{\frac{1}{m \times h} \sum_{i=1}^{m} \sum_{u=1}^{h} (b_{iu}^{j} - \overline{B}_j)^2} \tag{12-5}$$

2）按下式计算各个决策表矩阵 B_j 的标准化矩阵 $\mathbf{R} = [R_{iu}^{j}]_{m \times h}$ 的元素 R_{iu}^{j}

$$R_{iu}^{j} = \frac{b_{iu}^{j} - \overline{B}_j}{\delta_j} \tag{12-6}$$

式中　R_{iu}^{j}——用 $\overline{B}_j$ 和 δ_j 来衡量的无量纲的统计值。

本例中 $m=4$、$n=3$、$h=4$，按式（12-4）、式（12-5）计算得到

$$\overline{B}_1 = 38.63 \quad \overline{B}_2 = 137.19 \quad \overline{B}_3 = 250$$

$$\delta_1 = 10.84 \quad \delta_2 = 26.92 \quad \delta_3 = 22.5$$

根据式（12-6）以及上面的计算数据，得到针对直接收益、间接收益和污染损失这三个评价指标的标准化矩阵分别为

$$\mathbf{R}^1 = \begin{pmatrix} 1.05 & 1.97 & 1.97 & 1.05 \\ -0.8 & 0.13 & -0.34 & -1.26 \\ -1.26 & -0.8 & -0.43 & -0.06 \\ -0.43 & -0.98 & 0.13 & -0.34 \end{pmatrix}$$

$$\mathbf{R}^2 = \begin{pmatrix} 0.48 & 1.59 & 2.33 & 0.85 \\ -1.38 & -0.64 & 0.85 & -0.27 \\ -0.64 & -1.01 & -0.64 & -1.2 \\ -0.27 & -0.64 & 0.48 & 0.10 \end{pmatrix}$$

$$\mathbf{R}^3 = \begin{pmatrix} 0 & 0.44 & 1.33 & 0 \\ -1.78 & 0 & -0.44 & -0.89 \\ 1.33 & 0.44 & -0.44 & -1.33 \\ 0.89 & 2.22 & 0 & -0.44 \end{pmatrix}$$

（2）矩阵合并。首先，由决策者对 n 个评价指标设定优先权重；然后，进行 $\mathbf{R}$ 矩阵合并。

假设本例企业决策者制定出直接收益、间接收益和污染损失三个指标的优先权重分别为

0.5、0.3、0.2，则 $W = (0.5, 0.3, 0.2)$。

在进行三个标准化矩阵的合并时，考虑到直接收益 I_1 和间接收益 I_2 都是越大越好，为相加项；而损失指标 I_3 是越小越好，因此，合并为一的 R 阵矩为

$$R = 0.5R^1 + 0.3R^2 + 0.2R^3$$

$$= \begin{pmatrix} 0.67 & 1.55 & 1.95 & 0.78 \\ -1.17 & -0.13 & -0.003 & -0.89 \\ -0.56 & -0.62 & -0.5 & -0.66 \\ -0.12 & -0.24 & 0.21 & -0.23 \end{pmatrix}$$

经过标准化处理后得到的 R 矩阵，其元素 R'_{iu} 代表了每个方案在不同状态下的统计综合值，是一个无量纲的量。

（3）计算期望值。根据标准化矩阵 R 和状态概率向量 $P_u = (0.1 \quad 0.3 \quad 0.4 \quad 0.2)$，利用式（12-7）计算各方案的统计期望值 E_i，其中 $i = 1, 2, 3, \cdots, m$。

$$E_i = \sum_{u=1}^{4} P_u R_{iu} \tag{12-7}$$

由此可得，各方案的统计期望值分别为

$E_1 = 1.468$，$E_2 = -0.335$，$E_3 = -0.574$，$E_4 = -0.046$。

（4）选择优化方案。采用统计期望值最大准则选择满意方案，由于 $E_1 > E_4 > E_2 > E_3$，因此，该企业应选 A_1 方案。

本 章 小 结

本章从多目标决策问题的特点出发，在讨论多目标决策的一般理论与方法的基础上，主要介绍了层次分析决策法、模糊评价决策法及风险型多目标决策法。现实中更多的是要同时满足多个目标的决策，这些目标之间既相互联系又相互矛盾，从而使决策者难以轻易做出决定，这就需要决策者借助多目标决策方法，考虑全局最优的情况下进行科学的决策。

练习与思考

一、选择题

1. 下列（　　）属于多目标决策方法。
A. 层次分析决策法　　　　　　　　B. 模糊评价决策法
C. 风险型多目标决策法　　　　　　D. 目标规划法

2. 下列（　　）属于多目标决策的组成要素。
A. 决策单元　　　　　B. 目标体系　　　　　C. 决策准则
D. 属性　　　　　　　E. 决策方法

3. 层次分析法的特点（　　）。
A. 系统性　　　　　　　　　　　　B. 综合性
C. 简便性　　　　　　　　　　　　D. 优越性

4. 下列层次分析法的步骤按先后顺序排列应为（　　）。
A. 建立判断矩阵　　　　B. 建立多级递阶结构　　　C. 一致性检验

D. 相对重要度的计算　　　　E. 计算综合重要度

二、判断题

1. 生产实际过程中，决策问题大多数是比较简单的。（　）
2. 层次分析法本质上是一种决策思维方法，它把复杂的问题分解为各组成因素。（　）
3. 层次分析法分析应用的过程总不需要进行一致性检验过程。（　）
4. 模糊评价法则是利用模糊集合理论进行评价的一种方法。由于模糊的方法更接近于东方人的思维习惯和描述方法，因此它更适用于对社会经济系统及工程技术问题进行评价。（　）

三、简答题

1. 什么是多目标决策？处理多目标决策的问题有哪些准则？
2. 如何进行多目标决策？
3. 试述层次分析法的基本思想和步骤。

四、计算题

1. 某商场经销两种货物，售出每单位 A 货物可盈利 202 元，售出每单位 B 货物可盈利 175 元。各种货物每单位占用流动资金 683 元，货物经销中有 8% 的损耗，公司希望下期可以达到如下的目标：

（1）盈利 5 万元以上；

（2）经销 A 货物 5000 单位以上，经销 B 货物 18000 单位以上；

（3）流动资金占用在 1200 万元以上；

（4）经销损耗在 1950 单位以下。

问：商场的目标是否能完全达到？若无法完全达到，应如何经销才能使其最为满意？

2. 某单位对科研人员的考核过程中，对工作成就、技术水平、业务水平、外语水平四个考核指标划分成 5 个等级的考核情况如表 12-12 所示，各等级的定义如表 12-13 所示，经过专家集体讨论，对上述四个指标给出的权重分别为 0.35，0.20，0.10，0.35，试用模糊评价决策法进行决策。

表 12-12　考勤统计表

指标＼等级	1级	2级	3级	4级	5级
工作成就	0	1	6	1	0
技术水平	0	0	7	1	0
业务水平	0	0	1	1	6
外语水平	0	0	2	6	0

表 12-13　各等级定义

等　级	定　义
1 级	一般不能解决问题
2 级	在个别指导下能解决技术性问题
3 级	能解决一般技术性问题
4 级	能解决部分疑难问题
5 级	能解决关键性疑难问题

第十三章 决策方案的确定与实施

学习目标

1. 熟悉敏感性分析的概念、步骤与作用。
2. 熟悉信息的价值分析。
3. 掌握资本预算分析与应用。

【引导案例】 市场调查给企业带来的噩梦

上海市场宠物食品的一位企业家出差到北京，趁空闲时间去西单图书大厦购买了一本市场调查方面的书籍。3个月后，他为这本书付出了30多万元的代价。更可怕的是这种损失还在继续，除非这个先生的宠物食品公司关门，否则那本书就像魔咒般伴随着他的商业生涯。

"最近几年，宠物食品市场空间增加了两三倍，竞争把许多国内企业逼到了死角。"有位记者在2015年北京民间统计调查论坛上见到了这位先生，"销售渠道相近，谁开发出好的产品，谁就有前途。以前做生意靠经验，我觉得产品设计是建立在科学的调研基础上。去年底，决定开始为产品设计做消费调查。"

原来，回到上海后，为了能够了解更多的消费信息，这位先生根据市场调查中的技术介绍，亲自设计了精细的调查问卷，在上海选择了1000个样本，并且保证所有的抽样都是在超市的宠物购买人群中产生，调查内容涉及价格、包装、食量、周期、口味、配料等六大方面，覆盖了所能想到的全部因素。沉甸甸的问卷确实让企业高层振奋了一段时间，谁也没有想到正是这个市场调查把他们拖向溃败。

2015年初，上海这家企业的新配方、新包装狗粮新品上市了，短短的旺销持续了一星期，随后就是全面的萧条，后来产品在一些渠道甚至遇到了抵制。过低的销量让企业高层不知所措，当时远在美国的这位企业家更是惊讶："科学的调研为什么还不如以前凭经验感觉定位来得准确？"到2015年2月初，新产品被迫从终端撤回，产品革新宣布失败。

这位企业家告诉记者："我回国以后请了十多个新产品的购买者来座谈，他们告诉我拒绝再次购买的原因是宠物不喜欢吃。"产品的最终消费者并不是"人"，人只是一个购买者，错误的市场调查方向决定了调查结论的局限甚至荒谬。

案例思考：

1. 这位企业家以科学调查结果为依据做出的决策为什么会失败？
2. 这个案例给我们什么启示？是否今后的决策可以不依赖于市场调查了？

决策方案的确定与实施是为了实现决策目标。为此，分析影响决策的诸多因素，研究决策实施的投入效果，探讨决策者的心理因素对决策实施的影响，强化决策实施中的控制，便显得十分重要。本章通过介绍敏感性分析、信息价值分析、效用分析等方法，为决策者进行科学决策提供进一步的理论知识与科学手段。

第一节　敏感性分析

决策过程中对各种备选方案进行可行性研究总是在某种假设和有关估测数据的条件下进行的，因此，很难做到与实际情况的绝对符合。另一方面，由于方案的可行性研究是在方案实施之前进行的，具体实施时可能与企业的具体情况产生较大的偏差，因此，有必要对方案的敏感性进行分析。

一、敏感性分析的概念与步骤

敏感性分析的前提是存在着影响决策方案的诸多不确定性因素。敏感性分析是指事先对某些可能变化的因素及其对决策目标优劣性影响程度进行反复分析，以揭示决策方案的优劣性在其实施过程中是如何随因素的变化而变化的。进行敏感性分析通常需要遵循以下几个步骤：

1. 确定进行决策方案敏感性分析的指标

根据决策问题的性质和内容的不同，敏感性分析的指标也有所不同。具体运用时需要针对决策目标和可行性分析的实际情况，确定敏感性分析指标。

2. 选取不确定性因素并计算不确定性因素对分析指标的影响程度

不确定性因素通常应根据决策问题所确定的敏感性分析指标和有关数据的具体情况来选取。例如，在简单确定型库存模型中确定经济订购批量时，通过敏感性分析，得知当一定时期内的货物需求量、每次订购成本、单位储存成本不同时，具有不同的订购批量。

3. 明确敏感因素

根据不确定性因素对分析指标的敏感程度，比较不确定性因素变动率与分析指标变动率的对应关系，找出敏感因素。

4. 进行方案取舍

进一步分析敏感因素的变化根源，弄清主要因素和次要因素，采取相应措施加以控制，以获取最优方案。

例 13-1　某企业某月准备生产 A、B 两种产品，这两种产品均需要甲、乙两种原料，各产品的单位售价以及可利用的原材料定额如表 13-1 所示，试进行敏感性分析。

表 13-1　产品生产销售有关资料

原料	定额 产品	A	B	可利用的原材料/t
原料	甲/t	4	2	80
	乙/t	2	4	100
产品售价（万元/t）		10	8	

解 假设 A、B 两产品的生产量分别为 x_1 和 x_2 时,企业获得最大收益,则满足目标函数的约束条件为

$$\max Z = 10x_1 + 8x_2$$

$$\text{s. t.} \begin{cases} 4x_1 + 2x_2 \leqslant 80 & \text{甲原材料限制} \\ 2x_1 + 4x_2 \leqslant 100 & \text{乙原材料限制} \\ x_1 \geqslant 0, \ x_2 \geqslant 0 \end{cases}$$

利用图 13-1 所示的线性规划图解法进行求解,得到当 A 产品生产 10t,B 产品生产 20t 时,企业获得最大收益为 260 万元。

(1) 进行敏感性分析,发现影响企业最大收益的不确定性因素是 A、B 两产品的单位售价。根据获得最大收益时的最优产量计划 x_1 = 10t 和 x_2 = 20t,可以找到该决策问题的分析指标为 A、B 产品的产量,它对 A、B 产品售价的变化范围,即敏感范围。

(2) 约束条件不等式或等式右侧常数项的变化。从约束条件线性函数关系式来看,资源可供量的变化,不会改变其约束条件线性函数的斜率,仅仅改变函数在纵横轴上的截距,即常数项数值的变化。改变可行解的范围,最优解仍在两直线之交点上,但位置出现了变化。这表明最优解对常数项变化的反应是灵敏的。

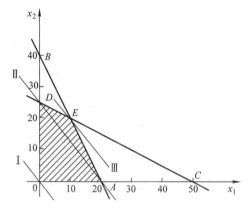

图 13-1 最大目标线性规划图解法

(3) 约束条件线性函数不等式或等式右侧系数的变化。这些系数代表的是生产经营过程的参量,如原材料消耗定额、工时定额,它们的变化使约束条件线性函数的斜率发生变化,同时引起可行解区域的变化,最优解也随着变化。

由此可见,该决策问题的敏感因素为约束条件线性函数中的单位产品资源消耗量和可利用资源的最大额度量。

(4) 分析能使 A、B 单位产品资源消耗量系数变化和甲、乙两种可利用资源最大额度量变化的原因。假设前者的变化是由于生产工艺设备老化和新工人技术不熟练产生的,那么更新设备和新工人的技能培训就是有效措施,并要进一步分析新措施是否能有效控制两种产品的单位产品资源消耗量。若经分析得知,甲、乙两种资源市场供应充足,且企业尚不准备生产使用同样资源的产品,那么也就不必考虑敏感因素引出的风险防范措施。

例 13-2 某公司为了满足市场发展的需求,需要扩建厂房,并提出了两套可行方案:一是新建厂房需投资 300 万元;二是改建厂房需投资 150 万元。不管采用哪个方案,厂房建成后其有效使用期限均为 10 年。未来 10 年产品销路好、销路差的概率以及年损益值如表 13-2 所示。试确定最佳方案。

解 根据表 13-2 的数据,计算得出方案的期望损益值为

新建厂房:$E(A_1) = [100 \times 0.7 + (-20 \times 0.3)] \times 10$ 万元 $- 300$ 万元 $= 340$ 万元

改建厂房:$E(A_2) = (50 \times 0.7 + 20 \times 0.3) \times 10$ 万元 $- 150$ 万元 $= 260$ 万元

表 13-2　不同自然状态下建厂的概率及损益值　　　　　　（单位：万元）

年损益值 \ 方案 \ 自然状态概率	销路好 0.7	销路差 0.3	损益期望值	方案优选
新建厂房 A_1	100	−20	340	√
改建厂房 A_2	50	20	260	

由此可见，新建厂房是最佳方案。进一步分析发现，不同行动方案期望损益值的大小取决于概率值，而概率值的确定受到多方面因素的影响。为了能够取得最佳决策方案，需要对概率可能出现的误差变动做出多次测算，以掌握它的变动对最佳决策方案的影响。

针对例 13-2，若销售好的概率由 0.7 下降为 0.6，方案的期望损益值为

$$E(A_1) = [100 \times 0.6 + (-20 \times 0.4)] \times 10 \text{万元} - 300 \text{万元} = 220 \text{万元}$$

$$E(A_2) = (50 \times 0.6 + 20 \times 0.4) \times 10 \text{万元} - 150 \text{万元} = 230 \text{万元}$$

这时的最佳方案是改建厂房而不是新建厂房。最佳方案的转换是一个从量变到质变的转变过程，即新建厂房销售好的概率朝敏感方向变动，在这个转变过程中有一个概率值点，这个概率值点就称为转折概率。上例中新建厂房的转折概率 P 满足以下等式

$$[100P - 20(1-P)] \times 10 - 300 = [50P + 20(1-P)] \times 10 - 150$$

根据计算得知 $P = 0.61$，即转折概率为 0.61。当 $P > 0.61$ 时，新建厂房为最佳方案；当 $P < 0.61$ 时，改建厂房为最佳方案。因此，确定方案时需要进行敏感性分析，需要把握转折概率，且要注意概率变动幅度对最佳方案的影响程度。

二、敏感性分析的作用

敏感性分析的主要目的在于提高决策方案经济效果评价的准确性与可靠性，减少决策方案选择与实施中的风险。因此，它是决策人员确定决策方案、有效控制决策目标的重要方法。其作用主要包括以下几点：

（1）揭示相关因素的变动对决策方案、决策目标或其他评价指标的影响程度。

（2）确定影响最佳决策方案选择的敏感因素，并对敏感因素产生的原因、方式及变化程度等做出估计。

（3）分析不同决策方案对敏感因素的敏感程度，选择敏感程度较小的方案予以实施，以降低决策风险。

（4）估计决策方案的允许变化范围，通过对敏感性因素的有效控制，使确定的决策方案不发生质的变化，以实现预定的目标。

（5）科学地预估决策实施过程，由于各种敏感因素的影响导致的最佳方案与非最佳方案的变换，一旦变换成为不可逆转的态势，应及时出台补救方案或应对措施，以避免波动，减少损失。

（6）借助敏感分析，准确地了解当外部条件变化到何种程度时，必须对原有方案进行改变，以期在新的条件下重新做出决策。

第二节 信息的价值分析

决策离不开信息,尤其是当今世界已经进入了一个以创造和利用信息为基础的市场经济社会,决策者更应该具有敏锐的洞察力,及时获取信息并把握信息的价值,做出与市场需求变化相符的决策,使企业获得较好的经济效益。

决策中的信息资料,也就是通过调查、试验、咨询、预测等方法所获得的有关信息资料对于决策非常重要,而获得这些信息资料又需要付出费用。因此,实际运用中需要对信息的价值进行估计,一方面是为了有效地利用情报资料,以提高决策的准确性与科学性;另一方面是为了尽可能经济地利用信息资料,以节约成本。

为了对信息的价值进行科学分析,合理评价,人们提出了"完全信息价值 VPI(Value of Perfect Information)"和"不完全信息价值期望值 EVII(Expected Value with Imperfect Information)"的概念。所谓完全信息价值,是指针对一个随机事件,拥有此随机事件的完全信息时的最大期望值 EVPI(Expected Value with Perfect Information)与未拥有此随机事件完全信息时的最大期望值之差;而不完全信息价值期望值 EVII(Expected Value with Imperfect Information),是指拥有不完全信息的最大期望值与未拥有此不完全信息时的最大期望值之差。

假设通过市场调查与预测所获得的信息真实有效,在风险决策中能够得到最大收益,称为完全信息最大收益期望值,记为 EVPI,则

$$\text{EVPI} = \sum_{j=1}^{n} P_j (\max_{1 \leq j \leq m} W_{ij}) \tag{13-1}$$

$$\text{VPI} = \text{EVPI} - \text{EVII} \tag{13-2}$$

例 13-3 据市场分析,某种产品销路好的概率为 0.7,销路差的概率为 0.3。某公司有两种方案可生产此种产品,若实行 A 方案,销路好可赢利 4000 万元,销路差则损失 1000 万元;若实行 B 方案,销路好可赢利 3000 万元,销路差则无赢亏,其决策树如图 13-2 所示。求完全信息价值。

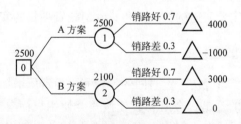

图 13-2 决策树分析

解 根据式(13-1),完全信息期望值为

$$\text{EVPI} = \sum_{j=1}^{n} P_j (\max_{1 \leq j \leq m} W_{ij}) = (0.7 \times 4000 + 0.3 \times 0) \text{ 万元} = 2800 \text{ 万元}$$

假设已经利用完全信息进行决策，则先找到没有利用完全信息的最佳方案的不完全信息期望值为

$$EVII = \max\begin{Bmatrix} EMV(A_A) \\ EMV(A_B) \end{Bmatrix} = \max\begin{Bmatrix} 2500 \\ 2100 \end{Bmatrix} 万元 = 2500 \, 万元$$

那么，完全信息价值为

$$VPI = EVPI - EVII = (2800 - 2500) 万元 = 300 \, 万元$$

其中，式中的 EMV（Expected Mean Value）为平均期望值。在例 13-3 中，EMV 表示选取某方案后，根据其销路好与销路差发生的概率和在该状态下产生的盈利值（或亏损值），通过加权平均得到该方案的平均期望值。例如，$EMV(A_A) = 0.7 \times 40000$ 万元 $+ 0.3 \times (-1000)$ 万元 $= 2500$ 万元。

在实际的决策中，要取得完全信息是不可能的，只能尽量地去获取更多、更可靠的信息。因此，完全信息价值只不过是一种理论上的概念，在实际应用中，完全信息价值是指额外信息给决策方案损益期望值带来的变动量。理解和掌握自然状态概率的准确性，获取更多的相关信息，可以减少自然状态概率预测产生的误差，提高决策效果。为此，通常要进行产品试制、试销、局部销售等一系列过程，以便获取更多的相关信息；还需要对信息进行分析、评价，进而决定由此付出的代价是否值得。实际工作中，经常借助决策树分析法来确定最佳的决策方案。

第三节 资本预算分析

一、资本预算分析概念及步骤

在管理决策中，资本支出问题大多是涉及更换和扩展企业资源基础的决策问题。而资本预算分析是根据边际收入/边际成本原理，分析投资项目的支出和收入对企业产生的价值，其实质是计算项目投入的资金的时间价值，使企业资源最大化。资本预算分析一般包含四个主要步骤：①提出不同的资本投资决策的项目方案；②估算每个项目方案的现金流量；③依据现金流量指标评估并确定要实施的投资项目；④对投资项目的实施情况进行评估。

二、资金的时间价值

资金的时间价值是指货币经历一定时间的投资和再投资所增加的价值。资金的时间价值是资金在周转使用中产生的，是资金所有者让渡资金使用权而参与社会财富分配的一种形式。比如，将今天的 100 元钱存入银行，在年利率为 10% 的情况下，一年后的本息合计为 110 元，可见经过一年时间，这 100 元钱发生了 10 元的增值。资金的时间价值是时间和利率两个因素作用的结果，通常将投资者要求的利率称为贴现率。资金的时间价值一般是按照复利方法计算的，具体计算方法比较多，在此，简单介绍与现金流量相关的复利现值法和年金现值法。

（一）复利现值法

复利现值法又称现值法，它是指将以后 n 年的收入或支出的资金 S，按贴现率 i 进行贴现后得到现在价值（即现值 P）。计算公式为

$$P = \frac{S}{(1+i)^n} \tag{13-3}$$

式中　$\frac{1}{(1+i)^n}$——复利现值系数，记作 $PVIF_{i,n}$。它表示 n 年后得到的 1 元钱，按 i 进行贴现后的现值。

例 13-4　如果计划 5 年后得到 20000 元，年利率为 6%，现在应投入多少现金？

解一　按复利现值法公式，可知现在应投入的现金为

$$P = \frac{20000 \text{元}}{(1+6\%)^5} = 14945 \text{元}$$

解二　通过复利现值系数表求得

$$P = S \times PVIF_{6\%,5} = 20000 \text{元} \times 0.7473 = 14946 \text{元}$$

在实际决策应用中复利现值系数 $PVIF_{i,n}$ 还可用于求利率或增长率，见例 13-5。

例 13-5　某上市公司 2006 年每股盈利为 12.82 元，有人预测到 2010 年每股盈利为 20.25 元。试问该上市公司的盈利年复利增长率为多少？

解　将 4 年后的终值 $S = 20.25$ 元，现值 $P = 12.82$ 元代入式（13-3）求得复利现值系数 $PVIF_{i,4}$ 为

$$PVIF_{i,4} = \frac{12.82}{20.25} \approx 0.633$$

从复利现值系数表可以查得 $i = 12\%$，因此，该上市公司的年复利增长率是 12%。

（二）年金现值法

年金是指等额、定期的系列收支，如工资、租金、利息、保险费等。年金现值是指将 n 年内每年得到的相同年金 A，按每期利率 i 进行贴现后的现在价值，记作 PVA，其计算公式为

$$PVA = A \times \frac{(1+i)^n - 1}{i(1+i)^n} = A \times PVIFA_{i,n} \tag{13-4}$$

式中　$\frac{(1+i)^n - 1}{i(1+i)^n}$——年金现值系数，记作 $PVIFA_{i,n}$。它表示 n 年内每年年末收到的 1 元年金，经过利率 i 贴现之后的现值。

例 13-6　一辆轿车每年的维护费为 15000 元，轿车的使用寿命为 15 年，若从购车之日起每年末支付维护费，在年利率 7% 的情况下，现应预存多少钱？

解　这是求年金现值的问题，根据题意有：$A = 15000$ 元，$i = 7\%$，$n = 15$，代入式（13-4）中，得

$$\begin{aligned}PVA &= A \times \frac{(1+i)^n - 1}{i(1+i)^n} = 15000 \text{元} \times \frac{(1+0.07)^{15} - 1}{0.07 \times (1+0.07)^{15}} \\ &= 15000 \text{元} \times 9.108 = 136620 \text{元}\end{aligned}$$

年金现值系数 $PVIFA$ 还可以用来求投资的预期收益率，见例 13-7。

例 13-7 某企业购买了一台价值 240 万元的设备,这台设备预期在今后的 10 年内每年产生 54 万元的现金流量,试问该设备的投资预期收益率是多少?

解 根据题意有:$PVA = 240$ 万元,$A = 54$ 万元,利用式(13-4)可得

$$240 = 54 \times PVIFA_{i,10}$$

于是有

$$PVIFA_{i,10} = \frac{240}{54} \approx 4.444$$

从年金现值系数表可以查得 $i = 18.3\%$,因此,该项投资的预期收益率为 18.3%。

三、现金流量及其计算

(一)现金流量的构成

现金流量是评估投资方案是否可行时需要计算的基础性数据。它是指与投资项目方案有关的现金流入和现金流出的数量。投资项目现金流量的构成大致归纳为三类:

第一类是初始现金流量,即投资项目开始投资时发生的现金流量,如固定资产上的投资、流动资产上的投资(垫支)、其他投资费用(培训费、谈判费、注册费等)和原有固定资产的处置收入。

第二类是营业现金流量,即投资项目投入使用后,在其寿命周期内由生产经营带来的现金流入和流出的数量。营业现金流量一般按年度进行计算,包括企业采用该投资项目后带来的直接与间接(其他部门)的收益、成本。每年的现金流入是指因接受该投资项目带来的年度营业现金收入增量(ΔQ),每年的现金流出是指因接受该投资项目带来的经营成本增量(ΔC)和缴纳的税金增量。这样投资项目每年的现金流量(NCF)可用下式计算

$$\text{每年净现金流量} = \Delta \text{净利} + \Delta \text{折旧} \tag{13-5}$$

$$\Delta \text{净利} = \Delta \text{税前收入} \times (1 - \text{税率}) \tag{13-6}$$

$$\Delta \text{税前收入} = \Delta \text{经营收入} - \text{经营成本} - \Delta \text{折旧} \tag{13-7}$$

所以,经迭代后投资项目的每年净现金流量计算式为

$$NCF = (\Delta Q - \Delta C - \Delta D)(1 - k) + \Delta D \tag{13-8}$$

式中 NCF ——投资项目每年净现金流量;

ΔQ ——每年经营收入增量;

ΔC ——每年经营成本增量;

ΔD ——投资项目的每年折旧;

k ——企业税率。

第三类是终结现金流量,即投资项目寿命周期结束时所发生的现金流量,如固定资产的残值收入或变价收入,垫支在各种流动资金上的资金回收和停止使用的土地变价收入等。

(二)现金流量的计算

现金流量发生在未来,这里我们假定能够准确地知道投资项目在寿命周期内每年的营业收入,且在各年末一次性发生;投资方案的投入是确定的,初始投入在每年的年初;方案的经营成本和税率也是确定的。这样投资项目每年现金流量就可以按现金流量的计算公式进行正确计算。

第十三章 决策方案的确定与实施

例 13-8 某公司准备购置一些设备来扩充生产能力。现有甲、乙两种方案可以选择，甲方案需投资 15000 元，使用寿命周期为 5 年，采用直线法计算折旧，5 年后设备无残值，5 年中每年销售收入（增量）为 16000 元，每年的经营成本（增量）为 6000 元。乙方案需投资 20000 元，使用寿命周期为 5 年，采用直线法计算折旧，5 年后残值收入 5000 元，5 年中每年销售收入（增量）为 20000 元，第一年的经营成本为 7200 元，以后随着设备陈旧修理费用每年增加 400 元，另外需垫支流动资金 5000 元。假设企业税率为 40%，试计算两个方案的现金流量。

解 首先，按直线法计算两个方案每年的折旧费额：

甲方案 $\Delta D_1 = 15000\ 元/5 = 3000\ 元$

乙方案 $\Delta D_2 = (20000 - 5000)\ 元/5 = 3000\ 元$

其次，计算两方案的营业现金流量，具体如表 13-3、表 13-4 和表 13-5 所示。

表 13-3 甲方案营业现金流量计算表 （单位：元）

时间/年	1	2	3	4	5
（1）销售收入	16000	16000	16000	16000	16000
（2）经营成本	6000	6000	6000	6000	6000
（3）折旧	3000	3000	3000	3000	3000
（4）税前净利 （4）=（1）-（2）-（3）	7000	7000	7000	7000	7000
（5）税金=（4）×40%	2800	2800	2800	2800	2800
（6）税后净利=（4）-（5）	4200	4200	4200	4200	4200
（7）现金流量=（6）+（3）	7200	7200	7200	7200	7200

表 13-4 乙方案营业现金流量计算表 （单位：元）

时间/年	1	2	3	4	5
（1）销售收入	20000	20000	20000	20000	20000
（2）经营成本	7200	7600	8000	8400	8800
（3）折旧	3000	3000	3000	3000	3000
（4）税前净利 （4）=（1）-（2）-（3）	9800	9400	9000	8600	8200
（5）税金=（4）×40%	3920	3760	3600	3440	3280
（6）税后净利=（4）-（5）	5880	5640	5400	5160	4920
（7）现金流量=（6）+（3）	8880	8640	8400	8160	7920

表 13-5 甲乙方案现金流量计算表 （单位：元）

	时间（t）/年	0	1	2	3	4	5
甲方案	固定资产投入	-15000					
	营业现金流量		7200	7200	7200	7200	7200
	现金流量合计	-15000	7200	7200	7200	7200	7200

(续)

	时间（t）/年	0	1	2	3	4	5
乙方案	固定资产投入	-20000					
	流动资产垫支	-5000					
	营业现金流量		8800	8640	8400	8160	7920
	固定资产残值						5000
	流动资金回收						5000
	现金流量合计	-25000	8800	8640	8400	8160	17920

四、现金流量贴现指标评价方法

在计算投资方案的现金流量之后，就该考虑是否接受该投资项目。使用较为普遍的是以投资回收期进行决策，即计算项目的投资回收期，计算得出的投资回收期越短，说明投资承担的风险越小，该项目就越值得投资。企业在投资决策时，为了规避风险，一般都选择投资回收期较短的项目。投资回收期决策规则简明、易懂，但是没有考虑到时间的价值，因此就有可能做出错误的决策。为此，我们在这里着重介绍现金流量贴现指标评价方法，即在计算投资项目方案的现金流量之后，对现金流量进行折现，然后选择现金流量贴现指标的决策规则来评价项目的优劣，确定投资项目方案。

现金流量贴现指标是指用于评价投资项目优劣的，考虑了资金时间价值的指标。常用的现金流量贴现指标有净现值、获利指数和内部收益率，相应地形成了三种决策规则的评价方法。

（一）净现值评价法

净现值评价法是在项目的财务评价中，计算投资经济效果的一种常用的动态分析方法。净现值是指按一定的贴现率（基准收益率），将方案寿命期内各年的净现金流量折现到基准年（通常是期初）的现值累加值。

净现值的计算公式为

$$NPV = \sum_{t=0}^{n} (CI - CO)_t (P/F, i_0, t) \qquad (13-9)$$

式中　i_0——贴现率（基准收益率）；

NPV——净现值；

CI——现金流入量；

CO——现金流出量；

n——计算期。

净现值的计算结果可有三种情况：

（1）$NPV > 0$，表示该项目方案不仅能够获得基准收益率所预定的经济效益，而且还能够得到超过基准收益率的现值收益，所以该方案可取。

（2）$NPV = 0$，表示该项目方案的收益刚好达到要求的基准收益水平，说明方案经济上也是合理的，一般可取。

（3）$NPV < 0$，表示该项目方案的收益没有达到要求的基准收益水平，说明方案经济上也是不合理的，不可取。

多方案比较时,以净现值大的方案为优。

例 13-9 某企业基建项目设计方案总投资为 1995 万元,投资后年经营成本为 500 万元,年销售额为 1500 万元,第三年末工程项目配套追加投资为 1000 万元,若计算期为 5 年,基准收益率为 10%,残值为 0,试计算投资方案的净现值。

解 本项目期内的现金流量如图 13-3 所示。

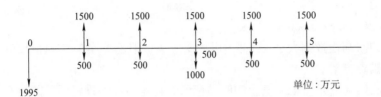

图 13-3 方案现金流量图

$$NPV = -1995 \text{ 万元} + 1500\ (P/A, 0.1, 5)\ \text{万元} - $$
$$500\ (P/A, 0.1, 5)\ \text{万元} - 1000\ (P/F, 0.1, 3)\ \text{万元}$$
$$= -1995 \text{ 万元} + 1500 \text{ 万元} \times 3.7908 - $$
$$500 \text{ 万元} \times 3.7908 - 1000 \text{ 万元} \times 0.7513$$
$$= 1044.5 \text{ 万元} > 0$$

该基建项目净现值 1044.5 万元,说明该项目实施后的经济效益除了达到 10% 的收益率外,还有 1044.5 万元的收益现金值。

(二) 获利指数评价法

1. 获利指数的计算

获利指数法是指以获利指数作为评价投资方案是否具有财务可行性标准的一种决策方法。获利指数是投资项目未来收益总现值与初始投资额的现值之比,用 PI 表示。计算公式为

$$PI = 未来收益总现值/初始投资额 \tag{13-10}$$

2. 获利指数决策规则

获利指数法中投资方案未来收益总现值的计算与净现值评价法中的计算相同。获利指数法的决策标准是:如果投资方案的获利指数大于或等于 1,该方案为可行方案;如果投资方案的获利指数小于 1,该方案为不可行方案;如果几个方案的获利指数均大于 1,那么获利指数越大,投资方案越好。

例 13-10 我们仍以例 13-8 的资料为例,基准收益率 $i = 10\%$,计算甲乙两方案的获利指数。

解 由于甲方案每一年的现金流量值相等,均为 7200 元,所以采用年金现值公式来进行计算;而乙方案每一年的现金流量不相等,所以采用现值计算公式将每一年的现金流量折算为现值。于是得到:

甲方案获利指数为

$$PI_1 = 未来收益总现值/初始投资额$$
$$= \left[A_1 \frac{(1+i)^n - 1}{i(1+i)^n}\right] / C_1$$

$$= (7200 \times 3.791)/15000$$
$$= 27295.2/15000 \approx 1.820$$

乙方案获得指数为

$PI_2 =$ 未来收益总现值/初始投资额

$$= [8800(1+10\%)^{-1} + 8640(1+10\%)^{-2} + 8400(1+10\%)^{-3} + 8160(1+10\%)^{-4} + 7920(1+10\%)^{-5}]/20000$$

$$= 38151.8/20000 = 1.908$$

两个方案的获利指数都大于1，都为可接受方案，但乙方案的获利指数更大，故确定乙方案为公司的投资方案。

获利指数法的优点是考虑了资金的时间价值，且能够反映投资项目的盈亏速度；从动态的角度反映项目的资金投入与总产出之间的关系，可以弥补净现值法在投资额不同的方案之间不能比较的缺陷，使投资方案之间可直接用获利指数进行对比。其缺点还是无法直接反映投资项目的实际收益率。

（三）内部收益率评价法

投资方案在寿命周期内其净现值的大小与所选定的折现率 i 密切相关。折现率越小，净现值越大；折现率越大，净现值越小；当折现率大到一定程度时，净现值就由正变成零，再变为负。

1. 内部收益率的概念

内部收益率又称内部报酬率，是除净现值以外的另一个最重要的动态经济评价指标。净现值为零时的折现率 i^*，即为该投资方案的内部收益率的值，它是方案自身所能达到的收益率。内部收益率的值就是满足下列公式 i^* 的解

$$\sum_{t=0}^{n} NCF_t(1+i^*)^{-t} = 0 \tag{13-11}$$

式中 NCF_t——第 t 年的净现金流量；

i^*——所求的内部收益率（IRR）。

式（13-11）是个多项式，可能出现多个根或无解，为此需要经过多次试算才能够求得 i^* 值。其计算过程是：先以某个 i 值代入公式，当净现值为正时，增大 i 值；如果净现值为负，则缩小 i 值。直到净现值为零，此时的 i 值即为所求的 i^* 值。

例 13-11 某投资项目在寿命周期 $n=12$ 年内每年的净收入（净现金流量）如表 13-6 所示。试求该方案的内部收益率 i^*。

表 13-6 投资项目数据表

年份	各年净收入（万元）	折现率（i_1）17%		折现率（i_2）18%	
		折现系数	现值（万元）	折现系数	现值（万元）
1	-3300	0.854	-2818	0.847	-2795
2	-5000	0.730	-3650	0.718	-3590
3	-535	0.624	-334	0.609	-326
4	1755	0.533	935	0.516	906
5	2240	0.456	1021	0.437	979

(续)

年 份	各年净收入（万元）	折现率 (i_1) 17%		折现率 (i_2) 18%	
		折现系数	现值（万元）	折现系数	现值（万元）
6	3270	0.389	1272	0.370	1210
7	3500	0.333	1165	0.314	1099
8	1140	0.284	324	0.266	303
9	2140	0.243	520	0.225	482
10	2140	0.208	445	0.191	409
11	2140	0.177	379	0.162	347
12	5640	0.151	851	0.137	733
净现值/万元			$\Sigma = 110$		$\Sigma = -243$

解 （1）用 $i_1 = 17\%$ 试算，得 $NPV_1 = 110$ 万元 > 0。

（2）用 $i_2 = 18\%$ 试算，得 $NPV_1 = -243$ 万元 < 0。

（3）内部收益率为 17% ~ 18%，用内插法公式计算

$$i^* = \frac{PV(i_2 - i_1)}{PV - NV} + i_1 \tag{13-12}$$

式中　i^*——内部收益率（IRR）；

　　　i_1——试插的低折现率；

　　　i_2——试插的高折现率；

　　　PV——采用低折现率 i_1 时方案的净现值；

　　　NV——采用高折现率 i_2 时方案的净现值。

将数据代入式（13-12）得

$$i^* = 17\% + \frac{110 \times (0.18 - 0.17)}{110 - (-243)}\% = 17.31\%$$

（4）也可用图解法求 i^*（见图 13-4）。

需要注意的是，收益率引起净现值的变化呈曲线关系，而内插法是按直线关系对待的，为了减少误差，应使两个试插值的 i 值不超过 2% ~ 5%。

2. 内部收益率指标用于方案评价

（1）单方案评价。当 $IRR \geq i_0$（基准折现率）时，方案可取，否则不可取。

（2）多方案评价。在 $IRR > i_0$ 的各方案中，一般选择 IRR 最大的方案为最优方案。

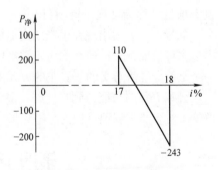

图 13-4　内部收益率求解图

3. 关于内部收益率指标的讨论

（1）内部收益率反映技术方案所占用技术资金的盈利能力，表明投资的使用效率，概念比较清楚明确，因而应用普遍。与净现值指标比较，其优点是净现值指标在计算净现值时需要事先给定基准收益率，而内部收益率是由项目的现金流量计算出来的，不用事先给定基准收益率。所以，在分析时往往先计算内部收益率，再计算净现值。

(2) 内部收益率说明了项目所投资金的回收能力,项目内部收益率越高,其经济性越好。内部收益率的经济含义可以理解为:在项目的整个寿命周期内按利率 $i = IRR$ 计算,始终存在尚未回收的投资,只有在寿命周期结束时,投资才被全部回收。也就是说,在项目的寿命周期内各个时间点(时刻),项目始终处于"偿还"未被回收的投资的状态,只有到了寿命周期结束的时刻才能偿还全部投资。由于项目的偿还能力完全取决于项目内部,固有"内部收益率"之称。

可举一简例说明:假设某企业购入一台设备,价值为 10000 元,寿命周期为 5 年,期末残值为 0,每年的净现金流量如图 13-5 所示。经计算得 $IRR = 10\%$。据此可画出各年年末回收资金情况的变化图,如图 13-6 所示。

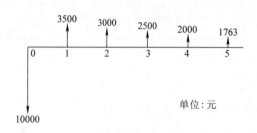
图 13-5　净现金流量图

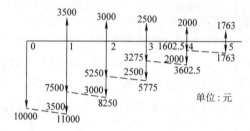
图 13-6　回收投资资金过程的现金流量图

由图 13-6 可对 IRR 指标的经济含义作另一种描述,即 IRR 是项目寿命周期内尚未回收投资的收益率(增值率)。它不是初始投资(本例为 1 万元)在整个寿命周期内的盈利率,而是由项目自身的现金流量计算出来的。它既受项目初始投资额的影响,又受寿命周期内各年净值收益大小的影响,与项目的外部环境无关。

(3) 内部收益率多解的问题。对于一般的项目方案,总是先有资金投入才有收益,因此净现金流量也是前期为负,到后期逐渐变为正流量,这必然存在一个唯一的解 IRR,这种投资项目可称为常规投资项目。

如果项目方案出现在生产期内追加大量投资,或在某些年份集中偿还债务,或经营费用支出过多等情况,这种项目称为非常规项目。非常规项目得到的解不止一个而是多个,但究竟哪一个是符合经济意义的、真正的 IRR 的解,则必须根据内部收益率的经济含义进行验证。

计算 IRR 时可能得到唯一解、多个解或无解。因此,内部收益率法多用于常规投资项目的评价。对于非常规项目,为了避免烦琐的计算,可用净现值指标或外部收益率指标进行评价。

第四节　决策方案的实施

决策的目的在于实施,进行了决策而不去实施,决策便失去了意义。决策方案的实施是为了实现决策目标,因而在决策方案的实施过程中,应该根据主客观条件的变化进行决策追踪,确保决策的实效。

一、决策方案实施过程

(一) 制定符合实际的实施计划

决策是从若干备选方案中选择最佳的实施方案,它是整个计划工作的核心。决策方案的实施计划是为实现最佳方案而对未来行动过程所做的一种部署，它是决策过程的延续。也就是说，在认识到机会和明确的目标之后，计划的核心只不过是对决策过程的说明。企业的活动过程，很少有能够单独进行的。因此，每个决策方案的实施，都将与其他计划相互联系。计划工作的职能是让企业的相关成员知道，为了实现决策目标他们应该完成哪些相应的任务，以及如何完成。

制定实施计划通常包括：建立与健全整个工作执行的制度；确保所有相关人员都清楚地了解工作任务和目的；使每个职工明确自己的职责；确定工作人员汇报工作执行情况的时间；建立健全信息反馈系统等。实施计划还应该注意的是：一方面需要充分认识到实施过程中可能发生的各种可能情况以及针对各种情况所采取的措施；另一方面还需要根据方案的目标要求，明确地规定决策行动的空间、时间界限，从而确保整个决策方案的顺利实现。

（二）明确决策的实施要求

要向全体执行人员传达决策方案的实施要求，它通常与宣传教育工作结合起来进行。参与实施方案的相关人员越多，宣传解释工作的重要性就越大。让每个执行人员了解个人活动的短期和长期的目标是什么；与决策目标的相互关系；明确考核目标完成情况的衡量标准；明确执行者的职责、时间、空间、物力的相关配置以及可提供的指导和若干必要保证条件等，是明确决策实施要求的主要内容。在实施过程中，要防止决策方案及其实施计划在逐级向执行人员传递的过程中发生偏差，确保准确无误。

（三）进行监督和检查

为了保证决策方案的实现，除了要向执行人员准确地宣传与说明实施要求之外，还应该经常对具体的实施情况进行监督检查，随时发现在计划实施过程中的薄弱环节，采取措施及时纠正。这样有利于及时总结和推广先进经验，使执行人员能够及时了解计划的实施进度，促进计划要求的全面实现。此外，检查计划的执行情况，还可以及时了解实际情况的发展变化，找出偏差的主要原因，以便适时调整、修正方案。因而，组织好监督与检查工作，是保证信息反馈的可靠性和方案顺利实现的不可或缺的环节。

搞好监督与检查，可以通过原始记录、统计报表等日常的检查工作，或者深入现场，通过观察、询问、座谈等方式进行定期的检查监督来实现。无论哪一种方法，都应符合实际，坚持实事求是的原则。同时要建立统计核算、会计核算、业务核算、作业技术核算等检查制度，对决策实施工作有一个精确的核算。

（四）注意方案的修正

在决策的执行过程中，往往会由于某些主客观原因，例如商品供需情况发生了变化，决策方案本身考虑不足、决策方案组织不当等原因，需要对原来的方案进行修正。在决策方案的实施过程中对原有方案的修正是必要的，决策者不能认为确定了最佳方案，交付实施，就算完成任务；也不能过分自负，认为已选择的决策方案天衣无缝，无须修正。事实上，注意决策方案的实施情况，及时进行反馈，注意修正方案，对已经失去了部分效用的原有方案进行及时的调整，是消除问题、排除实施障碍、保证决策方案成功实施的必不可少的条件。

在实施过程中，从发现问题到修正方案，有一个调查了解问题产生原因的过程。在问题原因没有了解清楚之前，可以采取一些临时性的措施，以减少损失，使工作顺利进行。有时，虽然问题产生的原因已经找到，但是决策者却无法修正方案。在这种情况下，需要采取灵活的措施，将损失降低到最小。另外，方案的修正有时并非由于出现不利的因素，有时在决策实施过程中也可能出现某些有利因素，在这种情况下也需要对方案进行必要的修正，以获得更好的经济效益。

当然，修正原有方案可能会遇到不少阻力，其中包括来自日常生活中的惰性、习惯思维，认识上的分歧以及反对意见等。因此，作为决策者需要有勇气克服各种阻力，保证决策方案实施的成功。

方案实施过程中进行方案的修正离不开追踪决策。追踪决策是指当原有决策方案实施后，主客观情况发生了重大变化，原有的决策目标无法实现时，要对原决策目标或方案进行根本性的修正的决策。追踪决策属于战略转移，并不是决策崩溃。这属于正常现象，但不是必然要发生的或是经常大量出现的现象。

追踪决策与一般决策不同，具有三个特点：

（1）非零起点。追踪决策面临的对象和条件，是原有决策已经实施了一段时间，不仅投入了大批人力、物力、财力等资源，而且这些资源的消耗结果已对周围环境产生了实际影响。因此，对待追踪决策既要慎之又慎，又要坚决果断，抓紧时间，切勿拖延。

（2）回溯分析。对原有的决策产生的过程、依据以及实施过程进行客观分析，列出失误发生的过程并找到原因，以便采取有效措施，使追踪决策建立在现实可靠的基础上；同时要挖掘原有决策的合理因素，把它吸收过来，以便做出追踪后的最优的方案。

（3）心理效应。心理效应在决策中占有重要地位，面对追踪决策，这个效应更为强烈。因为要改变原有决策，势必要牵动有关人员的强烈感情。原来决策的制定和实施总与一些领导、参谋人员、干部、群众有关，进行追踪决策必然引起他们的心理活动，涉及人与人之间的关系，因此在进行追踪决策时，对失误的分析必须实事求是，对事不对人，不去批评原决策人的功过，尽量采取科学措施来消除感情因素的影响。

追踪决策必须及时，不得延误，否则后果严重。同时，要注意追踪决策过程中的人为情感因素，比如原决策人的消极抵触情绪、原决策反对者的全盘否定倾向、旁观者的推波助澜等负面心理，必须重视并采取措施尽可能消除这些不利心理因素的影响，比如，加强思想教育，有关当事人回避等。

二、决策信息支持系统

信息是决策的基础。离开了信息的收集、加工处理和传递，决策的科学性和正确性就无法保证。决策信息支持系统是一个由人员、设备和程序组成的有机复合体，其功能是确定信息需要、收集信息与加工信息、信息系统管理和向决策者提供信息。它借助企业内部报告系统、市场情报系统、营销调研系统、综合分析系统四个子系统的相互联系，为决策提供网络结构的信息服务。

内部报告系统主要收集和生成反映企业当前的销售额、存货、现金流动以及应收应付款等方面的信息报告；市场情报系统主要向信息使用者提供营销环境变化的情报，如顾客、竞争者、供应商、中间商、运输代理、广告代理、金融保险等方面的信息；营销调研系统则为制定某项具体管理决策而系统地进行信息收集、分析研究，提出预测信息，如市场特点、市场潜力、市场占有率、增长趋势、价格研究、新产品市场接受情况等短期或长期的预测信息；综合分析系统是指整个企业信息管理的各种先进的信息管理技术，如各种数据统计的分析方法、信息传递渠道控制、各种决策模型、模拟程序等。借助于这些先进的信息管理技术能帮助管理部门制定各种决策。

随着企业决策信息收集、处理、传递的计算机化,决策信息支持系统逐渐达到了信息收集制度化、形式标准化、内容系统化、储存档案化、传递规范化,从而大大提高了信息的可靠性和实效性,为管理者进行科学决策提供了前提条件和实施保证。

本 章 小 结

决策的目的在于实施,决策而不去实施,那么决策就毫无意义。决策方案的确定与实施是为了实现决策目标,为此,分析影响决策的诸多因素,研究决策实施的投入效果,探讨决策者的心理因素对决策实施的影响,强化决策实施中的控制,就显得十分重要。本章通过介绍敏感性分析、信息的价值分析、资本预算分析等方法,为决策者进行科学决策提供进一步的理论知识与科学手段。

练习与思考

一、选择题

1. 下列敏感性分析步骤的正确顺序是（　　）。
A. 明确敏感因素
B. 确定进行决策方案敏感性分析的指标
C. 选取不确定因素并计算不确定因素对分析指标的影响程度
D. 进行方案取舍

2. 下列（　　）属于现金流量贴现指标评价方法。
A. 净现值评价法　　　B. 获利指数评价法　　　C. 内部收益率评价法　　　D. 年值评价法

二、判断题

1. 决策过程中对各种备选方案进行可行性研究总是在某种假设和有关估测数据的条件下进行的,因此,很难做到与实际情况的绝对符合。（　　）

2. 敏感性分析的主要目的在于提高决策方案经济效果评价的准确性与可靠性,减少决策方案选择与实施中的风险。因此,它是决策人员确定决策方案,有效控制决策目标的重要方法。（　　）

3. 资金的时间价值,是指货币经历一定时间的投资和再投资所增加的价值。一般来说,资金的现值比将来值更加重要。（　　）

三、简答题

1. 什么是敏感性分析?举例说明敏感性分析的意义。
2. 什么是信息的价值?分析信息价值在决策执行中的意义。
3. 什么是完全信息价值?怎样计算完全信息价值?
4. 在决策过程中如何对信息自身价值进行评价?
5. 怎样组织好决策方案的实施?

四、计算题

1. 某项目工程总投资额为4500万元,投产后每年的收益为1500万元,每年需要支出的费用为400万元,产品的经济寿命为8年,在第八年末还能回收的资金为150万元,年收益率为15%,用净现值法确定该投资方案是否可行。

2. 某企业需要投资一条生产线,有两种扩建方案,其相关数据如表13-7所示,如果每年的基准收益率为15%，试利用内部收益率法对投资方案进行选择。

表13-7　两种方案的有关数据

项　目	A（兴建）	B（扩建）
投资额（万元）	1100	800
年支出（万元）	230	180
年收入（万元）	450	340
残值（万元）	50	10
经济寿命（年）	10	10

五、案例分析

暴富的故事有许多版本，但是对于大多数股民来说，暴富故事却令刺痛他们的神经，在买进卖出之间，总存在这样那样的懊悔，让他们感叹与唾手可得的财富失之交臂。而那些至今尚未介入股市的围观者，则为错过了大牛市而后悔。假设有两位股民，一位股民将他买的B公司的股票换成了A公司的股票，结果B公司的股票大幅上涨，他发现如果当初他继续持有B公司的股票，就能赚得1200元；另一位股民，他一开始买的就是A公司的股票，虽然曾经打算换成B公司的，但是终究没有付诸实施，同样，他也很后悔，后悔如果当初换成B公司的股票，现在就能赚得1200元。虽然故事的经过不同，但他俩都损失了假想中的1200元，同样陷入了自责和后悔中。若是再给他们一次决策的机会，他们会怎么做？还会后悔吗？

参 考 文 献

[1] 王毅成,林根祥,等. 市场预测与决策 [M]. 武汉:武汉理工大学出版社,2002.
[2] 简明,胡玉立. 市场预测与管理决策 [M]. 北京:中国人民大学出版社,2003.
[3] 李华,胡奇英. 预测与决策 [M]. 西安:西安电子科技大学出版社,2005.
[4] 汪应洛,等. 工业工程手册 [M]. 沈阳:东北大学出版社,1999.
[5] 龚曙明. 市场调查与预测 [M]. 北京:清华大学出版社,北京交通大学出版社,2005.
[6] 斯通,邦德,弗斯. 市场调查宝典 [M]. 胡零,刘智勇,译. 上海:上海交通大学出版社,2005.
[7] 于翠华,等. 市场调查与预测 [M]. 北京:电子工业出版社,2005.
[8] 简明,金勇进,蒋妍. 市场调查 [M]. 北京:中国人民大学出版社,2005.
[9] 杨清,等. 市场调查中的抽样技术 [M]. 北京:中国财政经济出版社,1999.
[10] 彭代武,陈涛. 市场调查·商情预测·经营决策 [M]. 北京:经济管理出版社,1996.
[11] 马玉林,等. 市场预测与决策 [M]. 成都:四川人民出版社,1996.
[12] 张卫星,等. 市场预测与决策 [M]. 北京:北京工业大学出版社,2002.
[13] 施罗德. 运作管理 [M]. 韩伯棠,等译. 北京:北京大学出版社,2000.
[14] 陈启杰,等. 市场调研与预测 [M]. 上海:上海财经大学出版社,1999.
[15] 张德斌,等. 市场调查和预测 [M]. 北京:中国经济出版社,2006.
[16] 伯恩. 市场调研技术手册 [M]. 卢嫄,孟朝晖,译. 北京:人民邮电出版社,2005.
[17] 翟雪梅,李长玲. 德尔菲法及其在创建知识共享型企业中的应用 [J]. 现代情报,2006(9):185-190.
[18] 杨虎,刘琼荪,钟波. 数理统计 [M]. 北京:高等教育出版社,2004.
[19] 王莲芬,许树柏. 层次分析法引论 [M]. 北京:中国人民大学出版社,1992.
[20] 汪应洛,等. 系统工程理论、方法与应用 [M]. 北京:高等教育出版社,1998.
[21] 邱菀华,等. 现代管理决策理论方法与实践 [M]. 北京:北京航空航天大学出版社,2004.
[22] 杨乃定,李怀祖. 管理决策新思维·制定科学合理决策的方法 [M]. 西安:西北工业大学出版社,2004.
[23] 赖明勇,林正龙,孙枫林. 国际市场预测与决策 [M]. 成都:电子科技大学出版社,1994.
[24] 陈嗣成,冯虹. 新编统计学原理 [M]. 北京:首都经济贸易大学出版社,2001.
[25] 王连福. 现代市场调查与预测 [M]. 北京:首都经济贸易大学出版社,2002.
[26] 王静. 现代市场调查 [M]. 北京:首都经济贸易大学出版社,2001.